智元微库
OPEN MIND

成 长 也 是 一 种 美 好

大学的窘境
与革新

［美］克莱顿·M. 克里斯坦森（Clayton M. Christensen）

［美］亨利·J. 艾林（Henry J. Eyring）　著

杨斌　译

THE
INNOVATIVE UNIVERSITY
Changing the DNA of Higher Education From the Inside Out

人民邮电出版社

北京

图书在版编目（CIP）数据

大学的窘境与革新 /（美）克莱顿·M.克里斯坦森
(Clayton M. Christensen)，（美）亨利·J.艾林
(Henry J. Eyring) 著；杨斌译. -- 北京：人民邮电
出版社，2025. -- ISBN 978-7-115-66774-8

Ⅰ．G642.0

中国国家版本馆 CIP 数据核字第 2025ZP2500 号

版权声明

The Innovative University: Changing the DNA of Higher Education from the Inside Out
ISBN 9781118063484
Copyright © Clayton M. Christensen and Henry J. Eyring, 2011.
Simplified Chinese translation copyright © 2025 by Posts & Telecom Press Co., LTD.
All Rights Reserved. This translation published under license with the original publisher John Wiley & Sons, Inc.
Copies of this book sold without a Wiley sticker on the cover are unauthorized and illegal.

本书简体中文版由 John Wiley & Sons 授权人民邮电出版社有限公司独家出版，未经出版者许可，不得以任何手段和形式复制或抄袭本书内容。
本书封底贴有 Wiley 防伪标签，无标签者不得销售。
版权所有，翻版必究。

◆　　著　[美] 克莱顿·M. 克里斯坦森（Clayton M. Christensen）
　　　　[美] 亨利·J. 艾林（Henry J. Eyring）
　　译　杨　斌
　　责任编辑　张渝涓
　　责任印制　周昇亮

◆人民邮电出版社出版发行　　北京市丰台区成寿寺路 11 号
邮编 100164　　电子邮件 315@ptpress.com.cn
网址 https://www.ptpress.com.cn
文畅阁印刷有限公司印刷

◆开本：720×960　1/16
印张：24.5　　　　　　　　　　2025 年 5 月第 1 版
字数：450 千字　　　　　　　　2025 年 5 月河北第 1 次印刷

著作权合同登记号　图字：01-2020-4004 号

定　价：128.00 元
读者服务热线：（010）67630125　印装质量热线：（010）81055316
反盗版热线：（010）81055316

译者序
建构苔花牡丹竞相开放的高等教育

如要讨论人工智能时代高等教育的未来，可以先从认真完整地读过这本书开始。

这是一本什么样的书？

两位具有深厚管理教育工作背景的作者，从组织演进的分析角度，探讨美国大多数大学为什么会陷入经营窘境（这已经是不可回避的事实），以及该通过怎样的革新以求生求兴。他们不仅在书中提出了重要而紧迫的问题，也有自己多年的实践经验佐证 —— 不仅有已见成效的创新解决方案，还有其中满是实践智慧的行动细节。

这是写给谁看的书？

要按照这本书的内容，给它一个恰当的上架分类建议，并不那么简单。可以说，本书及其作者知识背景的学科交叉性，增加了它的趣味，扩大了它的受众：它可以属于高等教育这个分类 —— 它很适合高校教师和学生读，特别适合在高校中担任一定管理职责的校长、院长们去读 —— 然而绝不要认为它只适合教育研究工作者读。实话说，虽然本书的两位作者并没有接受过教育研究的规范训练，但高等教育研究不会遗漏这本书作为重要参考。它也很适合对管理创新这个主题感兴趣的读者，整本书相当大的篇幅就是两个大型的、生动的管理创新案例，作为商学院、公共管理学院的研讨案例会很好用，定会引发学生精彩而深入的讨论和学习。它也适合任何希望家里的孩子接受更合适的高等教育的家长们阅读，让大学生的家人们对大学价值看得更透彻，知道大学中的哪些东西值得期待，哪些则必须"避坑"。若你是真心在意母校事业发展的大学校友，读这本书能让你成为最有价值的大学理事会成员，担当母校的诤友贤助。如果你是大学的捐赠支持者，本书作为指南，能提示你如何把钱用在更合适的地方，物超所值。至于高年级的中学生及其指导教师们，则很值得花时间就这本书中的"大问题（big question）"展开批判性对话，毕竟，孩子 18 岁之后的人生道路并不该全由分数决定，也不必在选择的过程中体验大同小异的无奈。

书的作者和书的写作过程有什么故事？

两位作者中，更有名气的自然是克里斯坦森，他在哈佛商学院读博士时提出的颠覆性创新理论，是最近二十多年中最有影响力的管理思想之一。它成功地解释了商业世界不同行业中持续发生的"大卫与歌利亚"现象，并为渴望以创新改变组织命运的经营者提供了解法。从窘境，到解答，再到基因，他创作的三部曲影响深远。在《你要如何衡量你的人生》中，他则站在一个阅人无数的商学院教授的角度，试图去帮助那些偏离了人生轨道的人，也帮助那些刚刚踏入社会的年轻人。

在本书的写作过程中，克里斯坦森经历了中风并努力康复；而在本书中文版出版的过程中，与癌症斗争多年的克里斯坦森离开了我们。他的离世是管理学界和企业界的巨大损失。

另一位作者艾林其实是本书研究项目的最初发起者，他当时正在杨百翰大学爱达荷分校任职，他发现了效仿哈佛模式的众多大学所陷入的困境，并下了一个断言 —— 大多数传统大学如果不变革基因，就无出路。是他邀请试图解释高等教育中的颠覆性创新谜题而未成功的克里斯坦森加入这个研究项目，并最终形成了新的研究思路、总结了新的模式，从而写成了本书。待本书中文版即将出版之时，艾林已经成为杨百翰大学爱达荷分校的校长，并为本书中文版写下了前言《致中国读者》。

克里斯坦森和艾林这个作者组合，解释了这本书为何有重要的差异化价值和特别的信服力。他们讨论的是他们二位（以及我）共同热爱的高等教育，却使用了来自创新管理的剖析框架，并将他们丰富的管理咨询经验和教育管理实践经验带入其中。他们两位对研究都有一种"打破砂锅问到底"的钻研风格，不肯接受表面上过得去的结论。他们在研究组织、运营和战略（定位），包括财务模型时，都要得到有证据支撑的答案才会放心，这就让他们针对高等教育提出的问题具有一阶性。举例而言，本科大学生要一起住在校园里的惯常做法，对于高等教育的本质价值到底是什么？他们不会因为大家一直都这样做，就不去认真地追问这个一阶问题。

我与两位作者的教育缘分

金·克拉克，2005 年 1 月从哈佛商学院的院长位置毅然离开，去担任杨百翰大学爱达荷分校校长。他在 2000 年成为我求学和任教的清华大学经济管理学院的顾问委员会委员，并为我们提出过很有建设性的经验，包括要以高层管理教育（executive education）让商学院与产业界有更强的联系，借此为学院提供更健康的、可持续的财务回报。在他和麦克法兰教授、赵纯均和陈国青教授的推动下，清华与哈佛商学院开始举办包括央企、跨国公司、民企企业家和高管的培训项目，现在看来也是层次极高的。我在 2006 年成为该项目清华方的学术主任并授课，直到 2013 年。克拉克院长是这本书的重要顾问，他最初作为艾林的校长质疑了艾林的研究思路和大胆结论，又作为老院长和老同事促成了克里斯坦森的加入，从而丰富了研究的历史感和立体感。

艾林的家族颇为传奇，在本书的第六章中，他披露了跟自己同名的祖父（他们家有为孩子取名亨利的传统）在加州大学伯克利分校获得博士学位后，在普林斯顿大学任教的故事。他在普林斯顿弗里克化学实验室遇上了一位来自中国、在威斯康星大学麦迪逊分校获得博士学位的合作研究者 —— 孙承谔博士。二人于 1934 年共同撰写的《均相原子反应的绝对反应速率》一文在 1976 年被美国化学会列为物理化学的百年成就之一，至今仍为各国化学动力学教材及专著所引用。孙承谔先生于抗日战争期间回国后，在西南联大教书，教过杨振宁、李政道等科学巨擘，后来还长期担任北大化学系的系主任。1980 年艾林到北大访问时二人重逢，传为一时佳话。有趣的是，化学家艾林的孙子写作了此书，而作为孙承谔先生的孙女婿，我有幸成为了本书中文版的译者。世界真小，情缘奇妙，教育薪火，无问西东。

伦理视角洞察本书的特别意义

在教育行业中，除了顶尖大学，占比九成以上的普通高校，其实是被新闻报道和研究者都长期忽略的。而且，排名系统的存在 —— 不仅是本书更多提及的卡内基阶梯，还有其他国家和地区的各类排名以及评估 —— 也影响了这些大学得到的关注度。我曾撰文鼓励与教育有关的评价要多讲"文无第一"的道理，也是看到维度单一的评价对教育生态系统的戕害有感而发。

院校之间，本来应该各擅胜场。综合性巨型大学并非高等教育的终极模式，而各大高校动辄就要喊出"服务全世界"的口号，也难说不是一种使命不清的流弊。院校定位各有千秋，认识到自身的特色与价值，不仅是校院长、教授们制订战略、选择路径的出发点，也是予学生以自尊自信，让他们敢遵从内心走创新之路的落脚点。

书中所揭示的"效仿哈佛"策略，即各类高校都失控地、力所不及地追求更大更好（作者原文中用的是"bigger and better"，还有对学科更全、学位层次更高的追求，当然也可以归入更大更好）的发展目标，使北美及欧洲高校陷入严重窘境 —— 包括却不限于高校的财务危机和学生的就业危机，而愈演愈烈的社会阶层对立、分裂也与此强相关。究其根本，原因在于院校大排队是一种"信号刻板暴力"，它对院校造成指标诱导、规模诱导，导致高校的"基因雷同"，校际内卷越发激烈，高等教育生态遭受破坏，这种局面值得高等教育行业同人深刻反思。

不同的教育需求，本应对应着不同的社会需求满足方式，和与之匹配的人才供给机构，而当大小高校都想"登"人为打造的同一个"顶"时，不仅让院校难于彰显特色，也加剧了社会阶层与社群的割裂对立。登顶的高校及其中的师生，永远是极少数。"一览众人小"的顶端精英，与登不了顶却不对其仰视钦佩的基层大众之间的隔膜乃至对立，也是在这种无休止爬梯登顶的陷阱中不断积累、加剧的。

雷同而无特色、昂贵且教学内容不面向工作需求的四年制大学教育（其

实还包括工商管理硕士即 MBA 教育，和法律博士即 JD 教育），带来了大量
"毕业即失业"的大学毕业生。有媒体最近报道，美国有超过 400 万"Z 世
代"，即 2000 年前后出生的年轻人，处于一种所谓的"NEET"状态——"Not
in Education, Employment, or Training"，既不在学校学习，也没有工作，更
没有接受职业培训。不仅没有收入，还因大学学费背负债务的他们滞留在人
生的十字路口，感受到前所未有的焦虑、迷惘和压力。年轻人的这种处境不
仅拖累社会信心，还让他们的心理健康问题逐步显现：美国超过三分之一的
18 至 24 岁年轻人正在与焦虑和抑郁抗争。西方教育体系的公信力受到挑战，
大学招生压力已经显现，越来越多的人对高等教育失去信心，大学因此或被
倒逼进行深刻的改革，否则将面临倒闭的危险。

在线、人工智能、技术之于教育创新

本书用相当大的篇幅展示了在线教育技术从 20 世纪 90 年代中期到现在
所发生的演进，如数家珍地列出了在这个领域取得成功的多个项目、院校，
以及它们获得成功的关键。新技术和传统模式之间并不是非此即彼的狭隘选
择关系，二者可以通过结合，让高等教育的质量和规模得兼，也就是让卓越
教育具有可得性、可及性。作者看到的在线教育技术，还只是本世纪第一个
十年的进展，更何况作者写作时，还没有经历过去几年间世界范围内开展的
在线教育探索热潮。单论在线教育技术，现在比起本书写作时，又上了至少
两个大的台阶。

然而很多时候，教育创新的"卡脖子"或停滞不前，主要问题并不出在
技术本身上，而出在人与管理上，出在观念与动力上。

我在 2020 年 5 月写下了《充分释放"抗疫红利"，推进教育改革创新》
一文，表达了自己的担心：教育在线化像是一种受迫性的举动，一旦现场
教育恢复常态，在线教育难免会"刀枪入库，马放南山"。我定义了"抗疫
红利"——

"除非我们能够制度化、常态化这些进展和成果，能够把师生付出的努
力、教育主管部门的相机政策正常化、正规化、正式化，将那些教学过程的

宝贵素材转化为线上慕课或未来课程中的有机组成部分,将教师的信息技术与教学的融合变得日用而不觉,将已经模糊了的线上线下概念进一步各取所长、有机融合,从雪中送炭到家常便饭。"否则,在抗疫期间发展出的教育在线化,就不能算一种红利。

2021 年 4 月,我再次撰文《让"在线"变得更自然而然》,建议教育同行也许不该用非此即彼、完全取代的机械思维来分析在线教学技术,在线教学和现场教学并非零和关系,而是可以打出"组合拳"、自然融合、取长补短的。我推荐了七种惠而不费的在线教学融入途径,呼吁同行们要自觉地思考和实践,把在线教学方式融入我们的日常教学中,把在线教学当作教学自然而然的一部分,而非传统教学的替代。

在特殊时期,我们自信做到了"同质等效"并全体系迁移的在线教育,在这段时期过后,很可惜地没有及时夯实基础与有效丰富内容。特别是在制度上,我们没有对基于在线教学的学位授予进行有序探索,哪怕是混合教学模式中在线部分占比较高的项目。这部分地造成了在线教育在我们这里,还是一个潜力挖掘远远不够、勇气和自信不足的领域,并因此被世界教育同行的前沿实践 —— 如本书中所举到的很多院校和项目的实例,在线教育、第三方认证与多层次立法共进 —— 拉开了一定差距。

而迅雷烈风般地,新一代人工智能又"日新月异"(这四个字不是比喻,而是真实写照)地加入教育领域中来。

我在今年的"π 日",即 3 月 14 日,以《不是 AI+,AI 该放在指数位置上》一文呼吁以范式跃迁的思维看待"教育 AI"的概念。我观察到,相当一部分国内外院校,仍把 AI 对高等教育可能影响的焦点,放在它对教与学方式的改变上,仅仅把 AI 作为一种对教与学的改善与辅助工具,而没有足够关注那些更加本质的一阶问题,比如:教育的内容,以及教育组织与教育过程的真正价值。在本书的第二十章中,作者援引了营销学泰斗西奥多·莱维特在60 年前的名篇《营销短视症》中对于"工作(job)"这个概念的挖掘。莱维特说:"客户想要的不是一个四分之一英寸的钻头,而是一个四分之一英寸的孔。"我们毫无意外地倾向于看自己眼前的产品和服务,看我们已经很熟悉很擅长的做法，当新技术出现时，就用这个新技术对已有的东西进行加工、改善，心里想的是：新技术会给现有做法提供加分项。而莱维特认为，这不是一阶思考。我们要回到"教育究竟提供了什么价值"上 —— 本书作者提出了最需要大学去做好的三项关键"工作"：新知、薪火、亲民 —— 然后进行"绿野再设计"（即假设目前已经存在的做法不存在），去找出新技术对这些价值实现能做出最大贡献的应用模式，这才是系统性思考和推动质变跃升的正道。

新知（discovery）、薪火（memory）、亲民（mentoring），是作者对大学教育"核心工作"和本质价值的精炼概括，含义很深。在翻译时，我跟责任编辑张渝涓老师和翻译高手徐中博士经过多次推敲，最后由我结合了音、形上的考虑，特别是借鉴了《大学》中"大学之道，在明明德，在亲民，在止于至善"之大义，作出了以上翻译。作者很了解人们对纯在线教育是否会伤害或影响这三项工作的完成和价值实现方面的疑问，他花了不少笔墨去辨析、去加持在线教学的发展，并也因此对在线教学与现场教学的混合模式，给予了更多赞许。

与此类似，4年前，我也曾撰文《超越在线课程 —— 高校在线教育的突破》，辨析"在线教育"和"在线教学"虽仅一字之差，但在教育理念的丰富度上却差别巨大。较之于只能实现，也只侧重于实现"知识传授"的在线教学，在线教育则还希望包含"能力培养""价值塑造""社群建构"以及"身份认同"等更丰富的育人理念。其中的期望也如本书作者所写的一样，是尊重大学三项"核心工作"之重要，期待技术促进它们而不是弱化它们，鼓励教育革新者时刻有新知、薪火和亲民在怀，让"教""育"和"学"这三个维度更加均衡。[①]

---

① 我的思考是，各种技术在大学中的应用重点目前仍然在"教"，即内容传递上投入得多，而在"育"上，则于未来大有文章可做。虚拟现实、增强现实等技术不应只用在知识传授上，教育界同人应更有意识地支持它们，将其应用在"以体验促成长"中，且以学习者为主体。未来教育，不尽等于未来教学；技术辅助和服务的对象应该是前者。更多可参考译者跋《教、育、学一解》。

新办却不一定是新型

"新，并不自然意味着新型（being young doesn't necessarily mean being innovative）"。

这是我十天前在昆山杜克大学为哈佛大学柯伟林教授的主旨演讲作评论时，给在场的高等教育同行们的建言。其中特别包括若干位来自刚开办十来年的新大学的校长们。

我试着从翻译的角度来引出这个看法。

新，翻译为 new，还是 young，并不只是一个用词选择问题。按照克里斯坦森和艾林二位的研究，大学之间的雷同是惊人的，少数顶尖大学之外的绝大多数大学更是千校一面。当过去的人们期待今天的我们更加聪明，更能站在巨人肩膀上创新、开新局时，却吃惊地发现：即使是新创办的大学，却仍沿用旧模式 —— 因各种缘由创办的新大学的"新"字，只能说是"年轻（young）"，不能说"新颖（new）"，更不能说是"新型（innovative 和 new model）"。

这里面有"效仿"作为一种常见的战略惰性的问题 —— 君不见，在 iPad 推出的一年内，十多种平板型的产品迅速推出，却都是东施效颦，有形无神，因此它们很快大都从市场中消失了。效仿是组织面对优势同行时一种膝跳反射式的本能反应，并不是真正的战略思考，也不会带来战略创新。

这就引出一个重要的问题 —— 许多办学者没有经过对主流教育模式（即本书所提出的哈佛基因）的批判性思考，没有真正理解其所以然。这就需要对明星教育模式祛魅。

明星教育模式祛魅

本书中两个大的管理创新案例，类似于我在商学院教授"企业史"课程时的案例：沿着历史的长河，观察一个组织的演变、兴衰，了解其中重要的力量、变化及其背后的逻辑，并总结出更有一般性、启示性的规律。而不同的是，在我讲解过的企业史案例中，通常一家企业能延续几十年，就已经算拥有很长的历史了，而本书中的两个案例——哈佛大学与杨百翰大学爱达荷分校，其发展历程却都超过百年，而哈佛甚至接近四百年。

作者不厌其烦地、细节满满地讲述这两个演化故事（我有意不用进化这个词），其深意何在？

第一，自然是其中充满管理智慧、实践智慧。于教育而言，理念、模式固然重要，魔鬼却始终在细节里：一所大学的"基因"是怎么演进到它现在的样子的？一所大学如何一步一步地演化？它在什么样的环境中，面对什么样的问题与挑战，遇到过怎样的掌舵人、变革者；什么如愿，什么未果；什么得以延续，什么昙花一现？如果在其中某一个节点换个做法，结果会不会全然不同？读这本书的时候，这样的问题经常浮现。管理问题亦然，能让人参与进去讨论的案例是不能太简化的。管理案例之所以成立，就是因为它相当程度上还原了事实的细节，带给了讨论者代入感，从而让讨论者能够把脚放在别人的鞋里，设身处地地感受、分析、选择与反思。对管理问题的细节过度简化，是一种强加因果的做法。

第二，是两个演化故事对比着看，特别有意思。两个故事的主角，一个是美国文化首都的顶尖名校——哈佛大学；一个是地处西部的从社区学院，到大专，再发展为能够授予本科学位的四年制大学的普通院校——杨百翰大学爱达荷分校。关于后者，很多中国读者可能是第一次听到它的校名，也不知道它的特色，以及它如今的成功和曾经的挣扎。尽管杨百翰大学爱达荷分校的生活其实跟大多数人的生活是更接近的，让大多数人更有共鸣，但人们就是喜欢看哈佛大学这个"别人家的孩子"："只有活成这个样子才配发在朋友圈里晒，不是吗？"因此，吊诡的我们，过着杨百翰大学爱达荷分校的生活，每日话题中却满是哈佛。

第三，更重要的是，这两个演化故事告诉我们：实然，并不意味着应然，它很多时候都是因应使然。今天大家推崇的哈佛基因，包括择优招生、高额学费、高额奖学金、通识教育、通专融合、荣誉学位、终身教职制度、非升即走、长暑假、北美地区狂热的校际体育竞赛、巨量捐赠基金、本科住宿书院制度等，是由于一些历史原因演化成现在这个模式的，既不说明这是唯一成立的大学运营模式，也不意味着哈佛就该一直这样下去。哈佛的诸多做法，并没有多么悠久的历史，不能因为我们看到的现状如此，就以为它早就是这样，也该一直这样下去。有些时候，对于"它们为什么会是这样"的解读，其实是他人、后人贴上去的金子，而非历史的本来面目。故对于哈佛的一系列制度和做法，我们要知其然，更要知其所以然。我们甚至可以大胆地想象一下，如果当时走向历史岔路的另一边，在另一个平行时空里，也许诸如就地入学、零学费、教学至上、政府拨款、全年教学、狂热的数学竞赛或棋牌比赛，就会成为大学的主流模式。

因此，我们要办好自己的大学，既需要"learn"，也需要"unlearn"。具体来说，既包括从顶尖大学中学习借鉴，以及同样重要的 —— 刻意忘却，也包括从自己在大学接受教育、接受培养的一手体验中学习借鉴、刻意忘却。需要注意的是，对于"unlearn"一词，我译作"刻意忘却"，而不是更常见的"扬弃"——"扬弃"强调抛弃旧事物中不好的、不合理的部分，保留和发扬积极的、有价值的部分；而"unlearn"，更强调抛弃、忘却已有的知识、观念，并不包含对对与错的甄别，以及发扬积极部分之意。

本书绝无推崇或质疑哈佛大学或杨百翰大学爱达荷分校之意，而是强调大学要有独特性，要找到自己的基因，要办出自己的特色。这样的大学才有生命力，才能活得久，才能成为更好的自己，达致自己的使命。好大学不只一种，"成为好大学"这个说法恐怕会被误解为"爬榜"追排名。办好大学最忌讳的，是设定目标说：我要成为另一个哈佛。

教育领导力的独特价值

在追求大学的战略独特性、文化独特性和持续创新的历程中，大学校长们的教育领导力发挥着非常重要的作用。历史上许多办得好的学校，在其发展的不同阶段，总是由一些起到关键性作用的好校长所引领。本书在哈佛大学与杨百翰大学爱达荷分校这两个高校的案例，以及其他一些院校的例子中，都深刻地展示了这一点。当然，除了校长，我们还看到了一些学院的院长、教育创新项目的负责人等。然而特别重要的是，在校长这个岗位上的是怎样的一个人，他有怎样的抱负，如何带领组织，如何影响和贡献社会 —— 他的愿景与胆识、谦逊与包容、领导与变革，对于院校发展的命运，是关键与核心。

我曾提炼出"长、慢、大、公"这四个关键字来刻画校长的领导力，其中相当多的特征，都可以很好地与本书中一些故事的主人公对应。

我用"长"这个字，一方面是希望我们教育界同人给校长们长一点的时间谋篇布局，并从容一些地将战略实施落地；另一方面是期待校长们能以"校长"作为其终生的志业。"校长"其实很适合也很应该作为这个岗位上的人一辈子的终极头衔，而校长也应当有意超越自己曾经是某一学科的学者、某个领域的专家等角色，在时间分配、精力投入上，仅以校长作为自己的主业和天职。

我提出"'慢'校长"这个概念，反思的是工业化大生产对人和组织产生影响的背景，反对的是高等教育所呈现的理性面貌下潜藏的不合理性 —— 竭力追求高效率、显性成果、保量而非保质等目标。我很希望校长能更重视教育的内生性，只有这样，老师和学生们才会把内生动机、内在热爱放在教育和学习的中心位置。只有有了"慢"校长，才能有"慢"老师、"慢"教学、"慢"校园、"慢"阅读，这些概念中的"慢"，说的都是重视教育教学本身的内生目的，而不以外在的、短期的、单一化的指标来衡量和评价教育的成果。

而我在提出"大"校长时，还没有预料到，某些地区的高校校长会承受着当下这般的挑战与压力，这些压力来自政府、社会、捐赠人和关键利害攸关者。"大"校长意味着校长既要为学校挡风遮雨，也要小心驶得万年船。在把握学校的小环境的基础上，对于社会的大环境，校长要认清看懂，并有效地对其施加影响，从而在高校和社会间建构融通。不管校外环境如何变化，"大"校长都要能够为学校这个小环境创造出一个适合它发展，让老师、学生们都有心理安全感、成长安全感的环境，让它成为一个有归属感、有忠诚度的"家"。我个人很喜欢本书第三章中艾略特校长的故事，其中写到一位教授如此讲述他的观察："我目睹了这样一位卓越的校长，他年复一年地将自己最为珍视的计划展现给一大群教师和员工，把自己的思路与这些人分享，他的这些行为中带着一种满足感，因为他确信，要实现他的宏伟目标，端赖这些教职员工，在他心目中是世界上最有智慧也最正直的一个集体。"反之，也有 2005 年时任哈佛校长被一位大学特聘教授诘问的例子："校长先生，我什么时候不再是你的同事，而变成你的员工了？！"

而第四个关键字，"公"，有两层意义：一层意义是说，校长不是只需要管理好校内的事务就可以了，也不是只需要对教育相关问题负有责任，而是要认识到，在小社区、大社会中，越是在形势晦暗不明、方向摇摆难定的时候，在不同群体产生了争论争执、隔膜对立的时候，人们越会期待高校校长们能对社会、文化、人心的方向、大道贡献良知。而另一层意义是说，校长们要为"与共"的社会和未来担负很大的责任 —— 做一个促进社会与共的"公"校长，这一点随着社会大环境的变化，对高校校长而言，变得更重要且紧迫了。

与共：卓越的同时，还要与共

2013 年 9 月，在清华大学四年一度的教育研讨会开幕式上，加州大学伯克利分校学术委员会主席克里斯蒂娜·马斯拉克（Christina Maslach）教授作了一场题为"卓越与公平：创新本科教育的伯克利模式"（Excellence and Access——The UC-Berkeley Model for Innovative Undergraduate Education）的特邀报告。

我观察到，其中关于"access"这一部分，她所讲述的很多内容，并没有引起太多现场和后续的关注与讨论。事实上，她所描述的"access"，中文译作"公平"，也并不准确合意。

她关注的是大学所提供的教育机会，即大学如何向更大范围的社会公众提供教育机会；她同时也关注，作为加州大学伯克利分校这样的名校，如何与加州教育体系中的社区学院共生共荣。她提到，加州大学伯克利分校提供了让加州社区学院的优等生入校学习的大量机会（相比之下，当哈佛大学于 2019 年录取一名来自社区学院的转学生时，这一消息成了轰动全国的新闻），也提到了这一做法如何为一直在加州大学伯克利分校就读的学生带来正向影响。

我当时就很受触动，今天也记忆犹新。

后来，我在与同行分享"做一个促进社会与共的'公'校长"时，也谈到："人们总喜欢用全称、统称的方式，讨论某个国家的教育水平如何如何，其实这本身已经不科学。在很多国家中，现实情况是，学校之间教育水平的差距在拉大，教育资源和品牌有马太效应。"

这可不是小事。学校之间的教育水平差距拉大，会深刻影响其中的受教育者对社会公正和对人与人之间关系的看法。作为一个促进社会与共的"公"校长，要清醒地意识到，精英教育不能独活，名校不能一骑绝尘，一所大学教育水平的遥遥领先中存在社会风险，教育差距的扩大与固化，必然会对社会中的各个学校、各类人群造成深远的影响。[①] 我们要认真反思，对于当前有些国家和地区出现的社会对抗、隔膜，甚至是割裂和分解，教育要负上怎样的责任？ 虽然迈克尔·桑德尔对于"优绩的暴政"的反思，在一个优绩主义至上的文化中，可能很难得到太多的共鸣，但即将到来的现实也许会痛击我们，给我们一个冷静的机会，去回想桑德尔教授的警示。

对"与共"这个词，不能仅理解为团结，而更要强调不同主体之间有机地共生共进。我们要明确，高等教育的参与者应该构成一个"生态系统"，因此看待高等教育时，应多用类思维，少用层级观。我们很多时候容易把"层次"（比如大学、中学、小学，博士、硕士、学士）直接转译为"水平"，也有高看人的数理能力、低估人的手艺技能的风气。从生态多样、与共发展的角度，以"类"而非"层"更非水平高下的方式，来看待和建构多元多样、各擅胜场的教育体系，可能是解决当今很多教育资源错配难题的一个关键。

---

① 仍清晰地记得参与推动成立某个大学联盟时，哈佛时任校长对草稿中出现了 elite（精英）这个词非常敏感的样子。

针对当下状况，我认为有三种"与共"问题，值得我们高度重视并加以解决。

第一种"与共"问题比较经典：高校是否提供了机会，让更多没有受过高等教育的家庭的子女接受高等教育？ 这是马斯拉克在演讲中讲到的，也是清华大学等国内名校努力思考的问题。虽然问题经典，但它是否有了可靠的解法还不好说。

第二种"与共"问题则是：更大范围、更多元多样、更多类别的院校是否都得到了发展机遇？ 它们是否正走在追求独特性、贴近社会和人民需求、能办出本校特色的路上？ 这种"与共"，强调的是名校与普校之间的与共。高等教育要建设共同体，百花共美。这里，恐怕我们要对什么是花、怎样才美有更广泛也更深刻的理解。

"苔花如米小，也学牡丹开。"袁枚的这句诗很多人都很喜欢，它因以小见大、有精神气而广受赞誉，但我其实并不赞同其中这个"学"字。苔花应当开出苔花的美。在费孝通先生的十六字箴言中，"美人之美"讲的是牡丹看到苔花，要懂得苔花特殊的美，而"各美其美"鼓励苔花自己也要对自己的美有自信，这才有"美美与共，天下大同"。苔花学牡丹并不好，它要自由开放，开出与牡丹不同的美好来，这样也会有更喜欢苔花的欣赏者去求、去爱，才能建构出一个参差多态、各有其福的生态系统。

第三种"与共"问题是：实体校园与线上教学及各种新技术参与后的教育形式，如何与共发展？ 这是本书的一大主题。一方面，我们要理解技术的迭代逻辑——一种技术越多人用，越有机会迭代得更快、更好，也会在成本和可及性上从"重器"进到"众器"，走入寻常百姓家，并变得对使用者来说更易上手；另一方面，在线教学也好，人工智能也罢，新技术与传统教育中的很多角色，不是"谁要替代谁"的此消彼长的关系，而是要共生共荣、相辅相成、融合升华，形成新事物，具有新形态。"替代论""消亡论"，真是故意吸引眼球的惊人之语，造成的影响还很大。这些制造对立的观点没有含"智"量，不值得评论，对它们最好的回击方式，就是积极推动技术与人的融合，让与共而生的教育新"生命体"来彻底消除"替代论"的市场。

我们高等教育工作者唯一期待的，就是各国政府能够对学位制度进行更加积极、面向未来的改革。设想一下，未来学习者取得高等教育学位的方式，应该也必须更加丰富。如果学位制度过于封闭保守，那么不完全排除的一种可能性是，我们熟悉的高等教育学位制度会被瓦解，或至少变得对经济和社会不那么重要（irrelevant）。

大学只有和社会与共，才有未来。博克校长曾在卸任时，表达过他对哈佛大学正变得与国家和社会脱节的遗憾和忧心。他提醒说："除非社会能够赏识、认可其中大学的贡献，否则它将会通过一步步剥夺大学在世界上保持卓越地位所必需的保护和支持，将它们贬低到另一个利益团体的位置。"

"大学，你以为你是谁？只不过是另一个'利益'团体而已。"博克校长在 1991 年说出的这句话，在今天更令人感到真切。

追忆克里斯坦森的笨拙方式

我教授克里斯坦森的颠覆性创新理论时，发现他的那张经典的示意图（也出现在本书的第一章中）被大多数人误解，哪怕是学过这个理论的学习者、管理者，也会对它存在理解偏差。

其中一个原因，就是他们没有去深入思考坐标系纵轴的 Q（Quality，中文主要译为：性能、性能指标，也有译为质量的）会随着社会、技术、经济、生态环境以及政治局势的变化而变化，这个变化着的性能会影响到社会中每个群体、每个人的偏好和选择。整个模型具有很强的动态演进性，横轴作为时间轴，同时也是社会行为演进轴。

因此，在讨论"接受高等教育，到底是在追求什么样的性能"这一论题时，我们应该意识到，在不同的时点，社会的不同群体都有着不同的偏好和选择；同时，随着时间和社会环境的变化，随着原本就性能而言相对落后的低端技术的改进，偏好和选择也在变化。

这个动态模型从本质上揭示了，为什么高等教育应该提供更加多样的、适应动态变化的可能性。随着这种变化的发生，不少效仿哈佛策略的大学（主要在北美以及欧洲）就会因为来自低端的颠覆而在经济上和信誉上破产。即使教育是个有着诸多非市场性因素的行业，让克里斯坦森并没有那么灵验地预料到陷入窘境的大学仍然能够垂而不倒，它们也确实在窘境中越陷越深，然而我能判断，缺乏特色又成本高筑的大学逐渐招不到学生并走向破产（或被合并、收购），将会逐渐成为一个现实。

如果我们要对颠覆性创新理论的示意图理解得更透彻，就要把目光放到示意图的中间位置，从而看清楚一个事实 —— 高端领先技术的"更大更好"倾向，让它们产生了越来越多不能够被消费者知觉，并让消费者为此付费的"过剩性能"。如本书作者一直关注的长暑假期间空荡荡的实体校园，或者许多师生其实无感，却需要花很大价钱去维持的校际竞技体育等。低端颠覆之所以能后来居上，就是赢在不让消费者去花这些冤枉钱，并逐渐让低端产品在主流性能上也与高端领先技术不遑多让上。本书所建议的持续创新（innovative）的高等教育模式，能有效地捕捉到大学这一"产品"性能的变化和分化，从而让不同层次的大学能够根据不同层次学生的需求，针对性地提供服务，克服那些追求如哈佛基因一类的"过剩性能"的诱惑，或盲目效仿名牌大学运营方式的惰性，做出自己的特色，提供对大众有贡献、被大家认可的大学教育。对于那些接受并认可它们的学习者而言，它们就是高等教育生态中竞相开放、各自芬芳的牡丹，抑或苔花。

正确地阐述充满解释力和启发性的理论，并指导每一个行业的实践者去认知和应用这些理论，是克里斯坦森教授留给世界的最好的馈赠。

2020 年 1 月，我在旅行中听到了克里斯坦森教授过世这个悲伤的消息，从那以后，我就一直希望做点什么，表达我对他的追忆。在这本书的翻译过程中，我得到了徐中老师无私的帮助和张渝涓编辑已经接近无限的包容，我们共享着一样的价值观，就是：人的呼吸会停止，然而思想不会死；随着更多人受到这些伟大思想的影响，并把它付诸实践，思想者也会获得永生。

杨斌

2025 年 3 月于清华园

致中国读者

　　首先，我要感谢出版社邀请我为中国读者介绍《大学的窘境与革新》一书。如今，令我深感遗憾的是，本书的另一位作者克莱顿·M.克里斯坦森（Clayton M. Christensen）教授已于 2020 年 1 月不幸去世，他不能和我一起向中国读者介绍这本书了。在过去的 30 多年间，克莱顿在哈佛商学院获得了博士学位并留校担任教授。正是在哈佛商学院，他提出并发展了颠覆性创新理论。

　　什么是颠覆性创新呢？简而言之，颠覆性创新理论预测，随着成熟行业中的大型组织不断提升产品性能并提高产品售价，其组织运营成本往往会变得越来越高。在一段时间内，这些组织的最有钱的一部分客户仍然能够且愿意为质量更高的商品和服务承担更高的价格。

　　可是，随着时间的推移，这些高质量产品提高后的售价会超出许多潜在客户的支付能力。这为更小、更具竞争力的新兴组织创造了争取客户的机会。它们致力于满足那些为了获得价格更低的产品而宁愿牺牲产品高端性能的客户的基本需求，因而获得了生存和发展的机会，其收入也开始增长。

　　虽然一开始，新兴组织会受到高端客户的排斥，但是当这些新兴组织把创新聚焦在提升产品和服务最重要的性能上时，它们的产品质量会变得越来越好。在行业中的主流成熟组织真正意识到威胁到来之前，大批客户已经流失到这些新兴组织中。此后不久，主流成熟组织就开始遭受收入减少带来的痛苦。

　　有时候，在主流成熟组织中的"自信"领导者意识到这个问题之前，组织中的恶性循环就已经开始了。其产品或服务的利润率开始持续下降，而大多数固定成本——例如物理设施——仍然存在。对于许多竞争中的主流在位组织来说，这种恶性循环带来的结果往往是其经营业绩持续下滑，最后面临破产清算或被收购。

这就是颠覆性创新理论的基本要义。

也许，没有哪个行业比传统的高等教育行业更重要，更需要创新。在西方，有一种说法是，高等教育起源于 400 多年前建立在欧洲和美国的大学。在亚洲，教育创新的机会更大。世界上没有哪个地区比受到儒家文化影响的东亚地区更具有创新精神和更重视教育。

东亚地区也有着历史悠久的著书立说学术传统。官方开办的学校，即现今东亚地区的大学的前身，在中国的历史非常悠久。因此，中国学者在东亚地区一段历史时期内变得非常有影响力。

我在日本工作时，感受到了中国教育的积极影响。我在学习阅读汉字的同时，研究了 11 世纪至 14 世纪间日本学者到中国旅行的历史。汉字是日语书写的基础。日本学者从中国带回的文字和知识对日本产生了重大影响。

同样，克莱顿年轻时曾在韩国工作，彼时中国学问也让他受益匪浅。韩国的"汉字"和日本的"汉字"一样，也起源于中国。克莱顿很快就学会了用韩语对话、书写韩文（因为他学什么都能成功）。在距当时将近 40 年后的 2010 年，克莱顿的大脑语言中枢因中风暂时失能了，而他对汉语和韩语的掌握也因此被证明是十分有价值的。幸运的是，在克莱顿努力恢复自己说话的能力时，他还能回忆起两种语言，其中一种是基于他心里"具有某种黏性"的中文象形文字。

仅仅一年后，克莱顿的说话能力就几乎恢复正常了，他说："中国已经成为一个上满润滑剂的、高效运转的现代市场经济机器。"

我相信克莱顿一定会同意我的看法：中国的教育者有很好的机会来颠覆和改善其高等教育的现状。我们教育者需要为更多的学生 —— 包括年轻人和老年人 —— 服务，让他们以合理的成本获得高质量、实用的教育。在线教育使得这个想法变得越来越可行，这将为全世界带来更大的繁荣与和平。

最后，我希望你能和我们一起探索高等教育创新的可能性。

亨利·J. 艾林

杨百翰大学爱达荷分校校长

2020.8

前　言

　　首先，我想告诉读者的是，在合作研究与共同写作本书的过程中，我的合著者亨利·J.艾林表现出的杰出智慧和无私奉献让我深感荣幸！

　　2000年，爱达荷州南部的里克斯专科学院升格成为四年制的杨百翰大学爱达荷分校。这个消息马上给所有人带来了惊喜。在杨百翰大学系统内，杨百翰大学爱达荷分校的设计定位是"具有与兄弟院校不同的独特功能"，这与它能升格为四年制大学这个消息一样让人感到惊喜。新成立的杨百翰大学爱达荷分校将继续以本科生教育为主业，不开设研究生项目，也没有传统的科研项目。学校曾经拥有的全美最成功的大专院校体育项目将被取消。

　　杨百翰大学爱达荷分校还将进一步提升教学效率。学校将通过采用新技术，尤其是在线教育技术，让教学可以做到全年无休，以便以更低的成本服务更多的学生。里克斯专科学院在升格为大学后，比以前更像一所社区大学了。

　　在杨百翰大学爱达荷分校创立之时，亨利正在犹他州普罗沃市的杨百翰大学万豪商学院负责工商管理硕士（MBA）项目。几年前，万豪商学院的MBA项目与宾夕法尼亚州立大学的MBA项目并列《美国新闻与世界报道》（*US News&World Report*）全美MBA50强的最后一名。亨利受聘以扭转学校MBA项目排名下滑的趋势，而这就要求学校在招生方面更加严格，让更多MBA毕业生的起薪更高，并提升教师的科研水平和论文发表的数量与质量，赢得学术界的尊重。对学校及其管理者而言，做好这些工作是至关重要的，也是要付出高昂成本的。

　　当然，这已经不是亨利第一次看到大学在提升学术等级时需要付出如此高昂的代价了。他在担任亨茨曼癌症基金会首席财务官（CFO）期间，批准了犹他大学亨茨曼癌症研究所的医学研究设施和教师薪资的支出。乔恩·M.亨茨曼（Jon M. Huntsman）先生最初承诺提供的 1 亿多美元仅够启动该项目，因而该项目还需要不断引入其他资金，尤其是获得联邦研究经费的资助以维持运作。

因此，杨百翰大学爱达荷分校在 2000 年提出的设计定位引起了亨利的关注。在高等教育的大环境中，学校的总体目标是不断提升学术等级，尽管这样做的成本很高。而杨百翰大学爱达荷分校则是一所专注于相对低端细分市场的大学。当 2005 年哈佛商学院时任院长金·克拉克（Kim Clark）教授被任命为杨百翰大学爱达荷分校校长时，亨利是少数几位关心学校可能因此改变发展战略的人之一：金·克拉克校长作为一位富有成就的学者和来自世界杰出商学院的筹资人，他一定会试图改变杨百翰大学爱达荷分校的声望和形象。

金·克拉克的就职演说证实了亨利的推测。他谈到了提升学校的教育质量，并计划降低大学的运营成本，扩大其影响范围，甚至惠及远在非洲的学生。他也承认，在降低成本、多招学生的同时提高教育质量确实存在困难。他之所以乐观而自信，不仅是因为他曾担任哈佛商学院院长，更是因为他是运作管理领域的杰出学者。亨利与金·克拉克只见过一面，在了解金·克拉克的愿景之后，他就毫不犹豫地加入了杨百翰大学爱达荷分校的管理团队。

事实证明，他能够与金·克拉克及其团队一起工作是一件令人兴奋的事情。他看到了杨百翰大学爱达荷分校与其他三所学校的不同：杨百翰大学爱达荷分校的教职员工和行政人员热爱学习和帮助他人学习，像每一位刚刚开始学术生涯的学者一样求知若渴。在某种程度上，学校的环境促进了非凡的创新和学习成果的诞生。有一天，亨利的太太凯莉（Kelly）用一个隐喻解释了杨百翰大学爱达荷分校与其他大学的差异："杨百翰大学爱达荷分校拥有不一样的基因。"

这个"基因"的隐喻使人豁然开朗。那时，亨利正在阅读一本书，书名为《失去灵魂的卓越：哈佛是如何忘记教育宗旨的》（*Excellence Without a Soul: How a Great University Forgot Education*）。这本书的作者是哈佛本科生院原院长哈里·刘易斯（Harry Lewis）。他首先简要回顾了哈佛大学的发展历史，总结了大学生们都非常熟悉的大学制度特征的创新：择优录取的招生与奖学金制度、通识教育与专业教育、成绩分布曲线与荣誉、校际体育赛事，以及教师为终身教职而奋斗。亨利在阅读这本书时试图理解杨百翰大学爱达荷分校的独特特征。他意识到，哈佛大学是传统大学 —— 无论是那些历史悠久的研究型大学，还是那些积极进取的地方性大学 —— 基因的源头。

这个思考引发了亨利对哈佛大学和杨百翰大学爱达荷分校的基因对比。这项研究通过对比对两校的历史发展的叙事来进行，它表明其他高校也可以像杨百翰大学爱达荷分校那样改变自己的基因。最初，金·克拉克教授质疑了这一想法。鉴于亨利在杨百翰大学爱达荷分校任职，他的父亲又曾于1971—1977 年担任学校的校长，因此这项研究对比存往自己脸上贴金的嫌疑。金·克拉克对"杨百翰大学爱达荷分校的教育模式"在某些方面优于哈佛的论断也不敢苟同。金·克拉克在哈佛大学先后获得学士、硕士和博士学位，他深知两所大学的类型不同，很难进行直接比较。

而亨利则认为这正是这项研究的价值所在。当金·克拉克指出，杨百翰大学爱达荷分校的特征不但不同于哈佛大学，也不同于其他效仿哈佛的高校时，亨利就更想对两所学校的基因进行比较了。金·克拉克描述了在哈佛本科住宿制书院环境中，助教们的言传身教起到的学术启发作用，不仅包括帮助本科生更高效地学习，还包括如何更好适应大学生活，获得成长。他谈到自己在本科学习期间就可以选修研究生课程，并接受世界一流学者的指导。

金·克拉克和其他熟悉哈佛大学的人一起，成为本书写作的重要顾问。金·克拉克还谈到，哈佛大学为了在学术研究上引领全球和为包括本科生在内的所有学生营造良好的培养环境，投入了大量的资金。2009 年，哈佛大学的捐赠基金投资蒙受了巨大损失，这使其预算受到了的不利影响，哈佛大学的财务负担因此变得沉重起来。这让亨利意识到，哈佛大学的效仿者纷纷陷入财务困境的根本在于其基因 —— 哈佛大学无与伦比的财富是其他大学难以效仿的。

亨利在研究其他大学效仿哈佛这一现象时，注意到了我在诸多行业中发现的颠覆性创新理论。颠覆性创新理论认为，从计算机产业、汽车产业到钢铁产业等那些从低端行业市场入局的新企业，通过将简单产品销售给要求不高的客户并不断改进提升自己的产品，最终将行业的领先者颠覆、消灭。在我为试图解释高等教育中的颠覆性创新问题而绞尽脑汁，并准备出版一本有关公立教育领域颠覆性创新的图书之际，亨利邀请我加入他关于高等教育的过去与未来的研究，我立刻抓住了这个机会。

我们得出的结论是，高等教育领域是一种特殊情况，我最初提出的颠覆性创新理论无法解释其中的某些现象。实际上，大部分作为新进入者的大学往往进入的是高等教育的"低端"或"新市场"，其中主要是社区学院。它们几乎都在朝着同一个方向前进 —— 成为在更多领域提供学士学位和更高层次学位的大学，就像颠覆性理论所预测的那样。但在高等教育这一领域中，并没有出现其他大部分行业中出现过的成熟组织被淘汰的现象。高等教育有新进入者，却没有退出者。

我们找出了导致这种异常现象产生的三个因素。

第一个是教学。过去，教学行业很难被颠覆，毕竟其中的人文特质是无法复制的。然而在未来，随着在线教学技术的进步，教学行业将可能被颠覆，竞争的焦点也将从教师的资历或院校的声誉转向学生真正学到了什么。

第二个，我们观察到，一些大学作为高等教育领域的新进入者，其中存在两类学生群体，他们对学习存在不同的需求。第一类学生群体的主要需求是获得实体校园中的体验。对他们而言，校园中的体验是难以被替代的。另一类学生群体出于对家庭与工作的需要，更关注如何获得文凭而非校园中的体验。他们往往利用自己的空余时间进行学习 —— 常常是下班后或者孩子睡着之后。那些以满足这些潜在的学生需求为主的高等教育领域的新进入者，确实是典型的行业颠覆者。

高等教育领域的新进入者众多但退出者很少的第三个因素是校友和州议员与其毕业院校的关系，这些校友和州议员是所在院校的"客户"。他们之所以给予大学支持的动机通常不仅出于公益精神，还源于与深刻塑造了他们人生的教师和教练之间深厚的私人情谊。校友和州议员的支持，赋予了传统高等院校在高等教育领域独特的持久生命力。

这些观察结果印证了其他高等教育领域研究的结论，即当在线学习与面授学习相结合时，学生的学习效果最佳，其中面授学习能够为学生提供一些关键的无形收益，而这些是传统大学校园最易提供的。我越来越确信，借由我们的这次合作，一套针对高等教育创新的、与之前完全不同的、更周全细致的方案将逐渐成形。传统大学的全职教师和校园职工可以把在线学习的发展看成一种持续性创新 —— 使传统大学变得比以前更加强大的创新。与在线技术对报业和录像带出租行业产生的颠覆性影响相比，它对高等教育的影响是截然不同的。

2010 年夏天，我和亨利对关于哈佛大学、杨百翰大学爱达荷分校以及高等教育领域颠覆性创新的故事进行了反复修改，已经修改到了边际效益明显递减的地步。当年 7 月 16 日，我对亨利说："我们写作这本书就像是在对数坐标系上面打橄榄球，无论你多么努力地想要带着完美的成果冲过终点线，你都会发现，要达到完美，似乎还有无穷无尽的工作要做。到了某个阶段，你只能宣告胜利，把球一扔，然后离开赛场。"我们商定，亨利会对书稿的最后部分进行润色，而我来写一篇新的引言。之后，我们就大功告成了。

两天后，我在麻省理工学院附近为一个教会团体演讲时突发中风。在场的一位神经科医生听出我言语含糊，判断这是中风的症状，于是及时把我送到了仅有五分钟车程的麻省总医院。这次中风导致我暂时无法说话和写字，因此，亨利不得不挑起大梁，不仅要完成他自己的任务，还要承担我的工作。而我则专注于重新学习说话和写字。这次延误给写作项目带来了意想不到的好处。最显著的好处是，2010 年 11 月，麦肯锡公司发布的一份教育研究报告《制胜学位教育：高产出的高等教育机构的策略》一共提出了五种策略，这大大丰富了本书的内容。该报告描述了除杨百翰大学爱达荷分校和哈佛大学之外其他学校的创新举措。亨利据此将新增的这部分内容完成得非常出色。

在我当时说服能力还有限的情况下，亨利和出版商商定，我们两人的名字将按字母顺序出现在书的封面上，事实上我们都对这本书倾尽全力做出了贡献。我们的目标是激励当今的高等教育界，像 19 世纪末的哈佛大学及其他同类院校那样开创高等教育的新模式。

这一模式建立在美国与欧洲高等教育的最佳传统之上，再加上强大的创新，使得这些大学变得更加卓越。随着《莫雷尔法案》(the Morrill Act) [①] 的颁布，许多赠地学院建了起来，这一新模式极大地提升了高等教育的入学人数与教学质量，有助于实现林肯总统提出的"自由的新生"的梦想。

如今，那些看似会对传统高校造成冲击的技术，同样也能让高校重焕生机，造福众人。我们希望本书能对高等教育行业有所助益，得到广泛阅读与讨论。我们的动机并非逐利，版税收益已全部捐赠给创见咨询（ Innosight Institute ），它是我们推动高等教育创新的合作伙伴。

亨利和我都热爱高等教育。我们感激高等教育为我们所带来的一切，也热爱那些让高等教育从梦想变为现实的人。这些人不仅包括高校教师和管理人员，还有学生、学生家人以及纳税人。我们将本书以爱与希望的名义献给他们。

克莱顿·M. 克里斯坦森

亨利·J. 艾林

---

① 亦称"赠地法案"，1862 年由美国国会通过，规定各州凡有国会议员一名，拨联邦土地 3 万英亩（约合 121 平方千米），用这些土地的收益维持、资助至少一所学院，而这些学院主要开设有关农业和机械技艺方面的专业，培养工农业急需人才。1890 年，美国国会又颁布第二次《赠地法案》，继续向各州赠地学院提供资助，到 19 世纪末，赠地学院发展到 69 所。这些学院后来多半发展为州立大学，成为美国高等教育的一支重要力量，为美国的经济腾飞做出了重大贡献。—— 编者注

序 言
是时候去颠覆 —— 并革新

美国高等教育究竟面临多大的困境？ 答案在很大程度上取决于你的信息来源。如果你主要依靠新闻媒体和书籍获取信息，你就会觉得情况似乎不容乐观。州议员似乎在与本州的公立大学作对；高等教育预算是联邦预算中最大的可自由支配项目，而这部分预算正面临大幅削减。从国家层面来看，与其他国家和地区的大学入学率和毕业率稳步上升相比，美国的高等教育水平似乎正在下降。在大学校园里，学者们著书立说，援引研究成果和个人经历，宣称他们所在的院校已陷入困境。

如果你是一名大学生的家人，你也可以从自己当年的求学经历中找到一些依据来支持这种令人不安的看法。尽管大家都在说联邦政府对高等教育的财务资助在不断增加，但你家的财务状况可能还是难以承担送孩子上名校的费用。然后，你会听到你的孩子抱怨选不上课、学业辅导不足，自己也很难见到教授。如今，虽然孩子在大学学习的费用要高得多，但孩子的学习体验似乎和你自己上大学时差不多，教学模式组成依然以课本授课、讲座和选择题考试为主。除了费用增加，你的孩子和你的大学时光唯一的明显不同似乎就是学生聚会的频次减少（不过在这一点上，你的记忆可能存在选择性）。

如果你的孩子上的是公立高校，那么他毕业的进程似乎是随意而缓慢的：当孩子读完大三时，可能还不知道什么时候能够毕业。事实上，你的孩子有50% 的可能性根本不能按时毕业（这个问题在私立高校也存在，不过没有那么严重）。等到毕业时，你的孩子还可能没有办法找到专业对口的就业机会。你们家负债累累的大学毕业生可能会在结束沮丧的求职之旅后回到家里，说他需要再读一个硕士学位才能找到一个好工作。

如果你是一名大学教授或大学管理人员，那么你肯定理解这些观点，但看法会与他们略有不同。虽然你会阅读报刊，或许自己也有孩子在读大学，但你深知美国高等教育存在的核心矛盾。几十年来，你一直能听到人们抱怨美国的高等教育的低效和高成本，以及从统计数据来看相较于其他国家和地区的衰退。可是，你知道哈佛文理学院原院长亨利·罗索夫斯基（Henry Rosovsky）在 1990 年所写的这句话依然是事实："全球顶尖大学中，有 2/3 到 3/4 都在美国。"事实上，如果说这种局面有什么变化，那就是自罗索夫斯基发表这一言论以来，美国大学模式的主导地位更有所增强。2010 年，衡量高等院校诺贝尔奖获奖情况和学术出版物等成就的世界大学学术排名显示，全球排名前 20 的大学中有 17 所在美国；前 50 名的大学中，有 36 所在美国 [①]。罗索夫斯基对美国高等教育的卓越地位的铿锵雄辩，如今看来与 1990 年一样有力："我们的经济和社会在哪个领域能做出类似的成就呢？"

作为一名教授或行政管理人员，你会听到人们抱怨，你所在的学校重学术研究而轻教学，还会听到有人含沙射影地说，正是你们的高薪导致高等教育成本越来越高。然而，你的亲身体验告诉你，学校提高学费并非为了给教师涨薪，你的薪资涨幅相较于学校总体成本和学费的涨幅要小得多。而且，高薪的高校管理人员的数量在学校总运营预算中占比很小。

大学并未忽视学生的偏好。事实上，在很大程度上，正是大学校方对吸引学生的执著使学校的运营管理成本越来越高。如今高校最显著的支出变化，不是教授和行政管理人员的薪资增加，而是奖学金与助学金、硬件设施、网络接入以及大学校队等方面的支出增加，而这些都是学生在择校时所关注的因素。各类高校排名还考核大学对学生来说重要的其他方面：师生比、毕业率、学生和校友满意度、学术声誉等。在很大程度上，高等教育成本日益增加的原因是它们试图吸引最有能力、最有眼光的学生"客户"，而非满足教职工的需求。

---

① 根据软科世界大学学术排名（ARWU）2024 年官方排名，全球排名前 20 的大学中，有 14 所在美国；前 50 名的大学中，有 28 所在美国。——编者注

专栏:
大学与学院: 校名上的差别

在本书中, 我们将采用这样的专栏形式来提供内容补充, 以及展示为阐明主要内容提供的实例。高等教育是一个错综复杂的领域, 有着独特的实践和术语, 因此即使对于业内人士而言, 书中的一些解释和示例也会有所帮助。例如, 2006 年, 美国高校的 1780 万名学生中, 有 1/2 到 2/3 的学生实际上就读于那些名字以大学 (university) 结尾的院校, 其余学生则就读于名字以学院 (college)、研究院 / 学院 (institute) 或其他类似名称结尾的学校。

出于写书的目的, 我们在本书中统一使用"大学"(university) 这一术语。虽然许多学院 (colleges) 并不具备大学所承担的全部职能, 例如, 它们不能开展学术研究和授予博士学位, 但大多数传统学院开展的工作, 尤其是它们教育学生的方式, 在很大程度上是根据大学的制度制定的。例如, 学院的教学是按学期来划分的, 以及学院的全职教授需要拥有高等学位等。鉴于这些相似之处, 我们会发现, 传统高等教育机构面临的诸多威胁与机遇, 对大学和学院来说是共通的。我们阐述这些威胁与机遇时所举的例子, 涵盖了名称不同的各类院校, 其中也包括一些社区学院和技术学院。

换个角度看大学

我们两位作者关于大学的观点有很多相似之处 —— 我们阅读相关的新闻报道和图书, 我们有孩子在上大学, 我们喜爱自己在大学的工作。然而, 我们是从颠覆性创新理论的视角来看大学所面临的挑战的。本书的写作目的是从颠覆性创新理论的视角展现传统大学所面临的严峻威胁和巨大机会。从颠覆性创新理论的视角看, 传统大学正处于行业发展关键的十字路口。它们一方面面临着极大的竞争性颠覆风险，另一方面又面临创新带来的振兴良机。

如今，大学面临的现实存在的危机，其中大部分是大学自身造成的。大学本着褒扬传统的精神，经常坚守过时的做法而使自己的未来处于危险的境地。在财务压力迫使它们降低成本时，它们只是进行了无关痛痒的微调而非战略性的权衡取舍。它们也没有为了让学生准备好应对不断增加的工作需要而彻底改造课程体系和教学方式。它们只是以涨价来应对经济衰退。从市场竞争的角度看，这些做法无异于慢性自杀。大学似乎并不关心自己周围发生的巨大变化。

由于大学学费不断提高，却几乎不能为学生提供参加全球性工作所需的技能，学生、家人和政策制定者自然而然地会被其他更有竞争力的高等教育形式吸引。营利性教育机构和技术学院尽管收费比普通公立大学高，在某些情况下的教学质量还不那么可靠，但它们更方便、更符合学生的学习需求，尤其能提供更符合市场需要的技能培训。在纳税人和立法者看来，他们会支持那些对自己最有利的教育机构。对比这些营利性机构的竞争力，传统大学似乎不值得获得更多的支持或同情，就像传统的炼钢厂、汽车制造厂和航空公司那样。

但事实并非如此。传统大学还是必不可少的。学生们要迎接快速变化的全球化社会带来的机会与挑战，需要的不仅仅是认知能力和专业技能。年轻的大学生特别需要一个全面发展的环境，置身其中，他们不但能够学习知识，还能够开阔视野并不断地让自己"成长成熟"。尽管营利性教育机构能在高等教育中发挥重要的、补充性的作用，但当今社会对理想的传统大学的需求却比之前任何时候都更加强烈，毕竟理想的传统大学是实现知识广度与深度的有机结合的地方，还拥有多元化的校园氛围和能够对学生产生重大人生影响的教授。

然而，传统大学要在新的竞争环境中发挥不可替代的作用，就必须比以往更快、更彻底地进行变革。尽管传统大学在上述方面拥有宝贵的优势，但其长期以来的运营方式成本过高。19世纪末到20世纪初，富有远见的大学领导者们打造出了大学运营的独特模式，而传统大学之所以一直没有做什么大的改变，是因为没有受到大的挑战。如今，创新正在打破大学教育的现状。印刷版教科书问世以后，教育行业首次出现了一种能大幅降低学习成本的新型教学技术 —— 在线学习。与此同时，更注重教学成果的认证标准开始使大学面对的竞争环境更加公平；通过学生的学习成果，比通过实体设施和拥有博士学位的教师来证明大学的水平更具说服力。颠覆性技术的出现，加上对教育成果的更多关注，给新竞争形势下的营利性教育机构带来了新机会。这种局面极有可能引发高等教育领域的颠覆性变革。克莱顿在其著作《创新者的窘境》一书中就对此概念进行了研究和阐述。

颠覆性创新与大学

我们将在本书中从头到尾应用颠覆性创新理论，该理论认为创新主要有两种类型。第一种是持续性创新，它使产品或服务覆盖更大范围、拥有更好质量。持续性创新的例子有飞得更远的飞机、处理速度更快的计算机、续航时间更长的手机电池、图像更清晰的电视，以及开设更多专业和拥有更优质活动中心的大学。行业领军者几乎总能在这些持续性创新的竞争中胜出的原因，不仅是它们拥有充足的资金和其他资源，还有他们在传统方面的实践经验和专业知识使它们在把产品或服务做得覆盖范围更大、质量更好上具备优势。

相比之下，颠覆性创新打破了"更大更好"的循环，它致力于将一种虽不如最好的传统产品或服务，但更经济实惠且易于使用的同类产品或服务推向市场。在线学习就是一个例子。尤其是在其发展初期，由于当时网速较慢，许多在线课程仅仅是传统讲座和考试的线上版本，在线学习的质量远低于面授教学。只有那些无法在特定时间和地点上课的消费者，比如在职成年人，才会觉得这种新的教育形式有吸引力，或者至少是可以接受的。他们对"质量"的定义和其他人有所不同 —— 一场能让你深夜在家观看的在线讲座，比那种需要通勤且时间安排严格的线下课程要好。

因此，颠覆性创新最初就是对某一产品或服务的"非消费者"的利好。传统供应商往往忽视这些创新，认为他们现有的客户不会对此感兴趣。但随着颠覆性创新通过自身的持续性创新对其提供的产品和服务的不断改进，它就会对传统供应商构成威胁。例如，在线课程开发者不仅在线课程增添了视频会议等功能，使在线课程更像课堂教学，还创建了传统面授课程所没有的在线辅导和学生论坛。由于这些底层技术在节约成本和易用性方面具有优势，这些质量上的创新逐渐提升了产品的竞争力，以至于连传统大学的学生都觉得它很有吸引力。

尽管传统大学在创造新知（discovery）、传承薪火（memory）和明德亲民（mentoring）方面仍然发挥关键而独特的功能，但它们也面临着来自颠覆性创新的挑战，因此，它们必须对自身进行重新审视。如果传统大学找不到创新性的、成本更低的方式来履行这些具有独特价值的职能，那么即使它们在全球和国内排名很高，也注定会走向衰落。所幸，实现这种创新在它们的能力范围之内。

大学的创新必须基于它们对自己的认知以及对其历史的理解。过去，普通的大学和学院通过效仿一批以哈佛大学为首的精英研究型大学取得了成功。例如，规模较小的院校通过增设学科、提供更多高级学位来实现自身的发展。在 20 世纪的大部分时间里，这种效仿策略成效显著。随着社区学院和州立学院逐步发展为大学，它们将高等教育普及到大众，为知识进步以及社会和经济福祉的提升做出了贡献；很多纳税人与捐赠人感激大学在自己成长阶段提供的帮助，他们也乐意为学校作出贡献。

然而，这种标准模式如今已难以为继。高等教育机构要避免被颠覆，就必须制定超越模仿的策略。它们还必须掌握在线学习这一颠覆性技术，并开展其他创新。本书重点探讨的就是实现这些目标的策略。

"我们的职责是对大学从整体上进行自我重塑。无论是从知识的角度、社会的角度还是从文化的角度来看，大学都是美国的未来。"

——戈登·吉（Gordon Gee），
俄亥俄州立大学原校长

我们的目标与研究方法

像大学这样历史悠久且结构复杂的机构，要规划一条行之有效的未来发展道路，不仅需要透彻了解当前的形势，还需要了解这些机构发展的历史。因此，在本书中，我们将一同探究充满矛盾的美国大学的发展历程。我们将探讨为何美国大学一方面在世界上处于领先地位，另一方面却在美国国内饱受诟病；为何它既以研究为导向，又依赖学生；为何它技术过时，却为社会不可或缺。

要塑造未来，必须先追根溯源。

—— 玛丽·苏·科尔曼（Mary Sue Coleman），
密歇根大学原校长，引自加纳谚语

研究大学的历史并直面这些矛盾，可以使我们跳出关于大学发展危机的悲观论调，转而探讨充满希望且切实可行的改革策略。我们将会看到，传统大学要求生存谋发展，就必须打破传统；而我们也会发现，大学若要蓬勃发展，就必须巩固自身一直以来的优势。我们将在书中深入研究十几所正在践行这一策略的院校。

本书旨在与所有关心高等教育未来的人共同探讨高等教育的前途，包括学生、家人、校友、职员、纳税人、议员和其他政策制定者。我们尤其希望大学教师和管理人员能够参与进来，他们是领导传统大学振兴的关键力量，是办好大学的中流砥柱。

接下来，我们将深入探讨大学中那些看似矛盾的做法的成因，以及为确保大学活力所必须进行的创新与变革。尤其值得一提的是，我们将探索大学竞相效仿的诸如哈佛大学这类精英研究型学府的发展趋势。鉴于哈佛大学在全球的卓越影响力，我们将在本书第二部分"卓越的美国大学"中对其展开详细研究。我们将追溯哈佛大学近四百年的基因演进历程，探寻它是如何成为其他院校的典范的。我们可以将其视为一种制度性的"基因"，即其他大学纷纷效仿的基本组织特征的确立者。

哈佛大学为本科生提供了涵盖人文与科学领域的广泛课程。哈佛大学还拥有诸多一流的专业学院，并且在诸多学科领域树立了卓越研究的标准，这一点超过了其他任何大学。哈佛大学也为实现这些广泛的卓越成就付出了巨大的成本。如今，哈佛大学每年的运营预算近 40 亿美元。幸运的是，庞大的捐赠基金以及对其高学费的学位项目似乎无穷无尽的需求，使哈佛大学至少在经济景气之时能够承担这些开支。

我们在第三部分中将会看到，哈佛模式并没有被许多效仿它的大学充分理解。实际上，哈佛模式只适合少数的大学，并不适合所有的大学。大多数大学无法承担越来越高的运营成本。这些哈佛大学的效仿者缺少必要的财务来源以支持其运营成本的持续增长，这使得很多美式大学在面对竞争性颠覆时显得尤为脆弱。

第四部分的内容是关于一种新型的大学运营模式的，将介绍融合不同大学模式的杨百翰大学爱达荷分校（前身为"里克斯专科学院"）。杨百翰大学爱达荷分校与哈佛大学相比，根本称不上是传统大学。杨百翰大学爱达荷分校地处爱达荷州东南部的农村地区 —— 雷克斯堡，目前只是处于建立真正意义上的大学的初期阶段。但杨百翰大学爱达荷分校为我们提供了一个有用的案例，它向我们展示了传统大学利用颠覆性创新技术的巨大潜力。

杨百翰大学爱达荷分校成立于 2000 年，其前身是几乎不做任何学术研究的里克斯专科学院。这使得它有机会从根本上被重新设计为杨百翰大学爱达荷分校。学校的设计者充分考虑了 21 世纪大学生的需求以及传统大学模式的优势与劣势，尤其考虑到了新的学习技术和杨百翰大学爱达荷分校的使命。最后，杨百翰大学爱达荷分校的设计者将重点聚焦在他们服务的学生群体类型和需要教授的科目上。他们对学术的定义非常广泛，甚至包括学习的学术。事实上，他们从基因上创造了一类不同于哈佛大学的新型大学。

在大多数成熟大学看来，哈佛大学与杨百翰大学爱达荷分校都不是实用的学习榜样。哈佛大学长期享有盛誉并实力强大，杨百翰大学爱达荷分校则具有同不寻常的坎坷发展历程。尽管它们各自具有独特的使命与特征，哈佛大学和杨百翰大学爱达荷分校的基因演进都说明了传统大学的不同战略选择，可以为其他大学的战略选择提供参考。杨百翰大学爱达荷分校代表了一种新的大学发展模式，融合了传统的、受哈佛大学启发的模式和应用颠覆性创新的在线学习技术的模式。我们在深度研究哈佛大学和杨百翰大学爱达荷分校之外，调查了 2010 年麦肯锡公司发布的教育报告《制胜学位教育：高产出的高等教育机构的策略》中所列的许多所其他的创新型大学。

专栏:

麦肯锡教育研究报告:制胜学位教育

2010 年,作为世界上规模最大、最具影响力的咨询机构之一的麦肯锡公司在盖茨基金会的支持下,对美国高等教育进行了深入研究。他们的研究目的是衡量大学是否可以在不增加投入的情况下,通过提高生产率为高等教育的持续发展作出贡献。麦肯锡团队计算出了美国大学授予的每个大专文凭和每个学士学位的平均成本,分别是 56 289 美元和 74 268 美元。

麦肯锡团队又找出了那些学位教育成本特别低的大学。他们选择了学士学位成本介于 52 285 美元与 27 495 美元(只有平均成本的 1/3 ~ 2/3)之间的 5 所大学进行深入研究。这些大学授予学士学位的成本比通常的授予大专文凭的成本还低。其中有 3 所是传统的私立非营利大学,即南新罕布什尔大学、卫斯理大学和杨百翰大学爱达荷分校,其课程形式主要在实体学校的教室里进行面授。还有一所大学是美国西部州长大学,也是一所非营利大学,它为学生提供基于能力的在线教学,学生无须在固定时间学习,也无须到教室里学习。第五所大学是德锐大学,它是一家同时提供在线教学和面授教学的私营公司。

麦肯锡公司还调查了两所社区学院和一所州立技术学院。一家是佛罗里达的瓦伦西亚社区学院,它为学生授予大专文凭和技术证书,其大专文凭成本为每个 22 311 美元,只有全国平均成本的 40%。另一家社区学院是亚利桑那州的里奥萨拉多学院,主要授予学生专业证书。它们作为在线学习的开拓者,招收学生的人数也是全国所有社区学院中最多的。在州立技术学院系统中,田纳西技术中心的技术学位证书竞争力明显高于全国平均水平。

麦肯锡研究团队从对这 8 家教育机构实践的深度研究中得出结论:如果

在线学习得到广泛应用，美国高校就可以在不增加额外投入的情况下继续引领全球的高等教育。我们会在第五部分中探讨麦肯锡研究团队提出的新的大学模式。我们将会看到，大学必须从它们自身出发来定义自己，而非通过效仿其他大学来定义自己。大学必须能够让学生负担得起入学的费用，尤其要通过在线学习技术的应用来控制成本，提高运作效率。同时，大学应该充分利用全职教授和大学校园等条件，这些都是它们在高等教育领域技术颠覆过程中的竞争优势。事实上，雇用大学教授和维持实体校园尽管成本十分高昂，却具有独特的潜在价值。这些条件使大学具有了其他机构所没有的功能。创造新知、传承薪火和明德亲民是大学的关键作用。那些能够适应新的竞争环境的大学、能够利用历史优势的大学、能够拥抱新技术并超越对哈佛模式效仿的大学，将拥有光明的未来。

我们的这趟高等教育之旅，从 17 世纪早期"哈佛学院"的创立开始，穿越了高等教育的过去、现在与未来。首先，我们的第一章要先回到 2006 年，从这充满征兆与警示的一年开始。

目 录 CONTENTS

第一部分
重新审视高等教育面临的危机

可怕的和令人痛苦的时代即将来临。如果想在痛苦中获得幸福，则只能从精神上获得，在这个可能完全臣服于物质的时代里，我们需要回首过往，珍视过往岁月的文化，展望未来，沉稳而坚定地捍卫精神的价值。

——出自赫尔曼·黑塞（Hermann Hesse）
《玻璃球游戏》中的雅克布斯神父

第1章
教育创新者的窘境：风险挑战与理性希望

在高等教育未来委员会 2006 年发布的报告中，时任美国教育部部长玛格丽特·斯佩林斯（Margaret Spellings）使用了商业的术语和比喻来批评美国高等教育，毫无疑问，她是非常认真和严肃的：

在过去的一年里，我们越来越清楚地认识到，美国的高等教育行业已经变成了商业界所谓的成熟企业：越发规避风险，有时骄傲自满，而且成本过高。这一"成熟企业"未能解决一个根本性的问题，即学术课程和大学必须如何转型，才能满足知识经济时代人们不断变化的教育需求。它还未能成功应对全球化、快速发展的技术、日益多样化且老龄化的人口，以及以新需求和新模式为特征的不断演变的市场所带来的影响。

历史上，很多行业因未能察觉或及时回应周围世界的变化而陷入危机，例如铁路运输业和钢铁制造业等。高等教育机构若不进行深刻的自我审视与改革，也可能重蹈覆辙，面临市场份额大幅缩水、服务逐渐过时的风险。

不出所料，这种充满对抗性、以商业为导向的说法引发了争议。在报告的起草过程中，一名成员就称该报告"有缺陷"和"充满争议"。一些大学领导者和游说组织在阅读正式报告后也持相同看法。许多人认为这是一次出于政治动机的攻击，它忽视了高等教育的根本使命和精神。该报告将高等教育与铁路运输和钢铁制造业进行类比，是非常不恰当的——把炼钢过程与塑造人的心智的润物细无声的过程相比并无太多意义。而将大学与市场份额相连的说法，则忽视了高等教育在创造知识和促进社会福祉方面的非经济作用。

然而，斯佩林斯发起的高等教育未来委员会在报告做出的许多最为严肃的指责却是难以被反驳的 —— 例如，美国完成高中后教育并获得大学学位的成年人数量在减少；大学学费的增速超过通货膨胀率的增速；雇主们则反映，新招聘的大学毕业生没有为进入职场做好准备。

专栏：
玻璃球游戏

诺贝尔文学奖得主赫尔曼·黑塞在其小说《玻璃球游戏》中，描绘了一个虚构的卡斯塔利亚地区里与世隔绝的学者社群。卡斯塔利亚是一个被划定为学术圣地的地区，学者们创办了一所男童寄宿学校。然而，对于这些学者中的精英而言，真正令他们着迷的是一种鼓励个人沉思的、抽象的玻璃球智力游戏。据说，玻璃球游戏源远流长，要精通它需要历经多年的训练，其流程与规则被描述为一种严格的"秘密语言"。游戏禁止"私自的"、基于个人价值观的判断，只认可基于"合法的"、客观的观察。黑塞通过书中叙述者的话来描述："游戏语言的任何新内容扩充，都要受到游戏管理机构最严格的控制。"

黑塞笔下的主人公是年轻学生约瑟夫·克乃西特（Joseph Knecht），他得益于学术导师们的悉心培养，视这些导师如同圣人。其中最具影响力的一位是和蔼乐观的雅各布斯神父。在这些导师的帮助下，克乃西特成了玻璃球游戏的高手，这是至高无上的学术荣誉。然而，随着时间的推移，以及他个人对卡斯塔利亚之外动荡局势认知的不断加深，克乃西特开始思考他所在的学校在世界中的角色。他苦苦思索的问题以及得出的答案，能为当今的高等教育提供有益的洞见。在本书中，我们会不时回顾卡斯塔利亚及其玻璃球游戏，以便更好地理解高等教育面临的问题和出路。

来自教育界内部的警告

2006 年，来自斯佩林斯发起的高等教育未来委员会的批评并非唯一的对高等教育的批评之声。同年，两位来自哈佛大学的杰出学者德里克·博克

（Derek Bok）和哈里·刘易斯都出版了批评高等教育的图书。尽管他们回避（刘易斯更是直接驳斥）了高等教育未来委员会的报告中的商业术语和竞争逻辑，但作为经验丰富的高校管理者，他们对高等教育的不足之处同样直言不讳。博克是哈佛大学的前校长，他的书名是《回归大学之道：对美国大学本科教育的反思与展望》（*Our Underachieving Colleges:A Candid Look at How Much Students Learn and Why They Should Be Learning More*）。刘易斯在哈佛学院（哈佛大学负责本科生教育的下属单位）任职 40 年且曾任学院院长，他在《失去灵魂的卓越：哈佛是如何忘记教育宗旨的》一书中详细阐述了哈佛大学面临的严峻问题。

在这两本书中，博克的著作更具策略性，这与他两度担任哈佛大学校长一职很相称。但是，博克对美国高等教育发出了严厉的警告，他的措辞让人想起了斯佩林斯报告中对市场力量的暗示。在总结了全球教育竞争日益加剧对美国高等教育的威胁后，他警告称：

鉴于全球教育发展态势，无论是美国学生、美国大学，还是美国政府，都不能再理所当然地认为高等教育的质量和其提供的教学服务会始终保持良好。诚然，教授们和学术领袖们必须秉持正确的教育理念。尤其重要的是，我们要牢记大学所承担的各种使命，抵制将大学转变为主要专注于推动经济增长的工具的做法。但是，抵制商业化不能成为抵制变革的借口。相反，大学作为教育机构，需要认识到自满所带来的风险，并利用在全球范围内新出现的挑战来坦诚评估自身，探索是否存在能提升高等教育效能的新方法。

在探讨大学重要的非经济使命，以及在校大学生和新近毕业生的满意度之后，博克提出了与斯佩林斯的报告相似的意见：

尽管本科生和校友们对他们的大学给出了积极评价，但进一步审视相关记录……就会发现，大学尽管为个人和社会带来了诸多益处，但它们为学生带来的利益远远少于它们应该带给学生的。许多即将毕业的大四学生写作能力欠佳，无法让其雇主满意。即使教师们将培养学生的批判性思维列为大学教育的首要目标，仍有许多学生在分析复杂的非技术问题时，无法进行清晰的推理，或出色地完成分析任务。

刘易斯在《失去灵魂的卓越：哈佛是如何忘记教育宗旨的》一书中也对哈佛大学的现状提出了一些尖锐批评，但在对哈佛"忘记教育宗旨"这方面的探讨中，刘易斯选择了不同于博克的视角。他没有提到全球化教育竞争带来的警示，而认为哈佛大学及其同行过分受自己在学术方面的竞争性抱负的驱使，忽略了学生的发展需求。他特别指出，学术活动往往使教授和本科教学过程渐行渐远。他认为，现今大学那种把学生仅仅当作顾客来吸引和取悦的想法，会导致学校放松对学生学业要求，表现为盲目给学生高分、提供昂贵的设施以及娱乐活动，例如建立校际比赛运动队。在此过程中，刘易斯总结道：

大学已经忘记了他们对学生的更大职责…… 你在大学里听到的往往是关于个人的力量、正直、善良、合作、同理心，以及如何让这个世界变得更美好的陈词滥调。大学越知名，就越想在师资、生源和科研经费的竞争中获得成功，也就越不可能认真地探讨如何将学生培养成品德高尚之人，以及让学生懂得感恩社会让他们接受了如此优质的教育。

为解决这个问题，刘易斯开出的处方是减少大学的商业化色彩：

改变高等教育的方向需要大学的领导者理想主义地看待大学的职责，不把运营大学当成一种生意，不让大学沦为经济竞争逻辑的奴隶。

来自教育界外部的压力

颇具讽刺意味的是，刘易斯对超越经济竞争的呼吁，恰好发生在大萧条以来最严重的金融危机爆发的前夕。到 2009 年，那些曾被高等教育未来委员会描述为骄傲自满的高校，正艰难地试图填补因捐赠基金和州政府拨款大幅减少而出现的预算缺口。即使是实力雄厚的哈佛大学，在其捐赠基金（此前提供了该校 1/3 的运营收入）从 370 亿美元缩水至 260 亿美元后，也不得不暂停一项重大建设项目并进行裁员。对于那些以哈佛大学为榜样的大学而言，预算危机尤为严峻。这些学校在研究生院和众多学术领域的研究活动方面投入巨大，而不幸的是，它们之中很少有学校具备哈佛那样的财务实力。捐赠基金的损失和州政府资金投入的减少，不可避免地导致了许多学校的预算削减和学费上涨。

与此同时，联邦政府开始给公立两年制专科学院更多关注和资金投入，因为它们被视为推动经济复苏的更优短期投资选择。在经济衰退前的十年里，这类学院学费的涨幅仅为四年制大学的 1/5。在这十年间，这些两年制专科学院的入学人数大幅增长，营利性高等教育公司也在快速发展，许多营利性教育机构尤其充分利用了在线学习技术的力量。在线课程不仅为学生提供了更便利的条件，还降低了他们学习的总成本，因为在在线课程普及之前，学生接受大学教育的大部分经济成本不来自学费，而来自脱产并搬到一个需要住宿的校园。

在这十年间，在线教育越来越受欢迎，而经济困难的时期，尤其能让人看到在线教育的巨大价值。经济低迷冲击了传统大学，却让营利性教育机构扬帆起航。例如，2007 年，凤凰城大学的收入为 25 亿美元；到 2009 年底，这所学校收入已经上升到 38 亿美元，并招收了 355 800 名新生，这比加州大学 10 个校区的总招生人数还多 150 000 人。虽然对招生违规行为的调查以及对收紧监管标准的提议，使营利性教育机构的发展步伐有所放缓，但是，忽视其教育模式所蕴含的颠覆性力量，尤其是在线学习技术的应用，对教育工作者而言将是不明智的。

专栏：
一所私立高校的教育创新

1912 年，36 岁的德国移民、自学成才的工程师赫尔曼·德锐（Herman DeVry）推出了一款用于课堂教学的先进的无声电影放映机，他称之为"手提箱里的剧院"。德锐创办的生产放映机的公司在学校找到了最大的市场。1925 年，他在芝加哥开办了德锐视觉教学暑期学校，并邀请教育工作者等人一同探索电影在课堂教学中的潜力。

1931 年，德锐创办了一所学校，即后来的德锐大学，最初这所学校旨在培养电子工程师和电影技术人员。该学校在 1957 年授出了第一个电子工程技术大专文凭，1969 年开始颁发电子工程技术学士学位。

到 2010 年，获得地区认证的德锐大学运营着 90 个校区，为 8 万多名学生提供教育服务。其中许多学生用以参与课程的在线技术中，仍有一部分源自赫尔曼·德锐早期的电影技术。德锐大学的学生能够在该校获取技术证书、专科文凭、学士学位和硕士学位，专业领域涵盖技术、商业管理和医疗保健等，课程以面授、在线和混合式教学形式交付。该校采用三学期制，攻读学士学位的学生有可能在三年内毕业。

2010 年，麦肯锡公司发现，德锐大学的行政管理效率比一般大学高出50%，这要归功于高度的流程自动化和运营管理培训——例如，负责助学金的工作人员有六西格玛黑带证书，这是商业公司中为了通过识别和消除缺陷以及最小化过程可变性来提高过程质量而设的专业人员的最高级别认证。为了省钱，德锐大学不提供餐饮服务，也不组织体育比赛等非学术性活动。教育质量是通过严格的学习成果考核和"净推荐值"，即学生和职员愿意向朋友推荐学校的百分比来监督的。

在大多数行业中，由技术驱动的竞争被认为是健康的和至关重要的。在适应了高度竞争的现代社会后，我们希望，即使是最大和最负盛名的公司也能不断受到更敏捷、更有创造力的新创公司的挑战。经济学家告诉我们，新进入者的颠覆性创新和对根深蒂固的主流成熟组织的创造性破坏，会为市场带来更好的产品和服务。当一家有百年历史的汽车公司、航空公司、投资银行和报纸申请破产或彻底消失时，我们虽然会为随之而来的员工失业感到惋惜，但也会将这种损失视为进步的代价。我们知道，如果没有竞争性的创新和淘汰，我们的生活水平就不会比我们的曾祖父母的时代更好。

然而，高等教育机构与商业公司大不相同。大型的高校极少停业、破产，知名大学也不会很快被超越，造成这种现状的部分原因正是缺乏颠覆性竞争。传统高校最具创新精神的潜在竞争对手是营利性教育公司，他们在成人教育市场取得了巨大成功。成人教育中的大多数学生关心的更多的是教学的内容和方便性，而不是学校的名气。但许多年轻的大学生仍然很在乎传统大学的声誉保证和校园生活。由于高等教育机构拥有规模庞大的忠诚客户的支持，因此他们几乎没有感受到具有潜在颠覆性的在线营利性教育机构的威胁。

与此同时，传统的公立大学和私立大学之间的竞争方式，主要是由顶尖大学设定的。大多数大学的发展策略是效仿，而不是创新。知名度不高、规模较小的大学试图通过增加学生数量、专业数量和研究生项目数量来提升排名，让自己看起来更像一所有规模的大学。这些学校的教师则需要做科研、发论文。在这个效仿过程中，学校运营的成本变得越来越高，因此学费也必须随之提高，而这就削弱了它们之前的价格优势。它们被困在危险的竞争两难格局之中，质量不高但成本不低。哈佛大学等著名大学并没有因被效仿而感到窘迫，反而因被效仿而更加令人向往。

专栏：
卡内基高等教育机构分类 ①

在过去的四十年里，被称为"卡内基阶梯"的系统强化了美国高校向哈佛大学靠拢的倾向。1905 年，安德鲁·卡内基（Andrew Carnegie）创建卡内基教学促进基金会，1967 年，卡内基教学促进基金会创办了卡内基高等教育委员会。

为了对不同类型的大学进行指导，卡内基教学促进基金会制定了一个分类系统。它首先列出了四类授予博士学位的机构，按照其对研究和博士项目的重视程度进行排序。接下来是两个层次的"综合性大学"，依据学科广度和授予学位数量进行排名。第三类是"文理学院"，根据学生的选择分为两个阵营。最后是"所有两年制专科学院和大学"，以及"专业学校和其他专业机构"。

卡内基教学促进基金会这么做的意图是对各类学校进行区分，以便因地制宜地制定恰当的政策来支持每一种类型的学校履行其独特的教育使命。考虑到大量高中毕业生的多样性需求，委员会将美国高等教育的多样性视为一种需要维护和增强的优势。然而，该分类将所有最负盛名的学校归为两类：一类是高度重视研究的博士学位授予机构（精英私立大学和公立大学）；另一类是像威廉姆斯学院和阿默斯特学院这样的严格招生的私立文理学院。这些学校代表了后来被称为"卡内基阶梯"上的最高层级。

这种分类无意中为美国高校效仿哈佛大学，或者说攀登"卡内基阶梯"创造了一种被社会广泛认同的评价标准。高等教育曾经的学术抱负转变成了为获取资金支持而展开的激烈竞争，正如 2005 年卡内基教学促进基金会报告所指

---

① 或称"卡内基阶梯"。

出的：

　　基金会有时会使用该分类标准作为研究项目的适用性标准。有些州也使用该分类标准（或其衍生系统）作为资金分配的依据。《美国新闻与世界报道》（U. S. News & World Report）每年刊登的大学排名，也是基于该分类标准进行类别比较的。鉴于此，维持或改变大学在该分类系统中的位置，对高校的实际利益影响很大。

教育创新者的窘境

　　那些效仿哈佛大学、努力攀登卡内基阶梯的高校是在按照传统的商业逻辑行事，他们的理由是要努力满足客户需求。成为像哈佛大学这样卓越的大学的目标，不仅激励着其他学校的管理者、教师和校友，也让潜在的申请者兴奋不已 —— 他们希望自己能够进入像哈佛大学一样的名校。因此，知名度较低的学校竞相在学术和学生活动方面效仿哈佛大学，例如，增加研究生项目、研究型师资和研究设施，为学生提供昂贵的非教育项目，如参加校际比赛的运动队。如今，哈佛在这方面的投入已不及那些在该方面最具竞争力的学校。

　　这种大学争相效仿哈佛大学并彼此竞争，其产生的结果是固化了传统大学过去的教育模式，使得高校运营成本越来越高，但从学习的角度来看，这种做法并没有让大学的教育质量获得根本性的提升。如今学生的曾祖父母也能轻易认出现代高等教育的基本要素：尽管学生群体更加多元化，但教室的形态、教学风格和学习科目，都与一个世纪前惊人地相似；他们也同样能判断出《美国新闻和世界报道》2010 年的大学排名前三位是哈佛大学、普林斯顿大学和耶鲁大学，事实上，如果让他们猜，他们就能猜出这三所大学。

　　可以说，与时俱进的是高等教育的费用，而不是教育的质量。在1997 年之后的十年里，排除通货膨胀的影响后，普通公立大学一年的学费上涨了 30%，而本科毕业生的年薪却基本没有增加。教育成本增加的部分原因是教师薪资的提高，但更多的原因是与课堂教学无关的其他活动的增加。科学研究、竞技体育和各种设施的运营成本不断增加，建设高科技实验室、橄榄球场馆和活动中心需要大量的资金投入，因此，高等教育成本比教师薪资或其他相关教育成本增长得更快。

这样的成本持续上涨问题并不只存在于高等教育领域。事实上，从工业领域的计算机产品到食品领域的早餐谷物，都在历史上展现了一种最终超越客户需求的创新方式。为了能在竞争中保持领先，企业不断推出性能更优越的产品，例如，速度更快的计算机或增加维生素的谷物食品。这些改进属于改进型创新而非发明创造，即在基本设计与用途保持不变的情况下使产品变得更好。

究其原因，正如克里斯坦森在《创新者的窘境》一书中所描述的那样，如图 1-1 所示，当增强的产品性能超越了大部分顾客的需求时，生产商由此产生了更高的成本，因此产品必须涨价，而这使得原本的用户不得不支付超越他们支付意愿的费用，例如，价格超过 5000 美元一台的笔记本电脑或价格超过 5 美元一盒的谷物。

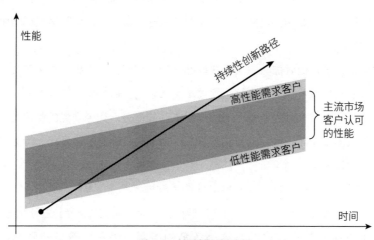

图 1-1　持续性创新路径

大学也倾向于以类似的方式进行创新和学费定价。那些处在特定位置的大学，会尝试匹配彼此的服务；雄心勃勃的大学会效仿比它们声誉更好的大学，提供更多、更好的服务。要抵消因提供新产品和新服务而增加的成本，例如，增加专业和研究生学位项目数量带来的成本，它们就得提高学费，这是它们最方便快捷的收入来源。在学费定价方面，首要的问题不是学生是否愿意和能否负担：由于学生可以获得政府补助和贷款支持，相比于其他的购买决策，学生们对教育费用的敏感度更低。由于第三方贷款降低了学生对学费价格的敏感度，以及大多数学校提供的课程也十分类似，因此高等教育的学费价格可以进行同行比较。常春藤学校的学费几乎相同，并且每年的增长率也大致相同，其他学校则在常春藤学校的学费基础上保持一定的折扣优惠，从而在这个稳步上升的价格保护伞下信心满满地提高学费水平。

专栏：
英特尔公司助推《创新者的窘境》

1999年，全世界最受尊敬的经理人之一，英特尔公司的时任首席执行官（CEO）安迪·格鲁夫（Andy Grove），与相对不知名的哈佛大学商学院教授克里斯坦森同时出现在《福布斯》杂志的封面上。

身高6英尺8英寸①的克里斯坦森站在知名的格鲁夫身旁，身形显得格外高大，这张照片吸引读者深入了解一本1997年就已出版的书——《创新者的窘境》。格鲁夫并非首位发现并应用颠覆性创新理论的知名高级管理者，但他对这些理念进行的极具说服力的阐释，让克里斯坦森基于自己的博士论文写成的《创新者的窘境》获得了前所未有的关注。1997年，克里斯坦森向英特尔的高级管理人员做了一场报告，格鲁夫从中意识到，美国小型钢铁企业对大型钢铁企业造成颠覆性冲击的模式，也即将在计算机芯片领域上演。于是，他和他的团队做出回应，以确保英特尔拥有持续的竞争力。《福布斯》杂志援引格鲁夫的话说："克莱顿的理念之所以有价值，是因为它为我们提供了一个框架。它能让企业从他人的经验中学习。具体细节虽有不同，但你可以将这些通用原则应用到自己的企业中，然后深入研究自身的具体情况。"

《创新者的窘境》之所以广受欢迎，一方面是因为其创新理论广泛适用于众多行业，另一方面则是因为它所揭示的人们心中的乐观假设：最优秀的机构实际上不会因迷失方向或犯下严重错误而易于被颠覆。克里斯坦森对《福布斯》杂志表示："我当时就想，这些人至少和我一样聪明，如此聪明的人做出糟糕决策，肯定是有原因的。"

基于这种大胆的假设，克里斯坦森得出了一个有悖直觉的发现：市场领

---

① 约2.03米。——编者注

先公司为其优质客户所进行的持续性创新，可能会使公司陷入被颠覆的境地。柯达时任董事长乔治·费希尔（George Fisher）这样描述克里斯坦森的这一发现："即使是优秀的人也会被某些流程所限制，而这些流程可能完全无法应对新技术来自低端的冲击。"

被颠覆的风险

大学运营中的许多工作都是标准化的管理工作：改进产品，为顾客提供更多他们想要的服务，留意竞争。但是，从《创新者的窘境》视角来看，这些工作却可能导致卓越企业的失败。不可避免的是，当行业领导者专注于为他们最宝贵的客户提供更好的服务，并与最强大的竞争对手展开竞争时，他们忽略了这背后的逻辑。这些工作背后可能会有两件事发生：一是潜在消费者数量增加，他们无力购买持续升级的产品，从而沦为非消费者；二是一些新技术的出现，会让新的竞争对手能够服务于这一被忽视的非消费者群体，如图 1-2 所示。

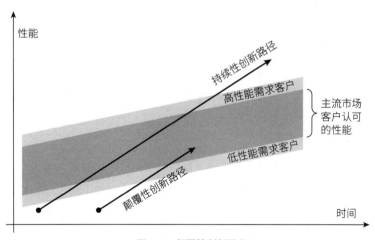

图 1-2　颠覆性创新路径

在大多数行业中，持续性创新模式会被颠覆性创新技术所打破。第一台苹果电脑就是一种改变游戏规则的技术出现的体现。在苹果电脑出现之前，只有大学教授和大型高校的研究生才能使用由专业人士操作的大型主机或小型计算机，他们向计算机提交数据统计分析等任务请求，让计算机处理。计算机的高成本决定了它们只能被成百上千的用户共享，这导致一个数据处理的任务请求可能需要几天才能完成。如果输出数据显示原始请求中存在瑕疵，或者有进一步分析的需要，用户就必须从头重复这个耗时的过程。

相比之下，苹果电脑的价格是高中学校和普通家庭都可以负担得起的。当然，它的运算处理能力与传统计算机相比还有很大差距，因此对于大学和大公司来说用处不大。然而，苹果电脑通过多年不断创新和改进，性能不断得到提升；它的竞争对手 IBM 生产的个人电脑的性能也在不断提升。随着时间的推移，个人电脑成了非大型计算机与微型计算机用户最喜爱的产品，微型计算机则全面退出市场，成为颠覆性创新技术的牺牲品。

在高等教育的历史上，大学成功避免了这种竞争性颠覆的出现。原因有以下几点。在高等教育市场上，由于产品质量很难衡量，因此大学声誉十分重要；由于缺乏可比较的衡量大学为学生创造了什么价值的标准，因此那些声誉卓著的大学就拥有了一种天然的优势 —— 它们在过去备受尊敬，也被认为是未来的最佳选择。

对高等教育开展颠覆性创新形成障碍的第一个原因是认证，这是一种由现有大学的代表定期参与评价现有大学和潜在新兴大学资质的过程。在这个认证过程中，代表们会以在自己的学校中应用过的实践标准去评价这些大学是否达标。因此，获得认证是一个教育机构进入和留在高等教育市场中必须付出的代价。

第二个原因是高等教育市场缺乏颠覆性创新技术。自从大学第一次把学生汇聚到教室里上课，学习的手段 —— 讲授、课本、口头和书面考试等 —— 数百年来基本保持不变。即使计算机被引入课堂，它们也只是被用来增强现有的教学方法，而不是取代它们的。例如，虽然如今的大学教育者通过使用电脑和演示文稿（PPT）让讲座效果更好，但讲座本身仍然保持了原来的基本形式。

在互联网和在线学习技术出现之前，高等教育行业经历了一段漫长的没有颠覆性创新技术干扰的增长时期。在经济低迷时期，虽然人们提出了对高等教育界财务危机的警示，并发出了改革的呼声，但是些精英学校和资金充足的私立学校，只要暂时紧缩一点预算，渡过财政困难，熬到经济复苏就好了。学生和家长对于精英学校声誉的需求远远超过它们的供给，这使得精英学校能够不断提高学费和通过筹款来弥补不断上升的成本。许多即使并不算那么知名的大学也能从认证中受益，这就使得它们的发展超过了没有获得认证的学校。公立大学也享受着纳税人承诺的长期投入。在缺乏颠覆性创新技术的情况下，大学的声誉和来自校友和政府的忠诚支持结合在一起，使得传统大学能够经受住偶发的财务危机，而不必推行根本性的变革。

然而，这一点对大多数的大学未必适用。传统大学的教育成本已上升至前所未有的高度，而新的竞争对手正在涌现：一种颠覆性创新技术 —— 在线学习 —— 正在高等教育中发挥越来越重要的作用，使得营利性教育机构和非营利性教育机构都在重新思考传统的高等教育模式是否需要改变。没有国家支持和得不到巨额捐款的私立大学面临着巨大的财务风险，公立大学也是如此，甚至像加州大学伯克利分校这样的名校也是如此。对价格敏感的学生和陷入财务困境的立法机构已开始抵制学费持续以高于其他商品和服务的速度上涨的风潮。随着高质量的在线教育的出现，学生有了一些新的、费用较低的教育机构可以选择。认证标准的变化提升了这些教育机构的地位，凸显了其学生在学习成果方面的优势。这些机构已准备好以高性价比的方式响应国家对提高大学入学率和毕业率的需求。

一种颠覆性创新技术——在线学习，正在高等教育领域兴起，促使营利性教育机构和传统的非营利性教育机构重新审视整个传统高等教育模式。

对于绝大多数大学来说，变革已经不可避免。现在的主要问题是这些大学什么时候做出改变，以及什么力量会促使它们不得不做出改变。如果大学不能主动和及时地进行变革，而等到更新、更敏捷的竞争者以压倒性优势迫使其进行变革，那将是十分不幸的。到目前为止，美国高等教育在很大程度上进行了很好的自我管理，并取得了很大的成就。美国大学是政府监管非常宽松的领域之一，大学中的学者可以自由选择从事什么研究，教授什么课程，而不用担心受到经济或政治的影响。如果大学能够很好地利用这些条件，就能够极大地促进它们在学术上和竞争上的优势。

传统大学对社会的贡献，不仅在于培养聪明的毕业生和创造有价值的研究成果，还在于培育一些有益于社会建设的无形资产，如社会宽容、个人责任和对法治的尊重。这些无形资产虽然不能直接带来经济收入，但对社会而言却是无价的。每一所大学都有一个独特的学者群体，他们塑造了人们的生活和思想。大学之间如果以营利为目的彼此竞争，就会大大减少对社会无形资产的供给。

大学的基因

在理想的情况下，那些最能深刻理解大学对社会所做全面贡献的教师、管理人员和校友，会本着自律的精神，在重振他们所热爱的大学的过程中发挥主导作用。他们有能力决定自己的命运，并能够以类似的方式把本就不可或缺的大学提升到新的高度。在完成这项重要任务的过程中，他们不仅需要了解当前的现实情况，尤其是竞争带来的颠覆性威胁，还要理解大学在过去几百年间是如何演化发展的。大多数组织都是其历史的产物，传统大学更是如此。而传统大学的这种历史具有共通性，大多数大学都效仿了美国的几所精英大学，这些大学在一个半世纪前开始呈现现代大学的形态。其中，哈佛大学、耶鲁大学、约翰斯·霍普金斯大学、康奈尔大学和麻省理工学院尤为突出，它们在共同演化发展的过程中，形成了一些共有的机构特征，这可被称为一种大学"基因"。

正如生物体的特征会在其每个细胞中得以体现，大学的特征也能从其院系结构、教师与管理人员之间的关系中寻得踪迹。它体现在课程目录、招生标准与教授晋升标准、筹资与招募运动员的策略之中，也体现在校园的建筑和场地之中。即使人员不断更迭，大学的这些机构特征依旧保持不变。

像哈佛大学和耶鲁大学这样的先驱性大学，在 19 世纪中叶首次开始授予博士学位，随着其博士项目的毕业生加入其他大学的教师队伍，他们也将自己的经验和期望带到了新的学校。在雄心勃勃的大学校长的支持下，他们努力让新的学术环境与自己所毕业的大学相似。而来自外部的大学认证、分类和排名体系，则进一步强化了这种内在动力。这些基因也融入了一种共通的学术文化，因此，即使是规模最小、最不为人知的大学，也具备那些卓越大学的许多基本特征。

大学的基因不仅在各个学校之间传递，而且经过数百年的演进，变得异常稳定。基因的复制不断发生，每一个退休的职员或毕业生都会有一个按照相同标准筛选出来的接替者，世世代代、薪火相传。人们做事的方式不仅取决于其个人偏好，也取决于写入基因的制度程序。

尽管大学的运行机制通常不是由随机突变的自然选择改变的，但是大学也在不断进行基因演进。总体来说，大学只有在对自身发展的重大需求和机遇进行深思熟虑的考量之后才会做出改变。创业精神只产生在某些固定的领域内，大学很少产生发生在商业或政治领域的那种颠覆性革命。对于一个浮躁且追求时尚的社会来说，大学的稳定性是大学对社会的一种重要的价值和贡献。

一所大学不能仅仅通过削减运营预算来提高效率，就像限制食肉动物吃肉并不能将其变成食草动物一样。

但是，大学的稳定性也使得人们很难通过规范大学行为而使大学更积极地响应现代经济和社会现实的需要。大学内在的遗传倾向太过强大，这种倾向体现在课程目录、招生标准和教师晋升标准中。大学的这种"基因"是"自私的"，它们会忠实地自我复制，即使这会损害大学自身的利益。国家也不能通过立法命令让大学去承担那些没有明确设计的功能。例如，如果允许大学让准备不足的学生入学，就不能要求大学培养出相应的合格的大学毕业生。

典型大学的"基因结构"并没有为这类学生提供矫正的功能，单靠政府监管或经济压力不能改变这种情况。

更大更好

组织与有机体生命体至少在一个关键方面是类似的：它们不仅寻求生存，还追求成长。一个组织在拥有一定数量的员工，并取得初步的成功之后，其可预测的"基因倾向"就会启动。这些倾向会开始主导组织的规划和投资流程，驱使组织把事情做得更大或更好，或者两者兼具。减小组织规模，或降低其产品和服务的质量，这些行为是在与组织的基因遗传编码作对，是在引入一种让组织无法在自然机制反馈下存活的变异。毕竟，组织寻求变得更大更好，是"基因决定"的。

大学社群的成员很容易察觉到这种趋势。除了极少数的大学，大多数大学的规模和质量都在不断提升：课程数量增多且更加专业化，新的学位项目被不断设立，学校寻聘更多优秀教师，同时也追求加入更具声望的体育联盟；新的大楼不断拔地而起，旧的建筑也得到翻新改造。

与此形成鲜明对比的是，很少有人提出关于优化流程和成本控制的建议，尤其是关于教育质量改善的建议。校方对大学规模收缩或流程简化的反对态度不仅仅是个人喜好的问题，它是由大学决策系统、个人奖励机制和文化所驱动的。例如，任何一位规避风险的系主任都不会认真考虑削减课程或学位项目；即使这样的提议能够在课程委员会上获得通过，系主任得到的唯一"回报"可能就是被同事们孤立。同样，任何一位体育部主任都不会冒险取消一项受欢迎的运动项目或转入费用更低的联盟，大学校长也不会冒险得罪希望捐建新大楼的重要捐赠人。大学通过正式和非正式系统的相互强化，不断追求变得更大更好。

尽管卡内基高等教育机构分类强化了这一发展趋势，但它绝不是高等教育所特有的。大多数已建立的组织，包括营利性公司，都追求采用新技术来扩大生产规模和提升自己在同行中的地位；然而，对于那些可能降低顾客支付价格的创新，尤其是当这些创新可能对产品质量产生不利影响时，它们往往难以认识到其价值。例如，老牌 X 射线设备制造商通用电气公司、西门子公司和飞利浦公司在 CT（X 射线断层造影）、磁共振成像（MRI）、正电子发射断层显像（PET）成像技术开发出来时就快速采用了这些新技术，其中的每一项技术都使它们变得更强大，在行业竞争中遥遥领先并获得了更多的利润。然而，30 年来，这些公司一直忽视了超声波技术的潜力，尽管它对客户来说更简单、更实惠。公司基因中追求"更大更好"的倾向，通过诸如让高级管理者和销售人员参与利润提成的制度深入其成员的意识中，使得他们对便宜的超声波技术视而不见。

一个行业的新进入者通常从低端市场切入，向容易满足的客户提供简单、实惠的产品，因此，领先公司的"更大更好"的倾向可能会让它们对超声波等颠覆性技术视而不见。领先公司的这种价值取向给了行业的创新进入者时间，让它们可以不受压制地发展；它们可以在不受资源丰富的强大竞争对手干扰的情况下完善新技术。多亏了这段竞争少的窗口期和领先公司的忽视，新进入者才能够把最初只能卖给低端客户的产品在质量上稳步提高，从而让领先公司养虎为患。

一个类似的追求"更大更好"的案例发生在汽车行业。当丰田公司凭借其新型轿车"花冠"进入低端汽车市场时，它从通用汽车公司追求制造更大、更好的汽车的制度基因中获得了机会，此时通用汽车追求生产运动型多用途汽车和卡车。丰田公司投入了几十年的时间来改进轿车的性能，直到其产品被市场公认为既便宜又好的车。直到 20 世纪 80 年代，通用汽车终于注意到了丰田公司的崛起。通用汽车试图以自己的轿车来与丰田展开竞争，但为时已晚，这时丰田已经占据了领先优势。通用汽车眼睁睁看着丰田成为世界上最赚钱的汽车公司。

此后，丰田公司开始了自己"更大更好"的升级之路，从而颠覆了全球汽车市场。紧随"花冠"之后诞生的汽车产品是"丰田雄鹰""丰田卡罗拉""丰田凯美瑞""丰田亚洲龙""丰田超霸"，以及最后的"雷克萨斯"。"更大更好"的趋势在丰田公司的基因中也得到了充分体现，并开始影响丰田公司的决策，就像这种趋势对通用汽车公司的决策产生的影响一样。例如，丰田对雷克萨斯的关注，让公司很难注意到低端市场发生的变化并及时做出反应，而现代汽车公司等新的竞争对手就在低端市场崛起，成为新的受益者。这种追求"更大更好"的基因偏好同样存在于零售公司、电信设备制造商、钢铁公司、医院、电脑制造商和其他许多行业的公司中。与我们在汽车行业看到的情况一样，它们沉迷于做"更大更好"的产品，却忽略了在让产品变得更简单、更实惠的方向做出努力。

两类大学发展理念

接下来，我们将在哈佛大学和杨百翰大学爱达荷分校的发展故事中看到，"更大更好"的倾向在高等教育领域影响力巨大。不过，这种倾向是可以被克服的。我们要做的第一步就是更深入地了解哈佛大学。

虽然哈佛大学在创新和引领潮流上都是响当当的角色，但实际上，大学的每一项关键特征并非都源自它。直到 20 世纪初，哈佛大学还在从欧洲名校和美国的其他精英大学借鉴最佳的实践经验与政策。而且，并非所有最突出且成本最高的大学特征都能追溯到哈佛大学。例如，哈佛大学几乎没有其他大学在校际体育竞赛方面面临的财务和体育队员的行为问题。同样，哈佛大学的本科生基本都能在四年内顺利完成本科学业，而其他学校的大多数学生要么需要花费更长时间才能毕业，要么根本无法毕业。事实上，许多大学在效仿哈佛大学制度时所承担的成本更高，它们对哈佛"基因"的吸收并不完善 —— 就像在生物界发生的事一样，大学的"克隆体"会不可避免地存在一些"供体"所没有的缺陷。对哈佛大学走向卓越的历程进行案例研究，不仅是探究典型大学"基因"的好方法，还能让我们从中发现其他机构在模仿哈佛大学的过程中所丢失的东西。

改变大学基因的另一个有益方法是研究正在进行基因改变的大学。哈佛大学提供了一种大学模式，但这种模式并不适用于每一个学校。许多大学在不同程度上采取了不同的发展模式，也都取得了很好的效果。

专栏：
两所没有"哈佛抱负"的大学

美国规模最大的两所大学是亚利桑那州立大学和俄亥俄州立大学，它们的在校学生规模分别达到了 7 万人和 6.4 万人。它们明确拒绝效仿哈佛大学。2009 年，时任亚利桑那州立大学的校长迈克尔·克罗（Michael Crow）和时任俄亥俄州立大学的校长戈登·吉被《时代》杂志评为全国十佳大学校长；其中，戈登·吉位居榜首。两位校长都在努力使自己所领导的规模巨大且受人尊敬的学校不同于哈佛大学。

迈克尔·克罗描述，亚利桑那州立大学的目标是成为一所"新型美国大学"，肩负起提高教育成就、提高数学和科学教育的成果，以及提高国家竞争力的更大责任。他指出，在美国高等教育界，院校之间缺乏差异性的现状是可能带来不利影响的："我不确定，美国的每一所私立大学都认为自己的使命是效仿并最终取代哈佛大学成为排名第一的大学，这件事是否一定是件好事？"相比之下，亚利桑那州立大学的目标不是复制顶尖大学，而是作为顶尖大学的延伸力量，在努力实现学术卓越的同时，广泛招收各类学生，并深入当地社区。

尽管俄亥俄州立大学是最初由 63 所美国和加拿大最好的大学组成的美国研究型精英大学联盟——美国大学协会（Association of American Universities, AAU）[①] 的成员之一，戈登·吉还是坚守该联盟对联邦政府在美国内战最

[①] 或称美洲大学协会，成立于 1900 年，是一个由美国和加拿大研究型大学组成的组织，美国高等教育六大核心协会之一。协会成立初衷是为加强和统一博士学位标准；后已成为全世界规模最大、学术性研究范围最广的大学组织。截至 2023 年，AAU 共有 71 所成员大学，其中包括 69 所美国大学和 2 所加拿大大学。——编者注

黑暗的时期创建赠地大学的价值观和宗旨的承诺。当初国会对这些大学的功能定位是,不仅要教授"科学和经典研究",还要教授"农业和机械工艺……促进工薪阶层的人文和实践教育"。

戈登·吉为俄亥俄州立大学的赠地大学遗产感到自豪:我们拥抱来自赠地大学的遗产,我们珍视本校在农业、工程、医学、法律、兽医科学和其他许多领域做出的巨大贡献,我们不会为培养学生的生存技能而感到惭愧。事实上,今天或未来的卓越大学,都会对自己的过去感到自豪,同时为未来做出改变。

在本书中,除了简要提及十几所正在为未来而改变的大学的故事,我们还会像深入研究哈佛大学那样,详细剖析其中一所学校,这所学校就是杨百翰大学爱达荷分校。它最初是一所具有开拓精神的学院,以哈佛大学为榜样发展建设,并很快就染上了哈佛"更大更好"的倾向,包括抛弃最初创办时旨在服务的受教育程度较低的学生。然而最近几年,该学校领导层中一些对哈佛模式有切身了解的人改变了学校的发展方向。杨百翰大学爱达荷分校的教职工、管理人员和学生,和其他高校的同侪一样,深知组织必须不断进取,否则就会失去活力。而杨百翰大学爱达荷分校对"更大更好"的定义则有着自己独特的见解。

2000 年,杨百翰大学爱达荷分校对自己进行了引人注目的基因改造,包括取消了一项屡获佳绩的校际体育项目,并制定了全年的新校历,使得学校在夏季也能像在秋季和冬季那样为许多学生提供服务。然而,与对自身传统大学基因的其他改造相比,这些表面可见的调整就相形见绌了。杨百翰大学爱达荷分校的创办者们在决定大学产能的三个关键选择上做出了不同寻常的决定 —— 本校将为哪些学生服务,重视哪些学科,追求什么类型的学术研究?

具体来说,杨百翰大学爱达荷分校决定只提供本科教育,目标是通过一套专业的学术课程体系为普通学生提供一流的教育,其学术活动的重点是教与学,而非传统大学的科研工作。这些选择与高等教育界最流行的"更大更好"的倾向形成鲜明对比：传统大学更青睐研究生而不是本科生，更青睐宽泛的课程而不是精选课程，更青睐专攻发现型学术而不是整合性或应用型学术。

杨百翰大学爱达荷分校的管理者和教师们也设计了独特的措施，使他们的教学活动和激励措施与学校的战略选择相一致。例如，在杨百翰大学爱达荷分校，教职人员们最关注的数据是申请学生的录取比率，而不是被拒绝的学生比率。同样，该学校的学费标准上涨水平低于通胀率。为了实现这些目标，杨百翰大学爱达荷分对学校运营的各个层面都进行了重新设计，其组织设计的目标是以更高的质量和更低的成本为更多的本科生提供服务，这一理念渗透到提高学生入学标准和提升教师水平，以及制定贯穿全年的教学日历、课程目录和改进教学方法等措施之中，也是学校重视在线教育背后的推动因素。

杨百翰大学爱达荷分校不是全盘复制研究型大学的基因密码的产物，而是基因重构的产物。虽然它受益于哈佛大学的许多教育创新，包括一些被忽视的创新，但它并没有简单地效仿那些最负盛名的大学，而是把自己定位成这些大学的补充和延伸，为那些寻求不同教育体验的学生服务。杨百翰大学爱达荷分校的大部分基因设计是在斯佩林斯、博克和刘易斯提出他们对本科教育的质量、成本和可得性的担忧之前实施的，而这些人士表达的担忧都是杨百翰大学爱达荷分校创办人需要为之寻求解决之道的挑战。大学基因的重组，不仅让学生受益，也让教师受益，学校运营效率的提升可以让学校支付给教师更高的薪资。根据麦肯锡公司的分析，杨百翰大学爱达荷分校教师的薪资比同类学校高出大约 15%。

独特性的力量

当然，杨百翰大学爱达荷分校是一个具有独特性的例子，有人可能会怀疑它能否作为其他大学的榜样。例如，在没有不可抗力的情况下，很少有大学愿意削减甚至取消校际体育赛事或实行全年教学。同样，很少有大学的终身教授愿意像杨百翰大学爱达荷分校的教师那样承担与社区学院同等的教学任务。

但是，由于经济衰退和日益逼近的颠覆性竞争，许多学校正面临难以抗拒的严峻挑战。杨百翰大学爱达荷分校所采取的诸多举措，尤其是它对在线学习技术的创新性应用，在经济衰退之前就已被其他大学所采用。如今，很多具有前瞻性的大学正在加快创新步伐；许多院校正在考虑做出前所未有的改变。

我们将会看到，成功创新的关键不是效仿杨百翰大学爱达荷分校或其他大学的做法。相反，大学要想在高等教育竞争日益激烈的环境中取得成功，就必须找到并追求自身擅长的领域。长期以来，哈佛大学一直强烈追求独特性，这是它成功背后的驱动力。尽管哈佛大学借鉴了其他大学的特点，例如19世纪70年代的欧洲名校的特点，但哈佛大学的创新是建立在其独特的优势和需求之上的。哈佛大学之所以能成为哈佛大学，很大程度上是因为它从未试图成为其他大学。

鉴于两校的独特性，哈佛大学和杨百翰大学爱达荷分校为其他大学在竞争日益激烈的环境中寻求可持续发展提供了有益的启示。其他创新型大学也有很多可以借鉴的创新之处，这些独具特色的大学所具有的鲜为人知的特点，为其他大学寻求自己的独特性带来了希望。

专栏:
一所特立独行的大学

麦肯锡公司在《制胜学位教育:高产出的高等教育机构的策略》的报告中敦促大学决策者在寻求提高高等教育生产力的同时培养自己的独特性。作者说:"拨款政策应以创新的方式促进生产,比如分享最佳实践经验,引入竞争性拨款和基于成果的资金支持。但是,这些政策不应硬性规定如何提高生产力。该报告显示,富有创造力的机构只要始终专注于在以维持或提高教育质量与入学率为前提时,以相同成本培养更多学生这一目标,就能通过多种不同方式提升生产力。"

《制胜学位教育:高产出的高等教育机构的策略》报告中提到的八所学校都通过不同的方式实现了卓越的产出,但有一所学校的表现尤为突出,那就是私立的、非营利性的南新罕布什尔大学。就像杨百翰大学爱达荷分校一样,它创造了一种融合传统和新兴高等教育优势的独特的新模式。南新罕布什尔大学对新旧模式的兼收并蓄反映了其特立独行的校长的特殊经历。保罗·勒布朗(Paul LeBlanc)作为时任校长曾发起行动,试图罢免他任教学院的院长,也曾离开学术界一段时间,去作为霍顿·米夫林出版社的新技术副总裁负责缩减该出版社的开支。

南新罕布什尔大学除了拥有位于曼彻斯特地区占地300英亩^①的大学校园,还运营着五个教学中心、一个大型在线学习项目,以及各种各样的短期在校学习项目。该校几乎所有的课程和项目都可以在网上找到,学生们不仅可以选择他们喜欢的学习地点,还可以选择学习的媒介。该校约7300名学

---

① 1英亩合4046.86平方米。——编者注

生中，有近一半通过学校的教学中心和在线学习平台进行学习。南新罕布什尔大学曾将其学习网站区分为"在本校校园学习""在教学中心学习"和"在线学习"三部分。

南新罕布什尔大学的课程既保持了传统意义上的人文体验的丰富性，又兼顾了就业导向的技能学习。该校开设的聚焦于学生毕业后所需的专业技能的课程，加上一个得到广泛支持的实习项目，帮助南新罕布什尔大学95%的毕业生在毕业时找到了工作。该校学生从入学到毕业的时间没有超过5年的，而同类院校只有20%的学生能做到这一点。

为了帮助大家更好认识到盲目效仿顶级大学的风险，以及在新的高等教育环境中实施创新和发展战略的潜力，我们将在马萨诸塞州的剑桥市（哈佛大学所在地）和爱达荷州的雷克斯堡（杨百翰大学爱达荷分校所在地）之间来回穿梭。杨百翰大学爱达荷分校与我们将看到的其他创新型大学一样，还在基因演进的过程中，它也不是完全不受传统大学所面对的成本上升问题的影响。但是，杨百翰大学爱达荷分校现在已经放弃了效仿哈佛大学的早期策略，并专注于选择合适的学生、学科和学术成就，旨在以低成本产生有效的学习成果。通过在追求自己独特使命的同时，有选择地借鉴其他高校的最佳实践经验，杨百翰大学爱达荷分校为自己建立了可持续的竞争优势，拥有光明的发展前景。其他的高校，无论是最大的研究型大学，还是最小的学院和研究所，都可以参考这种创新模式走出自己的独特道路。实际上，很多大学已经在这样做了。

第二部分
卓越的美国大学

在人类创造性时代所孕育的所有洞见、崇高思想与艺术作品，以及后世学术研究将其提炼为概念并转化为知识财富的成果 —— 在这浩瀚无垠的知识价值体系之上，玻璃珠游戏玩家游刃有余地演绎着，如同管风琴师演奏管风琴一样。而这架"管风琴"已达到一种令人难以想象的完美境界：它的键盘和踏板涵盖了整个知识宇宙，它的音栓几乎数不胜数。从理论上讲，这件"乐器"能够在游戏中再现宇宙的全部知识内容。

—— 出自赫尔曼·黑塞所著《玻璃球游戏》的"总引论"部分

第2章
哈佛学院

在 1630 年从英格兰抵达马萨诸塞湾殖民地的最早一批定居者，花了六年时间建造房屋、种植庄稼、修建教堂并建立政府，然后开始筹办高等教育机构。本着带领他们乘坐阿贝拉号横渡大西洋来到这里的领袖约翰·温思罗普（John Winthrop）所描述的创建"山巅之城"的精神，1636 年，马萨诸塞州议会通过了一项法案，来拨款建立一所"学校或学院"。温思罗普总督和其他十一位被任命的督学在波士顿市的查尔斯河上游选定了一个叫纽敦的地点建立一所学校。

由于这所新学校要效仿的榜样是英国的剑桥大学，因此，纽敦后来被改名为剑桥，这所新学院的制度根源也可追溯至英国的剑桥大学。学校最初的教师和捐赠者都是剑桥大学的毕业生，其中包括约翰·哈佛，他在 1638 年去世后，将自己的一半财产约 800 英镑以及 329 本 ① 藏书留给了这所学院，学院也因此以他的名字命名。

哈佛学院创办人的宏伟愿景是："推动一切优秀的文学、艺术和科学的进步。"按照英国的传统，哈佛学院是一所男校（保持了 300 多年），大多数学生都很年轻，最年轻的只有 15 岁。他们学习逻辑、修辞学等经典科目，学习方法与他们在剑桥大学接受教育的导师颇为相似：阅读、背诵，以及作为毕业前最后一道考核 —— 毕业答辩。

尽管哈佛学院在课程设置和教学方式上效仿剑桥大学及其姊妹院校牛津大学，但哈佛学院和它们之间存在着根本性差异，其中最显著的差异是哈佛

---

① 该数据存在多种说法，哈佛大学官方网站显示应为 400 多本。——编者注

有着明确的宗教使命和侧重点。从本质上讲，哈佛学院是一个宗教机构，旨在培养未来的神职人员，如今刻在其校徽上的校训"为了真理（Veritas）"取代了早期的"为了基督和教会（Christo et Ecclesiae）"。除了其他古典学科，哈佛学院的学生还必须学习希腊语和希伯来语，其学习内容是教条式的。

哈佛学院与剑桥大学、牛津大学的另一个不同之处在于，它缺乏人们通常所说的学术研究，即创造新知。尽管哈佛大学的学位很快就得到了英国知名大学的认可——这是追求规模更大、质量更好趋势的早期体现——但哈佛学院的办学水平与之相比要低得多。多年来，哈佛学院接受以农产品（包括牲畜）形式支付的学费。教师队伍规模很小，只有一名校长和两三位导师，这些导师通常是刚刚毕业、等待担任神职的学生，没有一位教师有资格开设剑桥大学和牛津大学那样的课程。哈佛学院不授予博士学位，其硕士学位也很容易获得，但被普遍认为含金量低。

值得赞赏的是，哈佛学院是完全以学生为中心的。每位导师都与学生同住。虽然正式和非正式的教学活动从早到晚持续进行，但没有一位导师是学科专家。事实上，哈佛学院的导师们对任何学科的研究都并不比学生更加深入。他们作为教师的价值在于，他们已经走过了类似的学习道路，并且愿意陪伴学生们一步步地再次走过。从现代大学的意义上讲，他们中没有人能被称为学者。此外，由于学生的所有学习活动都在教师的直接监督下进行，因此教学成本很高。只是教师的薪资很低，才使得这种教育成本能够被接受。

尽管哈佛大学注定会成为世界上规模最大、最优秀的大学之一，但在其创立初期，它所提供的教育十分有限。在 17 世纪中后期，它的主要基因特征如表 2-1 所示。

表 2-1　哈佛大学的初始基因（1636—1707 年）

初始特征	产生的影响
小班，面授	教师学生关系亲密 教学效率低

初始特征	产生的影响
经典的宗教课程	课程内容高度道德化 对于非神职人员而言，课程内容狭窄，实用性低
非专业的教师	授课方式教条 教师对学生的同理心很强 教师专业水平低

世俗化与专业化的到来

1708 年，哈佛大学开始了世俗化和专业化的历程，约翰·莱弗里特（John Leverett）成为第一位担任哈佛校长的非神职人员。莱弗里特在哈佛学院获得学士学位和硕士学位，并留校任教 12 年，对哈佛学院十分了解。他阅历丰富，是富有成就的律师、政治家和军事指挥官。

莱弗里特的上任结束了哈佛学院长达数十年的领导缺失局面。他的直接前任因病辞职，而在那之前的时任校长英克里斯·马瑟（Increase Mather）在掌权的九年里很少待在剑桥市。莱弗里特为这个职位带来了令人欣喜的关注和活力。除了促进财务稳定和学生入学人数增长，他还温和地引导哈佛学院朝着比他那些宗派主义的前任们所准许的情况更加世俗和自由的方向发展。在努力维护学校道德品质的同时，莱弗里特创立了第一个学生俱乐部和第一份学生刊物《告密者》（The Telltale）。他开创了设立捐赠教席的传统，很快就有几位在英国接受过教育的学者担任了这些教席。

莱弗里特做出引领哈佛学院走向更加世俗化的道路的决定，是可以被理解的。他的前任英克里斯·马瑟不仅经常不在学校，还在塞勒姆女巫审判案中扮演了间接角色，而马瑟的儿子科顿（Cotton）是这起案件中的核心人物。莱弗里特意识到，更加世俗化的哈佛大学会有更广泛的吸引力，尤其对于那些无意成为神职人员的学生来说。而且，接受更世俗的传统教育的毕业生可能会对公民事务的领导工作做出更大贡献。

哈佛学院的教育做法，是对哈佛大学初始基因的一种修正，它带来了实际利益，也增加了教育成本；捐赠讲席也是如此，这显然是一个促进学校变得更大更好的举措。这一点从第一位哈佛学院数学和自然哲学系主任艾萨克·格林伍德（Isaac Greenwood）身上就可以看出。格林伍德毕业于哈佛学院，在回到哈佛学院之前，他在伦敦学习科学。格林伍德了解最新的科学发现，他教授的是一些尚未发表的新知识。他教授关于艾萨克·牛顿的实验和研究，而不是教授亚里士多德的知识，这是一个巨大的进步。格林伍德的教学方法是美国大学讲座教学的源起，学生们围坐在一位教授身边，一边听讲一边做笔记，这种教学方式比起阅读和死记硬背是一个很大的进步。更重要的是，格林伍德把实验设备带进了教室，在美国高等教育史上第一次展示了他教授的原理。他是哈佛学院第一位现代意义上的学者。

然而，格林伍德的创新方法也是教师注意力分散的开始，教授们需要在教授学生和探索自己的专业知识领域之间重新分配时间。在某种程度上，教师的专业能力越强，学生就可以学得越深入和切实。然而，这是以牺牲导师知识的广度和师生之间的亲密关系为代价的。像格林伍德这样的专家为课堂带来了更深入的专业知识，但作为导师，他们的兴趣范围更狭窄，与学生的日常体验距离更远。今天，在许多大学校园里，我们都能看到哈佛基因带来的影响。

对格林伍德来说，更严重的问题在于他的私人生活。虽然任职仅10年他就出版了美国第一本现代科学教科书，但他最终因"各种严重酗酒行为"而被解雇。虽然格林伍德的道德弱点在哈佛学院的全体教师中是罕见的，但也反映了学生中普遍存在的一种现象。根据著名历史学家塞缪尔·艾略特·莫里森（Samuel Eliot Morison）的记载，那个时代的哈佛学院"充满了饮酒狂欢，偷盗家禽，亵渎谩骂与诅咒，打牌，在教师的房间里养蛇，把'朗姆酒'带进校园，以及'在大学校园里的各种可耻的骚扰和喧闹'"。

哈佛学院的课堂在格林伍德的继任者温思罗普等学者的领导下，继续迈向世俗化。温思罗普是马萨诸塞湾殖民地首任总督同名同姓的第二个曾孙，即使按照欧洲的标准，他也是一位一流的科学家。他不受正统宗教观念的束缚，敢于作出推测，诸如1755年万圣节发生里斯本大地震这样的灾难是由于自然原因，而非上帝造成的。因此，他今天被认为是地震学的早期贡献者。在那个时候，"他招致了神职人员的谴责，但赢得了哈佛学院学生的钦佩和大众的好奇"。

对科学发现的追求需要学者拥有一种更世俗的世界观，同时也需要学者进行更专业化的学术研究，这种趋势在哈佛学院的教授和导师中都有充分的体现。从1767年开始，哈佛学院的教师们不再教授整个课程体系中的课程，而是按学科进行专业教学。从学科专业知识的角度来看，这一变化显然是一种进步。然而，早在四十年前格林伍德开启的课程范围变窄和教学双方知识水平差距拉大的趋势，正逐渐在哈佛学院的发展过程中变得根深蒂固。

转型岁月

在美国独立战争前夕，哈佛学院进入了一段近百年的相对迷茫和动荡的时期。这一时期的前两任校长被迫辞职，一位是因为个人行为不当，另一位则是因为不受学生欢迎。在他们之后的十一位继任者表现得也不尽如人意，任期普遍较短，学生们的不满情绪高涨，校内还不时发生骚乱。

19世纪初，唯一神论者掌控了哈佛学院校长和神学院教授职位，这标志着清教徒对哈佛大学统治的结束。莫里森指出，尽管事件已经让一些人感到痛心了，但这并不一定意味着哈佛学院对宗教的尊崇就此终结。

开放、具有研究性的学习环境，是当今大学的一大特色。然而当时哈佛学院的课堂体验却几乎没有改变。在19世纪早期，哈佛学院仍然是"近亲繁殖"的，几乎所有的教师都是哈佛毕业生，而学习的主题和教学方法也基本保持不变，这些哈佛毕业生把他们之前的课堂经历又复制到了现在的课堂上。

当然也有例外，这些例外主要是由一些在当时的世界学术中心——德国接受教育的优秀教师带来的，例如曾在哥廷根大学学习希腊语的爱德华·埃弗里特（Edward Everett）教授。他的一个学生拉尔夫·沃尔多·爱默生

（Ralph Waldo Emerson）称赞埃弗里特：“在收集事实方面具有非凡天赋，并能巧妙而贴切地将所收集的事实运用到当下的话题上。”然而，这种“巧妙而贴切”显然不包括迅速抓住要点的能力，也不包括考虑听众的感受的能力。正是这位埃弗里特，在林肯发表葛底斯堡演说之前先讲了两小时，之后他向林肯总统坦言：“我多么希望，我在两小时内所谈及的东西，能像您在两分钟内做到的那样直抵核心要义。”

由于课程设置和教学方法处于相对不稳定的状态，这段时期的哈佛学院不能让其最好的学生感到满意。马萨诸塞州参议员、著名的废奴主义者查尔斯·萨姆纳（Charles Sumner）在谈到自己的经历时说：“我觉得哈佛的本科生课程没有一门教得好的。”另一位校友安德鲁·皮博迪（Andrew Peabody）后来成了哈佛大学的教授和代理校长，他回忆说：“一个学生只要有良好的习惯，花一半的精力背诵课程内容，完成了一定量的作业，通常都能获得学位。”

1823 年，学生对学校的不满情绪蔓延开来。那一年发生了一场“大暴乱”（“Great Rebellion”），导致 37 名即将拿到毕业证书的学生被开除（超过毕业生的一半）。这场冲突的直接原因，是校内不同派系的学生为谁能担任毕业典礼演讲人而争吵，当然这只是多年来哈佛学院学生大规模的你争我夺和破坏性的恶作剧所带来的不满情绪的冰山一角。

1825 年，深受学生爱戴的校长约翰·柯克兰（John Kirkland）通过改革回应了本科生对课程安排的不满。近 200 年来，学生第一次被允许自主选择一门课，他们可以选择学习法语、意大利语、德语或西班牙语来替代拉丁语和希腊语。与此同时，原先由学校掌握的课程控制权被移交给了新成立的院系，因为当时的校方认为，将课程开发的责任移交给最了解这个学科的专家，将带来更大的课程创新，从而使学生获得更好的学习体验。

实际上，学科的院系化的确有助于大学提供更好的课程，也促进了更好的学术研究成果的诞生，学术专家可以更容易地聚集在同一个院系交流想法。而院系的建立也改变了哈佛大学的基因，在实际上推动了哈佛大学在学科和学术方面的选择。在接下来的几十年里，院系这种结构不仅给学生带来了更广泛的学习选择，和给教授提供了更好的学术研究环境，也使学校提供的课程更加细分和更具专业性。此外，它还使得各个学科越来越细分，学科之间的区分越来越严格。随着时间的推移，这种趋势最终的结果是本科教育的成本和复杂性增加了，对跨学科课程，如通识教育尤其如此。

这个时期的教育改革还包括引入学分制，它是一种鞭策懒惰学生、奖励勤勉学生的手段。为了进一步改善学生的行为，哈佛大学还引入了漫长的暑假。颇具讽刺意味的是，哈佛大学采用传统的校历安排不是为了更好地教学，甚至也不是为了适应农耕时节的需要，而是为了满足学生的喜好。该校认为，像"大暴乱"这样的骚乱往往发生在炎热的夏天，而那时的学校没有现代化的空调系统，因此让学生在暑假回家似乎更为安全。同时，教师的薪资和建筑维护成本都相对较低，长暑假的成本也不高。然而，不久之后，教学日程缩短带来的成本将变得日益高昂。

尽管有这些重大的教育创新，哈佛学院的课程内容仍然相对教条和陈旧。在许多情况下，教师对现有教学秩序的偏爱阻碍了课程改革的提议。哈佛学院的教授们从耶鲁大学1828年发表的一份有影响力的报告中获得了支持，该报告重申了古典课程的重要地位，即让学生只有很少或根本没有不修习古典课程的选择。在康涅狄格州的耶鲁大学和马萨诸塞州的哈佛学院里，背诵阅读材料与讲课内容继续被作为主要的教学手段；希腊语仍然在语言学中占据主导地位，不仅学生毕业时需要通过该课程考核，学生入学时同样需要提供该课程的成绩。

尽管工业革命在一定程度上改变了大波士顿地区，但哈佛学院与一个世纪之前相比却几乎没有变化。哈佛大学不愿创新的一个原因可能是本杰明·富兰克林（Benjamin Franklin）在宾夕法尼亚大学和托马斯·杰斐逊（Thomas Jefferson）在弗吉尼亚大学进行的教育实验的失败造成的。他们都在教育创新方面走在了时代的前列，例如开设选修课、重视科学课程，以及将大学分成不同的学院。虽然这些创新是有先见之明的，但对于这些大学的教师来说还是太超前了。

哈佛学院对保持传统的高等教育模式的执着，也是对教育界之外变化的世界的一种反应。周围的世界变化越多，就有越多的古典学者希望从古典传统中找到一种稳定和安全感。古人所谓的美德被视为新时代商业腐败的解药。因此，最受尊敬的大学创新速度却可能最慢，虽然高等教育在这一时期得到了发展，但哈佛大学及其姊妹学校却没有做出什么创新。例如，美国科学促进会（American Association for the Advancement of Science，AAAS）的前身并非由哈佛大学或耶鲁大学的学者创立，而是由二十多名军校学员在刚刚成立的美国西点军校创立的。美国科学促进会是世界上最大的科学社团，也是著名期刊《科学》的出版商。

即使是在这段相对平庸的时期，哈佛大学也做出了重大的变革。它设立了大学基金，并先后建立起了医学院（1782 年）、神学院（1816 年）、法学院（1817 年）、理学院（1847 年）和牙科学院（1867 年）等专业学院。哈佛学院之外的专业学院的设立以及这些学院对顶尖教授的招聘，成了哈佛大学发展特征中的重要元素，尽管其全部影响并未立即显现。例如，当时的专业学院并不要求学生必须获得本科学位，这使得它们成了通识教育的有力竞争选择，从而加大了学院引入更多专业化课程的压力。同样，在全国范围内遴选教师这一做法，也强化了将学术成果作为选择标准的重要性，其部分原因是发表的研究成果和学术成就比教学的有效性更容易衡量。

在此期间，哈佛大学也明确表示要成为最好的筹款机构。新英格兰地区蓬勃发展的经济创造了新的财富，哈佛大学不仅从其校友那里，还从其广泛的仰慕者处获得了大量捐赠。从一开始，哈佛大学校长就期望能在捐赠资金的使用上保留决定权，不过随着时间推移，这种期望变得越来越难以实现。到 20 世纪之交，哈佛大学的捐赠基金由数千笔独立的捐赠资金构成，其中许多由学院院长而非校长掌控。一些有着特定个人诉求的捐赠者，会对其捐赠设置严格且具有法律约束力的限制条件。例如，在当今哈佛大学的受限捐赠基金中，有一项仅限用于获取陨石标本，还有一项则仅用于奖励关于"藏书的真正精神"的最佳论文。如今，这类限制条件严格的捐赠在高等教育界很常见，它们不仅无法用于学校的一般用途，还可能需要学校提供一些捐赠者未提供的额外支出。例如，陨石需要有专门的场馆存放，并由馆长进行维护。

尽管这些做法有在日后引发问题的隐患，但 1865 年哈佛大学与马萨诸塞州政府断绝财务关系时，它拥有相对不受限制的慈善支持却成了一大幸事。当时，马萨诸塞州政府一直强烈要求哈佛大学进行课程与财务改革（其中部分改革在新成立的麻省理工学院得以实现）。不仅哈佛大学，其他大学也逐渐形成了更倾向于接受捐赠资金而非州政府拨款的特征。表 2-2 展示的是哈佛大学百余年间的六项重大基因改变，这些改变共同促使哈佛大学变得更加世俗化和专业化。在许多方面，这些改变提升了学校学术活动的质量，包括学生教育。哈佛大学的规模越来越大，学术活动质量也越来越高，然而，它也逐渐不再那么专注于学生教学，组织结构也变得更为复杂，对资源的需求也更加强烈。

表 2-2　哈佛大学的基因演进（1708—1868 年）

新特征	产生的影响	新特征	产生的影响
世俗化	学术探究摆脱教条束缚 课程实用性增强 怀疑主义倾向	长暑假	教师获得更多的研究机会 物理设施利用率降低
学科专业细分	更强的学科专业知识与深度 更出色的学术成果 提升教师资质 教师对学生的关注减少 更加注重课程内容与授课 教学成本增加	专业学院	对经济和社会的贡献增加 专业教育部分替代通识教育
系科化	更广泛的学习选择 减少学科间协作 学术研究更加专业，课程更加碎片化 教师队伍更加分散	私人捐赠	在资金使用上有更大的自主权 减少了对学生学费和政府支持的依赖 捐赠者的限制条款和附带成本

哈佛大学比许多同行更好地应对了美国内战带来的危机。战争对新英格兰地区的经济带来了积极影响。在谦逊而才敢卓著的托马斯·希尔（Thomas Hill）时任校长的领导下，哈佛大学继续繁荣发展。他提高了哈佛大学的招生标准，扩大了选修课尤其是科学领域的相关课程的范围。在哈佛大学的这段平庸岁月中，相互竞争的大学如雨后春笋般涌现，数量激增。有些大学，尤其是耶鲁大学，在声誉和毕业生数量上一度超过了哈佛大学。其他富有创新精神的大学似乎在课程和学术方面也做好了准备。相比之下，哈佛大学则显得有些漫不经心。塞缪尔·艾略特·莫里森这样总结了当时的校风：

然而，哈佛本科生院因循守旧，哈佛法学院暮气沉沉，医学院效率低下，劳伦斯理学院则是"逃避责任者和散漫者的避难所"……有一种说法是，哈佛大学的学生要获得硕士学位只需付 5 美元和别进监狱就行。

幸运的是，到 19 世纪 60 年代末，哈佛大学已蓄势待发，即将迎来一场非凡的复兴。

第 3 章
查尔斯·艾略特，美国高等教育之父

在哈佛大学变革的历史进程中，它迎来了一位关键人物 —— 查尔斯·艾略特（Charles Eliot）。艾略特出身于波士顿的名门望族，他的家族不仅富有，而且政治地位显赫，与哈佛大学渊源深厚。他遗传了家族祖辈的聪慧头脑，却未承继财富：1857 年，艾略特 23 岁时，他的父亲在金融危机中失去了一切。当时，他已从哈佛学院毕业，并留校担任助教。家庭财富的丧失，以及由此产生的赡养父母和扶养三个未婚姐妹的责任，让本就稳重的艾略特变得更加严肃。24 岁时，他成婚并获得了数学与化学教授职位。

艾略特在哈佛学院求学期间实现了重大的人生蜕变，这段经历也激励着他成为一名教师。大一的时候，他有幸与约西亚·P. 库克（Josiah P. Cooke）教授建立了持续一生的情谊。库克教授教授化学和矿物学，他曾到访欧洲，在那里见识到了德国人尤为突出的实验室学习环境。哈佛大学当时没有类似的条件，但库克回国后，在地下室的角落里搭建了一个简易实验室。年轻的艾略特是少数几个有幸进入这个"穷学者实验室"的学生之一，他在那里发现了自己对化学的热情。在库克的指导下，艾略特获得了共同授课的机会，并最终取得了博士学位。

作为教授，艾略特试图以库克吸引他的那种方式去启发自己的学生。他是一位富有想象力的改革派教师，他将口试改为笔试，还创建了哈佛首门基于实验室实践的课程，这是对传统课堂学习模式的令人振奋的突破。他甚至将实践教学法应用于数学教学，他后来回忆道：

我努力让教学的过程变得尽可能具体，并通过实际应用来阐释原理。例如，当学生在学习三角学时，我教授了一群志愿者简单的测量学知识，并在他们的帮助下，对剑桥市距离哈佛大学 1.5 英里[①] 范围内的街道和开放空间进行了测量。这些志愿者在我的指导下，精心绘制了当时哈佛大学的地图，上面清晰地标出了每栋建筑、每条小路和每棵树木。

虽然艾略特教学能力很强，但他真正卓越的才能在于管理。有三任哈佛大学校长依赖他来管理学校，把他视为是事实上的哈佛大学运营负责人。艾略特的管理工作包括了哈佛大学的大部分非学术性活动，从建筑规划、预算到学生事务。他还被证明是一位能力出众的资金筹集人，他能够说服波士顿富有的商人和企业家支持学术研究。在美国内战初期，他获得了晋升，成为哈佛大学劳伦斯理学院的代理院长。他的教育创新包括建立新的科学通识课程。

艾略特能够从事大量的行政管理工作和课堂教学，是以奉献他的学术研究为代价的，这让他失去了他真正想要的教职：哈佛大学享有盛誉的拉姆福德讲席教授席位。一位在德国留学、拥有出色的研究发表记录的学者赢得了这个席位。1863 年，艾略特在担任哈佛大学最有权力的人物 9 年之后，离开了哈佛大学。

为了肩负起抚养大家庭的责任，艾略特拒绝了在内战中领导骑兵团的邀请，他听从朋友的劝告去了欧洲。在法国和德国生活的两年间，他在教育和社交领域的各个方面充分展示了他的非凡才智和坚持不懈。他对学术和管理同样感兴趣。

在此期间，艾略特有了三项重要发现。其一，欧洲学术研究的范围广泛且专业化程度极高。法国和德国的顶尖大学似乎在众多新兴学科领域都表现卓越。

其二，他发现学术研究的发展与国家经济生产力的提升之间存在着明显联系。艾略特推测，他在美国国内看到的欧洲进口商品增多，是科学发现转

[①] 1 英里约合 1609.34 米。——编者注

化为商业实践的结果。尽管看到许多学者相对孤立地开展研究工作这一点让他感到沮丧，但欧洲大学和技术学校的研究成果与欧洲工厂的创新之间存在的联系是清晰的。因此，他得出结论：学术研究可以成为国家生产力发展和经济繁荣的引擎。

其三，艾略特看到，尽管法国和德国在学术与工业发展方面具有优势，但普通民众却深受不民主的政府、僵化的阶级结构以及排他性的教育体系之苦。他意识到，像他自己的家族这样从白手起家到在政治、金融和学术领域取得巨大成功的情况，在欧洲是不可能发生的。

1865 年，艾略特回到美国。他坚信优秀的大学应当也能够做到三件事：第一，在所有学术学科上都表现卓越，尤其注重高等研究与创造新知；第二，为社会和经济福祉作出贡献；第三，为求学者提供课程选择的自由。他已经预见到，第三件事，即让学者和学生能够自由选择学习科目，将营造出一种知识的自由市场，这种市场能激发所有学科追求卓越，包括那些有潜力直接推动社会福祉的学科。艾略特也将之作为原则铭记于心。

不久之后，艾略特开始执掌哈佛大学，而他的这些抱负的相互作用和相互强化永久地改变了美国大学的基因结构。大学增加的学生类型包括了 —— 甚至是偏重于 —— 人文和科学研究生，他们将在研究工作中对哈佛大学的发展产生极大的帮助。大学的学科范围将会扩大，大学的学术工作将更强调知识的发现和传播，而不是教学。

来自欧洲的启示

艾略特回到美国时，发起变革的时机已经成熟。随着内战结束，美国准备在领土、人口和商业领域进行大规模扩张。北方在战时蓬勃发展的军工企业纷纷调整，以满足民用需求。铁路的建设则造就了一个庞大的共同市场。随着电灯、电话和汽车等发明的应用，新兴产业即将兴起，而无论是老牌企业还是新兴企业，都将从大规模生产和科学管理的实践中获益。对艾略特及其学术界同仁而言，重要的是，美国将有大量的人需要接受高等教育才能胜任工作，并有能力消费新兴的产品。

1865 年，即使在向来保守的高等教育领域，变革也在悄然酝酿。在这一年，麻省理工学院首批学生入学，同时，以西联汇款公司最大的股东、慈善家埃兹拉·康奈尔（Ezra Cornell）的名字命名的康奈尔大学成立。这两所学校的建立都意义非凡，它们都至少秉持了艾略特在游历期间铭记于心的三条原则中的两条。

麻省理工学院致力于科学技术的发现和应用，这是欧洲理工大学的特长，也是艾略特总结的卓越大学的原则的第二条。康奈尔大学也是如此，作为纽约州支持建立的一所赠地大学，它的责任是提供工程和农业等领域的实践教育。这两所新学校都打算提供比哈佛大学更大的学科选择自由，而这是艾略特的第三条原则。

康奈尔大学也渴望在所有的学术领域都出类拔萃，这是艾略特认为的卓越大学应该具备的首要条件。学校创办人的声明反映了他们对学术研究领域广度的承诺，这句话后来成为学校的校训：“我将创办一所任何人在此都能获得所有学科教育的学校。”

颇具讽刺意味的是，将艾略特从欧洲召回美国的恰恰是麻省理工学院，而非哈佛大学。麻省理工学院为他提供了化学教授职位，他因此成为该校最初的十位教师之一。他为这所新兴的理工学院兢兢业业地工作。在麻省理工学院的这段经历不仅让他有时间完善自己关于学术研究成果与经济生产力发展之间联系的想法，还为他提供了一个创新的平台，使他能够将自己的一些想法付诸实践。

然而，艾略特重返并领导哈佛大学的抱负却与日俱增。1868 年，哈佛大学监事会认为他具有领导哈佛大学的资历，于是，他在哈佛大学校长的竞选中胜出。他利用大学的平台发表了自己的美国高等教育振兴战略，发表在《亚特兰大月刊》（The Atlantic Monthly）的一篇分两期连载的文章尤其产生了极大的影响。1868 年末，哈佛大学校长职位在二十年内出现第四次空缺，艾略特获选担任此职。人们期望他既能带来稳健的领导风范，又能为学校注入全新的发展愿景。

专栏:
哈佛大学选聘一位新校长

哈佛选择艾略特担任校长是一项大胆的决定,虽然最终成效显著,但也确实存在风险。他当时年仅35岁,为人直言不讳,而且学术资历尚浅。他曾公开争取校长职位,并提出了一整套改革议程。假如由哈佛大学的教师来做选择,他们可能不会选择艾略特担任校长。然而,真正的权力既不在教师手中,甚至也不在由校友选出的监事会成员手中,而是掌握在哈佛法人机构(The Harvard Corporation)①手中。该机构于1650年由马萨诸塞州特许成立。根据特许状,这个由七人组成的管理机构包括学校校长和财务主管,另外五名成员则由管理机构自行挑选,但需经过监事会的建议与同意。

一开始,艾略特并不是哈佛法人机构选择的哈佛校长候选人中的首选。在此之前,美国总统约翰·昆西·亚当斯(John Quincy Adams)的儿子——美国驻英国大使查尔斯·弗朗西斯·亚当斯(Charles Francis Adams)拒绝了这一职位的邀请。因为无法吸引到经验丰富的外交官,所以哈佛大学就将目标转向了这位年轻、富有远见但未经考验的哈佛大学前任教授。哈佛法人机构的成员的专业地位使他们不仅具有对商业界、法律界、政界的广阔视野,还对那些有望超越哈佛大学的大学有清醒的认识。他们将注押在了创新和长期发展上。哈佛法人机构的成员耐心地与监事们探讨了几个月,最终获得了监事们的同意,由此选择了艾略特担任新校长。

---

① 正式名称为哈佛大学校长和董事(The President and Fellows of Harvard College)。——编者注

选修课制度：应有尽有

艾略特作为哈佛大学的新任校长，不失时机地宣布了他的计划。他在就职演说中声明："我们认为文科和理科之间没有真正的对立，数学或古典文学、科学或哲学之间也不存在狭隘的替代关系。所有这些学科，我们都要办，而且要办得最好"。学科要全还要最好，这个想法说来容易，做到很难。这份重担不仅从始至终贯穿了艾略特校长执掌哈佛大学的这四十年，而且，最终也沉甸甸地压在了美国和全球高校的肩头。

这位年轻校长把哈佛大学打造成一所卓越大学的战略核心在于后来变得广为人知的"选修课"制度。他的理念很简单：学院不再为本科生强制设定一套标准的古典课程，并允许教授自行选择授课内容，同样，学生也可以自主选择学习内容。如今，这一理念已被视作理所当然，是大学教育的基本特征之一，但在艾略特所处的时代，它却与长期形成的大学教育传统背道而驰。

虽然校长遴选在当时备受争议，其背后的原因却引起了教职工和学生的共鸣。艾略特认为，教得最好的课程是自然形成的，而学生也是如此，学生学得最好的课程是自己感兴趣的课程。艾略特认为，应该允许知道自己未来发展方向的学生把学习的重点放在自己选择的方向上，而不是强制他们按照标准的课程安排来学习；此外，他们应该被允许按照自己的学习进度来学习，一旦他们准备好了，就可以让他们学习高级课程。艾略特还预料到，选修课能为教授们将他们的学术发现带进教室提供巨大的机遇，从而促进学科的专业化。这样既能激励教师工作的动力，也能让他们的学生所接受的研究生教育得到飞跃发展。

除了这些给教师和学生带来的好处，艾略特还认识到，选修课制度在帮助哈佛大学从一所只有几所普通专业学院的古典大学转变为一所拥有广泛的、前沿课程的大学方面具有巨大潜力。通过允许学生自主选择课程，学校就可以摆脱对学习希腊语和拉丁语的强制要求，而不必完全取消这两门课程。通过选修课制度，艾略特可以有效地使哈佛大学的课程体系现代化，而无须具体说明课程内容；因此，他的课程体系创新避免了政治上的紧张，而这种紧张将不可避免地牵涉关于授课内容的行政选择。

艾略特还预见到，学生的选课自由会给教师带来竞争压力，从而让教师主动提高自己的教学水平，以确保学生的满意度。为此，他创建了今天众所周知的学术课程目录，明确每一门的课程名称、编码和授课教师。以前的学生事先不知道哪位教师将教授哪一门课程，也无法选择哪一年上这门课，而现在，他们可以根据自己喜欢的时间和教授对课程进行挑选。通过这种方式，新的选修课制度以市场力量而非行政命令提高了教学水平。作为募款人的艾略特还从中看到了一个潜在的好处：他希望更多的学生和学者选修应用科学，从而为他从波士顿富有的实业家那里筹集资金创造机会。

艾略特并没有忽视选修课的潜在成本。他的批评者特别指出了其中的三个风险：其一，学生所选的课程之间可能会缺乏关联性，导致其知识体系缺乏连贯性；其二，学生的教育广度可能受损；其三，学生对学科内容的学习深度可能不足。换言之，选修课制度无法保证学生在毕业时，既能对基础学术科目有全面综合的理解，又能在至少一个专业领域内拥有深入的知识。

艾略特尝试通过以下理由打消批评者的顾虑：他认为好学的学生会很自然地选择某一专业，而建立在一门课程到下一门课程之间的顺序要求会产生学科的连贯性。至于广度，他提醒他的批评者，高等教育从业者对"广度"教育意义的异议，正是放弃旧的古典课程的原因。

他还预见到另一个需要考虑的问题：大学允许开设如此多的选修课带来的财务成本问题。他知道选修课制度会产生数量庞大的课程，而其中许多课程的注册人数较少，因此相对成本较高。但由于学费上涨和捐赠基金不断增加，哈佛大学能够负担得起设立这些课程的投资。

专栏：
开设选修课程产生了意料之外的成本

产品线延伸是营利性组织的一种内在倾向，但在高等教育领域，这种倾向尤为强烈。在营利性环境中，投资者和高管期望看到对于新产品成本与潜在收益的财务预测。他们还可能对照这些预测来评估产品的市场表现，必要时，他们会剔除无利可图的产品。

相比之下，开设一门新课程的成本评估是在不那么依赖数据和需求信息的环境中进行的。虽然大学的运营者可以准确地预测入学人数，但学生需求是否应该主导课程设置决策，这仍是个值得探讨的问题。大学的运营者首要考量的是，要提供教师们认为对实现具有足够广度和深度的教育至关重要的内容。因此，在高等教育领域，以商业方式评估课程开设成本的做法，既被视为不切实际，也不受欢迎。

艾略特在选修课制度中激发的教师热情也带来了学术利己主义或至少是偏袒某些学科的风险。如果一个教师花了多年时间掌握一门学科的某个方面，他很可能就会认为自己所研究的方面是这门学科的基础。此外，学术共治可能意味着一些教师会对同事的新课程方案给予善意的质疑，从而导致课程数量迅速增加。

商业领域和学术领域的真正区别在于对现有产品的处理。一门课程一旦创建，只要教师想教，它就能存在。商业世界中用来淘汰无利可图产品的财务数据和高级管理者评议，在传统大学和学院中影响很小。低选课率的课程（也就是高授课成本）可能会与那些高选课率的课程共存，在授课质量方面也可能存在类似的差异。艾略特预计，选修课制度所固有的竞争性会减轻后一种风险。但他的另一项创新——哈佛教授的终身教职制度——将削弱对教师不合格教学的竞争性审查。随着时间的推移，艾略特的选修课成本会变得比他预期的更为高昂。

一项哈佛式创新

艾略特校长的选修课制度虽然花费多，但也体现出了哈佛大学后来一系列创新的一些共性。首先，它建立在坚实的前期基础之上。艾略特并未首创哈佛大学的选修课制度：在他就职之时，学生们已经能自主选择近40%的课程。艾略特只是提高了可选课程的比例，并增加了可供选择的课程数量。在随后的几十年里，获得更大自主权的教师们能够依据自身兴趣开设课程，这些课程往往源于他们的个人研究。假以时日，学生们发现，他们既可以深入钻研某一领域，也可以学习范围几乎无限的知识，这是一项重大的创新。

然而，艾略特的选修课制度是一种应时而生的举措，这种举措并未仓促推行，也没有对教师施加过大压力，这也是他和其继任者推行创新时的另一大特点。他注意到变革的力量站在他这一边：尽管教师和校友中有少数古典学者仍执着于旧有的规定课程，但大多数教授以及几乎所有学生都希望拥有更多的选择。这不仅与当时的经济思潮相呼应，还与内战结束后，亚伯拉罕·林肯所呼吁的"自由的新生"所预示的自由精神相契合。

艾略特在推行选修课制度及其他创新举措时自信且充满耐心。哈佛大学最后一门必修课直到1899年才取消，此时距他上任已过去30年。在这个过程中，他从儿子的经历中获得了勇气。他的儿子1882年从大学毕业，厌恶为大一新生设定的古典必修课程，却热衷于选修课，而这些选修课为他日后在景观建筑领域取得卓越成就奠定了良好基础。艾略特的耐心带来的好处，不仅有以能让教师在情感上接受的节奏推进改革，还有为确保新课程的质量及持续改进留出了时间。

艾略特还让哈佛大学的选修课制度独具特色。他熟悉康奈尔大学创校校长安德鲁·怀特（Andrew White）所推行的选课体系，而怀特有着从零开始构建体系的优势。但艾略特既没有照搬康奈尔的选修课制度，也没有模仿其他任何大学的模式，倒是其他大学纷纷效仿哈佛模式。直到1890年，哈佛大学的选修课制度全面成熟之际，在其他典型大学中，必修课仍占学生课程的80%。仅仅十年多后，在许多大学的课程设置中，必修课的比例就降至30%。

哈佛研究生院：每一方面都要做到最好

建立本科生选修课制度是实现艾略特理想大学目标的重要的第一步，这一制度能让教师们得以以前所未有的程度进行专业深耕。然而，要将哈佛大学的知识的发现与应用水平提升到他在欧洲顶尖大学所见到的高度，艾略特依然面临诸多挑战。要实现这一目标，仅有一所拥有学习自由的本科生院是不够的，因此，艾略特在开始将自由原则贯彻哈佛大学课程设置的同时，着手创办新的研究生院。哈佛大学将通过这些研究生院，朝着艾略特所设定的做出世界级的学术成就，以及为经济繁荣和社会福祉作出贡献的目标迈进。

与选修课制度一样，艾略特对研究生教育的创新方法是建立在哈佛大学已有的优秀基础上的，尽管哈佛大学的制度设计从其他大学那里获得了启发，但其中的具体做法却是哈佛大学所独有的。虽然欧洲的大学给了艾略特灵感，但他无意简单地照搬欧洲大学的制度，正如他在《亚特兰大月刊》发表的文章之一中所宣称的那样："一所名副其实的大学，必须像植物一样从种子开始成长。它无法带着繁茂枝叶与累累硕果，被原封不动地从英国或德国移植过来……美国的学院是独一无二的机构，美国的大学也将同样独具特色。"

艾略特创建理想大学的第一步，部分是基于对哈佛大学的考虑。1872年，他创办了后来发展为文理研究生院的机构，该学院开始授予包括博士学位在内的高等学位。通过在语言、历史、经济和化学等领域设立博士项目，艾略特为教师队伍提供了一批对开展一流学术研究至关重要的研究生。这些高年级学生将承担与研究相关的较为基础的工作，比如收集实验数据、教授本科课程，使教授们能够专注于研究发现，从而促进成果发表。哈佛大学培养的博士毕业生也将扩充合格的潜在教师队伍，减轻大学争取少数留欧学者的竞争压力，这些留欧学者在美国数量有限。

值得注意的是，艾略特让文理学院（Faculty of Arts and Sciences, FAS）负责所有本科层次的教学，这一决定对哈佛大学的本科课程设置产生了深远影响。从积极方面来看，这使得哈佛大学的学生能够直接接触具有深厚专业知识的文理学院教师，为本科生攻读高级课程铺平了道路。艾略特的课程创新之一是，只要学生满足先修课程要求，无论他们处在哪个年级，都可以选修本科和研究生层次的任何课程。即使在今天，哈佛大学文理学院开设的课程仍被分为"主要面向本科生""主要面向研究生"或"面向本科生和研究生"。艾略特成功地为学院里符合条件的任何学生开设了一系列令人印象深刻的高级课程。从这个意义上说，他有理由自夸："很难说本科生院和研究生院的边界在哪里，它们是相互交融的"。

然而，让文理学院负责本科教学也有不利之处，这种教学方式导致专业学科（比如法律和医学）不会直接面向本科生授课。那些打算从事这些职业的学生可能会学习一些辅助性科目，比如法律专业的学生学习历史和哲学，医学专业的学生学习生物学和心理学，这会导致本科毕业生对这些专业学科并没有直接的知识储备。让文理学院负责本科教学的另一个后果是，本科课程走上了与教师的选择一致的学术专业化和窄化的道路。

艾略特还在农业和园艺、兽医、采矿和地质以及商业领域创立了新的专业学院，尽管后来只有最后创建的哈佛商学院作为一个独立学院存活了下来。然而，艾略特成功地提升了原有的医学院和法学院的地位。在他担任校长之前，这些学院既不要求入学学生必须有学士学位，也不要求学生必须通过严格的考试才能毕业。他还提高了医学院教师的筛选标准，让医学院教师更倾向于学者而不是从业者。法学院则在他的领导下，采用了现在美国司法培训的标准教学法——"案例教学法"。

建立起世界级的医学、法学和商科专业学院不仅使哈佛大学收获了在任何学科都具有一流水平的美誉，也进一步强化了艾略特对哈佛大学的愿景。在以实践为导向、需要学士学位才能入读的专业学院的支持下，艾略特对那些质疑本科课程过于不切实际或过于分散的人做出了回应。本科毕业生可以继续参加专业研究生教育，而专业学院对学生在本专业的知识储备的要求很低，因此本科生无论学习什么专业，都不会对其接受研究生教育有太大的劣势。

艾略特在哈佛大学创造了如此广泛的研究生学习机会，并认为本科学院里那些希望继续接受研究生教育的学生没有理由不能在三年内而不是传统的四年内获得学士学位。虽然艾略特赞赏文理学院在提供人文教育方面所发挥的独特作用，但是，他也担心让研究生学习到 26 岁、27 岁，在他们本来能找到有价值的工作的年龄还在学校里学习，将会增加学生个人和整个社会的成本。

19 世纪 90 年代，艾略特成功减少了获得学士学位所需的学分数量。然而，他希望将三年制学位设为标准学制的计划，遭遇了教师们长达十年的强烈抵制。20 世纪初，哈佛大学入学人数下降，运营成本飙升，引发了财务危机，导致这一计划最终夭折。在巨大的财务压力下，哈佛大学承受不起失去学士学位课程第四年学费所带来的 25% 的本科学费收入的损失。这个原本很可能像哈佛大学其他创新举措一样，融入其他大学"基因"的三年制学士学位计划，因哈佛大学的财务困境而夭折，而这种困境也一直持续到了艾略特校长任期结束。

教师特权和影响力

在艾略特担任校长的第四个十年里，教师们能够阻挠他的重大举措，这表明教师的权力在他的领导下得到了增大。在他的任期内，哈佛大学的学生人数和教授人数都增长了四倍，但这一统计数据还低估了教师队伍规模的实际增长。到艾略特任期结束时，哈佛大学已经拥有近 200 名教授和 400 多名非教授型的教师与研究人员，也就是说，平均每位教授在教学和研究活动中有两名全职人员协助。从广义上把这些教师和研究人员都算入教师队伍的话，在艾略特的任期内，教师队伍的规模增长到了其原有规模的 12 倍。

艾略特之所以在教师队伍扩充上进行投入，是因为建设他心中的世界一流大学需要同时具有学科的专业化与广度。他在德国所见到的那种发现研究必须专注于一点：如果要在一个已有大量研究的领域中发现新成果，最有可能实现这个目标的做法就是缩小研究范围。基于此，学者们往往会进行专业化研究，而要涵盖所有学术领域，就需要聘请大量这样的专业学者。

同时，包括本科生在内的教育工作也必须持续进行。然而，大学学者们的研究工作不仅限制了教授们分配在本科课堂上的时间，也使他们的才智水平与教授的相对初级的课程相去甚远。虽然艾略特相信教学和研究工作的兼容性，但他从自己亲身的经验中知道，学术研究需要学者有专注的努力和能够自由支配的时间。基于对研究和高质量教学的重视，他支持教授聘请助理教师（通常是研究生），在"小组"研讨中引导学生进行讨论。这些助教帮助教师维持了和学生的紧密关系，因此即使教授们在研究上投入了更多的时间，其所教授课程的注册人数已经增长到数百人，他们与学生的关系也能保持亲密。这种安排将成为许多大型研究型大学的永久特点。

艾略特还以其他方式支持教师们的工作。他倡导学术研究和言论自由，实行终身教职制度，确保终身雇用教师直到退休。他还创建了一个养老金体系，并三次全面提高教职工的薪资。在他担任哈佛校长期间，为了吸引一流学者并支持他们的工作，他还开创了学术休假制度，即每七年里教师可进行一次为期一年的全职研究。

艾略特还建立了让教师参与大学行政决策的传统。他在决定聘用教师时要向院系成员征求意见，并将对荣誉学位和研究生项目的控制权授予院系。他还尊重哈佛大学早期的教授们在财务方面自主的传统。事实上，艾略特对教师的尊重超过了他的哈佛大学前辈和其他大学的同行，这使他赢得了广泛的尊敬。一位教授如此讲述他的观察："我目睹了这样一位卓越的校长，他年复一年地将自己最为珍视的计划展现给一大群教师和员工，年复一年地把自己的思路带给这些教师，他的行为中带着一种满足，他确信，要实现他的宏伟目标，端赖他所拥有的这些教职员工，在他心目中是世界上最有智慧也最正直的一个集体。"

学生自由

艾略特认为，学术自由原则不仅适用于学者，也适用于学生。他除了给予学生自由选课的权利，还摒弃了学院"代替父母履行职责"（in loco parentis）的传统，即不再对学生课堂之外的行为行使家长式权威。事实上，哈佛大学有一段时间连上课出勤也是自由的，直到一位父亲发现，他本该在剑桥市求学的儿子实际上却在古巴度假；此事发生后，学校才要求教授上课要点名考勤。

艾略特还从其他方面减少了对学生的限制：教堂礼拜变为可选，大多数学生的轻微不当行为被忽视，过去严苛的纪律常与清教主义和旧的古典课程体系联系在一起而被摒弃。或许因为他自己身为学生时，相较于与同学交往更喜欢接受教师指导，所以艾略特总体上对学生的社交生活不太关注。他也无视了为不断增多的学生群体提供更多校内住宿的呼声，理由是私人投资者会满足这一需求，而大学的资源应当集中于更具战略性的目标。

不出所料，这种举措让学生的品行出现了退化。由于学术合格标准极低（所修课程中半数成绩为 D 也能获得学士学位），学生在课堂上几乎不用努力，并常常依靠私人辅导老师突击备考期末考试。哈佛大学落得了个"最难进却最易过"的名声。学生们把课外活动发展成了一种艺术形式，社交和体育俱乐部蓬勃发展，一种明显的阶层体系逐渐在学生中形成：较为富有的学生放弃校内宿舍，转而选择优雅的私人宿舍，这些宿舍后来被称为"黄金海岸"。

与此同时，体育竞技让哈佛校园为之痴迷。让艾略特感到懊恼的是，哈佛大学是橄榄球运动的先驱，在 1874 年就举办了首场校际比赛。艾略特将橄榄球描述为"一种野蛮、欺诈且道德败坏的运动"，并认为它毫无前景。他表示："一项充满激烈的个人冲突的运动，不可能成为一项出色的校际赛事。"

然而很快，事实就证明他大错特错。20 世纪之初，哈佛橄榄球队，一支常年称霸全国的劲旅，吸引了多达 4 万人的观众，这是全国规模最大的校际体育赛事观众群体。学生和校友们为他们的情感能量有了新的宣泄渠道而欣喜不已，然而其代价也是巨大的：哈佛的橄榄球场于 1903 年建成，造价高达

31 万美元。幸运的是，这座球场是校友捐建的。如果当年这笔钱是从哈佛大学与学生相关的收入中扣除的，那将消耗掉其总年收入的一半以上。

艾略特对中学教育的影响

1900 年前后，艾略特的关注范围和影响力已扩大到涵盖了美国的整个教育体系。他在中等教育领域的威望和影响尤为显著。如今，很难想象一位大学校长会将高中改革视为是他的首要任务，而对艾略特而言，这是一项事业，不仅关乎公共利益，也是出于他振兴哈佛大学的实际需要。

1869 年，艾略特上任时，哈佛大学每年的招生人数不到 200 人。当时，大学课程标准宽松，对学生入学资格要求不高，哈佛大学及其同类院校实际仍在提供相当于高中最后几年的教育。而且，由于哈佛的生源大多来自新英格兰地区相对精英的私立预科学校，因此这些学生的学习水平虽然初级，但较为平均。

不过，随着艾略特努力扩大哈佛的规模和提高学术标准的行动，情况发生了重大变化。一大批新兴大学的招生竞争加剧了哈佛大学吸引难以合格新生的问题，这些大学包括麻省理工学院、康奈尔大学、斯坦福大学、约翰斯·霍普金斯大学、芝加哥大学，以及从马萨诸塞州到加利福尼亚州的其他几十所大学。面对这种无处不在的竞争，而且考虑到扩大学校规模和提高生源质量的必要性，私立预科学校这一哈佛大学传统的生源输送系统被证明是不够有效的。美国历史上第一次，哈佛大学校长不得不亲自关心公立高中的教育。

在早期，艾略特并不重视高中，认为它们几乎不能培养出合格的准大学生。他主张按照德国的模式将美国的中学教育分类，由私立中学来培养大学的预科生。这与他要将哈佛大学办成一所与德国大学同等水平的大学的观点是一致的，他认为美国高等教育学校在质量和内容上与强调通识教育的德国预科学校相似。

然而，到 19 世纪 70 年代末，艾略特发现私立学校培养的学生太少，无法满足大学的需求。当时，大企业迅速崛起，人才供给不足成为一个普遍存在的问题。例如，亨利·福特（Henry Ford）就面临过类似的挑战。虽然当时他的 T 型车很具竞争力和颠覆性，但当时的独立钢铁制造商无法以他要求的水平持续高质量和低成本地提供钢材。因此，福特在密歇根州迪尔伯恩的装配厂旁边的里弗鲁日建立了自己的钢铁厂。这种"垂直一体化"成了 20 世纪制造业高效的一个标志。

艾略特在当时就颇具前瞻性地想出了一种避免因纵向整合而提高成本的方法。他意识到，哈佛大学需要的并非自己的附属预科学校，而是一套全国顶尖中学都应遵循的教育标准。他准确地推测出，哈佛大学有能力制定这些标准，并有效地将大学预科教育的任务转交给中学。

起初，艾略特在马萨诸塞州试验他的想法。他开始参加马萨诸塞州高中教师协会的会议，并召集了一批中学教师和哈佛大学的教师进行座谈。他甚至为当地两所高中的教育改革提出了完整的课程设置计划。

随着时间的推移，他把办更好的大学预备教育的计划推向了全国范围。1892 年，他担任美国全国教育协会（National Education Association）"十人委员会"的主席，这些著名教育家采纳了他提出的四项基础知识分类 —— 语言、历史、数学和自然科学。他还为建立高等教育入学考试委员会做出了贡献，该委员会后来管理了美国高中毕业生学术能力评估测试（Scholastic Aptitude Test，SAT）。

艾略特的首要目标是使美国的所有公立高中都能培养出能上大学的高中毕业生。他特别希望高中能够履行以前大学的基础教育职能；他还认为，高中生应该广泛接触语言、历史、数学和自然科学。这些举措将使大学成为一个更专业的学习场所，或者如果必要，大学也能为尚未下定决心的学生提供机会去发现其特殊爱好的场所。它们还将让名牌大学能够转向"高端市场"，用今天的话说，就是关注那些更见多识广、更富有的消费者。换言之，艾略特的部分目标是通过争取中学教育体系的支持，让哈佛大学做得更大更好。

虽然艾略特认识到并非所有高中生都会上大学，但他依然倡导一种综合性的教育方式，即准备上大学的学生和准备接受职业技术培训的学生不应像在德国教育体系中那样，在年纪尚小时就被分开。这种时至今日仍能在美国高中教育的模式中找到影子的教育体系有利于那些晚熟的学生，并且让学生在 18 岁之前都能保留对教育路径的选择权。然而，其弊端在于，他所倡导的通识课程体系强调的是所谓的"心智训练"，而非职业技能准备，这会导致那些不打算上大学的学生对职场准备不足。起初，他认为这个问题并不严重，因为他相信，就像私立预科学校的情况一样，进入高中的学生将局限于较为富裕的阶层。

随着美国高中教育覆盖到所有学生，包括大多数不会进入大学或四年制学院的学生，艾略特为高中设计的自由课程体系的缺陷就变得明显起来。艾略特对此的回应是倡导基于能力的分组教学，他建议学习天赋稍弱的学生应该以较慢的进度学习。这种学生分层教学虽然有助于教师集中精力教学，但也降低了晚熟学生进入大学预科生行列的可能性。艾略特的设计还让高中承担起了真正实现综合性教育的重任，即既要落实他所倡导的通识课程体系，又要兼顾学生的职场准备。

如今，许多公立高中仍然肩负着这两种截然不同的职责，导致它们很难同时在这两方面都做得很好，其后果体现在高中毕业生的职业工作能力下降以及进入大学并完成大学学业的高中生比例下降。人们呼吁社区学院在高等教育中发挥更大作用，营利性教育工作者在为那些缺乏进入传统大学和学院的必要准备与证书的学生提供服务方面越来越成功，这些现象也体现了大学教育转向"高端市场"后所造成的差距。尽管如此，艾略特的改革依然在提高全美高中成绩标准化和课程标准化的同时，为 20 世纪高等教育的显著发展，以及随之而来的史无前例的经济繁荣奠定了基础。

专栏:
规则改变

2008 年，克莱顿与同事迈克尔·霍恩（Michael Horn）和柯蒂斯·约翰逊（Curtis Johnson）出版了《创新者的课堂：颠覆性创新将如何改变教育》（*Disrupting Class:How Disruptive Innovation Will Change the Way the World Learns*）一书。他们提出了引人深思的看法：尽管美国公立教育已经取得了巨大进步，但社会仍在通过改变对教育质量的定义和要求学校承担新的职责，来不断改变衡量学校的规则。

为了支持这种"规则改变"的观点，克莱顿和其同事指出，在艾略特所处的时代，公立高中承担起了对所有学生进行教育的任务，使其要么进入大学学习、要么为直接就业做好准备。一项新任务是于杰斐逊时代在旧有的责任基础上新增的，即向学生灌输民主价值观，并为让相对少数人担任公民领袖做好准备。正如《创新者的课堂：颠覆性创新将如何改变教育》一书中所记载的，公立学校对此的应对非常有效：

1905 年，在一年级注册进入小学的孩子中，只有 1/3 能升入高中，其中约 1/3 能从高中毕业，而考上大学的人数更少。相比之下，到 1930 年，超过 75% 的小学生能够进入高中，近 45% 的学生能从高中毕业。

然而，衡量教育目标的规则不断变化。高中教育被要求应对文化融合问题、人造卫星发射引发的对科学和数学教育需求的增长，以及富裕的美国民众日益提高的期望——他们希望自己的孩子能有广泛的课外活动，并能通过大学先修课程在大学入学竞争中抢占先机。此外，人口增长意味着原本为容纳一百名学生设计的高中，平均入学人数接近一千人。

艾略特等人构建的公立高中教育模式，在随后的一百多年里展现出了非凡的韧性。然而，随着美国的学院和大学不断朝着艾略特所定义的"最好教育"的目标攀升，公立高中所肩负的教育使命也变得越发艰巨。

艾略特创新带来的影响

艾略特对美国高等教育制度的影响难以估量。他将研究生院置于大学教育体系的顶层，并引入了选修课制度，这极大地拓宽了学生的课程选择范围，使他们能更好地为研究生阶段的学习和以后的工作做准备。教授们有更多时间从事学术研究，他们可以把许多教学任务交给研究生，而学校雇用研究生的成本相对较低。大学在其他方面也获益匪浅：它吸引学术专家的能力增强，还能从具有商业头脑的捐赠者那里获得更多资金。额外的资金和较低的教学成本都使大学能够扩大招生规模。

这套新的方法需要大学在其绩效的某些方面进行权衡。例如，一些研究生在课堂上的教学效果不如他们的教授，本科课程的连贯性也有所降低。不过，正如我们将看到的，艾略特的继任者们推出了持续性的创新举措来改善这些问题，因此随着时间的推移，哈佛大学在其发展建设的各个方面的质量都稳步提升。

艾略特所创新的大学模式影响力之巨大，使得其他院校要么效仿哈佛大学，要么眼看着自身的影响力逐渐减弱。大多数院校照搬了艾略特的选修课制度，以及他将德国式研究生教育模式叠加于英式本科教育模式之上的做法。那些未采用这些创新举措的院校的相对影响力开始下降，包括欧洲的知名大学以及美国的仅面向本科生、坚守古典课程体系的文理学院。许多这类学院虽然得以存续，但在随后席卷美国的高等教育发展浪潮中，它们未能获得相应的成长。

专栏:
一所创新型文理学院

一些文理学院不仅在美国的高等教育发展浪潮中存活下来，而且蓬勃发展，这种繁荣的出现得益于一些增强它们基因特征的创新举措，而这些举措对综合性大学同样重要。西敏斯特学院于 1875 年由盐湖城第一长老会作为教会学校创办，并于 1949 年作为一所文理学院获得地区认证。

即使是在 20 世纪 60 年代和 70 年代，西敏斯特学院不断发展壮大的时期，它也很难与那些享有低成本和高知名度优势的大型公立学校竞争。20 世纪 80 年代，学校改变了策略，决定以质量而不是低价来竞争。1995 年，佩姬·斯托克（Peggy Stock）受聘出任校长，西敏斯特学院就此转型为一所精英文理学院。校方提高了教师的薪资，增加了包括三栋宿舍楼在内的一系列新建筑，以追求一种以学生为中心的"卓越愿景"。

2002 年，在斯托克的继任者迈克尔·巴西斯（Michael Bassis）的领导下，西敏斯特学院进行了一系列创新，以提高其知名度、活力和财务健康水平。最根本的是，它将学术工作从以教学为中心转变为以学习为中心，为此，西敏斯特学院将其课程重点重新放在可衡量的全球学习目标上，强调技能培训和培养学生对长期成功至关重要的特质。西敏斯特学院减少了对讲座、课本和上课时间的强调，取而代之的是积极的、合作的和体验式的学习。为了使学生在实现学习目标的过程中得到全方位的体验，学校引入了在线学习项目组合。巴西斯和同事们现在正建设一个名为"高科技、高感性"的混合式学习项目，旨在将面授学习与在线学习混合在一起。创新不仅对文理学院而言势在必行，对传统高校而言也必须进行，巴西斯说：

在某些领域，对一些学生来说，高科技／高感性虽然可能不是最有效的教学设计，但这是一种可以帮助许多主营线下教育的学校提高教学质量和经济负担能力的模式。如果他们不把在线学习或其他可替代线下授课的学习方式融入他们的教学中，有不少高校将很可能会面临破产的威胁。

尽管艾略特建立的高等教育模式引领哈佛大学走上了卓越之路，但他的设计在经济成本和本科生的学习体验方面，都逐渐暴露出代价高昂的缺点。他对各院系学术专业性的强化，使得大学所开设的课程数量大幅增长，这导致了大学财务成本的上升。哈佛大学对学术成就的定义是强调德国式的知识发现，这使学者的教学工作受到影响。艾略特的设计中的其他要素，如教师和学生拥有的高度自主权，同样被证明比他预想的成本更高，他设立的终身教职制度和学生选拔制度也是如此。在艾略特时代，校际体育赛事被融入哈佛的"基因"之中，尽管艾略特本人曾极力抵制，但未能成功。如今，这已成为大学潜在的财政负担。

表 3-1 总结了艾略特领导下的哈佛的"基因演进"的新特征及其产生的积极影响和潜在负面影响。

表 3-1　艾略特领导下的哈佛的"基因演进"

新特征	产生的影响	
课程体系更加综合完整增加了更多的选修课	·学生有更广泛的学习选择 ·学生有机会进行更深入的学习并自主把控学习节奏 ·教授有机会将前沿学术成果引入课堂 ·促进教师的竞争性激励	·可能失去课程广度和学科内容深度 ·导致课程的碎片化趋势 ·课程数量激增，高级课程的每班学生人数减少
将研究生院置于教育体系的最高级	·研究生担任授课教师和研究助理，降低成本	·减轻学校提供职业准备教育的压力；更自由地强调通识教育 ·大学课程的进一步专业化
大学组织结构变得更加复杂、成本更高	—	—

续表

新特征	产生的影响	
教师自治	· 课程深度和严谨性提升 · 学术成就更加卓越	· 教师对本科教学的关注度降低，教学成本增加
终身教职和其他的教师福利	· 增强了教师的稳定性	· 增加了大学的成本
学生自由	· 社交活动增多 · 学术和社会纪律性降低	· 更多学生选择校外居住 · 形成社交小团体
校际体育赛事	· 校友参与度提高 · 导致学生分心	· 学校成本增加
规范大学入学标准	· 更严格的高中成绩标准 · 高中生对大学升学机会有更多的认知	· 新生补习需求减少 · 高中面临大学和职业预科的双重负担

艾略特凭借其卓越的远见与耐心，对哈佛大学的"基因"进行了意义深远的改革。例如，从他首次提议实行标准化大学入学考试，到哈佛大学最终决定采用这一已被广泛接受的体系，其间历经了 30 年。在他执掌哈佛的 40 年任期结束时，他本人几乎与哈佛大学一样声名远扬、备受敬重。"哈佛"与"艾略特"这两个名字，激发了人们的崇敬与效仿。这种影响力不仅体现在东部的学术重镇上，也延伸至西部最小的学校中，其中就包括一所由一群坚毅拓荒者的子女创办的普通院校。

第 4 章
先驱

1888 年，大约是在艾略特任哈佛大学校长时期的中期，一所为中小学学龄儿童创办的学校在爱达荷州的农村地区雷克斯堡诞生了。当时，雷克斯堡是一个人口数只有 3000 的农业社区，而波士顿地区的人口数则接近 50 万。这所位于雷克斯堡的学校也拥有许多和早期的哈佛大学类似的抱负。

高度重视教育

1832 年，约瑟夫·史密斯（Joseph Smith）撰文阐述了学习的重要性。他心中的理想课程包括"天上、地面、地下的事物；已发生的事、正在发生的事、即将发生的事；国内之事、国外之事；各国的战争与困境，以及降临在这片土地上的审判；还有对各国的了解"。这位 27 岁的拓荒者提出这个大胆主张的时间，比艾略特宣称"哈佛大学要努力把所有学科办到最好"早30 年。约瑟夫·史密斯出身于新英格兰的贫困家庭，他从小学二年级之后就无法再接受正规的学校教育。然而，在家庭教师的帮助下，他一生都在广泛学习各类学科，包括天文学、历史、语言和法律。

约瑟夫·史密斯还致力于兴建学校。在俄亥俄州的科特兰和伊利诺伊州的诺伍这两个边远地区，他指导早期的拓荒者在建造房屋的同时创办学校。自 1847 年起，在杨百翰（Brigham Young）的带领下，这些拓荒者向西迁徙，而建校成了他们的传统。当时，来自美国的难民建立盐湖城后不久，杨百翰便派人前往内陆地区开拓殖民地。当他们在从艾伯塔南部到墨西哥北部的边境地区建立新定居点时，他们也为自家的男孩和女孩们建起了学校。

1888 年，托马斯·E. 里克斯（Thomas E. Ricks）也创办了这样一所学校。

当年，里克斯带领一群摩门教拓荒者，被派往爱达荷州东部的上斯内克河谷定居，该地位于怀俄明州杰克逊市以西 60 英里处，在后来的黄石公园西南方向距离也是 60 英里处。盐湖城的教会教育委员会指示里克斯创办一所与13 年前在犹他州普罗沃成立的杨百翰学校类似的学校。于是，里克斯在雷克斯堡成立了班诺克学院，它以一个本土印第安部落命名，最初在一座经过改建的原木教堂里开始办学。

盐湖城的教会教育委员会和班诺克学院的当地教育委员会之间的关系复杂而模糊。教会教育委员会在政策事务上拥有最终决定权，比如决定学校要开设的学位课程，而它也会尽其所能提供资金支持。然而，1887 年，因教会被解散，班诺克学院的财务状况岌岌可危，因此，获得地方的捐款必不可少。学院创办之时，当地教育委员会承诺支付校长薪资，不过当地的捐助者要负责为校舍配备设施。为购置课桌，托马斯·里克斯筹集到 186.10 美元现金、四十蒲式耳 ① 小麦以及两头公牛。

雷克斯堡的早期岁月

雅各布·斯波里（Jacob Spori）是里克斯创办的学校的第一任校长，他是一位瑞士移民，在瑞士主持过一所与艾略特所赞赏的德国文理中学类似的学校。斯波里拥有无可挑剔的资历，他获得过数学、艺术和音乐等专业的学位，还会说九种语言。事实上，他的这些才华在这里被证明是有些大材小用。他尽管有语言天赋，但他的英语还是让人难以听懂，尤其是对学校的大多数小学适龄儿童而言。

这所学校的当地创办者对斯波里寄予厚望。在学校的落成典礼上，里克斯明确表示，学校应"将精神置于世俗之上"。斯波里则大胆预言："我们今天种下的种子将会成长为参天橡树，其枝叶将遍布世界。"然而，第一年的实际情况却远非如此。学校只有 85 名学生入学，学费根据年级不同，在2 美元到 4 美元之间。学生学习的课程与如今小学的常规课程类似。

① 1 美制蒲式耳约合 35.238 升。——编者注

学校从一开始就陷入了财务困境。一些家庭试图通过劳动或农产品来支付学费，另一些家庭则无力支付全部学费。考虑到学校全年 177 美元的赤字，斯波里提出放弃他第二年的薪资。他和家人住在一个空粮仓里，务农并在铁路上务工，与两位助教分享他们的收入，直到年底，他为了改善自己的财务状况不得不辞职。教师的奉献精神和体制上的不健全是这所羽翼未丰的学校的基本特征。19 世纪 90 年代后期，随着该校将教学重点转向高中，入学人数有所下降；而随着附近的公立小学的出现，低年级学生数量也下降了。校长走马灯似地更换，在艾略特 40 年任期的仅仅 1/3 时间里，这所学校就换了 4 任校长。

班诺克学院得以幸存，很大程度上得益于当地教会的缴费以及来自盐湖城教会的额外支持。在世纪之交，学院委员会批准建造一座价值 4 万美元的三层石质教学楼；当地教育委员会成员还为学校更名，称其为里克斯学校，以纪念其创始人。里克斯学校的课程设置中新增了教师培训内容，使学校兼具高中和"师范"学校的功能。1902 年，秋季入学的 165 名学生中，有 65 名坚持到了次年 5 月。到 1905 年，学校已有 13 名教师，规模可与爱达荷州莫斯科市的州立大学相媲美。新教学楼的落成花费超过预算，总成本超过 6 万美元。在落成典礼上，一名高年级学生预言学校"将增设其他学科，直至涵盖所有学术分支"。到艾略特从哈佛大学卸任时，他所倡导的一流大学应涵盖所有学科的理念，甚至在西部边境的青少年中也引起了共鸣。

尽管这所学校与宗教有关联，但其中的学生并非不存在行为问题。埃兹拉·多尔比（Ezra Dalby）于 1901 年担任校长，史无前例地在任长达 13 年。他对少数学生带到校园里的"恶习"（尤其是饮酒）深感惋惜。与早期的哈佛大学一样，里克斯学校的宗教使命理念贯穿了其课程体系，不仅体现在宗教课程上，还体现在每日必须参加的教堂礼拜，以及为未来的传教士和主日学校教师设置的特殊学位课程上。学校的大多数学生虽不成熟，但学习态度认真，他们的不良行为招致周边居民的反感，而他们的节制又让市中心的酒馆老板们失望。从一开始，里克斯学校就欢迎女生就读，不过在早期，学校的男生人数几乎是女生的三倍。然而，在学校活动的某些方面女生更受优待：男生参加学校舞会需支付 25 美分入场费，而女生只需支付 20 美分。

效仿名校特征

随着里克斯学校学生人数的增加，其课程设置也日益丰富。到 1907 年，里克斯学校提供的课程包括四年制高中课程和师范课程、三年制商业与家政课程、针对初中年龄段学生的两年制课程，以及音乐、艺术、演讲、烹饪和缝纫等短期课程。此外，学校还增设了农业和"机械技艺"课程，后者被安排在该课程专属的两层教学大楼内。

里克斯学校的教育模式与艾略特领导下的哈佛大学的教育模式截然不同，多尔比的学术背景 —— 仅拥有犹他大学的学士学位，还只是一名经验丰富的高中校长 —— 也无法与艾略特丰富的学术背景相比。不过，艾略特也许会赞赏多尔比对于教育的崇高使命的观点：

人的校园时光一生只有一次。一个孩子一生中的这几年学习时光是很神圣的。如果家长扼杀了满怀求知渴望和理想的孩子的志向与希望，那他们将肩负沉重的责任。在我们社区里，就有许多男孩女孩就因为种植甜菜、谷物的农活，或是在工厂做工，永远无法发挥自身最大的潜力。有时候，我们为物质富足付出了惨痛代价。我们银行账户里的存款，往往是以牺牲孩子乃至子孙后代的未来为代价换来的。

学校每周上课六天，学期从 10 月下旬持续到次年 5 月初，这样安排是为了弥补学生因为参与 10 月初的土豆收获和春季播种而缩短的学年。教师们对这种每周六天的安排表示欢迎，这能让学生更加专注于学习。正如多尔比所说："我们发现，每周六天课且学期较短的这种安排对学生有益，不仅能让他们有更多时间在农场劳作，而且能让他们更好地遵守纪律。"

他们的高中项目采用了 16 学分制，学生每年修 4 个学分或 8 个 1/2 学分。其他学校的大多数学生可能并不熟悉这样奇特的课程设置，但当时和现在的哈佛大学学生却会对此觉得眼熟 —— 它与哈佛大学沿用至今的学分体系类似。里克斯学校的每门课程都有独立编号,并非某个既定课程体系的一部分,除英语和宗教课程,所有课程均为选修课。在艾略特结束校长任期仅仅几年后,在爱达荷州这所乡村学校的课程设置中,就能看到哈佛模式的影子及其追求卓越的理念。

学校还试图在体育运动方面效仿哈佛大学。1909 年,当地电力公司的一名工人通过邮购目录购买了一个橄榄球。不久,一支由学生担任教练的橄榄球队成立了。虽然篮球运动早已普及,但由于学校没有体育馆,因此学生们不得不在当地军械库比赛,这是他们输掉校际比赛的原因。多尔比担心:"我们的许多学生可能会因对此感到不满,而去到其他配套条件更好的学校。"为了安抚学生们,学校在教学楼三楼的礼堂装修了铺设枫木地板的篮球场,并宣称还将增加更衣室和淋浴间。

里克斯学校还继承了筹款的传统,这既有好处也有代价。两位富有的社区成员捐赠了 500 美元用于购置图书馆藏书。五周之后,其中一位捐赠者出现在学校执行委员会面前,抱怨学校因入学人数下降而实力减弱。虽然这位捐赠者没有提及多尔比,但言下之意很明显。尽管这位校长深受学生喜爱,还直言不讳地批评过雷克斯堡的酒馆老板,但对许多宗教社区的人来说,他在思想上还是过于激进。由于学校开设的暑期课程有限,多尔比鼓励教职员工利用这段时间到顶尖大学学习。他们带回了一些世俗哲学,包括进化论以及对宗教文本的批判。有些人还公开批评学校的保守主义。多尔比的兄弟奥利弗也是学校的教师,他写了一篇题为"我们教会学校的神学缺陷"的文章并在其同事间传阅。

里克斯学校的教师教授进化论和高等批判,这不仅顺应了世俗学校的发展趋势,也跟上了杨百翰学院(当时已更名为杨百翰大学)的潮流。在随后的几十年里,当地教育委员会将引导这些学校的教育工作者协调世俗与宗教观点。但在 1914 年,多尔比在雷克斯堡的行为超越了他所处的时代,而完全由教会成员组成的当地教育委员会投票决定更换他和多位教师,最后只剩下 3 位教师未被更换。这对里克斯学校的学术自由构成了一次挑战，但类似的情况此后没有再次发生。

里克斯学校的基因

在多尔比离开的时候，里克斯学校在其创办初期的短短 26 年时间里复制了许多哈佛大学的基因：尽管里克斯学校提供的课程比哈佛大学少得多，但它渴望尽可能多地增加课程；尽管学校的教师人数不多，也被分成了几个部门；学校的课程是按照哈佛大学的模式设置的，校际竞赛运动队和筹款虽然成绩一般，但也已经成为学校的重要工作。里克斯学校从哈佛大学复制的基因包括：

- 小班制、面授
- 学科专业化，追求全面发展
- 设立系科（系别划分）
- 私人捐赠
- 校际体育比赛

然而，如表 4-1 所示，里克斯学校的"基因"也有着其独特性。当时，里克斯学校与哈佛大学的主要差异体现在以专科生教育为中心、成本效益较高，和入学门槛较低等方面。它还处于一个独特的社会和道德环境中。当然，这所学校中尚且缺乏任何形式的学术研究和深造机会，尽管在不远的将来，它会奋起直追。追求"更大更好"的趋势在雷克斯堡才刚刚起步。

表 4-1 里克斯学校的独特性（1888—1914 年）

特征	产生的影响
宗教倾向，严格的道德规范	价值观导向的课程设置 学校在当地社会凝聚力高 学生纪律问题相对较少 学生的行为标准严格

续表

特征	产生的影响
夏季开展部分课程	服务更多的学生 学生人均成本较低
没有本科生项目	以年轻学生为重点 学校经营成本较低 学校声誉和研究支持有限
没有设立终身教职制度，也无职称评定制度，教师自主权有限	教学型教师 教学成本低 学术声誉有限
免试入学	入学门槛低 需要为新生补课

里克斯学校在多尔比的领导下已经取得了长足进步，正如哈佛大学在艾略特的领导下实现了跨越式发展一样。变革彼时正在这两所学校的基因中酝酿，而哈佛大学注定会率先进行变革。

第 5 章
哈佛大学的复兴

查尔斯·艾略特在领导哈佛大学期间取得了卓著的成就，但也不乏批评者。他的继任者阿伯特·劳伦斯·洛厄尔（Abbott Lawrence Lowell）就是其中之一。洛厄尔与艾略特一样，出身于声名显赫的家族，与哈佛大学有着深厚的渊源。洛厄尔是哈佛大学的第六代校友，他以数学专业的最高荣誉从哈佛大学毕业，之后又从法学院毕业。

洛厄尔和艾略特一样，在大学期间也得益于特殊的指导。他的数学天赋引起了美国杰出数学家本杰明·皮尔斯（Benjamin Peirce）的注意。在皮尔斯的教导下，洛厄尔表现出色，其本科荣誉论文经皮尔斯推荐后，由美国艺术与科学学院发表。

与艾略特完全不同的是，洛厄尔家境殷实，从未经历过任何财务困难。他从 1880 年开始从事法律工作，但觉得这项工作枯燥乏味，便将大部分时间用于写作。他的研究成果为他赢得了学术声誉，使他被聘任为哈佛大学的讲师。不久之后，他获得了政治学教授的职位。为了继续写作，他只安排了一半的时间用来教书（从而避免了像艾略特那样因从事管理工作而影响学术成就）。这种时间上的平衡安排使得洛厄尔成功出版了几本广受好评的书，从而赢得了更为广泛的声誉。作为一名教授，他的"政治学十讲"课程极受欢迎，吸引了 400 多名学生选修。

在艾略特担任哈佛校长的 40 年任期的最后阶段，身为教师的洛厄尔见证了这所卓越大学的优点与不足，并对其进行了深入研究。他尤其担忧所谓"学院式生活方式"的消逝。在哈佛大学求学期间，洛厄尔不仅在学习方面出类拔萃，在体育竞技方面也表现突出，比如在 880 码[1] 和 1 英里赛跑项目中创造了全校纪录。此外，他非常享受住校生活，在此期间与同学和教师建立了深厚而持久的友谊。

1897 年，他在离开哈佛大学 20 年后再次回归，此时的哈佛大学，学院式生活方式的消逝已显而易见，即使不经意的旁观者也能察觉到这一点。例如，自艾略特担任校长开始，越来越多的富家子弟住进了剑桥市奥本山街沿线那一排被称为"黄金海岸"的私人宿舍。"黄金海岸"仅仅是两种令人不安的趋势中最显眼的例证 —— 学生之间日益加剧的阶层分化，以及将休闲娱乐活动置于学业之上的风气。

在担任临时教师委员会成员期间，洛厄尔通过对本科生教育的正式研究，发现了更多关于这些趋势的证据。他发现，学生们学到的知识远少于教师和管理部门的预期。学生们援引马克·吐温（Mark Twain）的妙语 —— "别让功课干涉了你的教育"来为自己远离自习室，热衷于运动场和酒吧的行为找借口。他们还用"C 是一个绅士的成绩"这样的口号来安慰自己。即使是那些比较认真学习的学生，花在学习上的时间也远远不够。一名新生在得知哈佛大学要求他每天至少学习 7 小时后，回答道："我认识的人当中没有任何人一天工作 7 小时！"许多学生甚至雇用家教或"补习教师"来帮助他们通过考试 —— 拿到所谓"绅士的成绩"，即刚刚及格的成绩。

洛厄尔注意到，学生们不仅疏于学业、疏于和同学联系，而且与教师也缺乏互动。学校里有些大课程的选课人数超过 500 人，教授们通常每周只为如此众多的学生上一次课。而真正意义上的教学工作，大多是在规模较小、上课频次更高的小组中进行的，这些工作则被教授交给了助教来完成。

此外，本科生滥用选课制度的倾向也让洛厄尔感到忧心。他们选的课呈现两极分化的趋势。一个极端是，大多数人选课出于各种随意的原因，比如感兴趣的科目、受欢迎的教授，或者是班上有朋友。这些学生毕业时，并没有真正深入学习过任何东西。而且，由于选课的随意性，他们也不太可能获

---

① 1 码约为 0.9144 米。—— 编者注

得广泛的教育基础。

另一个极端是，一些学生只钻研某一学科，完全忽视了其他学科。这不仅因为大学提供的必修课程数量不足，还因为大学的课程结构和课程目录的内容往往鼓励有抱负的学生进行专业化学习。洛厄尔担任校长后不久，哈佛大学只有12%的课程被指定为"主要面向本科生"。而标着"面向本科生和研究生"的课程数量几乎是前者的三倍。鉴于专业课程相对丰富，一个对未来有清晰规划且积极进取的学生，自然会倾向于将大学视为进行专业训练的地方。

总体而言，洛厄尔看到的是，他在哈佛大学求学时所珍视的许多事物正在消逝：紧密的人际联系，激励追求卓越的竞争氛围，他曾孜孜以求的数学、法律和政治科学等不同领域的深厚基础。总的来说，他觉得有必要让哈佛大学回归本源，重新聚焦本科生教育和广义上的学习体验。在艾略特任期结束的数年前，洛厄尔就开始鼓动改革。值得称赞的是，艾略特不仅默许了这场可能引发争议的革新尝试，而且也没有对洛厄尔升任校长一事加以阻拦。

然而，即将卸任的艾略特向哈佛校董会发出的关于洛厄尔的警告，则不那么值得称赞了。艾略特指出，要时刻警惕他的继任者的"判断力及在善意方面存在的缺陷"。尽管如此，艾略特还是接受了创新与变革的必然性，他已将创新和变革刻入了哈佛大学的基因。

洛厄尔的哈佛战略

洛厄尔是一位研究政府和政治的学者，也是一位把哈佛大学的最大利益放在首位的富有才华的战略家。他与艾略特一样，在担任哈佛校长之前准备了很多年。在那段时间里，他看到了艾略特模式的内在弱点，这种模式主要借鉴了德国的大学，强调研究生教育、学术多元化和科研工作的重要性。洛厄尔成为哈佛大学校长后，对自己希望实施的变革已经有了一个清晰的概念，其中许多变革理念来自英国的大学，尤其是牛津大学和剑桥大学 —— 哈佛大学最初就是以这些大学为蓝本建立的。他在就职演说中清晰地表示，哈佛大学需要进行变革和创新。

1909 年 10 月的一天，他演讲时开宗明义地阐释了"老式学院"对学生社交能力和学习能力的益处。在那种环境中，学生们自然而然地"经常聚在一起"，从而创造了"通识教育的共同基础"。他只是轻描淡写地承认了艾略特曾以"无可辩驳的说服力"表明选修课制度的必要性，随后便开始阐述选修课制度、学生人数的增加，以及学生倾向于在校外居住的趋势，"打破了学院昔日的凝聚力"，并导致公众对大学教育的尊重度降低。

洛厄尔提及哈佛学院采用德国式教育模式的可能性，即像大学的职业学院那样专注于职业准备，但很快他又否定了这一想法。他指出，美国的高中无法像德国的文理中学那样对学生进行高水平的教育。在他看来，艾略特让高中承担原本属于大学低年级的教育的尝试已经失败。此外，洛厄尔认为，美国需要"思想自由、视野开阔、提升公民素养"的教育，而这些唯有大学能提供。他不但没有减少哈佛大学对本科教育的重视，反而希望加强这方面的投入。针对艾略特提出的将大学本科学习年限从 4 年缩短至 3 年的观点，他反问："难道我们不觉得重振哈佛本科教育最重要的举措并非缩短其学制，而是确保它值得吗？"

洛厄尔提到重振哈佛大学需要进行多方面的创新。他作为研究英国政府的学者，很熟悉英国顶尖大学的情况，因此其中两项创新措施反映了他对英国大学的钦佩。

一是借鉴英国式大学的宿舍模式，重现昔日哈佛同窗学习的气氛，让学生们不仅在教室里而且在非正式的环境中一起度过美好的校园时光，自由讨论自己的学习和职业抱负。与英国大学一样，哈佛大学的教授也要住在宿舍区，以便与学生交流。

二是荣誉称号系统，旨在激发学业成就中的良性竞争。

洛厄尔提出的第三项创新独具美国特色，也是他最著名的创新措施，即将德国式的职业教育与英国式的博雅教育相结合，提供一种新的本科教育方案。

不可持续的财务现实

但洛厄尔对学生社交活动和课程改革的宏伟构想，面临着严峻财务现实的考验。尽管哈佛大学获得了很多慷慨的慈善捐赠，但运营预算也在持续增长。艾略特用 40 年时间建立起了新的研究生院和大量设施，他建立的选修课制度需要大量开设新课程；而他对各学术领域卓越性的追求，也导致教室、实验室和图书馆中都需要增加人手；同时，哈佛大学的学费多年来一直保持在 150 美元。艾略特对于创新的代价，尤其是选修课制度和专业课程带来的成本增长，抱有清醒的认知，并为之竭力辩护。他说："就像很多值得拥有的东西一样，它们一定是昂贵的。"尽管如此，艾略特仍不愿将增加的财务负担转移到学生身上（这将导致哈佛大学与耶鲁大学、普林斯顿大学之间的学费差距进一步扩大）。他乐观地认为慈善捐赠会继续增加，一直没有提高学费。

然而，申请入学的学生人数持续下降。部分原因是来自新老对手的竞争，其中许多学校已经认识到纯选修课的缺点，开始重新开设一些必修课。与此同时，哈佛大学采取的成本控制措施，包括削减研究生课程和拒绝为教授提供与外校相同的薪资，导致一些知名教授流失。哈佛大学面临着一种潜在的螺旋式下降趋势，成本削减带来的质量降低导致收入进一步下降。值得注意的是，洛厄尔在担任校长的前 7 年，将本科生学费维持在 150 美元（按 2011 年的美元计价，约为 3700 美元）。他没有提高哈佛大学的学费，而是找到了控制管理成本和增加非学费收入来源的方法。他对哈佛大学的根本性的改造措施包括三个部分：重振哈佛社区，确保教育的广度和深度，促进学术卓越。洛厄尔认为，这些措施是相互依存、相得益彰的。他上任的第一年就着手这三个方面的工作。

培育哈佛社区

洛厄尔最早的社区建设创新之一是创办哈佛继续教育学院[①]，虽然这并不

---

① 哈佛继续教育学院，也被称为"哈佛拓展学院"。——编者注

是他希望采取的最具战略性的行动之一。然而，这是最直接可行的方法，它引领哈佛大学走向了一个具有象征意义的重要方向。实际上，芝加哥大学早已向周边社区居民提供晚间课程，这既无须在教学设施和师资上进行额外投入，也无须改变白天的教学活动安排。这也符合洛厄尔所提倡的"让所有想上学的人都可以上学"的教育理念，以及他关于哈佛大学应该与周围社区保持联系的愿景。如今，这种既能提高社会影响力又能增加收入的继续教育项目，已成为许多大学的标准模式。可以预见，这些大学将提供越来越多的在线课程，以应对新兴的竞争挑战。但在洛厄尔所处的时代，能为继续教育颁发学位而不只是课程结业证书的情况还很少见；即使在今天，许多大学仍将这种学习称为"继续教育"，通常是颁发学习证书而不是学位。这是洛厄尔提出的没有被广泛采纳的几个创新之一。洛厄尔的另一项具有重要战略意义但未被广泛效仿的创新是，哈佛大学重新关注学生宿舍。他要求新生要住在学校的宿舍里，就像早期的大多数学生一样。他的理由是，把所有新生安置在一起并严格监管，不仅可以让哈佛大学招收年龄更小的学生，还可以为他们接下来几年的学习定下基调。他认为："一个学生的大学生活在很大程度上是由其大学一年级的经历决定的，因此，学校要组织好新生的校园生活，从而改善整个大学的学习氛围和社交环境。"

尽管这一新举措需要增建 4 栋宿舍楼，哈佛大学仍在这项投资中收获颇丰。学生每年的住宿费和伙食费分别为 200 美元和 140 美元，总费用是学费的两倍多，但仍低于哈佛大学本科生富兰克林·D. 罗斯福（Franklin D. Roosevelt）支付给"黄金海岸"的住宿费用。罗斯福在一栋带有室内游泳池的大楼里租了一个套房，每年租金高达 400 美元。洛厄尔认为，至关重要的是，对宿舍的投资使新生不再分散居住，而按班级划分的住宿制度有助于营造出理想的大学生活氛围。

大约 20 年后，一笔意外的捐赠使得洛厄尔为哈佛大学所有学生提供住宿的愿望得以实现。1928 年，标准石油公司继承人、耶鲁大学校友爱德华·S. 哈克尼斯（Edward S. Harkness）向哈佛大学捐赠了 1000 万美元，支持建立类似于英国一流大学的住宿制度。哈佛大学新建了 7 栋宿舍，为大二、大三及大四学生提供了居住空间，并且他们还能在此进行学习。学生们将获得舍监、教师、宿管主任、指导教师和研究生的悉心指导。

住宿制度帮助洛厄尔实现了两大教育理想。一是让背景和职业目标不同的学生相互交流，他们不仅在课堂上，而且在吃饭和社交活动中分享彼此的重要想法；二是让教师融入学生们的课外生活。舍监不仅参与正式的教学活动，同时也发挥行为榜样的作用。他们中的许多人与配偶常驻同一栋宿舍楼数十年，于这些学生而言，这些人已成为如父母般的精神依靠。年轻的教师也同样参与正式的教学和非正式的管理工作；他们不仅讲授具体课程的内容，还提供了"学习导航"，指导学生如何选择合适的教授和课程，以保持良好的学习状态并获得优秀成绩。

洛厄尔通过建设新生宿舍与住宿制度（哈佛大学现在几乎为所有本科生提供住宿），重新引入了哈佛大学早期最具教育特征和社交特征的大学基因。但只有少数大学效仿这种将生活与学习相结合的教育体系，在大多数情况下，只有像哈佛大学这样的私立精英大学才能实现这些举措，只有它们能够承担起高昂的成本。尽管如此，为部分本科生提供宿舍已经成为传统大学的一个标志性特征。到 1933 年洛厄尔退休时，他不仅重振了哈佛大学社区教育，还将其推向了一个新的、堪称典范的高峰。

课程的广度和深度

洛厄尔在本科培养方案中实施了一项更具影响力的变革。他并不是采用更加均衡的课程要求（其他地方称其为通识教育或博雅教育）的第一位大学校长，但他确实是创造了课程均衡与聚焦结合（后来很多学校称其为通识与专业的结合）模式的第一位大学校长。他为这种快速在高等教育中普及起来的通专结合的教育创新，创造了一句令人难忘的口号："在复杂的现代世界中，最好的通识教育，是培养一个既样样都懂一点儿，又能有所精通的人。"

让学生同时学习通识课程和专业课程，一方是为了面促进学生的全面发展，另一方面也为了培养学生的专业能力，以利于他们将来就业或在某一领域深造。从理论上讲，这是一种亚里士多德式的"黄金中道"，即两个令人向往但又相互竞争的极端之间的理想结合。实际上，正如洛厄尔自己承认的那样，这是很难实现的。

得益于艾略特成功地创建了研究生课程，现成的专业课程已经形成了。博士课程的基础部分同样可以作为专业课程的基础。这些课程已经被编目，许多课程被列为"面向本科生和研究生"。更为困难的是为学生配置均衡的课程，来保障对本科生教育的知识广度。洛厄尔意识到有两个主要的挑战。一是为没有专业基础的学生创建一门真正的综合性课程，而不只是为他们进一步学习奠定基础，这本身就是一个挑战。典型的入门课程，必须详细探讨学科基础。比如化学，学生很难将它与其他学科联系起来，更不用说了解它在更广阔世界中的作用了。教师试图用简单的语言向学生介绍自己的学科。学生在几乎没有基础性知识的情况下则很难接受宽泛的学科知识。在很多学科中，学生至少需要一门课程来掌握一个学科的基础知识。洛厄尔承认，"用很少的课程对每样知识都讲一点儿要比把某个知识点讲清楚难得多"。他提议将这些难度极高的课程交给"院系带头人"来讲。这些人"具有成熟的思想，能见微知著"。他们拥有"非同寻常的清晰思路、表达能力和表达热情"。

二是，洛厄尔也意识到，"严重的障碍就是，许多声名显赫的教授，更愿讲授前沿课程，而不愿花时间讲授入门级的课程，甚至认为让国际知名的学者花费时间精力去培养初学者简直就是一种浪费。"

事实上，并不是只有那些已经获得终身教职的教授才会有这种想法。艾略特创建的哈佛大学仍然渴望为学生提供通识教育，但它的政策却鼓励教师进一步向专业化发展。教师要想被聘为教授，必须先获得博士学位，而那些通过发表研究成果获得同行学者认可的教师，将会赢得赞赏、晋升和加薪。

洛厄尔在课程方案上的妥协

正如洛厄尔在设计通识课程时遇到的挑战一样，他也看到了讲授通识课程在组织上的阻碍。因为在他任职之前，教授学术体系已经建设得很稳固，他能做到的就是将通识课程与研究生院创建的博士项目结合起来。换言之，他的通识课程并不是跨学科的课程。学生可以选修课程目录中业已存在的特定学科课程，只要这些课程与他的专业课程不相关就行。而且，为了让年轻的本科生有机会聆听资深教授的授课，洛厄尔允许资深教授只讲授一小部分内容，而将其余的讨论课与考试交由年轻教师承担。他说："实施这个政策的目的是让学生在开始一门课程的学习时，就能接触到强大而成熟的思想，同时也避免了教授从事不必要的烦琐工作。"

学术解决方案平台与教学增值过程

洛厄尔提倡的广度和深度相结合的课程体系，既承认了大学学术专业化的现实，也为大学培养"既样样都懂一点儿，又能有所精通"的毕业生提供了途径。这是一种微妙的妥协。时至今日，各大学仍在努力达成这种平衡。大学面临的重大挑战在于要在同一个组织架构下运营两个本质上截然不同的任务。任务之一是知识发现，可被称作"解决方案平台"。在大学的学术科研事业中，学者们利用他们的专业知识和直觉，努力寻找诊断和解决非结构性问题的办法，例如核裂变或国家经济管理。发现这些科学知识的，与其说是大学的学生，不如说是该领域的同行学者和非学术专家。

大学的另一项主要任务是教学，这是一个增值过程。所谓增值，是指学生在毕业时所掌握的知识相较于入学时有了显著的增加。与发现新知的任务相比，教学过程对人的创造性直觉和独到见解的依赖程度较低。尽管教学需要专业知识和判断力，但它具有重复性，因此可以融入标准化课程体系，那些专业知识和学术直觉稍逊的教师也可以提供高质量的教学。

这就是为什么洛厄尔期望中的最好结果是让一些资深教授参与到他所倡导的导论性课程中来。哈佛大学的终身教授们理所当然地认为，他们对大学的卓越贡献是原创性研究，而不是本科生教学。大部分的本科生教学工作都委托给了研究生和助教，但他们接受的培训有限，能力也有限，这意味着他们的教学机会成本更低。

然而，问题是，学生们不仅要为这种低廉的教学买单，还要为研究资助或捐赠覆盖不到的其他成本买单。换句话说，本科生的学费通常是补贴了奖学金。此外，学生还承担了其他一些难以量化但仍相当重要的成本。为了更好地开展专门的学术研究和课程开发，学术部门的建设通常比跨学科的通识教育课程和专业教育更好。那些没有选择专攻某一专业的本科生，即使研究生阶段会攻读同一专业，也必须在各个院系之间来回奔波，以获得完整的学习体验。但由于学术活动和教学活动相比在大学院系中占主导地位，学生们因大学要兼顾二者而付出的代价将持续增大，这一点是洛厄尔当时没有意识到的。

洛厄尔在担任校长的第一年就实行了广度和深度教育的结合。学生要从哈佛大学毕业，必须每年至少修完 6 门专业课程和至少 4 门通识课程。正如哈里·刘易斯所指出的，洛厄尔梦想中的通识课程在他的校长任期内并没有落地。他看中的教师的"思路清晰、表达有力、富有激情"等宝贵品质，在很大程度上与学术成就无关。

然而，随着对教师和学生之间利益冲突的有效妥协，洛厄尔倡导的广度和深度教育体系很快成为美国大学的首选课程模式。

促进学生追求卓越

洛厄尔在大学教育的通识性与实用性之间达成一种不完美却可行的平衡之后，就将注意力转向了本科生学习浮于表面的问题。他极不情愿地承认，向所有毕业生授予统一学位确有必要。他对一个学习不努力的学生和一个勤奋的学生获得相同的大学文凭感到十分不满。他意识到这种缺乏学术区分的做法削弱了学生的进取心，也降低了大学学位的含金量。

颇具讽刺意味的是，洛厄尔解决这一问题的灵感部分源自体育竞赛，而沉迷体育竞赛正是哈佛学生学习浮于表面的原因之一。回顾自己作为运动员的经历，并在观察大学体育竞赛的激烈角逐后，洛厄尔发现了一种能够为课堂带来更激烈的竞争氛围的模式。他注意到，学生们即使无意从事体育事业，也依然满怀热忱地追求体育荣誉。他认为，在课堂上营造竞争氛围对大学而言相对容易，毕竟学生们正处于为未来职业生涯做准备的阶段。其关键在于设立基于成绩的奖项，类似于体育领域中颁发给运动员的奖项。为了追求更高的学术成就，他甘愿承担潜在的负面影响，包括同学情谊的减少以及内在学习动力的削弱。

洛厄尔深知，任何单一举措都不足以解决问题。他常说："你无法只揪着毯子的一个角就把它拎起来。"为了鼓励学生竞争，他的首项创新是引入基于学生成绩的正态分布曲线制度。在担任校长期间，艾略特注意到学生们纷纷选择那些评分标准宽松的教师的课程，这对他们的学业造成了双重负面影响：学生不仅在这些大班课程中投入不足，而且师生互动也更少。他尤其关注那些选课人数众多的课程，通过设定以 C 等成绩为主的正态分布曲线，来激励学生为获得 A 等成绩而竞争。

洛厄尔还借鉴英国大学的传统，推动建立三级拉丁荣誉学位制度 —— 优等、极优等和最优等，对获得荣誉学位的毕业生，在毕业典礼上进行表彰并在校友手册中注明荣誉等级。他预见到，这种荣誉学位等级将在教育界得到与比赛排行榜和田径纪录同等的重视。他还创造了一种新的学术认可形式："荣誉""高级荣誉"和"最高荣誉"。学生要想获得这些荣誉，必须修读更多的专业课程，撰写论文，而不只是完成常规课程的要求。为了帮助学生赢得优异成绩并写出能让他们获得毕业荣誉的论文，洛厄尔引入了一套导师指导系统。这套系统由专业导师在学术上为学生提供指导，是对现行教育的有益补充。

哈佛大学这套强化激励与支持学生追求学术卓越的制度取得了普遍令人满意的结果。在洛厄尔担任校长期间，学生的兴趣和精力投入发生了显著转变。A 等取代 C 等成为"绅士的成绩"（即普遍认可的好成绩）。在艾略特担任哈佛大学校长的时期，学生们会在社交和体育活动中投入大量时间，如今他们已将这些时间投入学习。哈佛的体育主任甚至将学习称为哈佛的"主要运动"。塞缪尔·艾略特·莫里森写道："这是洛厄尔先生最卓越的成就；他成功地把教育'推销'给了哈佛大学。"

洛厄尔所取得的这些成就并非没有付出代价。哈佛大学前院长哈里·刘易斯在《失去灵魂的卓越》一书中写道："在我担任院长的八年里，没有什么比哈佛授予的成绩和荣誉更遭人诟病的了。"在刘易斯和他的教授同事们看来，问题源于《波士顿环球报》在 2001 年的发现：哈佛大学超过一半的学生获得了 A 和 A- 的成绩，超过 90% 的毕业生都被授予了荣誉学位。《纽约时报》的一篇文章宣称："长期以来在诸多方面堪称卓越典范的哈佛大学，如今竟成了成绩虚高的先锋。"

在《失去灵魂的卓越》一书中，刘易斯探究了哈佛大学学生成绩高的诸多原因，其中既包括负面因素，例如，尚未获得终身教职的教师担心学生评价低而受到影响；也有值得肯定的因素，例如，教师和学生的表现越来越好。

刘易斯还列举了通过成绩等级来推动学生追求学术卓越所带来的弊端：选课变成了一场找出评分标准宽松的教师的游戏；表现不佳的学生会因此失去学习动力并与群体产生隔阂；对卓越程度的衡量"不准确到近乎欺诈"。鉴于洛厄尔接手哈佛大学时人们对学术成就的普遍态度，他引入成绩分布曲线和荣誉学位制度，是一项重要的改进措施。即使在当下，由于难以用绝对标准衡量学生的成就，相对排名和授予学术荣誉仍是一种颇具吸引力且实用的选择。但这个制度无论是在过去还是现在，依然是不完美的。

洛厄尔和学术自由

大学教授们尤其要感谢洛厄尔在学术领域的另一项创新成就。他凭借在哈佛大学的权威地位，强有力地阐述了学术自由的广义定义。尽管艾略特在原则上支持教师的研究和言论自由，但在他任期内并未出现过重大的相关事件。第一次世界大战期间，哈佛大学的教师们在美国参战问题上各执一词，这迫使时任校长的洛厄尔不得不直面一系列挑战。其中一个特别棘手的情况是，他顶住了巨大压力，没有解雇公开为德国的立场辩护的德裔美国心理学教授雨果·明斯特伯格（Hugo Munsterberg）。在 1916—1917 年战争最激烈的时候，洛厄尔在哈佛年度报告中不仅解释了他处理明斯特伯格事件的理由，还从广义的原则层面进行了阐述。

洛厄尔从两个领域探讨了教授凭良心发表言论的自由：课堂内与课堂外的世界。在这两个领域中，他对与教授专业知识相关的言论和无关的言论进行了区分。他认为在课堂上，"教授在其学科范围内所进行的教学应当享有绝对自由"。但与此同时，他也提到学生有权"自由选择是否聆听那些教师在并不精通的领域中带有冒犯性或伤害性的言论"。因此，课堂上的学术自由是充分的，但要以专业知识为前提。当然，洛厄尔同样主张，出于研究成果发表和知识传播的需要，教授有权在课堂之外不受束缚地分享自己的专业知识。

在与学术专业无关的公开言论方面，洛厄尔的逻辑出现了一种不对称的转变。洛厄尔提出了这样一个假设性案例：某位希腊语教授在发表一篇题为《接种疫苗无用且有害》的文章时，标注了他所在大学的名称，却并未表明自己的专业与医学无关。洛厄尔认为，在这种情况下，这位教授"误导公众，也损害所在大学的形象"。

不过，他辩称，即使在这种情况下，大学除了期望教授保持"真诚"，也不应抱有其他过高的要求。他觉得，允许这种可能对学校和公众造成伤害的风险存在，有两个原因：一方面考虑到教授的职业特点，学术工作者不应受到比律师、医生、工程师以及其他专业人士更多的公开言论限制，此类限制"会严重妨碍一些优秀人才投身学术事业"；另一方面，洛厄尔指出，如果大学在某些特定情况下限制教师的言论，那就意味着在其他所有情况下都默认他们的言论自由。"如果大学限制教授的行为是正确的，那么大学就有义务支持言论自由，并承担相应的责任。这里没有中间地带。"

这不是洛厄尔的典型逻辑；他一向擅长找到中庸之道，即中间立场。此外，由于他曾从事法律实务工作，他应该明白，一名律师可能会因为某些行为被解雇，即便这些行为不至于导致其律师资格证被吊销，也会对律所造成不利影响。事实上，1940年，美国大学教授协会（AAUP）发布的学术自由声明采取了更为温和的立场，指出高校教师"因其特殊的社会地位而负有相应义务"，必须做到准确、克制、尊重他人等，并"在发表言论时尽可能申明不代表所在机构立场"。美国大学教授协会的声明还考虑过基于机构的宗教或其他特殊使命对个人自由进行限制的情况。在这件事上，洛厄尔充满激情的提议并未融入传统大学的基因。然而，洛厄尔对学术自由事业的支持强化了它作为美国高等教育指导原则的地位，进而巩固了教授们的自主权。

洛厄尔执掌哈佛大学 24 年，在 76 岁时退休。他不仅重振了哈佛学院，还将哈佛大学的教育质量提升到了前所未有的高度。他通过创新性地将传统学院的要素与艾略特的课程自由市场理念相结合，最终确定了本科教育的许多关键要素（见表 5-1）。他提出的概念，如成绩分布曲线、荣誉学位、通识教育和专业主修等，迅速为众多大学本科生所熟知。即使是里克斯学校也是如此，在洛厄尔从哈佛校长任上退休前，该校已更名为里克斯学院。

表 5-1　洛厄尔时期的哈佛大学（1909—1933 年）

新特征	产生的影响	
住宿制度	·更有凝聚力的大学社区 ·对学生的社交与学业支持	·高昂的成本 ·对学生社交自由的限制
通识课与专业课	·学科内容深度与广度的平衡 ·对冷门学科需求的增加	·通识课程的委托教学趋势
学生成绩分布曲线与学术荣誉	·学生在学术上追求卓越的动力增强	·学生内在学习动力可能下降 ·学生向教师施压以获得高分

第 6 章
挣扎

1914 年，A. B. 克里斯坦森（A. B. Christensen）接替埃兹拉·达尔比（Ezra Dalby）担任里克斯学校校长。他是一位颇有造诣的学者，曾经在一些规模宏大的顶尖教育机构任职。他拥有密歇根大学文学学士学位，之后还曾在牛津大学和柏林大学深造。当学校董事会邀请克里斯坦森来领导里克斯学校时，他正专注于在犹他州的杨百翰大学（该校与里克斯同属教会体系）进行文学与古代文明的教学工作。彼时，里克斯学校鲜为人知、规模很小，前一年仅有 31 名学生毕业。克里斯坦森只想在地处偏远、气候恶劣的雷克斯堡的这所学校任职两年。他计划在这段时间里实现两个明确的目标：创建一个为期两年的大专项目作为高中课程的补充；建造一座体育馆。

学校增设大专项目无须增加特别的成本。因此，自 1916 年起，该校每年增设一个大专项目。建造体育馆则需要更多的投资。后来的事实证明，建造体育馆的成本十分高昂。最初的建造成本预算是 3 万～ 4 万美元，后来又增加到 5.5 万～ 6 万美元。为了能覆盖增加的投资，对当地每一个教区的捐赠标准都进行了重新评估。体育馆最终在 1917 年年中开始建设，但由于第一次世界大战期间劳动力短缺，直到 1918 年才完工。建筑承包商在挖掘场地下面的火山岩时也遇到了困难。项目的最终成本为 8.2 万美元。

在此期间，克里斯坦森推进着他的计划。他期望新体育馆建成后，能让教学楼三楼的礼堂（当时临时搭建了篮球场）腾出来，他计划在那里扩建一个与两年制专科学院相匹配的图书馆。为了加快进度，他在夜晚将图书馆的几把椅子搬到礼堂，并将它们固定在地板上。这位校长的"强硬举措"使得篮球比赛和校园舞会都暂时移到了校外，直到三年后体育馆建成 —— 也就是克里斯坦森回到杨百翰大学一年之后。体育馆落成之日，学校聘请了一位教练，开启了非凡的篮球传统。

接替他的新校长乔治·S. 罗姆尼（George S. Romney）出生于墨西哥北部的吉瓦瓦州，其学术造诣不如克里斯坦森。罗姆尼已婚，只接受过 8 年的教育，31 岁才在里克斯学校的姊妹学校华雷斯学校获得高中文凭。尽管起步迟缓，罗姆尼与他的前任们一样，决心继续接受高等教育，进入最好的大学学习。因墨西哥革命举家迁离后，他在犹他大学获得了学士学位，同时作为全职监护人抚养了 11 个孩子。之后，在里克斯学校担任校长期间，他利用几个暑假的时间在斯坦福大学学习，并最终获得了硕士学位。他在 57 岁离开雷克斯堡后，选择去芝加哥大学继续深造。

在罗姆尼上任的第一年，他见证了两位前任的梦想变成现实：体育馆落成，里克斯学院正式更名为里克斯师范学院。秉承高等教育追求规模扩张与质量提升的办学理念，里克斯师范学院取消了高中前两年的课程设置，并争取到了两年制州立专科学院的认证。学院的学生几乎全部来自爱达荷州东南部地区，学生人数已超过 500 人。学生人数增长的部分原因，应归功于该校橄榄球项目的设立。许多学生选择留下参与暑期课程，该项目招收了 300 多名学生。同时，该校为当地教师提供了专业培训，并为那些在家庭农场劳动的学生提供了在教师监督下的实习学分。事实证明，暑期实习项目既受欢迎，又非常经济实惠，实习学分的学费只有全日制学生的 1/10。夜校也同样办得很红火。

高标准和雄心抱负

这所新成立的两年制学院声称其教育质量卓越。尽管它不采取选拔入学制度，但要求学生具备高中文凭，并设有学术荣誉奖项。在形势向好的时期，学院师范教育专业的毕业生的州教师资格认证考试通过率达到了 100%，并成功找到了工作。里克斯师范学院也坚守着老学院的道德标准。其荣誉准则规定："里克斯的标准是健康生活；男女生都不允许喝茶、喝咖啡及接触烟酒；只许使用规范的语言；美德与操守高于生命。"

专栏：
学术荣誉传统

里克斯学院自20世纪初确立的荣誉准则，一直传承至后来的杨百翰大学爱达荷分校。其道德行为规范对学生和学校员工一视同仁。具有这么广泛适用性的道德准则是很少见的。然而，学术荣誉这一概念早于里克斯学院的创立，并且是传统高等教育体系的重要支撑。

托马斯·杰斐逊权力主张在威廉与玛丽学院和弗吉尼亚大学建立由学生管理的荣誉制度。如今，威廉与玛丽学院的新生们要做出如下承诺："作为威廉与玛丽学院社区的一员，我以我的荣誉起誓，无论是在学术生活还是个人生活中，都绝不撒谎、欺骗或偷窃。我明白此类行为违反荣誉准则，会破坏我们共同守护的信任氛围。"在这两所学校，学生委员会被赋予权力，评判同学是否遵守荣誉准则，并依据充分证据将违规者开除。弗吉尼亚大学提醒未来的学生："弗吉尼亚大学的学生受益于荣誉制度所带来的自由与安全感；每位学生都必须同意秉持并维护荣誉精神。不准备接受这种自由并承担相应责任者，不应申请入学。"

20世纪70年代，宾夕法尼亚州哈弗福德学院的学生创建了一套荣誉体系，该体系不仅涵盖学术行为，还涉及所有社交活动。这一准则并非基于行为规范，其核心是期望"以既能保护个人自由，又能维护社区标准的方式共同生活、互动并相互学习"。尽管这套每年重新批准的准则设立了荣誉委员会，但其目的是让学生自己一对一地解决纠纷，而不需要他人的介入。哈弗福德学院的学生承诺进行建设性的"对话"，其定义为"主动与社区内的另一位成员展开对话，通过尊重彼此的交流，达成某种共识"。这种高标准荣誉体系带来的好处包括无人监考的考试、无须宿管助理的宿舍，以及无须缴纳保证金即可注册入学。

在里克斯学院获得专科学院资格仅仅 4 年后，校董会便开始筹划升格为高等学院。第一步是在 1923 年取消所有高中课程，这一决定导致学院收入下降。不过，这并未导致这些学生无处求学，雷克斯堡及其周边地区的公立高中在规模和质量上都在不断提升。教会教育委员会决定，因提升教育水平所带来的财务压力，必须在做出该决策的地方层面得到解决。当地教会教区除了需要弥补因取消高中课程而造成的预算赤字，还肩负着招募适龄大学生以及丰富学校图书馆藏书的双重任务。

与此同时，竞技体育项目继续快速扩张。1927 年，学校的体育部主任去芝加哥大学学习了一年享誉盛名的阿朗佐·斯塔格橄榄球体系。他回校后，便聘请了一名毕业于圣母大学的年轻橄榄球教练——克努特·罗克尼（Knute Rockne）。在那个时期，里克斯师范学院的全职教师不足 20 人，但按比例计算，学院可以宣称拥有一支专业的橄榄球教师队伍。学院社区对此期望很高；在雷克斯堡商会主席主持的一次公开会议上，热情的支持者们发起了一个资助建设新橄榄球场的活动。

经济困难时期

但是，学校引以为荣的橄榄球运动以及追求转型为四年制大学的愿景，均因经济大萧条而受阻。带领学院度过艰难 10 年的重任，落到了海勒姆·曼纳林（Hyrum Manwaring）肩上。他是一位长期任教的教师，始终坚信学院潜力巨大。曼纳林也是一位大器晚成的学者，29 岁才从杨百翰学院的高中毕业。之后他在杨百翰大学继续深造，先后获得学士和硕士学位，后来在里克斯学院任教期间，又在加州大学获得博士学位。董事会邀请他回来接替罗姆尼时，他正在乔治·华盛顿大学学习。多年后，他回忆道："这是一个艰难的决定，因为家中无人愿意返回雷克斯堡，而且我认为，鉴于教会的新政策，里克斯学院生存的希望渺茫，更不用说发展壮大了。"

其中，教会政策是指决定关闭学校或将学校移交给州政府。自里克斯师范学院最初成立，主要依赖当地教会的资助以来，学校的财务状况一直勉强维持。尽管教会教育委员会曾敦促学校实现运营费用上的自给自足，但通常情况下，教会仍会为新建校舍提供大部分资金支持。

在 1929 年美国经济危机爆发之前，教会的财务状况已是入不敷出。问题不仅在于教育成本的不断增长，还在于人数的扩招和学校的不断升级。高等教育，尤其是那些等级意识很强的学者和大学支持者们所推行的高等教育，已经变得异常昂贵，并且成本上涨没有减缓的迹象。与此同时，随着公立高等教育的持续扩张，对教会资助教育体系的需求也随之减少。

20 世纪 20 年代，校董会关闭了爱达荷州的其他学校，但保留了其中规模最大、实力最强的里克斯师范学院。不过，经济大萧条把里克斯师范学院也推向了面临被关闭的境地。关于学校即将关闭的传言促使社区领袖向教会总部派出了游说人员，他们不仅进行游说活动，还在当地开展了学生招募活动。校董会并没有直接关闭这所学校，而是决定把它交给爱达荷州政府。相较于被关闭，里克斯学院的当地支持者更能接受这样的结果，他们对学院进行了各种包装，准备待价而沽。他们宣称学校的有形资产为 25 万美元，运营成本每年 5 万美元，预计每年招收 250 名学生。他们还删除了原有的宗教课程，使里克斯师范学院成为更具吸引力的政府收购对象。

在经济大萧条时期，即使是像里克斯学院这样在当地享有盛誉并获得一定成功的学校，也很难出售。由于州政府的预算正承受着前所未有的财务压力，反对者发现他们很容易拖延这件事情。来自爱达荷州莫斯科市的爱达荷大学与其分校的反对尤为强烈，在 1931 年的表决会议上，他们以 23∶20 的票数否决了收购计划。

两年后，在教会教育委员会的支持下，曼纳林和同事们坚持了下来。在寄给 1500 个潜在学生的信中，曼纳林认为经济衰退实际上是学生们上学的最佳时机："一旦经济复苏步入正轨，将为准备充分的年轻人带来很多工作机会。目前，在里克斯学院求学，仅需租赁一间经济实惠的宿舍，并从家中带来生活所需的大部分食物，其余的学习开销实际上相当低廉"。联想到艾略特为保障大学生源所做的种种努力，曼纳林与其他教师一同前往爱达荷州的各个高中进行招生宣传，个人垫付了各种差旅费用。如果一个新生用一头奶牛来支付学费，这头奶牛就会被转给一位特别热心的教师，以此作为对其招生工作的奖励。

曼纳林希望在即将到来的投票会上让里克斯专科学院看起来大有前途，他还采取其他措施来增加入学人数。学院在雷克斯堡以南 30 英里的更大的爱达荷瀑布市建立了一条公交线路，方便更多的学生来这里学习。学院橄榄球队的实力也得到了前所未有的提升。他们还在以前购置的土地上划出一部分来建设新的运动场。曼纳林和雷克斯堡市长亚瑟·波特（Arthur Porter，前里克斯学院教师）鼓励支持者为确保各项建设提供捐赠资助。他们两个人也身体力行，为捐赠树立了榜样。

橄榄球项目推广的关键是与夏威夷麦金利高中的两场比赛。为了保证麦金利队访问雷克斯堡，里克斯专科学院为其支付了 3500 美元的差旅费，这大约相当于学校每年运营成本的 5%。赞助商联合太平洋铁路公司也尽力提供支持，为来自邻州的球迷提供了每英里一便士的优惠火车票价。比赛在露天广场进行，有 5500 人观看了比赛。尽管里克斯橄榄球队在比赛中因一次触地而败北，却获得了良好的财务收入 —— 秋季学期（橄榄球赛季）的新生入学人数激增至 200 多人，创下了历史新高。

州政府不想收购

1932 年，曼纳林邀请了爱达荷大学校长来校参加春季毕业典礼并发表演讲，目的是吸引他收购里克斯学院。但由于公职人员薪资的削减，一项授权收购里克斯学院的议案在 1933 年的会议上被其支持者撤回。他们期望随着经济形势的好转，政治环境的更为有利，在 1935 年能够重新提出这一议案。由于教会自身要努力满足教众的基本福利需求，便削减了对学院的财务拨款。缺口部分将由当地教会教区填补，实际上这使得教会在学院事务中成了少数的出资方。

1935 年并没有带来更好的结果，政府依然没有收购里克斯学院。曼纳林虽然很沮丧，但还是决心坚持下去：

> 里克斯学院不属于任何人，在教育界也没有一席之地。教会不想要它，州政府也不愿收购它，地方教育委员会不知道该怎么处理它。校长和教职工们在有限的预算和经济萧条的艰难条件下，尽其所能地努力维持着学校的运转。

即使时运艰难，里克斯学院的地位也得到了提升。1936 年，学院获得了本地区的认证，这是美国高校获得普遍认可的最终形式。这不仅提升了教职工的个人满意度，也是学校的另一个卖点。然而，1937 年，里克斯学院成为公立学校的尝试再次失败。除了意料之中的反对意见，这场争论还招致了一些立法者的批评，他们认为高等教育是一场"骗局"，指责高校将纳税人的钱主要挥霍在体育竞技上。

幸运的是，教会教育委员会提出，经济状况一旦改善，将继续积极支持开办里克斯学院。委员会每年提供 2.5 万美元的资助，足以填补学校在学生学费（每名学生 75 美元）和当地社区支持后留下的财务缺口。教会委员会三人团的主席戴维·麦凯（David McKay）是教会的最新成员，他的支持促成了委员会政策的逆转。在 20 世纪初期，麦凯曾担任里克斯专科学院的姊妹学校 —— 犹他州奥格登市的韦伯学校的校长。1933 年，韦伯学校移交给了犹他州政府。1934 年，麦凯被任命为第一任校长，他在接下来的 30 年里成了陷入困境的里克斯学院的挚友。

回归宗教价值观与重拾发展愿景

得益于教会的支持，宗教课程得以恢复。之前，在里克斯学院寻求向州立大学转型的过程中，伦理课程曾取代了宗教课程。事实上，1937 年以后，里克斯学院是强制学习宗教课程的。在这一层面，里克斯学院摒弃了传统大学基因中的一项特质 —— 始于 18 世纪哈佛本科生院的世俗化倾向。教育委员会重申了宗教教育的重要性，并阐明了宗教教育与世俗研究之间的关系。戴维·麦凯在第一个校长任期内的同事 J. 鲁本·克拉克（J. Reuben Clark）在 1938 年明确地谈到了这个问题。克拉克是美国国务院前律师和驻墨西哥大使，他向教会的教师们发出倡议，要求他们在教学时展现出勇气：

　　我指的是精神上的勇气——那种坚守原则、信仰和信念的勇气，有人可能认为这未必与知识、科学或其他方面全然相融，你们作为教师应该相信其存在。（终极真理）不会因为新元素的出现而改变，也不会随着时间的改变而改变。

　　J. 鲁本·克拉克关于在追求知识过程中展现勇气的观点得到了教会首席科学家亨利·艾林博士的支持。亨利·艾林是一位杰出的理论化学家，他的研究为他赢得了普里斯特利奖章，该奖章每年仅授予一位化学家。

专栏：
一个充满感恩的学生和他的家族

  1850 年，一位名叫亨利·艾林的 15 岁德国高中生因母亲早逝、药剂师父亲死于霍乱、家族生意破产而成了孤儿。校长爱德华·雅可比（Edward Jacobi）博士接受了妻子（艾林的远亲）的建议，用自己微薄的薪资为艾林支付学费，让他继续上学。这位心怀感恩之心的毕业生艾林后来移民美国，他在后来回忆雅可比博士时写道："他是我的大恩人，我希望我的后人世世代代都能够铭记他的恩德。"

  雅可比博士为亨利·艾林提供的高等教育的善举在他的同名孙子亨利·艾林身上得到了福报。艾林在加州大学伯克利分校获得了化学博士学位，任教于普林斯顿大学和犹他大学，并在 1975 年获得了普里斯特利奖章。艾林家族传承了接受高等教育和为孩子取名亨利的传统，这一传统在随后的几代人中得以延续。化学家艾林的儿子亨利·本尼恩·艾林（Henry Bennion Eyring）曾就读于哈佛大学，任教于斯坦福大学，并于 1971 年成为里克斯学院的校长。他的大儿子亨利·约翰逊·艾林（Henry Johnson Eyring）作为杨百翰大学爱达荷分校的校长与克里斯坦森合著了这部《大学的窘境与革新》。

  里克斯学院刚刚度过面临关闭或移交给州政府的艰难时期，其发展愿景便再次显现。1937 年，学院校庆的主题是"建设一个更大更好的里克斯学院"。然而，教会教育委员会不希望学校继续扩张，因此解散了当地教育委员会。同时，第二次世界大战也阻碍了经济增长和学校的发展。在 1940 年入学人数达到创纪录水平之后，里克斯学院在接下来的 4 年里，通过提前录取高中高年级学生以及那些用政府资金攻读副学士学位的军事招募人员，来补充因征兵而减少的学生人数。与哈佛大学的情况一样，这些军事项目和女生人数的增长缓解了此前入学人数减少带来的压力。1944 年，67 岁的曼纳林在担任校长一职 13 年后，结束了其任期。如表 6-1 所示，在他和两位前任校长克里斯坦森和罗姆尼担任校长期间，学院发生了重大变化。随着学院的升级，其原有的学科综合性、学术专业化、体育竞赛优势等特征更加突出。这些不可避免地带来了新的成本。里克斯学院的教育质量得到了提升，这不仅是因为教学更加专业，还因为引进了招生标准和学术荣誉制度。学校还增加了暑期课程，赢得了更多的捐赠支持。这两项成就在后来都被证明是十分宝贵的。

表 6-1　里克斯学院的基因演进（1914—1944 年）

新特征	产生的影响
两年制专科	为学生提供深造机会和专科文凭 结束了高中教育 学科和专业的发展
入学标准和荣誉准则	学生的基本准备 学术竞争喜忧参半
重新致力于价值观培养	在课程体系中增加了道德伦理内容 教条主义的潜在风险

　　曼纳林最杰出的贡献在于引领里克斯学院成功渡过了经济萧条、战争年代和生存危机。这条道路是痛苦而艰难的，并且不知道未来是否会变得更好。这就是当时的情况。即使是在哈佛大学，也为了应对漫长的经济萧条和第二次世界大战采取了很多变革。

第 7 章
追求卓越的动力

在 20 世纪 30 年代初，当洛厄尔卸任时，哈佛大学的基因尚未完全定型。

艾略特开创了一套融合研究生与本科生教育的培养体系，其教学课程覆盖了所有学术领域。洛厄尔则通过重组学院，使哈佛在学生和学科方面的广泛选择变得更加合理。不过，艾略特和洛厄尔对追求学术卓越都没有给予足够的重视。这项重任留给了洛厄尔的继任者。

1933 年，詹姆斯·布莱恩特·科南特（James Bryant Conant）被任命为新校长，他是首位领导哈佛大学的世界知名学者。他在有机化学领域成就斐然，并获得了普里斯特利奖章。如果他没有离开实验室去领导哈佛大学的话，或许他已荣获诺贝尔奖。科南特比艾略特和洛厄尔更进一步，他将自己的成功更多地归功于具有奉献精神的导师们。他的学术生涯始于罗克斯伯里拉丁学校，在那里他遇到了一位才华横溢且充满奉献精神的高中教师。这位教师的推荐使他得以进入哈佛大学化学系深造。在科南特的众多导师中，最重要的一位是查尔斯·洛林·杰克逊（Charles Loring Jackson），他是美国首位也是最具影响力的有机化学家。与许多其他前沿化学家一样，杰克逊曾在德国学习并从事研究工作。他向科南特分享了留学德国的收获，并推荐科南特到德国留学。这段经历开启了科南特成果丰硕的实验室研究阶段，也让他获得了担任化学系主任的机会，这是他在被选中领导哈佛大学之前唯一的行政工作经历。

科南特与他杰出的前任艾略特和洛厄尔不同，他是第一代哈佛人。他的祖先是早期的新英格兰人，他的家族与波士顿的贵族阶层并无关联。他的父亲是一位雕刻师，科南特首次接触化学，正是通过其父亲在铜蚀刻领域的作品。科南特在与前任洛厄尔讨论校长工作的移交问题时，他们之间的反差十分明显。科南特询问洛厄尔哈佛校长的薪资数额，洛厄尔却并不清楚，因为他总是将所得收入全部捐给学校。这让懊恼的科南特不得不提出不少于 2 万美元的薪资。

科南特的局外人视角和白手起家的经历使他更好地认识到，虽然洛厄尔让哈佛大学获得了复兴，但这所学校已经失去了一些学术光环。洛厄尔对哈佛大学的重视固然意义非凡，但他在学术研究方面的投入却与学校的地位不相匹配，而学术研究成果是高等教育领域公认的重要衡量标准。因此，尽管哈佛重新确立了自己在美国教育领域的领导地位，并在物质条件和财务资源方面取得了巨大成就，但哈佛大学在许多学术领域已不再领先。正如莫里森所观察到的，"在某些学术领域，哈佛大学的教授已不再被视为学术权威。"

科南特忧虑地指出，在经济和政治领域迫切需要大学发挥作用的时期，哈佛大学并没有为国家和世界的福祉作出应有的贡献。在繁荣的 20 世纪 20 年代，学校很自然地把重点放在校园的建设上，例如投资宿舍和其他建筑。但是，现在时代发生了巨大的变化，哈佛大学服务于社会的能力落后于它的一些同行。科南特认为哈佛大学可以做得更多，尤其是在自然科学和社会科学方面。

幸运的是，哈佛大学的财务状况相对良好。得益于慷慨的捐赠者和明智的预算管理人员，即使在最艰难的大萧条时期，学校仍运作良好，没有出现削减工资、裁员或减少服务等状况。在洛厄尔的任期内，哈佛大学的运营成本大幅上升：他不仅使学校的占地面积扩大了一倍，还将学校最高薪教授的薪资提高了一倍多，即从 1918 年的 5500 美元增至 1930 年的 1 2000 美元。洛厄尔领导下的哈佛在慈善捐赠方面也屡创纪录。除了哈克尼斯对住宿制度的捐赠（最终总额超过 1300 万美元），战后的一次筹款运动也筹集到了接近这一数额的资金。在洛厄尔任期内，尽管股市崩盘，学校的捐赠基金仍然从 2000 万美元增长至 1.26 亿美元。学费总额也有所增加：从 1913 年开始，哈佛大学学生一年的学费逐步从 150 美元涨到 400 美元。最终的结果是，即使在经济最不景气的时候，学校预算也能保持平衡。很少有其他大学能在财务上如此幸运。尽管当时的形势要求谨慎行事，但科南特希望提高哈佛的学术水平并增强其社会影响力，这一愿景也并非不合理。

科南特的优绩教育

科南特通过运用一系列原则和程序来实现其抱负，这些原则和程序统称为优绩教育。在艾略特和洛厄尔领导哈佛大学期间，尽管学院在诸多方面具有显著优势，但内部氛围封闭且排外现象严重。新生和新教师往往来自相同的狭小群体。学生主要来自新英格兰地区的精英私立和公立高中，教师大多出自哈佛本校的研究生项目。这些来源确实培养出了不少有能力的人才。但是，来自新英格兰地区精英中学的学生被哈佛录取，既可能是因为其家庭财富和社会地位，也可能是因为他们较高的智力水平。同样，哈佛大学毕业的研究生在获得新教师职位方面占据优势。相较于前任，科南特更清楚地看到，基于非能力因素的结构性偏好会带来不良后果。他的两位前任人际关系极广，可能根本没有意识到这些问题。科南特认为，基于实际的学术表现选拔学生和教师，不仅能提升哈佛大学的整体水平，还能更广泛地分配有限的教育机会。他担心在经济大萧条和政治孤立主义时期，经济低增长和社会流动性受限已经成为新常态，哈佛大学和整个国家都有责任改进"我们学校系统中的选拔机制，以便遴选出那些能从 4 年大学教育及后续专业教育中获益最多的人"。科南特相信，将最优秀的学生吸引到哈佛大学，不仅对哈佛大学有利，对国家也有益。

在洛厄尔的领导下，教师们获得了额外的研究经费，减少了教学负担，偶尔还能享受整学期完全免于授课的待遇。由于设置了 6 周的阅读期，教师们拥有更多的时间来进行学术研究。科南特还增加了教师的其他福利，包括新设的大学特聘教授 [①] 职位，这赋予了学者跨越传统院系界限进行研究的权力。

由于哈佛大学的财务稳定，科南特可以大胆地招募新教师，这在 20 世纪 30 年代中期是十分难得的。在短短的几年内，他从世界各地聘请了一批杰出的教授，尤其是来自经济和政治不稳定的欧洲地区的教授。但是，当时的经济萧条也延缓了他实现把世界上最好的学者聘请到哈佛大学的梦想，这一梦想在大萧条和战争的紧急情况过去之后才得以实现。

"非升即走"的聘用制度

科南特迅速在提升哈佛青年教师的学术标准上取得了显著成效。他通过"非升即走"的终身教职制度来实现这一目标。新聘用的助理教授不能无限期地以非终身教职人员的身份留任，他们只有 8 年时间来证明自己能够获得终身教职。这种证明不仅要面向校内的委员会，还要经过外部评审人员评审，这些评审人员是候选人所在学术领域的同行。同行评审制度在终身教职评定中促进了基于能力的竞争，削弱了教师间任人唯亲与排外的倾向，进而使学校受益。这对候选人也是有好处的。由于同行评审的公正性，有真才实学的人得以胜出。8 年的终身教职评定期限，避免了学校长期拖延对其他人的评定。

科南特推行的"非升即走"终身教职制度还解决了洛厄尔遗留下来的一个现实问题。随着住宿制度的创立，洛厄尔通过为宿舍聘请导师，大幅扩充了教师队伍。至 20 世纪 30 年代中期，这批导师中的多数人已经任职相当长的时间，开始期望获得终身教职。然而，他们的学术水平并未达到科南特所期望的，即通过终身教职来充分挖掘学术明星的潜力。此外，他们还带来财务成本的不断增加。正如艾略特的选修课制度和洛厄尔的通识教育与专业化并举的创新举措，"非升即走"终身教职制度既带来了长期的战略利益，也

---

① University Professor 是哈佛最高级别的教授职位，通常授予在学术领域有卓越成就和跨学科能力的大学者，简单译为"大学教授"无法体现其独特地位。故译为"大学特聘教授"。——译者注

带来了短期的战术利益。

不过，新的终身教职制度也产生了一些意想不到的负面效应。其中之一就是损害了教师之间的合作情谊以及对学校的归属感。在这种情况下，一名非终身教职的教师更可能将同系的同事视为竞争对手，将学校团体（包括学生）的需求置于争取终身教职之后。随着时间的推移，本科生尤其受到了这种大学基因变化的影响。科南特明确表示，优秀的教学无法弥补平庸的学术成果，而当时学术成就的明确定义是研究成果和发表文章。然而，他的终身教职制度往往导致那些有望获得终身教职的教师把精力更多地投入学术研究，而忽视了教学工作。由于本科教学任务大量由渴望获得终身教职的助理教授和研究生助教承担，晋升机制对研究的重视让教师难以安心教学。尤其是洛厄尔所钟爱的辅导课受到了很大冲击。到 1950 年，3/4 的辅导课由研究生担任；一些院系甚至投票决定完全取消辅导课。

新的终身教职制度也扩大了教师中的贫富差距。哈佛大学的许多院系开始重点寻找哈佛以外的教师候选人。对终身教职价值的评价，取决于教师在专业领域内是否达到了"顶尖"水平。几年之后，文理学院院长亨利·罗索夫斯基（Henry Rosovsky）描述了科南特制定的教师甄选流程："在哈佛，我们会提出这样一个传统问题，即在世界范围内，谁是填补某个空缺岗位的最佳候选人。接下来，我们尽力说服他加入我们的团队。"

因此，成功的学者成为各大高校追捧的"自由球员"。自从 19 世纪末大学采用德国模式以来，这种情况就一直在发生。由富有的慈善家创建的新兴大学利用他们实力雄厚的资本，吸引世界上最优秀的学者，导致学校之间频繁出现人才争夺。康奈尔大学是最早参与这场"游戏"的大学之一，后来却发现自己的优秀教师被约翰·D. 洛克菲勒（John D. Rockefeller）创办的芝加哥大学和利兰·斯坦福（Leland Stanford）在加州帕洛阿尔托创办的斯坦福大学以高薪挖走。

科南特对卓越的追求，使得哈佛大学必定参加这场学术人才争夺战，而这是一场他本想避免的财务竞赛。他的目标是在全校范围内将新获得终身教职教师的薪资设定为一个统一水平。但这与他招揽"最优秀人才"的追求相矛盾。例如，在 20 世纪 50 年代初，一位来自威斯康星州的 26 岁学者，被誉为美国最有前途的年轻遗传学家，向哈佛大学提出了诸多要求：他希望获得正教授的职位，为他的妻子争取一个带薪岗位，承诺在他的研究领域增设教职，提供实验室和研究经费，并且他仅负责为研究生授课，不承担其他教学任务。此外，他还拒绝系领带上班。学校管理层拒绝了这些苛刻要求，结果眼睁睁地看着这位失之交臂的优秀学者在 7 年后获得了诺贝尔奖。随着时间推移，哈佛找到了一种平衡策略，既避免了陷入薪资大战，又能在必要时采取灵活的薪资方案，以提高招揽"最优秀人才"的竞争力，尤其是在科学和商业等领域，学术界之外的机构能为优秀学者提供更高的薪资。与此同时，哈佛大学那些承担本科生教学主力的研究生和年轻教师却在担忧，当终身教职评定失败时，他们可能需要另谋出路，因为他们不太可能在激烈的竞争中脱颖而出，成为所在领域全球最优秀的候选人。

科南特的终身教职制度的重点是寻觅全球顶尖学者，这也使得哈佛大学的课程设置更加专业化，且更侧重于研究生。许多声名卓著的学者都是在某个细分领域有所建树。他们的教学偏好也体现了这种专业性。这使得专业课程大量涌现；在科南特任期的后期，大多数院系开设的课程数量是艾略特时期的 2~3 倍。由于学生人数的增长速度未能与课程目录的扩充速度同步，造成许多课程的开设成本居高不下。科南特委托撰写的一份报告显示，有 169 门课程的选课学生人数不足 5 人。他在报告页边的批注反映了他的惊讶与沮丧："这太荒谬了""我的天哪！"无论荒谬与否，学术专业化及其附带成本已深深植入哈佛大学的基因之中。幸运的是，哈佛能够负担得起这些成本。

看重学业成绩的招生录取制度

科南特还引入了择优录取的招生制度来招收和评估最优秀的学生。对于哈佛大学来说，扩大招生范围、拓宽生源渠道的必要性显而易见。当时，哈佛大学录取了超过 2/3 的申请者，其中，来自其所在的马萨诸塞州的学生录取比例最高。为了吸引来自东部的新英格兰地区以外的更多申请者，科南特设立了全国性奖学金，将中西部等地区列为目标区域。考虑到这些偏远地区的学生可能面临更大的经济压力，他还提供了基于需求的助学金，资助金额可达学费的数倍。尽管结合择优录取与基于需求的学生资助的做法在当时并不常见，但奖学金与助学金的组合很快成为传统大学的标准配置。哈佛大学在这方面的投入力度越来越大，至 2010 年，60% 的哈佛大学本科生获得了学校提供的 1.58 亿美元助学金中的一部分，人均助学金预计达到 4 万美元。

当时，哈佛大学面临的直接挑战是如何评判科南特希望录取的新申请者的学业成绩。在这些申请者中，很少有人经历过新英格兰地区私立预科学校和精英公立高中那种传统课程体系的培养。以学生对荷马、弥尔顿作品及古典语言的掌握程度作为录取标准有失公允，而这正是艾略特和大学理事会 20 世纪初期首创的入学考试的考查内容。那些考试要求学生写作文，而非做选择题，并且考试内容不仅包括英语，还涵盖法语、德语、拉丁语和希腊语。

为了推行一种广泛适用且不会对普通高中学生带来不利影响的标准化能力测试，科南特和哈佛大学的同事们再次求助于大学理事会。他大力倡导广泛采用的新筛选机制是 SAT，这是 20 世纪 20 年代普林斯顿大学心理学家卡尔·布里格姆（Carl Brigham）开发的一种评估工具。SAT 与早期的入学考试不同，它是一种智商测试形式，旨在衡量学生的学术潜力，不涉及英语和数学之外的特定学科知识的考查。这项测试并不完美。它主要评估学生对词汇的熟悉度，而这在很大程度上依赖于正规教育。布里格姆本人很快否认了 SAT 能够真实反映一个人的天赋智力。从今天的大学申请者花在备考 SAT 上的时间和费用可以看出，显然有不少人赞同他的观点。

然而，相较于艾略特参与创建的旧式大学入学考试，SAT 的效果更为明显。SAT 更容易管理，其成绩更真实可靠，能够更准确地预测学生在大学阶段的学业表现。虽然它仍对接受过更多教育的学生有利，但也为那些没有就读于新英格兰大学预科学校的学生提供了更公平的竞争环境。SAT 大受欢迎且极具影响力，在很大程度上要归功于亨利·昌西（Henry Chauncey）的努力。他曾担任哈佛本科生学院的助理院长兼奖学金委员会主席，是首个让科南特关注这项测试的人。后来他离开哈佛，创立了教育考试服务中心（ETS），负责在全国范围内推广和组织 SAT 考试。

科南特与昌西将 SAT 确立为大学入学的全国性标准，使得哈佛大学及其他常春藤名校有机会招收美国最聪明的学生，也为美国高等教育的蓬勃发展铺平了道路。与亨利·福特式的行业垂直整合模式相比，SAT 是一种以更低成本确保高质量生源的方式。它作为一种全国性标准被采纳，使得高等院校能够以很低的成本向大众提供标准化课程，确保所有高中毕业生都有机会接受大学教育。这与福特的生产流水线使得 T 型车能够大规模生产，最后价格低廉到普通工人也能买得起的情况如出一辙。

与此同时，科南特对 SAT 的使用最终导致哈佛录取学生的范围进一步缩小，只有最聪明、准备最充分的学生才能获得入学资格。由于艾略特对研究生院和专业学院的重视，本科生在全校学生中的占比已经有所下降。随着科南特对 SAT 的强调，普通智力水平的学生进入哈佛的机会大幅减少。这种情况在第二次世界大战后学生入学需求高峰时尤为凸显。

专栏：
标准化考试所未预见的成本

我们要感谢 20 世纪 70 年代哈佛招生部门制定的创新政策和流程，这些举措使得哈佛大学的本科生录取并不要求 SAT 成绩近乎满分。招生官不会采用定量的指标来衡量学生，而是投入大量时间和精力考核诸如"性格优势""克服逆境的能力"等无形特质。标准化考试成绩会纳入考量，但并不起决定性作用。正如学院招生网站所说："当与诸多其他因素一同审慎考量时，我们将考试成绩视为衡量学术能力与成就的有用指标。"

尽管哈佛的录取指标更加综合，仍有符合条件的申请者源源不断地提交申请，导致哈佛学生的标准化考试成绩一直在美国高校名列前茅。可以说，没有充分准备的学生是难以通过 SAT 的，其他可选的学校也几乎不可能招收没有通过 SAT 或 ACT 的申请者。SAT 的备考费用从几美元的备考图书到每学时数百美元的私人辅导，二者加起来就是一个数十亿美元的产业。看重排名的大学也会为此付出成本，为高分申请者提供奖学金。

正如《美国式"高考"：标准化考试的形成与美国社会的贤能政治》（*The Big Test:The Secret History of the American Meritocracy*）的作者尼古拉斯·莱曼（Nicholas Lemann）所指出的，除了直接的财务成本，学校还承担着为经济弱势群体准备考试所带来的不平等社会成本。莱曼注意到，科南特试图削弱特权的力量——通过在招生过程中用标准化考试代替人际关系——这一做法产生了颇具讽刺意味的效果，它催生了另外一种新的特权，以及通过进入常春藤名校来获得这种特权的强烈愿望。在美国公共广播公司的一次采访中，莱曼探讨了标准化考试的优缺点，他说："如今在美国，人们把考高分和进入这些名校视为一种光宗耀祖和进入上流社会的方式。科南特如果知道这一点，他一定会感到震惊。这不是他建立 SAT 这项标准化考试的初衷。"

"二战"期间的哈佛

第二次世界大战彻底改变了哈佛大学的面貌。大规模的征兵活动导致传统意义上的学生人数急剧下降。大约 400 位教师，占教师总数的 1/4，都参加了战争。为了保证教室里有学生上课，维持学校的正常运转，学校不得不采取极端措施；留任的教师们一致投票同意全年授课，且不增加薪资。除了通常的 9 月入学，学生在 2 月和 6 月也能入学，而且专业学院开始招收没有本科学位的学生。学校的教室和宿舍被租给陆军和海军，用于培训他们的人员。

当然，这些措施大多是临时性的。但有一项重要的变革影响深远，那就是哈佛大学的课堂开始接纳来自其姊妹院校拉德克利夫学院的女生。20 年后，女生才开始获得哈佛的学位证书，近 30 年后她们才开始平等地住在哈佛大学的宿舍，但平等教育机会的大门已然开启。

第二次世界大战还意外地促进了科南特的优绩教育。战后的和平环境以及战后美国对退伍军人的教育支持政策带来了大量的申请者——1946 年达到了两万人。这些申请者来自全国各地，涵盖了各个社会阶层和经济阶层。考虑到生源的多样性和学业成绩，哈佛大学的录取率从 2/3 下降到 1/15。战后高涨的申请热潮很快退去，而学生群体的构成从此不同以往。招生中的优绩选拔制度，原本是在需求低迷时防止社会阶层间的相互提携和排外性，但随着越来越多的学生竞争哈佛有限的宝贵名额，这一制度将创造出一种新型的精英群体。

政府资助研究的兴起

战争为哈佛大学带来了另外两项重大变革，其中一项影响深远且持久，另一项则相对有限。持久性的变革是政府资助研究的兴起。在第一次世界大战期间，大学的科学家们响应军事需求，因项目被征召，参与了武器和装备的制造。事实上，科南特是这些兼具军人身份的科学家中最杰出的人士之一。他离开哈佛，加入了化学战备部队，负责监督毒气和防毒面具的研发，这"几乎是陆军部的一个部门"。到战争结束时，他已晋升为少校。

科南特在第二次世界大战中的参与更具战略性，也更引人注目。他担任了国防研究委员会主席，该委员会是联邦政府动员民间科学家和工程师，以及为大学和企业实验室提供研究资金的机构。此外，他还亲自推动了原子弹的研发进程；他在哈佛的职位为他秘密招募国内顶尖科学家的行动提供了掩护。

科南特在华盛顿政府的工作为哈佛大学争取到政府资助的研究项目提供了便利。美国国防研究委员会提供了 3100 万美元的研究资助，使哈佛大学在大学科研领域的地位仅次于麻省理工学院和加州理工学院。哈佛大学的科学家们在军事通信、雷达技术、凝固汽油弹和原子弹的研发领域作出了重大贡献。

战争结束后，虽然政府资助的研究项目减少了，但它在大学中的重要作用得到了确立。随着冷战的到来以及国家科学基金会和原子能委员会等机构的成立，研究项目和资助数量也大幅增加，而科南特正是这两家机构的顾问。政府的研究基金不仅为大学带来了经济利益，也为大学带来了学术利益。资金的注入吸引了富有探索精神的科学家，尤其是在自然科学学科领域。随着外部研究经费的增长，哈佛大学世界级学者的数量也有所增加，二者呈现出一致的趋势。1945 年 10 月获得物理学终身教职的 4 位候选人后来都获得了诺贝尔奖。

当然，新的外部资助研究项目也增加了成本。教师和行政人员的相当一部分时间都花在了撰写经费申请和合规工作上，而一些研究项目也使得教授们很难抽出时间来教学。外部资助也扩大了大学里的贫富差距，为科学家创造了比其他教师更多的机会。不过，从整体上看，第二次世界大战对哈佛大学的发展产生了积极的影响。这场战争不仅间接地提高了生源的质量，也提升了哈佛大学的学术水平。

红皮书

战争为哈佛大学带来的另一项益处是本科生课程的改进。科南特除了关注教授的学术成就和学生的学业成绩，还致力于提高本科课程的学术严谨性和社会实用性。洛厄尔提出的强调均衡分布的培养方案相较于艾略特的选修课制度是一种进步，但它既没有促进真正的通识教育，也未能推动学术卓越。与艾略特时期的学生们一样，一些学生选择了较为轻松的课程，纷纷聚集在那些所谓"简单课程"的课堂上。但在科南特看来，强调均衡分布的培养方案所构成的通识教育，存在着参差不齐、浮于表面和缺乏道德权威性等问题。

战争的阴霾与恐怖，促使人们对本科核心课程进行重新设计，这甚至让哈佛的奠基人为此感到骄傲。西方险些被极权主义吞噬，这一危机暂时让因专业不同而各有侧重的学者们团结起来。由 12 位备受尊敬的哈佛学者组成的委员会，在广泛征求各方意见后，出版了一本 267 页的著作 ——《哈佛通识教育红皮书》(*General Education in a Free Society*)，这本书因其深红色封面而被称为《红皮书》。

《红皮书》的作者们明确提出，教育的根本目的之一是促进自由。他们宣称，这种自由需要公民具备一定程度的共同特质与观念："一种成功的民主（成功不仅仅指治理体系，而且必须成为精神理想的一部分）需要全体人民拥有共同的特质与观念。"

除了倡导培养共同的特质和观念（这一教育目标因实际原因被艾略特和洛厄尔摒弃），作者们引用了科南特关于价值观重要性的观点："除非教育过程包含 …… 与那些价值判断至关重要的领域保持某种持续接触，否则它必定远远达不到理想状态。"该项目的主笔，一位名叫约翰·芬利（John Finley）的年轻希腊文学教授，甚至提出"如果许多课程应阐述我们基于人文传统的人生观，那么似乎同样合理的是，有些课程应阐述基于宗教传统的人生观。"科南特则没有这么激进。他怀疑"如今一所世俗大学是否能够采取必要措施，将其教育理念提升至绝对价值的高度"。

大学最终采纳的新通识教育项目既不建立在绝对的价值观基础之上，也不要求所有学生修读相同的课程。正如《红皮书》所建议，它确实要求为通识教育专门设计的课程必须占到本科生总课程数量的 1/3 以上。相较于洛厄尔时期所要求的 25%，这一比例已经显著提升。学生主修专业的课程不得重复计入应修的通识教育学分，不过后来的课程体系还是对这一点进行了细微调整。

新的通识教育计划还规定，学生必须在人文、社会科学和自然科学三个领域中，各自至少选修一门课程。值得称赞的是，哈佛大学的许多课程都符合洛厄尔的理念，即要求给学生一个相对广泛的专业概览，而不是仅仅介绍一门狭窄的学科。"西方思想和制度"和"物理学原理"等广受欢迎的课程，均符合《红皮书》的标准，即"为理解西方文明遗产中的一些主要元素形成一个相对连贯和统一的背景"。

《红皮书》不仅提升了哈佛一代学生的通识教育水平，对其他学校的学生也产生了深远影响：该书售出了 4 万册，许多购买者是其他大学的代表，其中一些大学还借鉴哈佛的模式推出了通识教育课程。然而，这种影响在剑桥（哈佛大学所在地）的持续时间并不长。那些与《红皮书》广阔视野相契合的课程深受学生欢迎，但难以讲授，一方面是因为这些课程跨越了传统学科的界限，另一方面是因为师生比例失衡，选课人数众多。新开设的课程往往更具专业性，更侧重于单一学术领域。科南特预见了这种情况。他知道，在大学院系的推动下，跨学科的课程将不可避免地回归到传统的学术领域。因此，他希望设立一个通识教育部门来阻止这种趋势，但这个愿望并未实现。

20 世纪 50 年代的经济繁荣和 60 年代的社会动荡使人们迅速摆脱了第二次世界大战后的理想主义。对卓越著作和西方历史价值观的信心，曾因第二次世界大战盟军对极权主义的胜利而暂时恢复，现在也逐渐减弱。截至 20 世纪 70 年代初，一些教师称《红皮书》的世界观是"沙文主义、已经过时"。战争曾暂时改变了人们的思想和行为模式，但深植于大学基因中的专业主义和怀疑主义不可避免地再次抬头。

《红皮书》和高中教育

有些矛盾的是,《红皮书》最持久的影响并非体现在哈佛大学或其他高校,而是美国的高中。事实上,中学教育可以说是《红皮书》的首要关注点。科南特在向委员会成员布置任务时,建议他们"对于每一代人中的绝大多数人来说,在高中阶段接受的通识教育,远比少数进入四年制大学的学生所接受的通识教育重要得多"。科南特与艾略特一样,深知确保哈佛大学和其他高校源源不断地接收充分准备的学生的重要性。然而,他也真诚关心那些他认为不会寻求大学教育的大多数美国人的福祉。

委员会认真考虑了科南特提出的建议,这一点从《红皮书》的篇幅上可见一斑。其中关于中学和社区教育的建议所占篇幅,甚至超过了对哈佛大学的建议。高中教育领域的几个趋势引起了他们的关注。一是高中入学人数的激增以及典型学生群体特征的变化。他们指出,在 1870 年至 1940 年间,义务教育法的实施使得美国高中生的比例增长了 30 倍。但在这些学生中,继续升入大学的比例从 3/4 降至仅 1/4。

另一个令人担忧的趋势是高中课程的庞杂性。为了满足数量呈指数级增长且日益多元化的学生群体的不同兴趣和能力需求,以及紧跟知识的快速演进步伐,高中开设了更多的课程。在这方面,它们与以选修课为主导的大学并无太大差异。

然而,《红皮书》的作者们对高中选修课倾向于培养学生在特定研究领域的专注度表示惋惜。他们认为,学生在高中毕业分流至学术或商业领域之前,应当接受共同的价值观,以形成社会共识和增强凝聚力。作者们还渴望让年轻人接触"美好的事物"。他们尤其担心那些生活在快速发展的城市中的学生,因为这些地方的传统社区功能已经瓦解。他们认为,高中是实现这些目标的最后也是最佳机会,而通识教育则是实现这一目标的关键途径。他们推荐的课程与艾略特的十人委员会提出的课程惊人地相似,后者的重点是大学预科教育。他们推断,人文、社会研究、自然科学和数学等领域的通识教育不仅对未来的大学生和技校生有益,也对那些直接进入职场、占比高中毕业生总数 75% 的学生们有帮助。在今天看来，他们的逻辑假设是短视的，甚至是过于乐观的 —— 这些学生中的大多数将会从事美国职场中的 60%~65% "不需要事先培训"的工作。他们贬低高中"职业和商业课程"的价值，认为这些课程低人一等，学生是低层次的，教师是低层次的。他们认为，对于那些高中毕业后直接参加工作的学生来说，接受文科课程会更好。《红皮书》宣称："对这些学生而言，他们的整个高中教育在本质上就是通识教育。"

《红皮书》针对这种通识教育的理想架构提出了详细的建议。学生应在高中 4 年持续研习英国文学，并通过研读"经典著作"来实现。《红皮书》所指的经典，要求具备一定的深度，书中赞许地引用了这样一则格言："如果一本书读起来很轻松，那它就该被烧掉，因为它毫无教育意义。"《红皮书》的作者们主张，所有学生都应当掌握一门外语，首选拉丁语或法语，因为这样有助于更好地理解英语。而那些希望更深入地理解人文学科的人，建议学习俄语和希腊语，而非德语和西班牙语。艺术（包括音乐、绘画、素描和造型）应作为所有学生的必修内容，其目的在于培养审美能力，而不是基于为职业做准备或创造性的自我表达。

《红皮书》对于社会科学、自然科学以及数学领域的理想课程设置，同样提供了明确的指导规范。历史课程要学 4 年，先学世界史和欧洲史，然后是美国史，内容包括政府、经济和"当代社会"；自然科学课程至少要学 3 年，依次为生物学、化学和物理学；数学课程要学 3 年，包含代数、几何和三角学，其中有数学天赋的学生，后续还会学习微积分。此外，还建议开展心理和生理健康方面的教育。

毋庸置疑，《红皮书》的作者们希望所有的高中生都能接受良好的教育。在一个刚刚摆脱数十年孤立主义的国家，全球化经济迅速地将缺乏技能的工人推向了与世界各地工人的竞争之中。事实上，他们为所有高中学生制定的通识教育课程，对于那些得益于战后美国对退伍军人的教育支持政策以及其他联邦援助计划而得以进入大学的学生而言，是非常合适的。

他们提出的方案同样反映在现今的高中课程设置中，所设定的课程基于一个假设：那些接受了通识教育课程后直接步入职场的学生，已经为就业做好了充分的准备。《红皮书》指出，高中教师能够承担大学教授无法完成的任务：讲授必修的通识教育课程，而仅限于专业选修课。颇具讽刺意味的是，对于哈佛大学的教师与学生而言，古板且难于讲授的通识教育课程，却成了美国高中的教学标准。

《红皮书》的作者们或许没有充分意识到，哈佛大学学术地位的提升，已使其目标学生群体与建校初期相比已经发生了显著变化。在早期的哈佛大学，16 岁的大一新生不仅要学习拉丁语和希腊语，还要学习英语写作和数学基础知识。《红皮书》的作者们认为"简单的"书籍没有教育意义，职业培训天生"低人一等"，这表明哈佛大学的教授们忽视了高等教育市场中的一个庞大潜在群体，即那些学业水平低于哈佛大学入学要求的学生群体。在这个群体中，普通高中毕业生（以及未毕业的学生）需要补习通识教育课程来为职业做好准备。如今，效仿哈佛的高校或许也在犯类似的错误，营利性教育机构的发展便是证明。这些机构越来越多地迎合那些可能没机会接受高等教育的所谓的"边缘"学生。

常春藤联盟协议

第二次世界大战之后，哈佛大学发生了一项影响深远的变革：盛极一时的橄榄球运动走向终结。哈佛的校际橄榄球传统源远流长。在 20 世纪的头几十年里，哈佛橄榄球队一直是全美劲旅。从 1911 年至 1915 年，球队连续赢得 33 场比赛，缔造了 3 个全胜赛季。1920 年，哈佛橄榄球队在玫瑰碗比赛中获胜，第七次夺得全国冠军。

哈佛不仅在橄榄球战绩上留下了辉煌印记，还对这项运动本身产生了深远影响。哈佛早期的橄榄球球员和教练参与制定了大学的橄榄球比赛规则，并推动了国家大学体育协会（NCAA）的创立。哈佛建造了首个混凝土体育场，这是一座能容纳 3 万多人的奇迹性建筑。这个体育场还间接催生了橄榄球运动最重要的创新之一 —— 向前传球。1906 年以前，橄榄球只能在地面推进。因为这个限制，随着比赛竞争加剧，场面变得异常残酷。身材高大的持球者和阻挡者常常双臂紧扣，径直冲向对方同样强壮的防守球员。在这种情况下，球员的体型和力量往往比速度和策略更有优势。

规则制定者考虑了数个优化比赛的提议，其中最受欢迎的提议是将场地拓宽 40 英尺 ①，以激励球员展现更多的灵活性。但哈佛大学三年前才建成的固定看台一直延伸到场地边缘，其他橄榄球场或许可以调整，这座全国一流的橄榄球设施却无法改变。因此，他们选择了另一个提议：允许向前传球。

哈佛还开创了不惜重金打造一支常胜队伍的传统。那些出资修建新体育场的校友们无法忍受坐在场边观看耶鲁队获胜，力主聘请哈佛的橄榄球英雄比尔·里德（Bill Reid）担任学校首位带薪教练。当里德拒绝了体育委员会最初提出的 3500 美元年薪的聘请条件时，校友们又筹集了同等数额的资金。这位 26 岁的橄榄球教练的起薪高达 7000 美元，比哈佛薪资最高的教授还要高出 30%，与已担任校长 36 年的艾略特的薪资相当。

艾略特及其继任者们看到了橄榄球运动需要重金投入的趋势，都为此感到不满。洛厄尔重视体育竞赛，但他更倾向于校内体育活动，即由校内教师和学生们自发组织、相对松散的竞赛。他理想中的校际橄榄球赛程安排，是每年只进行一场比赛（对阵耶鲁大学）。洛厄尔虽然是哈佛历史上最热衷于建设校园设施的校长之一，但他也拒绝了校友出资建造新体育场的提议。

在努力应对大萧条时期预算紧张问题的科南特眼中，校际体育赛事的吸引力就更低了。在 20 世纪 20 年代经济繁荣时期，橄榄球比赛的门票收入足以支撑其他竞技体育项目的开支，但到了 30 年代经济低迷期，这些收入连维持其本身运营都不够。即使在经济形势良好的时候，这项运动也很难运营下去。哈佛大学的校友西奥多·罗斯福（Teddy Roosevelt），曾两次邀请里德教练前往白宫，就橄榄球运动中的暴力行为及相关的伤亡事件进行讨论，其中包括 1905 赛季有 18 名球员死亡的严重问题。

① 1 英尺等于 0.3048 米。——编者注

尽管橄榄球比赛规则的修订和保护装备的引入大大改善了运动员的安全状况，但这种高强度、高对抗的体育项目似乎与校长科南特追求的学术卓越愿景及社会责任感并不相符。随着来自名校之间的比赛竞争加剧，运动员的入学标准也越来越低。关于运动员专业化的提议，存在着支持与反对两股力量，这使得问题悬而未决，并且日益严重。

意识到大势已去，哈佛大学携手其七所姊妹院校 —— 布朗大学、哥伦比亚大学、康奈尔大学、达特茅斯学院、宾夕法尼亚大学和普林斯顿大学和耶鲁大学，共同签署了《常春藤联盟协议》。该协议对橄榄球及其他所有校际体育项目都具有约束力。即将加入常春藤盟校的这些成员已达成共识：对所有学生设定统一的学术标准，不提供体育奖学金，并且不参加季后赛。此外，学生运动员若以职业选手身份参加任何体育项目，则不得再参加所有大学体育赛事。

由于常春藤盟校学生规模相对较小，这些限制实际上意味着他们在全国范围内具有竞争力的橄榄球运动中走向终结。哈佛大学不仅再未赢得过全国冠军，而且等了近20年才获得一次毫无争议的常春藤联盟橄榄球冠军。然而，这也带来了一些补偿性的好处。随着橄榄球项目开支的合理控制，更多的资金投入其他体育项目，在这些项目里，哈佛大学及其他常春藤盟校在全国范围内保持着较强的竞争力。此外，校内体育运动的参与度随着住宿制度的建立而翻倍，成了一项更为深厚的传统。到1979年，3/4的哈佛本科生都会参与校内体育活动。洛厄尔如果泉下有知，他一定会为曾经倡导的"全民体育运动"感到欣慰。

科南特同样对常春藤联盟协议的成效感到满意，尽管他此时面临着更大的困扰。1953年，德怀特·D.艾森豪威尔（Dwight D. Eisenhower）总统聘任科南特为美国驻德国高级专员。科南特接到通知3周后离开哈佛去德国赴任。之后，随着德意志联邦共和国的建立，他成了驻德大使。

实际上，在被任命为校长之前，科南特就已经为哈佛大学赢得了自艾略特时期以来前所未有的国家认可。他在担任哈佛大学校长期间三次登上《时代》杂志封面。1946 年 9 月，最后一张封面的引语是："学者之为，应有其用。"确实，科南特使哈佛大学的学术研究和学者们与国家的命运紧密相连，这是前所未有的。他不仅为哈佛大学的学术成就奠定了基础，也为其他常春藤盟校的学术成就做出了重要贡献。他倡导的学生成绩等级评价和终身教职制度很快就风靡高等教育界，SAT 在大学新生选拔过程中也发挥了重要的作用。科南特对哈佛基因的改变产生了深远的影响（见表 7-1）。

表 7-1　科南特时期的哈佛基因演进（1933—1953 年）

新特征	产生的影响
"非升即走"的终身教职制度	提升学术卓越 减少对教学的关注 降低了教授之间的合作和对大学的承诺
教师薪资与工作量差异	获得终身教职的激励增加 在招募学术明星和参考市场薪资标准方面更具灵活性 薪资成本上升 引发嫉妒和分歧
基于 SAT 成绩的招生选拔与奖学金	以学业成绩为依据的公平招生选拔 贫困学生获得更多机会 成本增加
外部资助研究	吸引世界级研究人员 获得新的社会贡献机会 申请资助及合规监管的新成本 分散教学精力 加剧学科间的贫富差距
《红皮书》/ 通识教育	提高课程质量 扩大必修课程范围 更加注重价值观培养 为高中生制定的通识教育规划（对未来的大学生有益，但与其他学生的技术培训需求相矛盾）

续表

新特征	产生的影响
《常春藤联盟协议》	减少了财务支出 取消了运动员招生优待政策 提升了学生对校内体育运动的热情 降低了部分校友的认同感与支持度 削弱了体育对大学公众形象的贡献

基本的基因结构

在科南特任期结束时，哈佛大学的主要特征已经确定。哈佛大学将变得规模更大更复杂，并将继续变得更富有、更世俗化和更多元化。但在 20 世纪 50 年代初，科南特和他的前任们制定的政策，最终决定了哈佛大学的教育质量和成本，以及哈佛大学能够招收的学生数量与类型。这些政策被声誉稍逊、资源相对匮乏的大学部分借鉴，对高等教育产生了巨大影响。

艾略特和洛厄尔最初为哈佛大学设计的基因蓝图中的一些要素对本科生产生了尤为强大的影响。在本科学院之上叠加德国式的研究生院和研究目标，自然会使资深教师从本科教学中抽身；他们的关注点转向学术研究和与研究生的合作，而将本科生教育交给了经验相对不足的教师负责。

艾略特倡导的选修课制度以及哈佛的研究生项目和学术抱负，共同推动了课程的深化。在艾略特和洛厄尔的传统模式下，校长对各院系的创建和尊重，进一步促进了院系的发展。在学术自由的精神影响下，教师们既然有了选择，自然就会开设体现他们专业水平的课程。

当哈佛提出只聘用"最优秀的教师"时，科南特的终身教职制度强化了"非升即走"的趋势。在生计受到威胁的情况下，一些教师更偏爱学术研究而非教学，这成了所有教师自我保护的一种选择。在这一"非升即走"的选拔机制下，教师希望承担更少的教学工作，并得到更多的报酬，从其他大学引进的学术明星也抱有这样的期待。资深教授在本科生课堂中的授课不断减少，不仅影响了教学质量，也影响了教学成本。大学希望研究型教师获得必要的研究经费，以补偿他们希望增加的薪资。然而，那些在课堂上投入时间较少的教授，其授课成本相对较高，原因在于每位教授每年教授的学生数量有限。通常情况下，一所大学越成熟、越注重研究，其教学成本往往就增长得越多。

与此同时，大学在 19 世纪初开始实行的长暑假制度，无论是从制造业的标准还是从医院等公共服务机构的标准来看，大学的物理设施的利用率都比较低。在物理设施方面，美国式大学追求高昂的投入，但使用效率却相对较低。校际竞赛的体育设施尤其如此，即使在正常开学期间，这些设施也大多处于闲置状态。

由于在奖学金、教学活动和物理设施上的高成本，学校必须不断地寻求新的收入来源。其中包括增加学费、校友捐赠，以及公立大学争取获得更多的政府拨款。尽管大学的收入增加了，但大学固有的非营利性使得其必须限制招生人数。学生是否入学，取决于由科南特推动的 SAT 入学考试成绩，这一标准为那些智力天赋最高的学生敞开了大门。成功的申请者通常来自经济条件优越的家庭。尽管如此，为了吸引优秀学生，学校之间的竞争导致一些名气较小的学校甚至要为那些有能力自费上学的聪明学生提供奖学金。

总体而言，科南特、洛厄尔和艾略特在哈佛的基因中植入了这样的决策理念：减少本科生的招生数量；总体上增加课程数量，但每门课程更加专业化；让教师更多地关注学术研究。对于学生来说，这种模式下不仅学费高昂而且入学难度大；哈佛大学提供的学习机会更适合为学生进入研究生院深造做准备，而非为职场做准备。对于大多数教师，尤其是非终身教职教师来说，大学环境就像高压锅一样，容易引发人的焦虑、嫉妒，以及产生一种缺乏组织归属感和学术碎片化的感受。

我们磨灭了年轻教师的热情。

——戈登·吉，俄亥俄州立大学时任校长

事实证明，在艾略特时期之前做出的一些决策，对今天的高等教育产生了重大影响。其中之一是确立了教师与学生面对面互动的教学方法，另一个则是哈佛大学早期对理性与道德价值观融合的逐步摒弃。我们在后面将看到这些决定如何使现代大学在新型竞争面前变得不堪一击。

表 7-2 概括了传统大学基因中被广泛采用的要素，这些要素大致按照在哈佛的发展时间顺序排列，同时也列出了一些未能传承推广的特征。

表 7-2　传统大学的基因

从哈佛大学借鉴而来的具有战略意义的特征	·面对面教学 ·理性 / 世俗取向 ·全面专业化、系科化和教师自治 ·长暑假 ·学院之上设研究生院 ·私人捐赠 ·竞技体育 ·通识教育与专业教育 ·学术荣誉 ·外部资助研究 ·"非升即走"的终身教职制度，以及教师职级与薪资差异 ·择优录取的招生制度
未被广泛借鉴的哈佛特征	继续教育（面向非传统学生的学位课程） 住宿制度 常春藤联盟协议（对竞技体育的限制） 四年毕业制

哈佛大学的优势

哈佛大学的崇高声望和资源优势在很大程度上减轻了其基因偏好对本科生教育带来的许多负面影响。由于哈佛大学吸引了众多世界一流的学者，并为本科生提供住宿和导师指导，所以哈佛本科生可以同时体验到德国研究型大学和英国大学的教育精华。亨利·罗索夫斯基在科南特任期即将结束时开始了他在哈佛的学习，他说："那些站在讲台上的教师就是教材的作者。"在这些世界著名的学者讲课时，舍监和导师会提供类似于早期哈佛大学的个性化跟进指导。

同样，哈佛大学不仅有能力吸引有才华的学生，必要时还能为他们提供经济支持，这为学生创造了大量相互学习的机会。罗索夫斯基说，他们是"由严格的标准挑选出来的来自各个州和许多国家的优秀学生 —— 一群多样化的、爱争论的、令人兴奋的人"。因此，即使科南特时期的哈佛大学在不断扩大的学科范围内致力于科研工作及追求卓越的学术成就，哈佛的本科生仍然享受着一流的教育体验。

哈佛大学还做出了两项其他学校未曾采取的重要决定。一是限制校际体育竞赛。另一个看起来不那么显眼，但实际上对学生来说更有价值。尽管随着专业化和院系化的发展，课程数量也在增加，但哈佛大学学生毕业的标准时间仍然是 4 年。这与美国的平均水平保持一致。毫无疑问，部分差别在于哈佛学生卓越的学术能力，他们把全部时间都花在学习上；面对高昂的学费压力，他们具有快速完成学业的动力，并且他们强烈渴望与同班同学一起毕业。

然而，除了学生的学习能力、全日制学习、高昂的学费和社会支持，哈佛大学的成功还受到其他因素的影响。哈佛大学除了与其他私立大学一样为学生提供了更多的指导，还有意识地限制本科生学习过多的专业必修课，使四年制本科学习变得更加易于完成。但其他大学在这方面遭遇了许多失败。

哈佛基因带来的成本

事实证明，哈佛大学尽管拥有得天独厚的优势，但也越来越难以承受这种制度性基因带来的日益增长的负担。继科南特之后的几任校长发现，他们对哈佛的改变十分有限，更不用说像科南特及其前任校长们那样实现重大创新。科南特的两位继任者将筹集资金以满足学校对资源的庞大需求作为首要任务。另外两位校长则试图提高本科教育质量，并取得了一些成果，但也遭遇了越来越多的阻力。

科南特的第五位继任者，不幸在自大萧条以来最严重的经济衰退期间担任校长，直面了学校无力为所有优质项目提供资金的困境。然而，无论是科南特时期的哈佛大学，还是包括里克斯学院在内的许多努力向哈佛学习的高校，都没有预见到大学成本的日益增长趋势。

第 8 章
成为四年制大学的抱负

曼纳林的继任者是 41 岁的约翰·克拉克（John Clarke），他拥有杨百翰大学的学士和硕士学位。1944 年，他来到爱达荷州的雷克斯堡，开始了他在公立高中的教学生涯，并很快成了两所教会学校（一所位于亚利桑那州东部，另一所位于犹他州南部）的领导者。这两所学校毗邻大学校园，使学生能在接受常规高等教育的同时进行宗教学习，同时也让他们增进与共同信仰的人之间的联系，功能与希勒尔犹太中心类似。

第二次世界大战结束后，里克斯学院迎来了大批的新生，约翰·克拉克立刻为此进行准备。学院接手了一个建设项目，涵盖了延期的大楼翻修和几个新设施的建设工作，其中一座是大型的工业艺术建筑。学校获得了联邦政府的资助，用于购买军队多余的建筑，并将其改造成食堂和公寓，以供已婚学生（主要是退伍军人）使用。这是里克斯学院最早的宿舍。1947 年，学院的注册入学人数实现了创纪录的增长，以至于学生们必须提前注册，而不是在报到当天入学。学生中也有越来越多的人来自爱达荷州以外的地区。

约翰·克拉克也努力让里克斯学院在高等教育阶梯上攀升，实现"更大更好的里克斯学院"的梦想。他援引了爱达荷州要求教师接受 4 年培训的新法律，并在 1948 年获得了教会教育委员会对四年制大学定位的认可，最终实现了里克斯学院前校长乔治·罗姆尼 25 年前提出的目标。新的学院定位带来了学院组织结构的变化。在现有系部的基础上，约翰·克拉克创建了5 个"部门"，每个部门类似一个大学的学院。一年之内，5 个部门变成了6 个部门。里克斯学院在 4 年内，既建立了大学的组织结构，也形成了专业化的格局。

20 世纪 50 年代初，里克斯学院提出了修建橄榄球场、图书馆、学生宿舍和能容纳 800 人的礼堂的计划。该计划筹集的 5 万美元主要用于建设一座橄榄球场，旨在激发公众的捐赠热情。1951 年，里克斯学院成立了橄榄球运动俱乐部并设立橄榄球奖学金。1952 年，校董会为礼堂建设拨款 11.2 万美元。此前 6 年里，校董会为校园设施建设拨付了 40 万美元，还支持购置了地产，使学院的校园面积增至 260 英亩 ①。1952 年初，校长约翰·克拉克宣布对原计划的礼堂进行扩建，增加了教室数量，将礼堂的座位容量扩大至 1000 个，座位数超过了当时在校的学生人数。

约翰·克拉克对入学人数增长的预测是正确的；从 1948 年至 1953 年，学生人数翻了一番。不过，课程数量的增长速度更快，从 282 门增至 655 门。里克斯学院除两年制专科教育外，其他方面也在快速增长。在宣布获得四年制本科资格仅 5 年的时间里，该校授予的学士学位数量就超过了大专文凭，比例高于 10∶1。里克斯学院朝着成为一所大学前进的热情，从校园分布的新宿舍中就可以明显看出 —— 它的两条大道被命名为哈佛大道和康奈尔大道，后来拓展的道路中有一条叫作耶鲁大道。

战略性重新定位

1953 年，新任杨百翰大学校长的欧内斯特·威尔金森（Ernest Wilkinson）受命领导摩门教会的学校系统，里克斯学院是其中的第二大学校。威尔金森作为一名成功的华盛顿律师，拥有哈佛法学院的博士学位，在杨百翰大学以勇于担责的领导风格而著称。

威尔金森在来到雷克斯堡前，就已经声名远扬。在他被任命的那一刻起，人们对里克斯学院的未来就提出了疑问。新礼堂建设的一再推迟也加深了这些疑虑。然而，针对人们向盐湖城教会总部提出的疑问，时任教会主教长和校董会主席的戴维·麦凯明确保证：里克斯学院的现有地位不会改变。

事实上，威尔金森对里克斯学院有一个重要的改造计划。杨百翰大学和

---

① 1 英亩约等于 0.4047 公顷。—— 编者注

里克斯学院当时都是四年制大学，这两所大学之间潜在的竞争关系令他感到担忧。他的担心与几年后哈佛荣退校长科南特所说的一样。20 世纪 50 年代末，科南特为了深入研究中学教育，踏遍了美国的各个角落。他的真实感受是 ——"对多个重要州的教育混乱感到担忧"。其中一个问题是，在已经拥有著名大学的州，一些规模较小的学院正在攀登卡内基阶梯，希望做大做强。这些后来者的雄心壮志并没有被纳入州政府的整体教育体系中，这使得学校之间为了争夺有限的资金而相互竞争，并使那些想要获得大专文凭和技术证书的学生得不到充分的学习机会。

在科南特还在哈佛大学任职之时，威尔金森就认识到了这些问题，并开始进行深入研究。他尤为推崇犹他州的集中管理理念，这一理念确保了韦伯州立学院和其他教会学校在 20 世纪 30 年代初维持了两年制的专科教育体系，避免了它们与犹他州顶尖的研究型大学 —— 犹他大学以及专注于农业与应用科学的犹他州州立大学之间的竞争。威尔金森作为协调高等教育的新负责人，很快就对里克斯学院做出了类似的限制。

他对里克斯学院的战略进行了重新定位，主要集中在两个方面。一是在 1955 年促成里克斯学院恢复为两年制的专科学院。校长约翰·克拉克是通过信件才得知这一变更决定的，他在回复中表示感到"震惊"和"痛苦"。克拉克和他的同事们收到的书面解释是："校董会经过认真考虑之后做出了这一决定。里克斯学院作为教会大学系统内不可或缺的、永久的一员，具有更卓越的使命。它作为一流的两年制专科学院，比作为一家小型的四年制大学能更好地服务教会。"当时决定在 1956—1957 学年开始实施这一变更，并鼓励现在的高年级学生转学到杨百翰大学继续完成学业。他们在信中解释道："杨百翰大学是教会的高层次大学，而里克斯学院将成为一所强大的专科学院。"为了加强里克斯学院在更广阔教育领域中的新角色，校董会不仅支持礼堂建设的完成，而且支持其他计划中设施的建设。

里克斯学院的一些教师因不愿在大专学校任职而离开，但大多数教师还是留了下来。校董会同意给他们加薪 5%，以显示对里克斯学院打造一流专科学院的支持。战后学校的大一、大二学生人数激增，但随着他们的陆续毕业，入学总人数仅略有下降。然而，对于体育运动队来说，这种改变是艰难的。他们在 1955 年至 1956 年间取得非凡的比赛成绩之后，经历了几个赛季的低谷。橄榄球队在此后 8 年一直没有取得好成绩。

尽管这令里克斯学院的支持者们大为失望，但新的战略对教会的高等教育整体来说是有意义的。里克斯学院通过恢复为两年制专科学院，能够培养出两倍多的学生。拥有大专文凭的毕业生有机会转入杨百翰大学继续深造，而里克斯学院为创建本科学院所筹集的经费可用于专业化发展，这也有助于杨百翰大学吸引和留住拥有博士学位的教师。为了回应当地媒体的抱怨，教会总部在公开信中（可能是威尔金森起草的）明确表示里克斯学院低估了专升本的成本，"如果里克斯学院为了满足教师的需求而升级为四年制本科院校，就很难保持稳定发展。因为学院从来没有清醒地认识到，在专升本过程中需要满足的诸多条件"。公开信还提出了创建其他专业学院的愿景："现在，有了统一的教会教育系统的规划，里克斯学院将在实现建设拥有多家专业学院的教育系统的卓越目标中，发挥重要作用。"

专栏:
一种基于系统方式的高等教育

尽管欧内斯特·威尔金森获得了教会权威的支持,使得里克斯学院在新的高等教育系统中占据了一席之地,但这种模式既不是原创的,也不是教会资助的大学所特有的。威尔金森和许多教育系统的管理者一样,认识到需要合理控制对美国高等教育不断增长的投资。1940 年,只有不到 1/3 的州拥有管理或协调全州教育系统的专门部门;截至 1970 年,几乎所有的州都有了专门的教育管理部门。

纽约州、北卡罗来纳州、得克萨斯州和犹他州等州还专门设立了管理和协调所有公立院校的委员会。其他一些州,例如加州大学系统的校董会仅仅是顾问性质的,而伯克利等各个分校拥有更大的自治权。后一种模式受到教职工和其他雇员的青睐,因为它保留了大学自治的原则。这是美国高等教育的指导原则,也是哈佛大学在 1865 年从马萨诸塞州教育体系中独立出来的一个关键原因。然而,在卡内基阶梯的推动下,大学追求更大更好的趋势要求各州提高高等教育系统的协调能力。

一座太远的桥

在经济大萧条期间,威尔金森虽未能预测到里克斯学院未来的复兴,但他具有远见地预测到了其他教会专科学院的发展之路。他提出的里克斯学院的第二步发展战略是将学院从雷克斯堡搬到附近的爱达荷瀑布市,但这一计划显得过于理想化。他的这个设想在理论上是对里克斯学院的一种合乎逻辑的重新定位。爱达荷瀑布市规模更大、经济条件更好,可能更适合学院的长远发展。此外,该市也有可能在未来某个时候建立自己的州立专科学院,如果里克斯学院不采取先发制人的行动，将来可能会迎来竞争。

此外，里克斯学院也背负着威尔金森希望摆脱的负担。其中之一就是老化的基础设施亟须改造。在学院的两座主楼中，较新的那座也已有 35 年历史。按照现代大学的衡量标准，这两座建筑的设计水平都显得过时。多次发生的火灾也几乎毁坏这些建筑。学校除了需要维护老旧的物理设备，还要应对地方势力干预带来的政治负担。社区对里克斯学院慷慨支持的传统是一把双刃剑。许多捐赠者把自己视为股东，拥有参与学校管理的权利。现在，校董会计划支持学院的发展并扩大实体校园，选择一个新的地点进行投资似乎是更合理的。

1958 年，威尔金森宣布学院将搬到爱达荷瀑布市。这一说法自他成为里克斯学院的监管者以来便广为流传，如今终于公之于众。当地的教会、市民和工商业者迅速联合起来表示反对。他们认为，里克斯学院未能升级为四年制大学是一回事，而彻底搬走则是另一回事。这让他们有一种被背叛的感觉，因为他们承诺修建的新建筑已经施工 3 年了，其中一座礼堂已经竣工。

在此后的 3 年里，人们通过信件、报纸和公众集会等方式进行了不屈不挠的抵制。雷克斯堡的市民坚称，其田园社区的生活方式和道德优势有利于对学生的培养，爱达荷瀑布市的支持者则强调，他们的城市拥有更大的经济潜力和人才优势。校长戴维·麦凯高度重视这件事情，亲自多次访问里克斯学院。最终，他决定让里克斯学院继续留在雷克斯堡，并宣布将新修建 3 栋大楼以支持学院的发展。值得赞赏的是，威尔金森把建设计划提前了。雷克斯堡的市民为此松了一口气，后来还开玩笑说，里克斯学院之所以没有搬到爱达荷瀑布市，是因为大楼被卡在了前往爱达荷瀑布市途中的斯内克河铁路桥上。

20 世纪 60 年代的扩张

尽管在 20 世纪 50 年代末，里克斯学院的未来充满了不确定性，但它仍在快速发展。1961 年，里克斯学院聘任了 68 名全职教师，教师人数在短短 4 年时间里增长了 50%。学生每年的学费是 210 美元（不到哈佛大学的 1/7），这使得入学人数持续增加，创下了新纪录。校董会批准了 270 万美元的预算来建设科学大楼、图书馆、锅炉房和学生宿舍。两年内，9 栋新建筑就已建成，其他建筑又在规划中。20 世纪 60 年代，婴儿潮时期出生的人到了上大学的年龄，里克斯学院和其他学校一样迎来了新的增长机遇。1970 年，学院已经拥有 5000 多名学生和 200 名教师，其发展速度远远超过了东部的爱达荷地区的其他学校；这 5000 名学生来自美国 50 个州和 18 个国家和地区，其中许多学生来到雷克斯堡的目的是希望在一个规模小而氛围友好的环境中开始大学生活，之后再去其他大学攻读学士学位。里克斯学院充分把握了这一趋势，并宣称自己学院是"一个开启大学生涯的绝佳起点"。

随着学院规模的扩张和申请四年制本科学位的学生人数的增加，里克斯学院许多人心中期待的专升本的愿望再次被点燃。1966 年，校友会发表了一份 22 页的报告，主张恢复四年制本科院校的地位。事实上，在爱达荷瀑布市搬迁争议解决后仅一年，里克斯学院关于重新恢复本科院校的非正式努力就已再度展开。1962 年，当地公立高中的校长给教会总部写了一封信，要求为本地培养四年制的本科教师。爱达荷瀑布某报的一篇文章断言，当地迫切需要一个四年制本科院校。里克斯学院的校长约翰·克拉克在 1971 年退休前一直公开支持校董会对学院的专科定位。在他 27 年的任期中，学院的规模和复杂性都大大增加，但学院的基因却几乎没有变化（见表 8-1）。

表 8-1　约翰·克拉克时期的里克斯学院（1944—1971 年）

新特征	产生的影响
学生住宿制度	丰富了学生的校园生活 提升了学生的便利性 增加了基础设施的成本
短暂颁发了四年制学士学位，随后又回归专科学院的定位	增加了学科的综合性、专业化和多个部门
扩大招生规模、扩充师资队伍及拓展校园	服务更多学生 运营成本增加

约翰·克拉克的继任者是亨利·B. 艾林，他是同名的化学家的儿子。艾林在哈佛商学院获得了硕士和博士学位。他是在詹姆斯·科南特的继任者内森·普西（Nathan Pusey）领导下的哈佛接受教育的。与约翰·克拉克在里克斯学院长期担任校长时的情况一样，普西在执掌哈佛大学的 20 年里，几乎没有改变哈佛的基因。然而，正是在普西的领导下，现代化的哈佛大学才逐渐走向成熟。也正是在这个时期，哈佛大学等研究型大学的昂贵成本才开始逐步显现出来。

第 9 章
哈佛大学快速发展的力量

若断言詹姆斯·布莱恩特·科南特与其继任者内森·普西截然相反，未免言过其实。然而，在选择普西担任校长时，哈佛大学的校董会遵循了他们的遴选模式，即选聘一位与前任背景和优势不同的候选人作为新校长。科南特是一位杰出的实验科学家、自然神论者、"终身哈佛人"，而他的继任者普西则是一位古典学教授、虔诚的圣公会教徒，之前任教于允许男女混校的文理学院。他出生于艾奥瓦州，毕业于锡达拉皮兹高中，曾在威斯康星州艾普顿市的劳伦斯学院担任校长 9 年，是哈佛大学历史上第一位来自中西部地区的校长。他接任科南特职位的唯一显著优势是在哈佛大学获得了学士、硕士和博士学位。不过，普西家族与波士顿有着深厚渊源，这赢得了那些对科南特在社交方面感到失望的精英人士的好感。其中一人在解释选择他的理由时说："普西先生信仰上帝，还会去看橄榄球比赛。仅凭这些，就已经是很大的进步了。"

更重要的是，普西作为校长充分展现了坚韧和谦逊的优秀品质。与 3 位前任校长对哈佛大学的愿景展望不同，普西对哈佛大学的未来没有先入为主的宏大设想。经过深思熟虑地研究对哈佛大学的经营管理，他决定在继承的基础上发扬光大，但不会对艾略特、洛厄尔和科南特所创建的哈佛大学基因进行太大的改变。他的工作重点是通过筹集更多资金来支持前任们所设计的哈佛大学愿景的实现，以前所未有的方式发展和增强哈佛大学的实力。普西用自己的方式提升了哈佛大学的筹款能力，这成为哈佛大学这所卓越的研究型大学的又一项关键基因特征。

卓越的筹款工作

在普西回到哈佛大学之时，他还没有过真正的筹款经历，一开始也没有展现出这方面的突出才能。在整个 20 世纪 50 年代和他担任校长的前 7 年，规模较小的耶鲁大学筹集的资金一直超过了哈佛大学。如果没有慷慨的捐赠基金，尤其是福特基金会的支持，普西就不得不承受第二次世界大战后联邦研究经费减少带来的财务压力。

1957 年，他对行政管理人员提出的一项开创性提议产生了兴趣。哈佛大学不再基于单个项目或学院来筹款，而是发起一场名为"哈佛学院计划"（The Program for Harvard College，PHC）的活动。该计划在两个方面具有创新性。一方面，它包括多个投资重点，包括修建新建筑、提高教师薪资以及设立学生奖学金；另一方面，这将是一个雄心勃勃的计划，其目标是筹集 8250 万美元，是迄今为止其他学校已经完成募捐金额的两倍。如果这一计划获得成功，不仅能让哈佛大学从大萧条和战争中的相对低谷恢复过来，还能实现科南特精英治校的宏伟目标。

事实证明，普西是一个非常能干的推销员。他经常乘坐飞机在美国各地进行筹款活动，并在美国的电视广播中露面，参加"与媒体见面"等节目。这是一场谨慎的绅士游戏，目标是校友群体和重要的捐赠者，后来演变成了一场引起社会广泛关注的公关活动。结果，哈佛学院计划筹集的资金超过了预定目标。在此之前，已有 134 所大学发起了类似的募捐活动。普林斯顿大学筹集了近 6000 万美元，麻省理工学院筹集了 1 亿美元。

"哈佛学院计划"的募资方法也适用于哈佛医学院，如 20 世纪 60 年代哈佛医学院就发起了一场筹资 5800 万美元的活动。1963 年，普西为未来10 年设定了一个筹资 2 亿美元的目标，但事实证明这个目标是保守的；仅在前 5 年，哈佛大学筹集的资金就超过了 2 亿美元。1955 年，哈佛大学的捐赠基金是 4.42 亿美元。到 1965 年，这个数字突破了 10 亿美元。

与此同时，联邦政府资助的研究资金也成倍增加，从占大学收入的 8%增至 25%。招生办公室也宣布学费收入呈现良好的增长势头：新生申请人数持续增加，学费稳步上涨。在普西的任期内，哈佛大学学生的每年学费增至原来的 3 倍，达到 2600 美元，而学费在科南特时期已经翻了一番。

普西慷慨地将捐赠资金、研究资助和学费上涨这三方面的财务收入投入前任规划的事业当中。哈佛大学本科生的人数和质量都大幅提升。申请者的日益增加使得哈佛大学每年招生人数从 1000 人增加到 1500 人，而入学标准却没有降低。此外，新生助学金支持学校"按需"招生，也就是说，哈佛大学可以不考虑学生的支付能力，向优秀的申请者提供奖学金。这一招生新举措不仅提高了哈佛大学学生的质量，也丰富了哈佛大学学生的多样性。在学生入学选拔中，科南特期待的精英人才数量持续增长。

同时，哈佛大学的规模持续扩大，教学质量也得到提升。普西主持建设了 33 座新建筑，让教师和管理者的数量增加了一倍。与对学生实行的择优选拔机制一样，优绩制度也选拔出了更好的教授，并取得了更卓越的学术成就。哈佛大学全面改善了吸引全球最优学者的条件。这些条件包括提供更多的讲席教职、更多的研究职位和研究经费、更高的薪资和福利，以及诸如学术休假等更多教师特权，从而支持专注的学术研究。诺贝尔奖获得者在教师队伍中的数量越来越多，这也进一步吸引了更多的优秀教授和学生来到哈佛大学。

哈佛大学的政治神秘感也极富吸引力。约翰·F. 肯尼迪（John F. Kennedy）总统以哈佛校友组建了他的政府团队。哈佛大学的教授们成了公众人物，他们不仅个人声名鹊起，而且通过在电视上露面和发声向美国推销他们的政策理念，就像校长普西的筹款活动一样。作为校友，肯尼迪总统亲自为哈佛大学助阵，并以哈佛大学监事会成员身份在白宫主持会议。

迅猛扩张和教师自主权

随着哈佛大学的规模扩张和声誉日隆，它的管理复杂性和运营成本也在增加。20 世纪 60 年代，哈佛大学由 50 个院系组成，设有 2300 多个部门。本科生课程数量达到 1614 门，平均每 4 位本科生就对应一门课程。由于大学运营涉及众多活动（包括教学、研究、行政管理、学生服务与校园设施管理等），且收入来源同样多样（包括学费、研究资助、版税收入、慈善捐赠与租金等），所以没有人知道每项活动的具体成本，以及这些支出是否合理。

在 1955 年至 1965 年间，尽管哈佛大学的捐赠资金翻了一番，但哈佛大学运营成本的增长速度还是超过了捐赠金额的增长速度。幸运的是，政府的研究拨款和学费的持续增长弥补了这个财务缺口。一些观察人士对哈佛大学这种增长的可持续性和合理性提出了疑问。哈佛大学校董会成员威廉·马布里（William Marbury），一位巴尔的摩市的律师，质疑哈佛大学如何在保持和创新的道路上失控，如同某些成功企业曾犯的错误一样：

除了面临的财务困难，难道不应该控制每个院系的爆炸性扩张吗？ 哈佛大学追求更多空间、更多设备和更多人员的需求真的与取得的成果相匹配吗？ 有人指责哈佛大学的教师们把太多钱花在学术泡沫上，这难道没有一点道理吗？

在日益复杂的环境中，教师们找到了新的发展力量。哈佛大学将筹款权限下放给了许多院系和部门，让他们获得了更大的财务自主权。同时，学校加强了对新教师聘任和课程设置的管理。一个显著的例子就是新成立的肯尼迪政府学院。肯尼迪家族同意以约翰·F. 肯尼迪的名字命名这所学院，他们认为建设这所学院是现实可行的。然而，教师们更倾向于采用更具学术性的方式，并对肯尼迪家族注重实务性等意图表示惊讶。哈佛这一历史时期的编年史者莫顿（Morton）和菲利斯·凯勒（Phyllis Keller）描述了教授们取得战略性胜利的必然性："精英大学的本质是教师自治；一所自治学校的核心是其教师和课程。随着时间的推移，肯尼迪学院的发展符合的是教师们的愿景，而不是美国最显赫的政治家族的愿景。"

对教学的影响

教师的更大自主权影响了课堂教学。哈佛大学的情况可能并不像

1964 年卡内基基金会发表的题为《逃离教学》（*The Flight from Teaching*）的报告中描述的那么糟糕。然而，在学校没有承诺减轻教学负担的情况下，教授们要实现学术卓越变得越来越困难，尤其是在科学和医学领域，他们实际上是自己支付研究经费的。一个典型的例子是一位化学明星教授，他是哈佛大学化学系 5 位诺贝尔奖得主之一。随着他的公众知名度不断提升，他先是拒绝教授化学基础入门课程，后来又拒绝教授任何课程。被这些明星教授吸引到哈佛大学的学生，常常发现很难接触到这些教授。

　　1969 年进行的一项全国性研究表明，所谓的"逃离教学"现象不能仅仅用教师的偏好来解释。全美超过 2/3 的教授认为自己需要兼顾教学和科研。此外，数据显示，年长的教师比年轻的教师更倾向于教学工作：超过 40% 的 50 岁以上的教授表示，他们的职业定位是以教学为中心。

　　有一组研究人员得出结论："随着年龄的增长，教师的兴趣和价值观似乎会从研究转向教学，而且这种倾向在他们职业生涯的早期就开始显现。"另一种可能的解释是，在 20 世纪 60 年代末，许多老一辈教授在典型的大学开始重视教师聘用和晋升中强调科南特式的研究重点之前，就已经开始了自己的教授生涯。即使如此，在这样的研究数据中，也似乎很难找到教师对教学的天然反感。

专栏：
一位虚构的热衷教学的学者

《玻璃球游戏》的读者对一位有学问的学者兴趣转变的故事并不陌生——赫曼·黑塞笔下的主人公约瑟夫·克乃西特（Joseph Knecht），在掌握了玻璃球游戏之后，他惊讶地发现在玩玻璃球游戏或指导最痴迷的爱好者时，他感受到的乐趣不如教初学者。事实上，他开始梦想教会更多人玩好这个游戏。他认为"教学和教育在根本上是统一的"。最终，克乃西特决定完全离开他的学术圈，全身心投入教学工作。他从显赫的学术职位卸任，留给同事们这样一句话："学校首先需要这样的教师，他们以身作则，教导青年人节制和判断力，潜移默化地培养青年人敬畏真理、坚守初心、服务世界的品质。"

不断变化的学生群体

20 世纪 60 年代末，哈佛大学的学生队伍和教师队伍都发生了较大的变化。在参加政治活动方面，哈佛大学落后于加州大学伯克利分校，使得后者的本科生有一种被忽视和被遗弃的强烈感受。在 20 世纪 60 年代，哈佛大学的学生们也有类似的感受。曾获普利策奖的哈佛大学历史学家、在肯尼迪政府任职的阿瑟·施莱辛格（Arthur Schlesinger）称 20 世纪 50 年代的哈佛学生是"极其缺乏创新、思想守旧、爱喊口号、无聊的一代"。但这种情况很快就得以改变。10 年之后，这些"无聊的"一代学生的继任者将把他们的大学校长赶下了台。

20 世纪 60 年代初，哈佛大学的典型本科生是相对富裕、信奉宗教的白人男性。由于每 2 名申请者中就有 1 人被哈佛大学录取，学生在录取过程中并没有强烈的成就感或优越感。授课教师都牢记第二次世界大战期间的奉献精神，并希望学生努力学习以取得好成绩。学生们学习通识，希望写出一篇荣誉论文，然后继续攻读研究生。

典型的哈佛大学学生在课外生活中同样保守。他们的着装符合当时流行的学校风格，根据学校的规定，他们穿夹克、打领带去学校聚餐。他们还遵从学校的宿舍规定，禁止带女生进入宿舍。他们都读一份支持政治建制派的学生报纸——《深红报》。学生中的共和党人或政治独立人士，可能会参加传统的春季恶作剧和游行活动，但不会参加政治示威活动。

20 世纪 70 年代，典型的哈佛大学学生仍然是富裕的白人男性。除此之外，其他的一切都变了。他们不再对宗教表示虔诚，也不太愿意接受《红皮书》所推崇的价值观。随着哈佛大学的录取率下降和学费上涨，他们对作为哈佛大学学生的价值有了更清楚的认知。由于课程成绩评分宽松，他们可能两次名列院长的表扬名单。实际上，有 80% 的哈佛大学学生都获得了这种荣誉。

在课堂之外，他们也有自己的行为标准，吃饭时可以不穿夹克、不打领带，有时甚至不穿衬衫。随着哈佛大学的所有课程对女性开放，他不仅能在教室里遇到更多的女生，而且能在课余时间与她们约会。

此外，1970 年典型的哈佛大学学生生活在一个截然不同的政治环境当中。他们不是"学生争取民主社会组织"（SDS）校园分会的成员，但了解其校园抗议活动。他们可以在《深红报》上读到对这些抗议活动表示同情的报道，这份报纸在越南战争、种族关系以及加州大学伯克利分校的示威活动等社会问题上持自由派观点。

《深红报》还直接针对校长普西发起抨击。早在 1962 年，该报就发表了一系列社论，称他"保守""寻求历史和传统的庇护"。这种描述忽视了普西对民权、女学生权益以及学术自由的积极支持；在麦卡锡主义时期，他对大学学术环境的捍卫尤为令人钦佩。然而，学生们想要的是摆脱道德权威束缚的更大自由，以及敢于挑战大学"权威"的环境。普西在放宽诸如异性访客时间限制等道德约束方面一直持谨慎态度，并抵制将校园用于政治目的。

这种管理上的滞后行为为学生示威提供了表面上的理由，最终导致普西提前退休。在 1969 年的春天，面对争取民主社会领导权的学生运动的压力，哈佛大学决定暂停后备军官训练营（ROTC）项目，这被一些人认为是越南战争的象征。考虑到 345 名受影响的后备军官训练营学生的实际情况，哈佛大学决定延后两年实施相关政策，允许他们中的大多数人按计划完成学业。

然而宽容并未打动年轻的激进学生。"学生争取民主社会组织"以延迟恢复后备军官训练营项目和普西持续推进校园基础设施扩张为由，带领数百名示威者占领了文理学院院长办公室所在的大学堂。其中还有少数年轻教师参与。他们驱逐了楼内人员，翻找文件，造成了轻微的损坏，并投票决定以非暴力方式抵抗驱逐他们的企图。

次日清晨 5 时，普西下令驱逐示威者。400 名手持警棍的州巡警和当地警察清空了大楼。绝大多数哈佛大学校友对这一果敢举措表示支持，但那些自 1960 年以来聘任的教师中，有 3/4 并不赞同。他们几乎一致投票决定撤销对占领大楼学生的刑事指控，并保护那些参与其中的年轻教师免受职业处分。由于失去了教师和许多学生的支持，普西在第二年就退休了，比原计划提前了两年。一年后的 1971 年，哈佛大学和里克斯学院都迎来了新校长。

第 10 章
坚守

那场导致校长普西提前离开哈佛大学的政治动荡也席卷了斯坦福大学。1971 年，38 岁的斯坦福商学院教授哈尔·艾林（Hal Eyring）被选为里克斯学院的校长。在田园气息浓厚的爱达荷州雷克斯堡，学校没有发生像哈佛或斯坦福那样的学生骚乱，更不用说像加州大学伯克利分校那么严重了。新闻评论员保罗·哈维（Paul Harvey）说："里克斯学院是我所见过的最与世隔绝的大学，曾经大多数美国年轻人身上那种清澈的自信，依然在（这里学生的）天真无邪的眼神中清晰可见。"校园里最常见的社会问题不过是"跺脚舞"和"披头士发型"。尽管里克斯学院不像 20 世纪 60 年代前的哈佛宿舍那样，要求学生穿夹克、打领带，但它规定男生头发不能遮住耳朵，男女都要穿着"得体"。

哈尔·艾林还面临着其他挑战。他继承了约翰·克拉克的事业。克拉克是一位孜孜不倦、受人爱戴的学院捍卫者，一个自称是浪漫主义者的人，他在 27 年的时间里让学院的梦想一一成真，尽管最崇高的目标 —— 升级为四年制大学 —— 未能实现。在 20 世纪 70 年代初，里克斯学院仍然弥漫着上一年代的乐观精神。从董事会代表马里昂·罗姆尼（Marion Romney）对哈尔·艾林的就职嘱托中就能感受到这种精神。罗姆尼是里克斯学院 1918 年和 1919 年的体育明星，也是当时学院院长的儿子。他激励哈尔·艾林"改善学校设施，扩大学生群体和教师队伍，更上一层楼"。

规模优化与提升

实际上，哈尔·艾林从教会教育委员会的行政官员那里得到的指示更为保守。首先，他要强烈劝阻讨论里克斯学院四年制本科院校的定位，还要进一步规范管理这个资产数百万美元、以友善的大家庭方式运营著称的学院。

里克斯学院和美国其他高校一样，这些年一直在快速发展。学生入学人数在 1967 年至 1970 年间增加了 50%；学术课程和院系数量同样在快速增长。哈尔·艾林迅速将 10 个学术部门合并成 5 个，并建立了沟通机制。历史学家大卫·克劳德（David Crowder）将其描述为"相当严重的 —— 明显背离了校长约翰·克拉克的管理风格。"此外，新校长还裁掉了十几支运动队，涉及游泳、网球、滑雪和牛仔竞技等项目。他还要求历史学院更换徽章，那是运动队的吉祥物北欧海盗，强调的是体育精神而非"普世价值"。新的徽章在公开竞标中产生，是一棵象征着创办人雅克布·斯波里（Jacob Spori）的"巨大的橡树"图案，其分支"遍布全球"。

在 1973—1974 学年中，里克斯学院遭遇了更大的困难，入学人数出现了多年来的首次下降，这标志着 20 世纪 60 年代推动美国高等教育扩张的"婴儿潮"正在消退。校董会要求哈尔·艾林确保教师队伍的规模与在校学生数量保持一致。这就需要进行艰难的裁员。最终，校董会决定保留课程数量，寄希望于入学人数在第二年恢复到原有水平，他们在第二年做到了这一点。

其他控制成本的措施包括降低物理设施扩增的速度，建立一个完全基于学术等级和工龄的薪资体系，而不考虑学科差别、性别或任何个人成就。里克斯学院不存在针对学术明星的特殊合同谈判，也不存在经济拮据的人文主义者、高薪科学家和商学教授之间的相互嫉妒。每位教师的报酬基本上是相同的。

除了适度的调整和组织变革，哈尔·艾林还看到了培养"里克斯精神"的契机。这一抽象概念可以在两种实践中看到。其一是教师们对其同事和学生的关心。教师们讲授的兴趣课程吸引了年仅十多岁的学生们。哈尔·艾林在这些年轻学生身上看到了自己在哈佛商学院求学时教授的影子，如乔治·多里奥特（Georges Doriot），他被认为是美国风险投资之父，曾为 MBA 二级学生讲授"生产管理"课程。在他 40 年的教学生涯中，他教过的学生超过 7000 多名。在哈尔·艾林上完这门课程的几年后，这位传奇的教授得知正在攻读一个与本专业无关的博士学位的哈尔·艾林即将结婚，就邀请哈尔·艾林和他的未婚妻到他的办公室，并给予他们亲切的祝福。在哈佛校园里，这种亦师亦"父"的类似例子可以经常看到。有些教师让学生寄宿在自己家里，不仅在课外辅导他们的学业，还鼓励他们完成四年制本科学业和研究生学业。

专栏：
一位宽严相济的导师

1925 年，年仅 25 岁的乔治·多里奥特开始在哈佛商学院执教。他对学生极为关注，一生都在关注并助力学生的职业生涯，因而颇具传奇色彩（哈尔·艾林提到，在他离开斯坦福大学前往里克斯学院的前一年，3 份工作邀约都得益于多里奥特的引荐）。但多里奥特的关爱需要学生自己努力去赢得，就像他的传记作家斯宾塞·安特（Spencer Ante）描述的那样：

1926 年，多里奥特开始探索一种新颖的教育方法。当时，大多数教授与学生保持着冷淡的距离，而多里奥特坚信要在师生之间建立紧密的联系。从执教生涯伊始，他就觉得每个学生都理应得到个性化的关注。他研究每个学生的简历和本科成绩，格外留意学生从本科到研究生阶段过渡时面临的困难。课程开始 5 周后，他与 96 名学生中的每一位都至少见过两次面。

他早期教育理念的第二条原则来自他的父亲（一位著名的法国汽车工程师），即向学生反复灌输努力工作的价值。在给一位同事朋友的信中，多里奥特兴致勃勃地阐述了传授强烈职业道德观念的重要性。"今年，至少有 25 名学生在我这门课上花了至少 10 到 15 个学时的时间。"多里奥特自豪地说："我让他们中的几个人从早上 9 点一直学习到深夜 1 点。我相信，当这些学生离开学校时，他们对诚实工作一天的意义会有一个明确的认识。"

多里奥特除了在哈佛商学院任教 40 年，还创立了美国研究开发公司和欧洲工商管理学院。前者是第一家上市的风险投资公司，后者是全球领先的商学院之一。

哈尔·艾林注意到，教师们不仅要关心学生，还要真诚地尊重他们，即使对最普通的学生也是如此。他的前任校长约翰·克拉克有句名言："里克斯

学院是建立在相信平凡人可以成就非凡的信念基础上的。"这种平等主义的
教育态度，反映在他在哈佛旁听的课堂上，以及教师们引导的互动式讨论中。
这让哈尔·艾林想起了他的论文导师 —— 哈佛商学院以擅长讨论式教学而
闻名的 C. 罗兰·克里斯坦森（C. Roland Christensen）的座右铭，"在课堂上，
每个学生都在教，每位教师都在学"。在里克斯学院和哈佛商学院的课堂上，
你都可以感受到这样的教育理念。教授们不仅知道学生的名字，还知道他们
的个性、能力和学习需求；他们利用这些促进学生们互相教导、相互学习。
这两所大学的学生和教师的资历不同，但他们从事教育的理念是大致相同的。

专栏:
一位教学大师的信念

　　C（克里斯）. 罗兰·克里斯坦森的教学生涯超过了半个世纪，但起初并不顺利。当时他年仅 27 岁、没有任何商业经验，刚从哈佛商学院研究生毕业，就被安排给 80 名二年级的 MBA 学生讲授一门商业政策课程。

　　上课前的那个周末，他全力以赴专注备课。在上第一堂课的那天清晨，他显得很冷静地走进教室，一只胳膊夹着一大沓教学笔记，另一只胳膊上搭着外套。他正要走上讲台，却在迈上有着黄铜栏杆和帘布的三阶讲台时绊倒了，讲义飞抛出去。

　　罗兰·克里斯坦森逐渐变得成熟和从容，成为哈佛大学最杰出的教师之一，成为校聘教授，并受邀为同事们举办教学研讨会、介绍教学经验。他很能体会新教师和学生们在第一天上课时的紧张心情。即使他从事前沿学术研究，开创了后来的企业战略领域的先河，他也把建立学习者信心的任务当成了一门科学。他简明扼要地阐述了他所发现的教学原则：

　　——因为学生是同龄人，他们之间的交流往往比教师在课堂上与他们的交流更有效。

　　——在课堂上，每个学生都在教，每位教师也在学。

　　——在教学实践中，信念最为重要。

　　——我认为教学是一种良心活儿。

　　——我认为，学生成为什么样的人与他们学到些什么知识一样重要。教学的目的是促进学生的智力发展。人格品质和心智品质同样重要——在所有的职业教育中都是如此。我们必须让学生全身心投入，这样他们才能变得开放，能够接受多层次的理解；我们也必须全身心投入去教才行。我不仅传授我所知道的，所谓言传，更是以身体力行做人来教学生，所谓身教。

哈尔·艾林通过谆谆教导和以身作则，试图将里克斯精神和他个人经历中最宝贵的学习体验带来的益处进行制度化，以便传承下去并让更多人受益。他每个学期都要给一个有 80 多名学生的宗教班授课。从秋季和冬季的学生入学报到开始，他努力让每个学生都认识他。1973 年 8 月 22 日至 24 日，他与 5100 名学生握过手，这让他对本学期可能遇到的问题有了直接了解。他在自己的办公室耐心倾听那些不愿意修剪披头士发型和胡须的年轻人的诉求，并不厌其烦地劝说他们。

哈尔·艾林认识到了保持学院初心的重要性。他只增加了马术、农作物和牛肉生产等专业课程，旨在支持当地的牧场和农业经营。为了实践里克斯学院的田园精神，他自己买了一头牛。该农业项目需要筹集数百万美元来购买土地，并在校园西部沿着斯内克河的河岸建造新的设施。在条件允许的情况下，他批准了汽车和电子服务、景观苗圃管理和商业管理方面的"自主创业"项目。所有这些项目，没有一个是由教会教育委员会强制实施的，他不仅让里克斯学院更加自力更生，而且有效地重新把里克斯定位于高等教育阶梯的较低层级。

在哈尔·艾林的任期中，一个灾难性的事件增进了学院与雷克斯堡社区的关系。1976 年 6 月的一个周六早晨，新建成的提顿大坝决堤，800 亿加仑 ① 的水以每小时 40 英里的速度涌向雷克斯堡。幸好当地对此早有预警，最后仅有 11 人死亡。但有近 4000 间房屋被洪水摧毁或损坏，主街的洪水深度达到 6 英尺。学院坐落在稍高的地方，除了洪水淹没了在橄榄球场上的一处房子外，其他都没有受到损害。校园成了救灾中心，学生宿舍为 2400 名撤离者提供了临时住宿，大学食堂在随后的几个月中供应了 38.6 万份免费餐食。

---

① 1 美制加仑等于 3.79 升。——编者注

成为一流学院

哈尔·艾林的三位继任者，布鲁斯·哈芬（Bruce Hafen）、乔·克里斯坦森和史蒂夫·本尼恩（Steve Bennion）都推动里克斯学院走上了哈芬所描述的"成为一流学院"的道路。他们和哈尔·艾林一样，接受了两年制专科定位的现状，专注于不断提高入学率和课程质量。从 1978 年到 1997 年，在这三位继任者的 20 年任期内，里克斯学院成了美国最大的私立专科学院。

里克斯学院在学生群体的扩大之外，最引人注目的成功是在校际运动比赛方面。学院的橄榄球队在 1981 年和 1986 年的大专院校比赛中获得美国第二名。在其他 6 项运动中，男子队和女子队一直保持在前三名。女子越野赛更是独领风骚，连续 7 次夺得美国冠军。表演艺术的进步虽难以量化，但同样进步显著。里克斯学院的学生交响乐团、合唱团、舞蹈队和戏剧团体也在同行中享有盛誉，这些由大一和大二学生组成的团体水平可以媲美四年制大学的相应水平。

招生是这一时期行政管理面临的最大挑战。20 世纪 80 年代中期，"婴儿潮"后的人口低谷期导致学校需要降低 20% 的学费才能维持哈尔·艾林希望达到的 6000 名在校学生的水平。但是，学费下调的效果很好。1988 年，招生形势一片大好，校董会不得不将招生人数的上限设定为 7500 人，以免超出学校的实际容纳能力。第二年，学院开始探索择优录取机制。自创建以来，里克斯学院都是采取开放办学政策，学生只要获得了高中文凭、愿意遵守学校的行为准则就可以入学。

起初，学院是想通过调整新生申请的截止日期来控制申请人数。入学申请的截止日期从 8 月推迟至次年的 5 月，之后调整为 3 月。但实际情况证明，这种调整不足以将迅速增加的申请者人数控制在 7500 人以下，所以有必要建立择优录取的机制。为了响应校董会提出继续为更多"普通"学生提供教育机会的要求，学院实行了一种基于成绩和随机选择的综合招生制度。一部分学生是根据学业成绩和其他个人资质选拔的，然后将未被选拔的申请者全部作为候选人进行随机抽签录取。

当盐湖城教会总部知道里克斯学院通过"抽签"招生的消息时，校董会要求立即取消这种做法。学院的校董会成员既不愿看到"抽签"成为里克斯学院基因的一部分，更担心让录取取决于运气对教育产生不良影响。为此，里克斯学院设计了一套新的招生制度，让那些在地理位置偏僻的教会成员的孩子优先获得教育机会。这使得来自美国东部等地区的申请者受益，因为来自那里的申请者可能是其所在高中唯一的摩门教信徒。此外，有些学生只能在冬季或在夏季学期入学。然而，申请人数的不断增加，使学校无法回避择优录取的现实问题。在 20 世纪 90 年代中期，里克斯学院拒绝的申请学生数量开始超过录取的人数，而那些被录取的学生看起来越来越"不寻常"。在 1987 年之后的 10 年里，学生的 ACT 平均分从 18 分上升到 23 分，他们的高中生平均绩点从 2.7 分上升到 3.4 分。学校行政人员和教委成员对拒绝具有良好品质和教会背景的申请者感到痛苦。他们还担心学术上的精英主义。

招生创新仍在继续。1997 年，里克斯学院开发了一个"快速通道"项目，鼓励那些想要申请里克斯学院的高中生学习大学预修课程（AP）或社区学院课程。他们可以在两个传统学期外加一个或多个夏季学期内获得大专文凭。每招收一名"快速通道"项目的学生，就可在 7500 名学生名额上限的基础上再增加一个名额。该计划的目标是吸引 3000 名学生在暑假期间来学院上课，这是借鉴了之前里克斯学院暑期学校和哈佛大学在第二次世界大战期间全年授课的经验。然而，由于教师休假的限制，学校提供的课程数量也受到了限制，这使得其在学生暑假学习的价值不如广告宣传的那么高。

校董会针对不断增长的入学需求做出了回应，先是将入学人数上限提升至 8250 人，随后进一步增加至 8600 人。这就需要增加拨款来聘请更多教师和建设更多教学设施。尽管如此，校董会的成员们还是很高兴能够投资于一家以服务大一和大二学生为主的专科学院。由于里克斯学院的运营效率高，这项投资的教育回报比大多数大学都要高。

里克斯学院之所以运营效率高，是因为它长期保持了其专科学院的定位。尤其是在第二次世界大战结束后的 20 年间，学院变得更大更复杂，其院系和校际比赛团队也随之变得更加专业化。但在短暂地尝试了四年制大学后，里克斯学院的服务对象仍然是大一和大二的学生，如表 10-1 所示。

表 10-1 里克斯学院的基因演进（1972—1996 年）

新特征	影响
回归"根本"	增加实践培训选择 降低学术声誉
取消教师薪资差异	降低薪资成本 降低招聘激励 教师之间收入平等
招生规模扩大与暑期招生试验	服务更多学生 为"普通"学生提供入学机会

学院还通过消除教师薪资差别，避免了教学成本的攀升。在校董会成员的心目中，这种成本效益使学院有能力扩大学生人数，带来了创造更多教育机会和防止学术精英主义的双重好处。

通过对学院基因的精细化管理，如哈尔·艾林所称的"坚守根本"，里克斯学院赢得了校董会的信任，提高了不断增长的学生群体的满意度。在学生、教师和校友中，不少人仍然希望里克斯学院能够实现四年制大学的梦想。然而，里克斯学院的每一任校长都尽职尽责地反对这种想法。这是校董会的指示，他们同时监管着里克斯学院的兄弟学校 —— 杨百翰大学和杨百翰大学夏威夷分校 —— 他们认识到了传统大学基因给两所学校带来的高昂成本。

第三部分
颠覆的时机来了

如果将卡斯塔利亚的文化水准与整个国家的文化水准相比较，就会明显地发现二者并非日益趋近。相反，它们正以一种令人深感忧虑的方式渐行渐远。卡斯塔利亚的知识文化越是精深、专业、超凡脱俗，世人就越是远离它，将它视为异物，而不是像面包那样的必需品……外界的人们并未完全理解这种状况，就认定卡斯塔利亚人所秉持的心态、道德观念和自我认知，在现实世界中已不再可行。

——约瑟夫·克乃西特的观察，赫尔曼·黑塞《玻璃球游戏》

第 11 章
基因之重

1970 年，内森·普西匆忙卸任哈佛大学校长时，一位得力的继任者——德里克·博克已经蓄势待发，他堪称是能够驾驭巨变浪潮的领航者。博克担任法学院院长仅 3 年，就凭其深思熟虑的学者风范和稳健的领导才能崭露头角。他和普西一样，并非波士顿本地人，而是出生在费城附近。他和普西以及之前 300 年间的任何一任哈佛校长都不同，他本科毕业于斯坦福大学，而非哈佛大学。但在 20 世纪 70 年代的哈佛大学，他却仿佛是量身定制的合适人选，在许多方面与普西性格互补：他世故练达、目光前瞻，擅长外交辞令。博克在对抗性的法律体系中接受过严格训练，并在担任法学院院长期间积累了丰富的行政管理经验，他为这所内部矛盾重重的大学带来了迫切需要的调解与外交技巧。此外，他还具备普西所没有的亲和力。学生们能看到他开着大众"甲壳虫"在剑桥市穿梭，还能在篮球场上与他切磋球技。教师们逐渐理解并赞赏了博克用他们熟悉的语言和逻辑进行沟通的努力。

事实上，博克接手的哈佛大学并没有陷入严重的危机之中。1969 年的那些对抗性示威活动，并非预示着危机的到来，而是这个关键 10 年的最后挣扎。尽管在随后的 10 年里，哈佛大学大部分时间仍受政治因素影响，但校园很快就恢复了相对正常的运转。博克很幸运，他上任时的文理学院院长是约翰·邓洛普（John Dunlop），后来他又任命亨利·罗索夫斯基（Henry Rosovsky）担任文理学院院长，事实证明这两位都是很有能力的学术管理者和外交家。此外，学生和职员在处理不愉快的冲突方面都变得更加明智。1972 年 4 月，20 多名非洲裔学生闯入并占领了博克办公室所在的马萨诸塞楼，他让他们一直待在那里，直到 6 天后他们自愿散去。

20 世纪 60 年代遗留下来的更为持久的影响，一是经济低迷，二是弥漫着个人主义色彩的大学氛围。面对高通货膨胀和股市低迷的财务现实，博克通过控制成本（包括教职工薪资），同时稳步提高学费以保持财务稳定。他还为人员精简的学校核心管理部门增添人手，让自己有更多时间开展战略性工作。他非常擅长传达愿景。在随后执掌哈佛大学的 20 年里，他不仅对哈佛大学，而且对美国高等教育界而言，都是一位具有先见之明的发声者。他推广理念的方式，既包括政策决策，也涵盖发表公开信。尽管从管理层面控制哈佛大学已不再可能，但博克通过说服的艺术，在由学者、学生和校友组成的复杂群体中，取得了诸多成就。

他不懈地推动三件大事：教学、多元化和社会参与。在他的领导下，哈佛大学在教学方面的进步体现在采用一套新的核心课程，以取代原有的通识教育课程。在创建核心课程的过程中，博克大力倚重了文理学院院长亨利·罗索夫斯基。罗索夫斯基是一位受人尊敬的经济学家和能干的谈判家，赢得了全体教师的广泛支持。与《红皮书》不同，新核心课程体系的主要目标不是建立共同的知识体系和价值观基础，而是培养学生获取知识的通用能力。这与博克所主张的"教学方式比教学内容更重要"的观点相一致。

哈佛大学对专业化而非跨学科课程的包容带来了两大实际益处。其一，由此产生了范围广泛的核心课程，总数达到 350 门之多，这些课程由教师依据各自学科知识开设；其二，吸引了资深教师的参与，90% 的核心课程由资深教授负责，他们乐于借此机会讲授自己擅长的学科内容。博克还通过依托课程委员会制定的课程标准，以及在终身教职评定时着重考量教学能力等方式，进一步推动高质量教学。此外，他还创立了一个大学教学创新中心。1991 年他退休时，哈佛大学把该中心命名为博克教学创新中心。

博克在任期内推动的另一件大事是性别与种族多元化，他在哈佛大学任校长的 20 年里在此方面取得的进展，比其前任们在一个世纪中做到的总和还要多。哈佛大学不断攀升的声望吸引了更多的申请者，这让哈佛大学能够在不降低择优标准的前提下，招收少数族裔及女性教授和学生。哈佛大学在教师招聘方面并未设定配额，这使得某种自愿的平权行动为非洲裔与女性学者打开了进入教授队伍的大门。学生群体的多元化程度同样有所提升。博克上任后的首批举措之一，就是将本科女生数量提高 50%；他还推动实施了不考虑性别的助学金政策，并促成了哈佛大学与姊妹院校拉德克利夫学院的合并协议。

博克在促进校园的多元化的同时，也高度重视学校的社会责任感和公共服务，其影响范围不仅覆盖当地社区和国家层面，更扩展至全球领域。在他校长任期结束时，60% 的哈佛大学学生都参与了某种形式的公共服务。本科生和各专业学院的学生在课堂上听到了更多关于道德规范和个人行为的内容。博克还引领哈佛大学朝着更加国际化的方向发展。他推动了肯尼迪政府学院的扩张，该学院培训了越来越多的外国政府领导人；同时还促成了针对艾滋病、贫困和国际安全等问题的学术项目及研究中心的设立。到 20 世纪90 年代末，哈佛大学的外国访问学者数量超过了其他任何一所大学。

然而，博克提出的扩大哈佛大学招收更多外国学生的计划，以及哈佛本科生主修国际研究专业或参与更多国际实习项目的提议，均被教师们投票否决。这些抵制表明，即使像博克这样经验丰富、备受尊敬的校长，在引领哈佛大学突破既定偏好和模式的局限时，也面临着重重挑战。

内部压力

尽管教师们普遍敬重博克，但与他提出的广泛的学校行动计划却渐行渐远。对许多教师而言，选择少关注本学科和本系之外的事务，既是出于偏好，也是出于必要。控制着教师职业发展的组织系统，奖励甚至要求教师必须专注自己的事业。教师的职业发展斗争始于研究生院：在那里，他们获得博士学位的平均时长超过 9 年，淘汰率高达 50%（相比之下，法学院和医学院的淘汰率仅为 5%）。而那些"幸存"下来的人，被哈佛大学聘用并最终获得终身教职的概率也很低。由于哈佛大学注重学术成就，每次招聘都面向全球，目的是将各领域最知名的研究人员吸引到哈佛大学。这与洛厄尔时期形成了鲜明对比，当时哈佛人的身份是一种获聘的优势，但现在，在哈佛获得博士学位可能变成获聘的一种不利因素。在整个文理学院，提供给外部人的工作机会是内部人的 3 倍。在历史系，近 40 年都没有哈佛毕业的博士生获得终身教职。

在其他大学，招聘明星教师需要支付高薪，受欢迎的新教师获得的薪资和学术津贴超过许多长期任职的老教师。在哈佛大学，博克通过确保哈佛大学的教授至少与其他大学的同行保持同等的薪资水平，成功地避免了这种不平等。为此，哈佛大学在 20 世纪 80 年代大幅提高了教师的薪资。但各院系之间的薪资仍有很大差别。例如，物理系教授的收入就高于人文学科的教授。招聘明星教授需要进行单独的谈判；年轻教师的薪资标准也需要进行单独的谈判。薪资差异不可避免地强化了研究与发表成果相对于其他贡献形式的重要性。因为薪资更高的是那些研究能力更强的人，所以教学和行政服务的职责可能被视为是对经济收入乃至职业发展不利的因素。

薪资差异不仅使得教师之间关系紧张，还导致了教师与行政部门之间的矛盾。当时，哈佛大学每年的运营经费高达 10 亿美元，并有 50 亿美元捐赠基金作支撑，因此博克需要专业人士协助他管理学校的各项活动和资产。鉴于学校内部培养这类管理人员的能力有限，博克只能从营利性机构招聘。教师们意识到自己在校外可能获得更高的收入，自然会对行政人员动辄数十万美元的年薪（捐赠基金经理甚至高达数百万美元）心怀不满。博克深知教师们的这种情绪以及他们对管理层干涉其事务的反感，因此在他第二个校长任期内，谨慎地控制了行政部门的扩张速度，使其慢于学校的整体发展。

警告之声

在担任校长的最后几年和退休之后，博克成为哈佛大学甚至高等教育行业的预言者。他倡导变革的方式，让人想起颇具影响力的前任校长查尔斯·艾略特。20 世纪 80 年代末至 90 年代初，人们对美国高校的不满情绪日益高涨。当时世界政治局势动荡，经济低迷，学费却不断上涨，许多批评者质疑：高等教育为何似乎丧失了社会责任感。

博克在他的 1988—1989 年度工作报告中回应了这个问题。他援引了学者们的研究结论：公众对高等教育的信心下降了 50%。他还参考了很多批评高等教育的图书，其中有些图书的书名很长，例如《美国精神的封闭：高等教育是如何让民主失败和榨干了今天学生的灵魂》(*The Closing of the American Mind: How Higher Education has Failed Democracy and Impoverished the Souls of Today's Students*)。虽然博克谴责"华丽的言辞"和"不符合事实的主张"，他还是警告说："大多数的批评忽略了一个事实 —— 即使是成功的大学也需要不断改进。"

他认为，在这些实际情况中，对本科教学的担忧是有道理的。虽然哈佛大学本科生给绝大多数课程打出的成绩为及格或更高，其中 70% 的学生将核心课程评为"卓越""优秀"或"良好"，80% 的学生对选修课程和辅导课给出了这样的评价，但博克认为结果本应更好。资深教师回避给本科生上课是造成这种结果的因素之一，对教学质量不佳的宽容文化也是如此，这种情况很少被正视。这些问题不仅源于同事间的相互尊重，还源于缺乏教学质量相关的数据。由于缺乏广泛认可的优质教学衡量标准，教学表现不佳的问题很难得到解决。

大学所面临的另一个挑战是注意力的分散，在某些情况下，还伴随着忠诚度的分散。加州高等教育体系的传奇缔造者克拉克·克尔（Clark Kerr）所称的"多元化巨型大学"，给教师们带来了诸多负担：教学；发表原创研究成果；撰写科研基金申请和学生推荐信；参与课程设置、招聘及终身教职评定委员会的工作；管理项目；接待访客；前往其他校区和参加学术会议。除了这些基本职责，哈佛大学还越来越多地开展一些有意义的活动，但这些活动可能会分散教师们对其主要职责的关注。例如，许多教师参与了各院系举办的专业培训项目。截至 1990 年，有 6 万名企业高管、新当选的政客、高中生及其他非传统学习者参加了此类项目。学校还主办其他项目，为政府机构、外国大学和企业提供培训与专家咨询服务。

哈佛大学还为教师们每周空出了一个工作日的自主安排时间。许多教师将这一天用于与大学相关的工作，如科研或公共服务。不过，也有人将其用于与本职工作无关的有偿咨询活动。出差旅行也成为大学教育和财务的双重负担。普林斯顿大学流传出一句俏皮话：哈佛大学的教授们就像空中战略指挥官，一直有 1/3 的人在空中。1990 年，博克表示对施加外部控制的必要性感到遗憾，建议院系领导要求教师对所有这些外部活动进行正式说明。

由于校园外有太多的事情牵扯，一定程度的商业行为甚至过度逐利的现象不可避免地在大学中蔓延。哈佛大学在教师参与研究带来的经济利益方面的政策比许多大学更为保守，这使得一些追求财富的人选择离开学校，转而进入私营机构。由于学校提供了每周一天的校外活动政策，许多教师在经济上仍然可以获得一些额外收入。例如，哈佛的总法律顾问曾就某法律问题向一位法学院教授征求意见，但该教授拒绝了，理由是大学无法按他的收费标准支付费用。

博克不仅呼吁教师们提升教学质量，更加专注于大学的核心使命，还向他们发出了所谓的"政治正确"的警告。他对那些必须在学术上与资深教授保持一致的研究生和年轻教师遭受的压力表示遗憾。学生们面临着这样的风险：当他们的观点与教授的观点相左时，有可能会得到较低的评分。博克指出，颇具讽刺意味的是，学术自由曾经受到外部势力的威胁，现在却受到哈佛内部势力的威胁。

事实上，哈佛在种族和性别多样性方面的改善，并没有伴随着社会和政治容忍度的相应提升。正如政治科学系教授詹姆斯·Q. 威尔逊（James Q. Wilson）在 1972 年指出的那样，"（在哈佛）不能在自由开放论坛上公开讨论的问题越来越多"。值得称赞的是，博克顶住了压力，没有采纳比《第一修正案》范围更窄的言论准则。在一些大学里，"政治正确"被奉为正式的政策。但是，对那些试图提出不受欢迎观点的年轻学者，以及那些因表达与班级规范相悖的个人价值观而招致嘲笑的学生，博克却无能为力。

博克也没能阻止教职工之间的明争暗斗，他们在学术理论的较量上互相攻击。事实证明,"批判性学术"尤其具有争议性。特别是在文学和法律领域,更多样化的新一代教师对他们所在领域的传统学术知识基础提出了疑问。这些学者质疑西方文明的经典著作和法律先例,认为它们是政治的产物,是富有的白人男性试图统治弱势群体和文化的手段。在博克担任校长期间,他所在的法学院成了"批判法学派"与传统"法律现实主义者"之间的战场,双方因截然对立的意识形态而争论不休。

专栏：
学术脱节的风险

博克提出的"即使是成功的大学也需要思考如何改进自身"的警告，呼应了 50 年前赫尔曼·黑塞通过他虚构的学者约瑟夫·克乃西特所说的话。克乃西特在希望他的卡斯塔利亚同事们更多参与社会事务时宣称：

卡斯塔利亚的普通人可能会认为外界的人，那些不是学者的人，既不轻视、妒忌也不怀有怨恨，但他也不会将对方当作兄弟或雇主，也不会感到自己对世界上正在发生的事情负有任何责任。他的人生使命似乎就是致力于学术研究和传播……

诚然，我们中的每一位成员都知道，我们最崇高、最神圣的任务在于维护我们国家乃至世界的知识根基。事实证明，这一根基是一种具有极高效能的道德要素，因为类似真理、正义和诸多其他事物都依赖于它。但如果审视我们内心真实的感受，我们大多数人都不得不承认，我们并未将世界的福祉，以及在我们这个井然有序的领域内外维护知识分子的诚实与纯粹视为首要之事。

基因的限制

博克的告诫是值得赞赏的，而且也取得了一些成果。但在 1971 年他就任校长时，20 年后他所感到遗憾的大多数问题已经超出了他的掌控。这些问题是哈佛基因以及"更大更好"倾向的自然产物，几乎难以改变。以教学为例，自从艾略特从德国留学回来提出哈佛大学要在所有方面做到最好的愿景之后，教学就面临着诸多挑战。当艾略特将源自德国模式的研究生院和专业学术研究叠加到英式学院之上时，课程设置必然变得狭窄，教师们对本科教学的兴趣也逐渐减弱。洛厄尔所倡导的学术自由，在某些情况下却意外地强化了这些趋势；教师们很容易把本科生教学看成对学术自由的束缚。在注重学术成就的詹姆斯·科南特引入了"非升即走"的终身教职制度后，教师们忽视教学的倾向更加明显。科南特开创的外部资助研究和外部咨询活动，则让教学遭受了进一步的冲击。似乎所有的发展路径都偏离了本科课堂。

这些与教学相关的问题，以及综合性大学的扩张和分化，都因普西在哈佛大学引入大笔资金而加剧。新的资金流向了更能商业化的学术专家。教师之间和院系之间对资金的竞争变得日益激烈。在这个竞争激烈的学术体系中，"以学生为中心"就变成了一句空口号。

在博克时期，一些学者认为本科生教育偏离了研究型大学的中心使命。博克在1986年出版的《高等教育》（*Higher Learning*）一书中讲述了一个故事。他说，作为哈佛大学新任校长，他从领导着一家声誉颇佳的研究型大学、经验丰富的校长那里获得了一些建议："趁你现在还处在'蜜月'期，人们还不愿意批评你的时候，你为什么不宣布打算取消哈佛本科学院呢？"他推断：

> 这么做就等于承认在现代大学中，教授本科生课程已然不合时宜。教授们具备从事研究的能力，也擅长培养研究生进行研究，让他们给大一新生讲授经济学入门课程，或者给大二学生讲授欧洲历史，这是对优秀学者才能的浪费，因为不应让这些职责分散他们的精力，使他们无法专注于自己的专长。

考虑到哈佛本科生占哈佛大学学生总数的 1/3，这一提议听起来可能有些荒谬，但这位校长触及了问题的核心。哈佛大学和其他研究型大学一样，类似在一个公司架构下经营着两种截然不同的业务。产生世界级学术成果所需的资源和活动，与以合理成本教授本科生所必需的资源和活动几乎没有相同之处。如果要求教授同时做好这两项工作，是很难做到的。同时，一流学者的成本是极其高昂的。大学的院系化虽然很好地满足了学者的专业化需要，却让每门课程更加细分，导致了院系活动的协调成本高。如创建通识教育计划，由于缺乏对学生住宿、导师以及为课程开发提供特别的资助，结果是本科生无法得到与高昂的成本相匹配的高质量学习体验。

与教学上的挑战一样，博克关注的大学政治化也是大学基因持续演进的产物。这可以追溯到 18 世纪初约翰·莱弗里特所处的时代。当时，哈佛大学摆脱了清教主义的思想枷锁，倡导务实理性，使得数学教授霍利斯（Hollis）和自然哲学教授约翰·温思罗普得以发现地震的自然原因。这种开放的思想对科学研究的发展起到了关键的作用，不仅过去、现在和将来都是必不可少的。但过去学者把太多的事情归因于神的控制，导致无神论者的强烈反对，他们不仅在随后的一个多世纪质疑上帝的存在，还质疑科南特所描述的绝对价值观。校长内森·普西在哈佛神学院的演讲中描述了学者们的过度反应："由于害怕成为受害者，我们倾向于什么也不相信。"

共同价值观的逐渐丧失，在人文学科领域代价尤为高昂。在人文学科中，知识的进步依赖于学术对话，而非自然科学中可重复的实验。在一些学术院系，批判性地解构过去学者的作品，优先于为学科的连贯发展作出贡献。尽管有更广泛的社会和知识力量在发挥作用，但基于发表成果的"非升即走"终身教职制度以及学术明星体制，使得解构性学术研究对教师个人有利，因为它具有新颖性优势，从而易于发表。大学对多样性日益重视，这也起到了一定作用。当观点的多样性被置于客观性和寻求学科共识之上时，它就不再是一种教育优势。怀疑主义带来的问题是，各院系在学术上产生分歧，既无法与学生进行连贯的交流，也无法向更广泛的世界明确地发声。到 20 世纪 90 年代，无论是博克还是他的任何同行，都无法仅凭劝诫来扭转这一趋势。

然而，真正受"基因"驱动的是大学的成本。每年 10 亿美元的运营预算是衡量哈佛大学日益增长的资金需求的一个指标。另一个指标是本科学费，在博克任职的 20 年间，学费从 2800 美元涨到了 1 4860 美元。这一涨幅达到了 5 倍以上，而同期股市仅上涨了 3 倍，这引发了诸多质疑与批评。博克指出，哈佛的学费并不能覆盖教育的全部成本，并且"按需不问出身"的助学金政策降低了许多学生实际支付的费用。他还提到，尽管入学成本高昂，但申请人数稳定，而且几乎没有毕业生抱怨在哈佛接受教育的投资回报率。

而要遏制学费上涨，看起来是不可能的。哈佛大学50亿美元的捐赠基金，有助于缩小教育学生的成本与学生所支付费用之间的差距。然而，当博克的校长任期结束时，学费仅占哈佛每年10亿多美元运营预算的20%，这一比例略低于他刚上任时。如果捐赠金额没有大幅增长，或者捐赠基金的投资回报率没有大幅提升，那么不断攀升的成本将迫使学校定期提高学费，因为学费是一个相对可控的收入来源。

大学成本上涨问题源自哈佛大学的基因。在艾略特时期，哈佛"一切都要做到最好"是有可能的，当时学术研究和学科都相对较少，对优秀教师和学生的竞争仅限于美国东北部的几所大学。但随着知识边界的拓展，全球的大学都在追求"最好"，实现艾略特愿景需要付出的代价急剧飙升。新增的各项事务开支大多超出了大学校长的掌控范围。富有开拓精神的教师们经常提出新的项目建议，而且往往能得到特意培养的捐赠者的支持。行政部门面临着三个同样棘手的选择：让教师们及捐赠者失望，听任新项目的质量无法保证，或者为新承诺提供资金以维持学校的声誉。一位希望稳坐校长之位的人通常会选择先答应下来，然后设法筹集新的资金。

世界上最优秀的教师和学生对哈佛大学的期望越来越高。哈佛大学与常春藤盟校的协议减少了数百万美元的体育教练薪资和数亿美元的体育场馆费用。但是，招聘超级明星教师需要支付一流的薪资，爱好运动的普通学生也希望有舒适的住所、健身设施和活动中心。

大学的各类建筑成本变得更加高昂。大部分的新增成本是来自新的信息技术领域，但该技术对提高教师的教学效率几乎没有什么帮助。课堂教学仍然主要是面授，师生比例与艾略特时期相比几乎没有变化。从19世纪初开始的长暑假制度，使许多设施在暑假期间被闲置。

学校里各种追求"更大更好"的趋势相互强化，形成一种类似通货膨胀的螺旋上升态势。例如，新的学术项目势必会引发对新教师的需求，而这些新教师又需要新的教学设施。成本上升的压力不仅来自诸如薪资标准之类的正式制度，还来自一些非正式传统。一位获得终身教职的新晋教授，不仅期待薪资提升，还希望能在教学任务分配和办公室选择上享有优先权。如果这位教授没有哈佛的博士学位，那么学校在授予其终身教职时，会同时授予哈佛的博士学位。对"最好"的内在偏好，已经渗透到哈佛大学的文化之中。

20 世纪 90 年代股票市场的牛市行情使得公众对哈佛大学高昂的就读成本的批评逐渐平息。然而，博克所指出的教学问题、教师队伍的分歧与精力分散，以及政治化问题，仍会继续困扰他的继任者们。并且，2008 年金融危机爆发时，大学的成本问题又以超乎想象的方式卷土重来。

第 12 章
即使是哈佛，也 ……

德里克·博克之后的三任校长分别是尼尔·鲁登斯坦（Neil Rudens-tine）、拉里·萨默斯（Larry Summers）和德鲁·吉尔平·福斯特（Drew Gilpin Faust），他们带领哈佛经历了两个截然不同的财务时期，前一个时期哈佛的财务形势繁荣，后一个时期哈佛则遭遇了严重危机。在鲁登斯坦和萨默斯的任期内，哈佛的财力得到了前所未有的彰显。在鲁登斯坦 1991 年至 2001 年的任期内，哈佛从互联网驱动的股市中获益颇丰。1994 年，哈佛收到的捐赠基金达到了近 60 亿美元。在随后的六年里，这一数字飙升至 190 多亿美元。

哈佛在从不断上涨的股市中获益的同时，还得益于两项机构资产。其中之一是鲁登斯坦在培育捐赠者方面的专注投入和高超技巧。在他的领导下，哈佛在全校范围内的筹款首次达到了 26 亿美元，也就是平均每天筹集 100 万美元。另一项资产是成熟且激进的资金管理方式。从 20 世纪 90 年代初开始，哈佛的投资机构哈佛管理公司（Harvard Management Company）就调整了策略，从美国的股票和债券转向流动性较低但潜在回报更高的投资工具，如新兴市场、大宗商品、房地产，以及私募股权和对冲基金。这种更为激进的投资策略带来了丰厚的回报。在随后蓬勃发展的 15 年里，这样的投资模式让哈佛既富甲一方，又成为金融资产管理行业羡慕与效仿的对象。

鲁登斯坦很好地利用这些收益，创建了捐赠教席，并增加了对学生的经济援助。这两项举措都巩固了哈佛在学术成就和多元化方面的卓越地位。他还为哈佛在奥尔斯顿购置了 350 英亩的土地，这片土地与哈佛的校园隔河相望。他的愿景是，在 50 年的时间里投资数十亿美元，将哈佛大学的占地面积扩大近一倍。

在鲁登斯坦的继任者、美国前财政部长拉里·萨默斯的领导下，哈佛收到的捐赠基金数额继续增长。虽然它没有开展大规模的筹款活动，但出色的投资回报情况使基金数额在五年内增长了 50%。萨默斯为在奥尔斯顿校区开发的首个项目制订了规划，该项目是一个占地 50 万平方英尺的生命科学实验室综合体。他还发起了对本科通识教育（即博克及其同事在 20 世纪 70 年代制定的核心课程）的评估，旨在为课程注入更多的科学（尤其是生物学）、数学和国际化内容。他希望通识教育课程能够更具跨学科性和实用性。

一个新的通识教育计划

萨默斯的校长任期在 2006 年突然结束，当时奥尔斯顿校区的综合科学中心建设和通识课程教育改革都还没有取得实质性成果。前任校长博克再次回来担任临时校长，他将通识教育改革项目作为年度工作重点。他召集七名教授和两名学生组成了一个特别工作组，提出了一项新的通识教育课程方案，要求本科生在八个学科领域中的每一个领域都至少选修一门课程。其中，两个领域涉及科学，另外两个涉及全球化，这些主题是萨默斯在着手修订通识课程时认为十分重要的内容。特别工作组希望所有课程都与学生们的未来发展有关。

2006 年，博克和哈里·刘易斯分别在他们的著作《回归大学之道：对美国大学本科生教育的反思与展望》和《失去灵魂的卓越：哈佛是如何忘记教育宗旨的》中提出，新的通识教育要让学生立志参与改变现实世界的活动。事实上，特别工作组成员明确表示，他们借鉴了这些书中的观点。特别工作组呼吁采用案例研究和基于活动的学习等吸引学生参与的教学方法 —— 我们可以从中看到博克带来的影响。特别工作组认识到了价值观的重要性，这或许会让博克和刘易斯感到欣慰。

与《红皮书》类似，特别工作组的提案在经过教师立法审批程序时，其雄心抱负，包括对道德价值观的部分强调，都经历了适度调整。然而，教师们还是以压倒性多数通过了修订后的提案。由于众多相关群体的参与，博克及其同事成功打造出了一些东西，这些东西有可能比旧的核心课程更好，甚至能接近《红皮书》所提出的学术和哲学层面上的高标准。

哈佛捐赠基金的起伏

2007 年 7 月，在福斯特校长上任之时，哈佛的捐赠基金数额已经增长到了 350 亿美元。她面临的最大财务挑战不是实现收支平衡，而是如何为这一巨额捐赠基金的规模进行辩护。哈佛捐赠基金比美国规模第二大的耶鲁大学捐赠基金多出 50%，是整个加利福尼亚州系统中十所研究型大学捐赠基金总额的三倍。考虑到哈佛在鲁登斯坦和萨默斯在任时的大发展，以及他们对奥尔斯顿校区的未来发展做出的承诺，捐赠基金当时获得的前所未有的成功可谓天赐良机。然而，在美国时任教育部部长玛格丽特·斯佩林斯于 2006 年呼吁大学基础教育承担更大责任的大背景下，对一所享受免税待遇的研究型大学而言，当时如此突出地展现其富有是不太合时宜的。

在她的首次哈佛毕业典礼演讲中，福斯特校长为捐赠基金的规模及其用途进行了辩护，称其与哈佛的使命是相称的。她指出，捐赠基金收益占据了哈佛每年 30 亿美元运营预算的三分之一，并宣称："如果捐赠基金的规模较小，我们就不得不减少投入 —— 减少研究、减少教学，而研究和教学的质量也会降低 —— 否则我们就必须从其他来源获取更多收入，比如提高学费或争取外部资金。"她认为："在一个知识愈发重要的世界里，我们对未来的责任要求我们不仅不能减少投入，反而要不断增加投入。"她还强调了大学在以干细胞研究为代表的学术活动以及"抓住奥尔斯顿校区的发展机遇"等方面做出的承诺。

福斯特进一步赞赏了传统大学的"自愿担当"（voluntary accountability）模式的优点。她大胆地说："在今天这样一个大型金融机构可能在一个周末就消失的时代，从长远来看，只有大学是持久的、经得起考验的。"福斯特和她的许多同事当时并不知道，在 2008 年的金融危机期间，当第一波倒闭浪潮来临时，他们的哈佛大学有多脆弱。不仅当时的捐赠基金被投资于市场低迷时缺乏流动性且估价过高的复杂投资工具，事实上，哈佛大学还通过借贷进行了投资。当时那些久负盛名的基金经理们也无法快速平仓，而捐赠基金灾难性地缩水了 110 亿美元。

2008 年秋末，福斯特所假想的规模较小的捐赠基金及其带来的减少相关投入的压力，变成了痛苦的现实。事实上，尽管哈佛 2007 年的财富从金融资产的角度令人刮目相看，但相对于哈佛每年的运营支出，它的实际作用一直较为有限。哈佛面临着巨额的日常性开支，如薪资、学生助学金、校园设施维护等，削减这些开支会严重损害学校的声誉。此外，学校还承担着一些新的建筑项目，其中非常引人注目的一项就是奥尔斯顿校区的科学实验室项目。

在股市崩盘之前，哈佛就已经在财务上捉襟见肘了。尽管其投资回报率比历史平均水平高出许多倍，但它支出捐赠基金的比例始终未变。它还利用自身的高信用评级贷款进行了基建投入。因此，当经济衰退来临时，虽然它可以增加借款并提高捐赠基金的支出比例，但可回旋的余地依然很小。那些严重依赖捐赠基金的学院面临着巨大压力。文理学院每年的预算中仅有 50%来自学费、研究资助及其他非捐赠基金来源，这使得学院面临近 20%，即2.2 亿美元的年度资金缺口。学校冻结了教职员工和非工会工作人员的工资，放缓招聘进度，并推出了提前退休计划，有 500 名员工接受了该计划。然而，事实证明，这种程度的人员缩减还不够，因此学校不得不裁员 275 人。

这些举措令人痛苦，而其最明显的标志之一是奥尔斯顿校区的总体开发项目，尤其是生命科学实验室综合体项目的暂缓。由于干细胞研究等领域的迅速发展，该项目获得了批准，在没有确定主要捐赠者和其他非捐赠资金来源的情况下，科学综合大楼的建设就开始了。2009 年 2 月，哈佛大学宣布缓建该项目，当时该项目刚刚打了地基，而项目何时得以重新启动，还有待进一步的决定。针对哈佛获得了几百英亩闲置的土地却不开发的情况，奥尔斯顿社区的成员发出了强烈的抱怨，认为这既不美观，也存在安全隐患。

对大学基因的观察者来说，奥尔斯顿项目同样具有象征意义。即使是哈佛这样的名校，有时也难以承担哈佛模式的全部成本。大学追求"把一切做到最好"的理想固然很好，但人们也需要考虑是否有足够多的资金来实现这个理想。

哈佛大学恢复元气

不久之后，哈佛的情况和金融市场一样，逐渐开始复苏。用校长福斯特的话来说，她和同事们面临着"调整规模与重塑架构"的任务。鉴于财务赤字的结构性僵化，完成这项任务需要时间。与哈佛的 1.6 万名员工和 600 栋建筑相关的成本很难进一步削减；对学生的经济资助可以削减，可是，尽管市场能够承受更高的学费涨幅，但从政治角度考量，每年将学费提高超过 3% 到 4% 并不可取。与此同时，债务必须得到偿还，而在建项目（如奥尔斯顿校区的科学实验室和新的通识教育课程）需要资金支持并完成建设。就像整体经济情况一样，哈佛的复苏进展可能会很缓慢。

不过，哈佛以前也经历过财务紧张的困境，尤其是在洛厄尔担任校长的早期和科南特担任校长的大萧条期间和战争时期。早在 2009 年秋天，哈佛就出现了积极的信号。在 2008—2009 学年，捐赠金额虽然有所减少，但只减少了 10%。而联邦政府的研究资助上升了 7%，足智多谋的学术领袖们也发挥了他们的聪明才智来降低成本。

即使考虑到 2008 年的损失，哈佛捐赠基金的规模相对于其他大学而言也是巨大的；截至 2010 年夏天，其捐赠基金总额已经上升到 274 亿美元。可以说，哈佛的品牌仍然是无价之宝。哈佛仍然是世界上极具天赋的学生和教师的首选大学之一，也是前沿教学创新的重要场所。和洛厄尔和科南特所处的时代一样，哈佛正从 2008 年的危机中走出来，变得更加强大、更加专注。

其他精英私立大学和学院也在复苏。市场对入学名额和教师岗位的需求持续增长，即使是学费的合理上涨或薪资的削减也不会影响它们吸引那些极为优秀的学生和学者。尽管政府管理部门继续呼吁大学承担更多的社会责任并招收更多学生，但耶鲁大学、麻省理工学院和威廉姆斯学院等精英私立学校并没有受到经济压力的影响，始终保持着较好的发展势头。而其他学校，包括一些顶级的公立研究型大学，则面临着更大的问题。

第13章
脆弱的教育机构

2010 年初，被誉为"世界上最卓越的公立教育体系的一部分"的加利福尼亚大学（加州大学）深陷困境。其旗舰校区 —— 伯克利分校 —— 由校长克拉克·克尔以哈佛为蓝本打造，而该分校在 2010—2011 财年面临着 12 亿美元的州政府资助资金缺口。全体教职工被迫临时休假，引发了人们对伯克利分校能否保持其在公立研究型大学中的领先地位的质疑。一项将学费提高近三分之一的提议引发了学生抗议。

早在 20 世纪 60 年代，时任加州大学系统负责人的克尔就预见到了学生们可能会提出的抱怨。他在哈佛大学进行系列讲座时说：

"美国大学最近的变革对本科生没有一点好处 —— 减少了教师的教学任务、扩大了班级人数、资浅教师替代资深教师上课、对教师的选聘更多基于他们的研究成果而非教学能力、知识的分科化导致无穷尽的专业细分 ……这些都导致了本科生对教师的反感。他们以前反感教师像父母一样管理他们，现在则反感教师在教学上的缺席。不管是在录取、获得奖学金还是考试、拿到学位的过程中，学生们发现他们被缺乏人情味的规则所摆布；他们希望被当作真正的、各自不同的人来对待，而非学习机器。"

专栏：
可及的卓越

我们对加州大学伯克利分校的未来持乐观态度的理由可以从与它最相似的大学之一——密歇根大学身上找到。在密歇根大学的所在地安娜堡，2008 年爆发的经济危机其实早在 30 年前就初现端倪。当时，一场全球性的能源危机首次暴露出美国汽车产业在面对来自日本的竞争时的脆弱。随着严重依赖汽车产业的密歇根州经济动荡，该州最大的研究型大学——密歇根大学，面临着创新的需求。尤其是，它被迫想方设法在减少对州政府的支持的依赖的同时，继续履行自己服务本州的承诺。

2010 年，玛丽·苏·科尔曼校长领导的密歇根大学从州政府处获得的资金仅占其运营预算的 10%。然而，除了维持世界一流的研究活动，密歇根大学仍然重点录取密歇根州的学生，这些学生占学校学生总数的三分之二，但只支付了比州外学生学费的三分之一稍高的学费。由于学校的申请入学率高达 50%，因此州内学生甚至拥有更多的入学机会。

除了成功地获得越来越多的外部研究经费，密歇根大学还拥有强大的校友支持力量，这使得科尔曼校长在 2008 年筹集了 32 亿美元的资金。这是大学提供"触手可及的卓越教育"的关键。密歇根大学的本科生享有类似于洛厄尔所设想的学院生活体验：98% 的新生选择住校；96% 的学生在二年级继续返校就读；84% 的学生能在五年内毕业。在任何时候，都有不少于 1000 名的密歇根大学本科生参与由教师指导的研究项目。

尽管伯克利分校可能会很快恢复正常，但加利福尼亚州许多其他公立大学的未来还不那么确定。克尔在 20 世纪 60 年代设计的加利福尼亚州高等教育系统的精妙之处在于，它整合了三种不同类型的大学：研究型大学、教学型大学和社区学院。按照克尔的计划，加利福尼亚州高中毕业生中最优秀的八分之一，能确保进入加州大学，就读于伯克利分校或洛杉矶分校。成绩排名前三分之一的毕业生，可以进入州立大学，这些大学没有博士学位项目，因此更专注于本科教学。所有高中毕业生都能进入社区学院，并有望（取决于他们在社区学院的表现）转入州立大学。

值得称道的是，加利福尼亚州的教育体系给每个高中毕业生都提供了一个合理的获得大学学位的机会，同时将学术研究和研究生项目的费用限制在加州大学相对较少的分校内（最初是八所，2010 年扩展为十所）。然而，克尔和他的同事们低估了另外九所获得国家支持的研究型分校想要比肩伯克利分校所需的成本。在这十所分校中，每名学生的教学成本反映了在教授离开本科生课堂去做研究和培养研究生时需要付出的高昂代价。然而，加利福尼亚州在学术研究方面的投资和针对研究生教育的投资的相对回报情况各不相同。伯克利分校的科研成果和卓越声誉很好地证明了州政府对它的额外支持是合理的，而加州大学那些规模较小、知名度不高的研究型分校要获得资助就不那么容易了。

更重要的问题是，在加利福尼亚州的高等教育系统中，有 23 所州立大学开展着许多类似于研究型大学的活动，包括授予硕士学位和提供奖学金。在 2008 年的经济低迷时期，许多大学暴露出来的关键问题，不是像加州大学伯克利分校、加州大学洛杉矶分校和哈佛大学这样的大型研究型大学支出的成本是否合理，而是那些数量占绝大多数的、实力较弱的大学能否像过去那样继续办学。一共有 700 多所公立和非营利大学面临着这样的风险。它们提供研究生学位，却并不在权威的卡内基基金会认定的 200 所精英研究型大学之列。西敏斯特学院的迈克尔·巴西斯尖锐地指出了这一点：

精英院校很有可能会发现，很多家庭愿意为孩子上名牌大学支付高昂的学费。公立旗舰大学的研究项目和运动队可能给它们的学位项目带来了足够好的声誉，因此无论其教学体系是否改变，都能继续吸引学生。然而，社区学院、综合性公立大学以及没有全国性声誉的私立学院——这些院校招收了全美 1900 万就读于认证机构的学生中的 95%—— 可能是最为脆弱的。

美国的全国性媒体基本上忽视了二三流的学校，除了那些在这里上学的学生或住在附近的人，很少有人知道它们。它们缺乏巨额的私人捐赠资金，也缺乏收取高额学费所需的声誉。然而，尽管它们表面上没有哈佛那样的财富和声誉，但在成本结构上，这些声誉较低的大学的成本与它们追求的"更大更好"战略是匹配的。它们的教室和其他昂贵的物理设施在漫长的暑假期间是闲置的；它们的终身制教师把时间分散在研究和教学上，降低了创造学费收入的能力，也增加了大学的组织复杂性和协调成本。

这些不太知名的学校通过与哈佛大学类似的方式相互竞争，争夺优秀的教师和学生。许多学校还付出了高昂的代价来参加校际体育赛事，而哈佛却没有这样做。实际上，除了少数几所规模很大的大学，几乎所有的大学在这方面都是亏损的。它们还积极开展提升学校形象的公关活动，并为一小部分获得 SAT 高分、有助于提升大学排名的学生提供高额奖学金。

专栏：
攀登卡内基阶梯的成本

克拉克·克尔帮助加利福尼亚州建立了多层次的高等教育系统，并成为卡内基高等教育委员会的首任主席。克尔和同事们看到了人们对与美国高等院校的多样性相匹配的分类系统的巨大需求，希望能够提出有利于美国保持世界领先地位的高等教育政策建议。于是，他们创造了卡内基高等教育机构分类系统，又名卡内基阶梯。

在加利福尼亚州的教育体系中，克尔设想出一个高等教育阶梯，让学生能够从社区学院的大专文凭晋级到州立大学的学士学位，再晋级到州内某个研究型大学的研究生学位。颇具讽刺意味的是，社区学院和州立大学都试图利用这一阶梯来实现自己的攀登目标。

学校攀登卡内基阶梯的代价不仅在于失去了自身的特色，而且在于失去了对大学服务对象（尤其是本科生）的关注。它们还面临着一个风险，就是那些容易衡量的东西（例如研究经费、授予的学位数量、提供课程的广度和学生的选择性等）都会占用一些重要的资源，正如卡内基高等教育委员会在2005年的报告中所指出的那样：

"大学所使用的衡量指标都是间接数据，大学没有努力去衡量学校所做工作的质量，而仅仅关注它们的数量。因此，尽管学校的攀登成本十分高昂，但考虑到学术研究和授予高等学位需要付出的代价，它可能会（也可能不会）为学生和社会创造更大的价值。"

这些大学也在不同程度地受到大型研究型大学教学质量的影响。它们的本科生讲座数量多于互动式学习活动的数量，兼职教师和研究生助教的数量也多于终身教授的数量。学生们选修的课程之间往往缺乏明确的关联和学术之外的实际用途，也缺乏持久的价值。由于这些研究型大学比社区学院和一些营利型教育机构收费更高、对本科教学的关注也更少，因此许多学生和公共政策制定者日益认为选择后者才是更好的教育投资。

基因改造

这些教育成本和质量的问题不是由过失或偶然造成的，而是由大学的设计造成的。问题的根源在于大学的基因 —— 哈佛的基因只属于也只适合哈佛。除了少数学校能够坚持自己的发展道路，大多数规模较小、知名度较低的大学希望向精英研究型大学发展。《美国校园文化：学生·教授·管理》（ *The University : An Owner's Manual* ）的作者亨利·罗索夫斯基在谈到这个问题时说："我们最好的研究型大学 …… 代表着我们国民生活的前沿思想。它们决定了高等教育的知识议程。它们引领着潮流。"

在效仿研究型大学模式的过程中，这些追随者采取的政策和实践为大学最重要的三个战略问题提供了答案：（1）我们服务哪些学生？（2）我们重视哪些学科？（3）我们追求什么类型的学术研究？这些追随者的答案是：（1）服务那些在普通水平之上的研究生和优秀本科生；（2）重视大量的学科分支而不是一套集中的、实践性的课程体系；（3）进行探索发现型学术研究而非更具实用性的研究，后者如展示他人的发明创造如何应用于实践，或如何更好地教给学生。

这些雄心勃勃的学校不仅通过公开发表的报告、校园参观和专业交流等直接方式，也通过招聘人员等间接方式了解优秀大学的政策和做法。知名院校毕业的研究生数量远远大于自己的学校对新教师的需求，因此这些毕业生不得不去名气较小的学校就业。有抱负的大学管理者也是如此，他们希望先在规模较小的商学院担任领导职务，然后就有可能有资格在规模更大的商学院获得类似的机会。这些注重攀登职业阶梯的教授和管理者在等待重返名校时，会努力使自己现在所在的大学变得更像自己原来求学的大学。

正如里克斯学院的早期发展那样，即使是最小的学校也梦想有一天成为最好的学校。这不仅体现在卡内基阶梯和精英研究型大学身上，也受到认证机构的标准、学术专业协会、大学排名机构和慈善机构的鼓励。根据这个大学发展阶梯模型，每个学校都追求在排名中位于前列。应用性培训被广泛的学术性教育所取代。大学设立研究生项目的目的既是提高声誉，也是为研究和教学提供学生助理。教师如果能获得更多的时间做研究且做得足够好，就会获得终身教职。大学的全职教授都拥有博士学位，足够高的薪资也可以吸引并留住那些明星教授。

在这个阶梯模型中，大学的规模也很重要。大学要想攀登卡内基阶梯，就需要每年授予更多的学士、硕士和博士学位。许多州设立的大学资助计划鼓励学校扩大学生规模。对小型学校来说，增加学生数量也带来了财务规模的扩大（需要建造新的教室和教师办公大楼）。规模大一些的学校还可以组建强大的运动队，这是学生和校友们喜欢的，也是一种强大的公关工具。

"当一个学校在卡内基分类中的位置被看成它的地位或特征时，就出现了严重的问题。高校是复杂的组织，与卡内基分类所使用的特征存在更多维度上的差异……"

—— 亚历山大·C. 麦考密克（Alexander C. McCormick）、赵春梅（Chun-Mei Zhao），《重新思考与构建卡内基分类》（Rethinking and Reframing the Carnegie Classification）

这种发展模式在传统高等教育中具有巨大的影响力。很多年前，一些私立文理学院和技术学院坚守自己的特色，不开设研究生项目，也不重视学术研究。但在艾略特宣称"我们将拥有全部学科，并做到最好"之后的100多年里，大多数高校都在努力地按照哈佛的形象改造自己。从20世纪后期开始，许多像里克斯学院一样的学校，最初的目标是为学生进入大学做准备，后来则经历了多次转变——先变成了"师范学校""州立师范学院""州立学院"，后来又变成了"州立大学"。在20世纪，许多技术学院和社区学院也在以同样缓慢又不屈不挠的方式在阶梯上攀爬。通常，有政治地位的支持者会促使州议会为学校更名。学校提供的课程越来越前沿和高级；相比于学士、硕士、博士学位人数的增加，学校提供的教学和技术证书以及大专文凭的数量在减少。那些为基础的劳动力培训缺失而感到遗憾的人，称这个过程为"使命蠕变"（mission creep），或者就其推动力而言，称之为"卡内基蠕变"（Carnegie creep）。

扩张过度且资金不足的学校

在技术学院和社区学院面临的问题中，除了让有需求的学生的选择更少，它们效仿哈佛和其他研究型大学的行为也导致了资金不足。学校名称的变更和在卡内基阶梯的位次提升并不会带来预算资金的同步增长。然而，它们仍然要想方设法地满足针对各类学校设立的全新标准要求。要达到认证要求和卡内基标准，就要聘请更多拥有博士学位的教师，并为他们提供更多的课余时间用于研究。而哈佛基因中的常春藤联盟协议这一部分却没有得到真传，这些学院同时还要兼顾校际体育赛事的发展。而要达到美国全国大学体育协会的标准并赢得进入著名赛事联盟的资格，就要在体育设施、教练团队、奖学金和差旅费等方面投入大量资金。当这些投资无法产生足以抵消成本的财务回报时，学校就必须设法弥补资金缺口。

这些学院可以通过招收更多学生和提高学费的方式增加收入，但作为新晋学院，它们又缺乏像哈佛那样的精英大学的声誉，无法收取与之相仿的费用。事实上，提高学费有时甚至会"两边不讨好"——不足以支付新的开支，同时又失去了一些学生。

学校的入学人数增加也造成了类似的两难困境。增多的学生带来了新的收入，包括学费和（州立学校获得的）政府资助，但这些学生必须获得良好的教育。在大一和大二，他们可以数百人一起上基础课。然而，随着他们选定了自己的主修专业并继续深造，班级规模就必须缩小。在追求"更大更好"的愿望驱动下，大多数学校开设了更多的专业，只有很少的学校能够像哈佛那样竭力避免这样的趋势。这意味着原本体量较大的学生群体被分成了若干个教学成本昂贵的小群体。

事实上，由于大学学术研究标准的提高和教授教学工作量的减少，学生的平均教学成本会随之上升。大学终身教授的授课时间比社区学院的教师至少减少了一半，甚至更多。在公立院校，政府希望学院招收更多的学生，学院则希望攀登卡内基阶梯，这让学院陷入了两难境地：为了获得更多收入，学校需要招收更多的学生，但为了获得更多科研成果，教授需要花更少的时间参与教学。通常的解决办法就是把教学工作交给兼职教师和研究生助教，或者扩大班级规模。

因此，全职教师为了维持教学与研究的新平衡，不得不做出个人牺牲。这些好心的教授们，原本受雇于以教学为重点的院校，因为不愿意让学生接受低质量的教学，更不愿看到学生因无法选到所需课程而不能按时毕业，所以在身负新的研究职责的情况下，也很可能会去填补教学上的空缺。有些教授在承担这些新职责时，不仅时间不足，而且学术训练也不够，因此处于劣势。在那些一心攀登卡内基阶梯的院校里，他们有可能沦为"边缘群体"，尽管他们承担的教学任务可能早已超出了自己应有的份额。

难以企及的声望

尽管这些学校努力应对成本上升、教学质量下降、教师超负荷工作等挑战，但它们仍然很难获得理想的声望，特别是在学术研究领域。顶尖的研究型大学仍然在最具声誉的学术期刊上保持着极高的论文录用率。而随着越来越多的大学教授向数量有限的一流期刊提交论文，个人的论文录用率越来越低。在这些渴望发表学术论文的人群中，不仅有来自美国大学的教师，也有越来越多的国际学者。在不太知名的大学里，年轻教授们往往只能向终身教授委员会介绍自己在二级期刊上发表的论文和在小型会议上所做的演讲，以证明他们的学术成就。

对大多数大学来说，校际体育赛事带来的回报同样令人失望。规模较小的学校发现，参加全国性体育赛事需要支出大量的差旅费用。体育赛事预算的增加不仅来自机票价格的上涨，还来自体育奖学金支出和设施支出的增加。那些在财务上陷入困境的学校尝试提议削减最昂贵的橄榄球项目，但通常会因为遭到项目支持者的强烈抗议而作罢。有一些学校增设了橄榄球队，期待得到校友的更多支持和捐赠。

学校之间为招收优秀学生而产生的竞争也带来了高昂的代价。在 SAT 和 ACT 中分数很高的学生可以选择学校，这使得各个学校不得不提供更多的奖学金。但那些优秀的学生不仅希望获得全额奖学金，还希望能免除书本费和生活费。这让学校不仅没有收入，还需要付费给学生。就像在学术界和体育界获得声誉的过程一样，学校追求声誉和排名的努力也被证明是一场长期竞赛，这场内卷竞赛让所有参与者越来越拮据，而总体上却没有任何实质性提升。

学生们也为这种高校之间的声誉争夺战付出了代价。自 20 世纪 80 年代末以来，美国大学的学费和杂费上涨了 440%，增速是通货膨胀的四倍。尽管学生就读的院校学制为四年，但全国范围内只有 35% 的学生能在四年内毕业。事实上，只有 55% 的学生能在入学六年内毕业。在那些获得学士学位的学生中，被认为具备良好语言和数学能力的比例不到三分之一，而且这一比例还在下降。

问题的关键是，在那些立志向哈佛学习的大学中，只有极少数拥有相应的优势。大多数大学都无法招到有才华、有准备且勤奋好学的学生，不能提供有寄宿辅导员的学生宿舍，也不能提供大班课程之后的小班辅导。它们的声誉也不是很高，毕业生很难找到高薪工作或进入高水平的研究生院。

效仿性竞争还有一个内在的缺陷。即使是那些能够与哈佛媲美的大学，也必须为争夺有限的优秀学生和学者而展开竞争。这种竞争抬高了获胜者的身价，却没有增加作为赢家的大学的数量。大学教育变得越来越昂贵，却没有变得越来越好。因此，大学不仅要承受持续的财务压力，还要承受斯佩林斯组建的高等教育未来委员会和其他批评者的指责。许多州立大学还发现它们正在失去州议会的支持。

这种发展模式是失败的，与此同时，我们长久以来对大学教育抱有的诸多认知——获得学位需要学习四年并修满 120 个学分，大学生活意味着参加兄弟会和社团活动、体验宿舍生活，拥有博士学位的教师天生就是最优秀的教育者——正变得难以为继。这些观念以及更多类似的想法，在整个高等教育领域提高了学生的教育成本，如今这些成本已经到了他们难以承受的地步。

——保罗·勒布朗，
南新罕布什尔大学时任校长

专栏：
让州立大学名副其实所面临的挑战

即使是那些极具活力的院校，在克服传统大学的固有倾向时也面临着挑战。像亚利桑那州立大学的迈克尔·克罗和俄亥俄州立大学的戈登·吉那样认识到效仿哈佛的风险，是非常有益的。然而，虽然这些院校致力于广泛招收学生并提供实用的高等教育，但它们在控制成本、确保学生入学率以及争取立法支持等方面，同样面临重重困难。

2010 年，尽管亚利桑那州立大学针对本州新生的学费相对可承受（每年不到 8000 美元），但这一价格较前一年上涨了近 20%。2008 年至 2010 年，州政府的资助减少了 26%，经通胀调整后，该资助水平仅相当于 1999 年的三分之二，这使得学校不得不提高学费。由于州立法机构的慷慨资助，以及戈登·吉在筹集资金和控制成本方面的成功，俄亥俄州立大学 2008 年至 2010 年的学费金额维持在 8406 美元。然而，该校开始拒绝更多的申请者：录取率从 2005 年的 73.7% 降为 2009 年的 68.7%。

克罗和吉认为，大学要保持高质量、低成本和高入学率，就需要进行深度变革。他们为此采取了一些措施，例如精简部门。但是，在俄亥俄州立大学已经采取措施并削减了 1 亿美元的成本的情况下，吉仍然在 2009 年告诉他的同事，学校需要进一步做出优先序的调整——改变把每件事都做得尽善尽美的执念：

当资金充裕时，我们会像抹果酱一样分散使用资金。当资金紧张时，我们则必须收缩——我们必须就学术方向、需要投资的项目以及如何应对当今巨大的挑战等问题做出真正的战略性决策。最终，我们必须学会说"不"，一个在高等教育中很少使用的词。

　　许多大学在资金挑战之外，还面临着运营成本更低的高等教育机构的冲击。传统大学的发展模式是，把重点放在少数优秀的学生而不是大多数普通学生的需求和偏好上。这些占大多数的普通学生有三种类型：第一种是那些为体验传统大学校园生活而支付了超出自身意愿金额的学生；第二种是有学习能力但尚未出钱的准学生，他们无力负担传统大学的费用，但愿意接受更便宜的教育方式，哪怕没有常见的校园设施。第三种是缺乏在普通大学取得成功所需的教育背景，但在特殊帮助下或许能取得成功的学生。在始于2008年的经济衰退期间，传统大学强大的新竞争对手就开始将目光投向这些不满意现状且被忽视的大学生群体。

第 14 章
颠覆性的竞争

2009—2010 财年，大多数大学是在艰难中度过的。即便是那些招生人数有所增长的大学，也不得不在更为紧张的预算下为新生提供服务。除了财务压力，还有新的监管要求。2006 年，斯佩林斯领导的委员会呼吁加强问责制，当时美国国会正着手审议《高等教育法案》（*Higher Education Act*，是美国联邦政府资助高等教育领域的主要法律依据）的重新授权情况，此举激起了人们的热烈讨论，各方聚焦于此，展开了深入辩论。到 2006 年，该法案的重新授权已逾期三年。这次拖延不只反映了美国党派政治的冲突，也反映了社会对政府的高等教育投资回报的不满。

2008 年，在 14 次短暂延期后，重新审议通过的《高等教育法》也只体现了高等教育未来委员会建议的一部分。尽管如此，新法案还是给各所大学带来了额外的负担，甚至引发了个别大学的负面公众舆论。其中，最重要的一项与绩效相关的新规定具有强制性，要求美国教育部每年公布学费上涨情况和涨幅最高的学校名单。这些学校必须报告它们的成本节约计划。此外，所有的学校都必须提供一些标准化的信息，包括学生概况、学费及预期生活费用、平均毕业时间和毕业成功率等。

为了减轻传统大学的负担，新的教育法案维持了传统的做法，即允许学校及其认证机构制定自己的教育绩效标准和衡量标准。教育部不参与定义和评定学生的学习成果。在与新型竞争方式抗衡方面，传统大学也获得了助力：该法案允许认证机构对在线教育机构使用与其他线下机构相同的标准。

未来的学术颠覆者

然而，对在线教育创新机构来说，教育认证已经不再是一个难以逾越的障碍。20 世纪 90 年代中期，地区认证机构的标准打击了在线教育机构的积极性，因为它们缺乏传统课程、物理设施和全职师资。当时认证团队的许多成员都是传统大学的教职工，他们不仅认同哈佛那种"更大更好"的模式，而且对在线学习技术的质量也有合理的担忧。在他们看来，在线学习技术就如同早期的超声技术在通用电气、西门子和飞利浦公司眼中那样 —— 不值得关注，也不值得投资。

20 世纪 90 年代，地区认证机构以及许多学生和雇主，更看重气派的大学校园和响亮的声誉，而不是实际学习成果。其结果是，教育创新被抑制、教育成本过高，学生得不到期待中的教育机会，甚至被大学完全拒之门外。

20 世纪 90 年代，这些原本有望成为颠覆者的力量，未能为高等教育领域带来一场足以改变整个行业的改变。其中一个原因是，他们没有能力证明以在线学习为代表的低成本教育方法，可以产生与传统大学一样的学习成果。有些学习成果是可以衡量的，但高等教育带给一个学生的全面影响很难得到定义，更不要说用与金融市场的投资回报率相似的指标来进行精确的量化了。

即使有一些公司提出了具有说服力的学习效果测量方法，它也必须说服认证机构采纳这些测量指标来替代传统的标准。学生只有获得了已认证大学的就读资格，才能获得联邦政府的高等教育拨款和贷款支持。在没有资金支持的情况下，任何机构想要销售大学课程都像要求客户只能用现金买车一样 —— 虽然不是不可能的，但极其困难。

20 世纪 90 年代高等教育改革失败的另一个原因是在线学习的技术不够成熟：许多家庭没有接入互联网，而且数据传输速度太慢。个人计算机运行速度较慢，而且价格昂贵。此外，在线学习软件还处于起步阶段，通常类似于纸笔函授课程的计算机版本。还是用汽车行业作类比，在 20 世纪末创办一家在线教育公司与在 100 年前创办一家汽车租赁公司类似。在 100 年前，福特公司的大规模生产流水线和美国的州际高速公路系统还没有出现，各种条件还不成熟。

即使上述条件 —— 学习效果的评估方法、认证和资金、成熟的在线技术 —— 都已具备，也有第四个原因使得 20 世纪 90 年代末的在线教育公司没有机会改变当时教育机构的格局。由于申请者众多且金融市场向好，当时的传统高校迎来了一个大发展时期。互联网行业的繁荣为大学带来了巨额的捐赠资金，哈佛大学的捐赠基金在 1994 年至 2000 年增长了两倍。资金增加了，入学人数也增加了。

一个高速发展的公平竞争环境

然而，今天的情况已经发生了根本性改变。认证机构更加注重学生的学习成果，也更认可在线授课模式。这在一定程度上要归功于诸如西部州长大学等非营利初创大学的开创性努力。1996 年，美国西部 19 个州的州长在盐湖城创建了一所非营利大学 —— 西部州长大学。西部州长大学的开创性在于两种创新的结合：第一是使用在线技术，让学生按照自己的节奏学习；第二是采用以能力为基础的学习认证法。这意味着西部州长大学不开设课程或给学生赋予学分，而是由它的专职教师指定学生的学习内容；这些教师还开发了可靠的学习效果测量工具。接下来，西部州长大学会从第三方出版商那里获得优质的课程材料，并由学校中的导师（类似于传统大学中的教师）来指导学生学习并通过测试。

专栏：
一个意想不到的合作关系

20世纪90年代初，两位美国西部地区的州长在高等教育事业上成为了意想不到的伙伴。当时的科罗拉多州长罗伊·罗默（Roy Romer）是民主党人，后来成为美国民主党全国委员会主席。当时的犹他州州长迈克尔·莱维特（Michael Leavitt）是共和党人，后来在乔治·W.布什（George W. Bush）总统的内阁中担任卫生与公众服务部长。他们不仅管理着相邻的两个西部州，而且都来自农村小镇，并对普及高等教育充满热情。莱维特是一位技术爱好者，他对在犹他州的偏远社区通过在线学习技术提供大学学位的可能性很感兴趣。罗默是一名有执照的飞行员，同时也是一所飞行学校的经营者。他想通过像私人飞行驾照考试那样的测验，为成年人提供一种能够证明其专业能力的证书。两位州长都看到了公立高等教育即将出现的危机，正如莱维特回忆的那样：

"我们建立西部州长大学的初衷是相信总有一天，各州将无法满足公立教育、破旧的基础设施和医疗保健的资金需求。显然，那时的高等教育将受到影响。具体地说，我们认为，美国的医疗计划将削弱各州对教育的支持力度。我们推断，各州将被迫提高学生的学费，使得很多家庭难以承受，或者学校将不得不限制招生名额。在这样的背景下，维持一个国家的长期经济繁荣需要一种更有效的教育模式，以更低成本和更加规模化的方式提供高质量的教育服务。"

凭借积累的政治人脉和对基于能力的在线学位课程的大胆构想，罗默和莱维特组建了一个由19位州长和企业及捐赠者组成的规模庞大的联盟，其中包括美国电话电报公司、IBM、微软、甲骨文、比尔和梅琳达·盖茨基金会（The Bill & Melinda Gates Foundation）以及光明教育基金会（the Lumi-na Foundation）。他们创建的这所大学——西部州长大学，吸引了一批具有创新精神的高等教育学者，以及帮助其开发学生能力测试工具的顾问。

当时，要为这样一所独具双重创新特点的高等教育机构颁发认证，几乎是不可能的事。但在州长们的帮助下，西部州长大学成功地获得了认证，并有机会为学生申请联邦财务资助。教学上的严谨，连同政治方面的支持，使他们获得了成功。

西部州长大学不仅获得了联邦教育认证，而且还史无前例地获得了四家地方性协会的认证。西部州长大学在 1999 年收到了第一个入学申请，而仅仅 10 年之后，它在全美招收了 2 万名学生。其中最具代表性的是印第安纳州，时任州长米奇·丹尼尔斯（Mitch Daniels）支持公立社区学院的毕业生进入西部州长大学印第安纳分校进行学习。虽然西部州长大学持续接受政府和私人资助，但它坚持以每年 5780 美元的本科学费维持着低成本的运营。

像西部州长大学一样，许多营利性的在线教育机构现在也可以获得地区认证和联邦资助了。事实上，它们在克服认证障碍时所付出的努力，让它们在展示学生的学习成果时占据了优势。这种有关学生学习成果的证明，是斯佩林斯领导的委员会提出的主要议程之一。从过去到未来，认证机构和监管机构越来越倡导学生能展示自己的学习历程和学习成果，这是在线教育的优势所在。

颠覆性创新

在其他两个方面——技术和资金方面，目前的趋势也同样有利于在线教育机构，尤其是营利性教育机构。在线教学技术的改进体现在互联网速度的提高上；在线课程质量也因此显著提升，现在已经赶上或超过了传统课堂教学的效果。与此同时，经济的低迷迫使传统大学削减成本，这让营利性教育机构获得了成本优势，因为许多营利性教育机构都拥有强劲的财务实力和在资本市场融资的能力。

在线学习 3.0：个性化、数据驱动和社会化

创建于 1976 年的凤凰城大学是美国当前的营利性高等教育机构中采用众多创新方法的先驱之一。它采用的方法包括开设注重学习成果的标准化课程、实施全年无休的运作模式、提供教师培训和发展项目等。凤凰城大学从 1989 年开始采用在线教育方式，是美国在线教育领域的先行者。

2010 年，凤凰城大学进行了另一项创新：建设一个新的学习系统。这种基于软件的学习系统具有类似于商业网站的功能，可以根据学生的上网行为来推断他们的兴趣和可能会购买的课程。除了直接调查学生的需求，凤凰城大学还会根据学生在学习过程中的互动及在课程中的表现，推断出对每个学生最有效的学习方式。

当学生感到学习吃力时，这个系统将为他们提供补习的机会；当学生学习中取得好成绩时，这个系统会为他们提供拓展和提升的机会。它还可以为学生和教师提出优化教学内容和教学策略的有效建议。例如，如果一个学生通过视频学习的效果比通过文本学习更好，系统就会给他提供更多的视频资源。此外，该系统还可以让学生们分组讨论他们共同感兴趣的问题，帮助他们分享经验、互相学习。

在线教育机构，不论是营利性的还是非营利性的，都可以接触到越来越多的教师，这些教师知道如何充分利用在线技术，能够在为众多学生提供教学服务的同时，提高学生的学习质量。许多传统大学培养的硕士和博士，其数量远超过学校自身对新教师的需求，却恰恰造就了一支合格的在线教师队伍，他们愿意以每门课程几千美元的薪酬授课。相比之下，如果学校聘请一个终身教授，每年教授四五门课程，而且没有外部的研究经费，每门课程的成本可能是上述数字的十倍。从成本角度看，这样的教授若想参与竞争，唯一的办法就是一次教几百个学生。随着越来越多国家中讲英语的教师加入全球在线教学队伍的行列，这种成本差距可能会进一步扩大。

在线教育的兼职教师带来了另外两个优势。在线教师不像传统大学的全

职教师那样拿年薪，而是按课程收费。这意味着在线教育机构可以根据学生的需求来匹配教学供给 —— 只有当一个班级有足够多的学生并能产生利润时，机构才会聘请教师上课。此外，在线教师的教学表现很容易受到监控，表现不佳的教师难以继续受聘。除了清晰可见的学习成果，淘汰表现不佳的教师的能力同样能够促使在线课程实现与面授教学一样的平均学习结果。

在线教育机构除了拥有教学成本和质量优势，还拥有物理设施成本优势。此外，它还完全专注于对学生的教学，而不必同时运营两家公司 —— 一家负责学术研究业务、另一家负责提供教学服务（见表 14-1）。在线教育机构不需要设立研究生院或开展学术活动、没有传统的院系部门、没有终身教授，也没有与职位相关的薪资差别。

表 14-1　美国传统大学和在线大学的特征比较

传统大学的特征	在线大学是否复制借鉴
提供面授教学	否
理性 / 世俗取向	是
专业化、院系化、教师自治	否
暑假长	否
在本科生院之上设置研究生院	否*
接受私人捐赠	否
设置竞技体育项目	否
设置通识教育与专业教育课程	提供高度聚焦于一些领域的课程
关注学术荣誉	否
开展外部资助的研究项目	否
"非升即走"的任期；教师之间存在职级和薪资差别	否
招生时择优录取	否

*注：同时开设本科和研究生学位课程的在线大学，不会出现研究型大学中常见的资源分散与竞争问题。

专栏：
在线教育的成本优势

通过一个简单的数学分析就能看出那种由全职教师进行面授的传统教学模式的问题。那些拥有大学高等学位的兼职教师提供的在线课程，每学分的教学成本不到 1000 美元，而它带来的学习效果可以与传统的课堂教学相媲美。如果一位老师一次教 30 个学生，则平均每个学生获得每学分的教学成本低于 35 美元。按这个数字推算，学生获得学士学位通常需要获得 120 学分，对应的教学成本为 4200 美元。此外，在线教育机构还需要支付非教学费用，如课程开发、计算机基础设施配备和学业咨询服务的费用。但是，学业咨询服务可以像教学一样，以较低的市场价格外包，而课程开发和计算机基础设施的成本也会因为有大量学生分摊而下降。即使这些管理成本是直接教学成本的两倍，一个四年制学位的成本也不到 13 000 美元。

相比之下，在典型的美国公立和私立大学，学生学习四年的学费分别为 2.8 万美元和 10.6 万美元。换句话说，完成在线学位的价格可能还不到去线下大学就读价格的一半——即使学生获得了公立大学或私立大学的补贴，情况也一样。如果学生能够住在家里，并充分利用在线授课形式带来的便利，他们还可以节省 3.2 万美元或更多钱。这种价格差异已经导致了其他许多行业的变革，如计算机、钢铁和报业。

以营利为目的的在线教育机构是全年运作的，没有寒暑假和休息日。与传统大学相比，它们提供的专业和课程更少，更专注于那些人们需求最旺盛的领域；它们有能力录取所有的合格申请者；同时，它们不再根据成绩分布曲线来为学生授予荣誉和评分，而是越来越多地根据学习成果和成绩来评价学生。当然，它们也不用花钱建设体育运动队。

这些低教学成本和高度聚焦的优势使得许多营利性教育机构，尤其是那些拥有强大在线课程的教育机构获得了巨大的市场成功。因为其总成本更低，所以如果它们愿意，就可以让学生获得学位的成本远低于传统大学。从历史角度来看，教育行业的领导者更青睐利润高的成人教育市场，因为成人学生通常能挣钱交学费。然而，随着在线教育"文凭工厂"的污名逐渐得以淡化，高端市场竞争趋于饱和，头部在线教育机构转而降价，以吸引具有品牌意识的年轻学生。随着时间的流逝，这些在即时通讯、社交媒体和电脑游戏的世界中成长起来的"数字原住民"的学习偏好将更有利于在线教育机构的发展。这种趋势已经越来越明显了：斯隆基金会(Sloan Foundation)报告称，2009年，美国在线教育机构的入学人数增长了17%，而高等教育行业的整体增长率仅略高于1%。

在线教育机构并非没有缺点；从2010年开始，许多在线教育机构受到了更严格的监管审查。但是，不能因为部分机构的缺点和不当行为就对在线教育的潜力进行全盘否定。在监管机构完成筛选和标准制定工作后，历经特别审查而留存下来的机构会更强大 —— 就如同它们曾经为获得认证和市场信誉所作的努力，使得它们在展示教学成果方面具备了更多优势一样。

专栏:
营利性教育机构提供的学生支持

与许多传统大学相比,营利性教育机构在招生上投入了巨资。德锐大学就是其中之一。2010 年,德锐的运营预算约为 15 亿美元,其中约有 2.25 亿美元 (15%) 花在了教育项目和品牌的广告上。营利性教育机构在知名度和形象上的投资是为了弥补其在学术声誉和知名运动队方面的缺失。

以如此高的成本被吸引来的学生,在上学期间也会得到全方位的帮助。这些学生无法顺利完成学业的风险很高,因为许多人都是在职人员,肩负着繁重的工作;其中不少人来自经济条件和教育背景不那么好的家庭。虽然有学术顾问的特别关注和指导,学校也会通过自动系统追踪他们的表现,但德锐的本科生毕业率仍低于美国平均水平。然而,德锐授予一个毕业生学士学位的平均成本是 40 128 美元,而其同行的平均成本是 74 268.22 美元。这一优势源于德锐高效的组织策略和课程设计——尤其是它对学生指导(而非教学设施和教师科研)的密切关注、全年无休的运营模式,以及对在线学习技术的有效利用。

德锐的校董会主席、普林斯顿大学和密歇根大学的曾任校长罗伯特·夏皮罗(Robert Shapiro)阐述了德锐服务学生的哲学:

"如果你有一个博士学位,大部分高校就会认为你懂得如何教学。但我们不这样认为。我们有一个专门的培训计划,也会进行教学评估和教学反馈。我们会持续评估——几乎是每月一次——我们所做工作的质量。

……

"我之前做过密歇根大学的校长,我知道它不会在我们有生之年倒闭。但德锐不同,如果它不能很好地为学生服务,就可能在一年内倒闭——而不是几十年后。因此，我们必须通过一项比传统高等教育机构面临的测试更难的测试。我不认为我们已经做得很完美了；我相信我们还有很多可以改进的地方。我们一直在努力，一直在尝试有更大的作为。"

这种颠覆性的竞争形式将迫使传统大学从根本上做出改变。百森商学院时任校长伦纳德·施莱辛格（Leonard Schlesinger）警告称：

"在这种竞争环境下，大学追求'更大更好'的态度似乎消失了，但实际上它并没有消失。大学校长的普遍观点是回归'旧'常态，短期内在多个方面做好准备并削减成本。但证据表明，大学的'旧'常态可能永远回不去了。因此，仅仅削减大学的成本是一个不完整的解决方案。我们必须认识到，传统高等教育的基础正在动摇。面对新常态，我们必须重构经营大学的方法。"

施莱辛格的警告得到了俄亥俄州立大学时任校长戈登·吉的赞同：

"面对突如其来的经济危机，人们的第一反应往往是节衣缩食、控制成本，等待风暴过去，这是本能。但面对颠覆性的变革，我们按照这种本能行事是一个严重的错误。

……

"我们今天面临的挑战是彻底的变革。细枝末节的改变不足以解决问题。在我看来，唯一的选择是：重生或消亡。

"如果我们认为这种事情不会发生在自己身上，那就应该回想一下曾经的瑞士制表商的命运。他们是一流的手工艺人，但世界在进步、技术在进步，用户的习惯也在改变。"

我们有必要像100多年前的哈佛校长查尔斯·艾略特那样退后一步，重新对传统大学进行审视。实际上，在2008年的经济危机开始的十年前，里克斯学院就开始了这种反思。

第四部分

一种新型的大学

如同鲜花凋谢，青春会变老，

生命的每个阶段都曾鲜花怒放，

每一智慧，每一德行都曾闪耀光彩，

却不能够永恒存在。

我们的心必须听从生命的召唤，

时刻准备送旧迎新，

毫不哀伤地勇敢奉献自己，

为了另一项全新职责。

——赫尔曼·黑塞《玻璃球游戏》之《阶段》[1]

① 此处引用张佩芬版译文。——编者注

第 15 章
独特的大学设计

1997 年，戴维·贝德纳接替史蒂夫·本尼恩担任里克斯学院的校长。他与哈尔·艾林一样来自商学院。自 1981 年以来，他一直在阿肯色大学工作，曾担任商学院副院长。贝德纳与艾林一样重视教学。一到雷克斯堡，他就明确表示"教育者治校"是他的首要理念。他的指导原则包括"每个人都是教师"这一主张。贝德纳在向教师们做自我介绍时说："我现在是一名当校长的教师，而不是曾经当过教师的校长。"

尽管贝德纳热衷于教学，但从长远来看，他的管理和决策培训给里克斯学院未来发展带来的影响比他自己和其他任何人想象中都要大。事实上，他很快就开始进行行政管理改革。他一开始就挑战了学院的传统，尤其是那些学术传统。在一次职员会议上，他交给副校长一项任务："仔细剖析里克斯学院的使命与目标概述，重新撰写它们，并提出一些建议。"在学院拒绝了近半数入学申请者的那段时间里，贝德纳特别重视如何以学生支付得起的学费招收更多的学生。

他组建了许多团队、充分为大家授权，以反应迅速而著称。他通常会在一天之内回复别人的电子邮件和电话。他建立了全体员工会议和院系早餐会制度，也让校长走访每位教师的个人办公室和面对全校师生的每月公开问答活动成了一种传统。贝德纳和他的妻子苏珊（Susan）每个星期一晚上都会和学生一起度过；在许多个星期天，他们会突然造访学生公寓，看望不同的学生。贝德纳早期采取的措施包括强调校长要亲自参与每位教师的聘用，以及对所有教师实行统一的薪资标准。贝德纳认为，关于教师聘用的决策是大学做出的最重要的决策。

贝德纳还认真分析了里克斯学院参与的校际体育赛事的情况。全国性的体育赛事需要支出大量的差旅费，虽然学校在赢得全国冠军后可以获得一定的收入，但这件事仍是入不敷出的。有人建议通过商业广告和企业赞助来减少财务赤字，他的管理团队原本为此感到担心，但最终还是同意了。贝德纳的管理团队还赞同取消男子和女子田径队；虽然这两支队伍有可能在几个月后的全国比赛中赢得第三名，但参与相关项目的学生实在太少，而花费又太多。

贝德纳要求同事们考虑服务更多的学生，他还宣传了校董会提出的"教师和设施的'零增长'"战略。校董会提出这项方案，是为了回应高等教育界关于增加师资和完善基础设施的持续诉求。由于无法改变学校追求"更大更好"的趋势，校董会决定，至少要通过限制教师数量和校园建筑面积的方式控制学校的发展。

在第一次全体员工会议上，贝德纳承诺，学校将遵循新的"零增长"战略，同时将设法招收更多的学生。他倡议同事们"反思我们是如何思考的"，并"设定超乎想象的更高目标"。他举了山姆·沃尔顿的成功案例——作为商学院教授，他与沃尔顿位于阿肯色州的沃尔玛公司合作了超过15年。最初，沃尔顿提出要将平均每平方英尺销售收入50美元的行业收入标准提高一倍，但遭到了人们的嘲笑。现在，沃尔玛已经达到了平均每平方英尺收入300美元的标准，并有望实现平均每平方英尺收入1000美元。

在这种挑战精神的鼓舞下，贝德纳要求里克斯学院的同事思考作为教会的教育产品，里克斯学院将如何"影响整个教会及其全世界的会员"。达成这一点的关键是要思考如何充分利用现有资源，通过信息技术来实现目标。他提出了为全球5万名学生提供教育服务的可能性，否则，仅靠服务现有的8600名学生是无法让学校取得成功的。他提醒道："你们如果不改变现有的思维方式，就不可能做到这一点。"

在21世纪到来前夕，里克斯学院在为雷克斯堡和其他地区的更多学生提供教育服务的道路上蹒跚前行。所有学生都被要求至少选修一门在线课程才能毕业。1999 年，学院已经规划了 51 个"快车道"专业，重点是英语和商科等入学人数较多的专业。这样一来，学生不仅可以选择在秋冬季毕业，也可以选择在传统的夏季毕业。除此之外，里克斯学院还与爱达荷州和犹他州的好几所公立大学签订了协议：里克斯学院的学生可以到这些学校继续攻读学士和硕士学位。

一项很吸引人的政策是，学生可以在三个"校历"学期中的任何一个学期入学。例如，之前学院在秋季录取的学生要熬过冬天，到次年春季才能入学，现在他们则可以选择在冬季学期、春季学期和夏季学期中的任何一个学期入学。这种制度带来的好处是，如果那些没有按照传统的秋冬时间表被录取的学生能够接受这种非传统的安排，春季和夏季学期的入学人数就会接近秋季和冬季学期的入学人数。这种灵活的安排让学院全年入学总人数得到了增长，而学院无需雇用额外的教师或建造更多的教室。

里克斯学院在为国际学生提供服务方面也迈出了新步伐。它与墨西哥一所教会办的高中合作，为那些从义务传教服务中返回的墨西哥学生提供可以获得证书的技术课程。最初提供的是焊接专业课程，后来又增加了汽车修理、英语和计算机应用等课程。来自雷克斯堡的教师会轮流到现场为学生提供指导，并为当地教师进行培训。1999 年夏天，里克斯学院一共颁发了 101 份毕业证书。就像哈尔·艾林发起的农业相关项目一样，这些技术证书项目代表着一种坚守里克斯学院使命的努力。可以获得证书的技术课程为更多的学生提供了教育机会 —— 哪怕这些学生都不是传统高等教育的目标群体。

然而，就在里克斯学院即将取得成功的时刻，校董会要求学院将此项工作移交给当地的墨西哥高中，并强调学院在向外扩张之前，必须先打好自身的坚实基础。这一转变的速度之快令众人惊愕，唯独教会会长兼校董会主席戈登·欣克利（Gordon Hinckley）对此早有预料。

一个出人意料的公告

2000 年 6 月 20 日，星期二，里克斯学院的教职工和学生接到通知，要于第二天早上 8 点参加一个重要会议。数千人在预定时间聚集到了学校的篮球馆。戴维·贝德纳主持会议，并向大家介绍了 90 岁高龄的教会会长戈登·欣克利。当时身处盐湖城的欣克利，通过视频的方式出席了会议，并发布了一份令人惊喜的公告：

"里克斯学院将由如今的两年制专科学院升格为四年制大学。"

身处雷克斯堡现场的人群听到这个消息后欢欣鼓舞。贝德纳挥手示意，让大家安静下来。欣克利暂停了一会儿，然后继续讲话，但他的声音几乎被淹没在尚未平息的欢呼声中。他说：

"这所新的四年制大学将被命名为杨百翰大学爱达荷分校，更名的目的是要让学校快速获得国内和国际的认可。新学校将继续以适当的方式体现对托马斯·E.里克斯的尊重和永久纪念。

"学院升格为大学这件事，与我们正在进行的教育评估和我们追求进步的传统是一致的，正是这种传统把里克斯学院从一所偏远地区的学校发展为美国最大的两年制私立专科学院。学院通过多年的准备，已经具备升格的条件，将建设新的项目并扩大规模。

"杨百翰大学爱达荷分校的四年学制项目将在今后的一段时间内逐步推行，学校将有权按照自己的方式来推进。学校要把升格带来的不良影响减到最小。杨百翰大学爱达荷分校将在教会教育体系中扮演独特的角色，并与体系内的其他学校有所区别。"

这时，人群安静了许多。虽然很多人对失去"里克斯"这个校名感到意外或失望，但表现得比较克制。欣克利接下来的这番话说到了他们的心坎上，让他们更振奋了：

"杨百翰大学爱达荷分校将继续坚持教学导向。进行高效的教学和学生指导工作是致力于追求学术卓越的教师们的主要责任。学校将聚焦于本科生教育，同时为学生授予学士学位；但学校不提供硕士学位课程。学校也不会对教师进行分级排名。

"杨百翰大学爱达荷分校将结合创新的教学日历安排实现全年运营，同时利用先进的在线技术服务更多的学生。此外，杨百翰大学爱达荷分校将逐步退出其参与的全国性校际体育赛事，将重点转向学生的常规性体育活动：让更多学生参加体育活动，并满足学生群体多样化的需求。

"根据教学需要，杨百翰大学爱达荷分校将评估和重组各类学术课程。可以预见的是，由于学校将专注于重点学科和重点活动，它将不得不改变甚至取消一些之前长期存在的项目。

"目前，学校正在拟订有关改革的具体细节和时间表。这些细节将得到校董会的讨论和批准，并在未来适当的时候公布。"

在欣克利讲话结束后，贝德纳对在场的人说："现在是欢呼的时刻了！"一些人开始欢呼雀跃，但也有人感到悲伤。体育教练们呆呆地坐着，怀疑自己是不是要被集体解雇了。没有人事先得到任何消息；贝德纳自己也只在几个星期前才知道这件事。每个人都想知道接下来会发生什么，但现在还没有明确的答案。

专栏：
欣克利的公告的分量

当欣克利宣布杨百翰大学爱达荷分校成立时，在教职工们眼中，他既是他们的上司，也是他们的宗教领袖。对虔诚的信徒而言，质疑这所机构的规划设计，不只是在对一项行政决策提出疑问。几乎没有学术领袖能像欣克利这样，以如此权威的姿态发布有关机构的声明。然而，欣克利不仅拥有宗教方面的权威。他为杨百翰大学爱达荷分校制定的规划，使其对在体育教职员工外的其他员工来说，成了一个更具吸引力的雇主。更重要的是，相较于原来的里克斯学院，杨百翰大学爱达荷分校将提供新的学术机遇，并提升其学术声誉。而且，这所新大学的设计理念可以使其成为比同类院校更稳定的雇主。欣克利虽未提及这一点，但它已融入这所新大学的基因之中。全年无休的运营模式，以及在线学习技术的应用带来的经济效率提升，不仅能让杨百翰大学爱达荷分校以低成本扩大学生的规模，还能为教职工提供更高的薪资。2010 年，麦肯锡公司发现，该校教职工的平均总薪资为 92 439 美元，而同类院校教职工的平均总薪资为 80 867 美元。欣克利的宗教地位以及里克斯学院员工的忠诚，让他不太需要从理性的、激发个人利益的角度为此次改革进行论证。然而，鉴于颠覆性变革已迫在眉睫，从经济角度进行论证反而更具说服力。

欣克利的创新愿景

欣克利本人并没有为杨百翰大学爱达荷分校制定具体的执行计划，但他知道，其内在架构是正确的。他经历了 20 世纪二三十年代的美国大萧条，当时，他获得了一份来自教会的工作，这阻止了他去追求他少年时期的

梦想 —— 获得一个新闻专业的硕士学位。尽管如此，作为董事会成员长达
25 年的经历，让他对传统的高等教育模式有了透彻的理解。他尤其清楚大学
扩大规模和提升层次的趋势。

欣克利之所以提出"零增长"战略，是因为他意识到控制大学成本的唯
一可靠方式就是限制教师人数和办公室的数量增加。然而，尽管欣克利担心
大学不断升高的成本，但他仍迫切希望更多的年轻教会成员有机会进入大学
学习，尤其是在作为旗舰院校的杨百翰大学学习。20 世纪 90 年代中期，里
克斯学院和杨百翰大学拒绝的申请者数量都创下了纪录，于是欣克利组建了
一个分析团队，研究如何为更多学生提供入学机会。其中一个方案是建造一
个全新的校区。它所需的资金投入让董事会惊愕不已，因此新建一所大学的
方案很快就被否定了。与此同时，分析团队找到了有关教会高等教育系统价
值的数据，这些数据出人意料地极具说服力。该团队发现，与进入其他大学
的教会成员相比，就读于教会资助学校的学生毕业率更高、收入更多，而且
会为教会贡献更多的时间和什一税[①]。甚至仅从财务角度来看，杨百翰大学和
里克斯学院也产生了正向的投资回报，就如同各州期望自己的高等教育系统
能够做到的那样。

然而，欣克利思考的是如何以尽可能低的成本为更多的新生服务。他知
道杨百翰大学的教师都致力于学术研究，这使得该校在每个学生身上投入的
成本比里克斯学院要高得多。里克斯学院最近的创新给他留下了深刻印象，
尤其是它提出的全年运行的"快车道"项目。他还特别欣赏戴维·贝德纳的
领导才能，以及他勇于创新的精神。事实上，里克斯学院多年来一直在欣克
利的心中占据着特殊的地位。在 1998 年贝德纳的就职典礼上，欣克利说：

"在校董会处理的众多困难问题中 …… 很少来自里克斯学院。里克斯学
院一直在忠实地履行教书育人的重要职责。我们没有听到教师或学生提出的

---

① 指犹太教和基督教的宗教奉献，欧洲封建社会时代指教会向成年教徒征收的
宗教税。——编者注

困难。他们都知道自己为什么来到这里，他们坚定不移地追求着自己的目标，努力践行自己的使命。"

2000 年年初的一天，在一次校董会会议之后，欣克利请哈尔·艾林到他的办公室谈话。哈尔·艾林当时是教会的教育专员，像欧内斯特·威尔金森一样指导所有的教会学校。欣克利请哈尔·艾林把门关上后，说："哈尔，我们能不能把里克斯学院变成一所大学，以更低的成本为更多的学生服务？"这让哈尔·艾林有些措手不及，他思考了一会儿，开始列举在里克斯学院授予学士学位需要支出的额外费用。艾林指出，即使新的全年授课体系行得通，增加初级和高级课程也需要更多的教师，这就需要建设新的办公室大楼，而更多的学生也需要更多的教室。哈尔·艾林总结说："欣克利，这将让你投入更多，而不是更少。"

欣克利反驳道："不，不会的。这将使杨百翰大学在每位毕业生身上投入的教育成本更低。"欣克利的回答表明他一直在深入思考这个问题。他在咨询艾林或其他人之前已经有了把更具辨识度的"杨百翰"的名字用于里克斯学院的想法。他还在"每一位毕业生"一词中展示了自己对边际效应递减的认识，而哈尔·艾林在去哈佛商学院学习之前对这个概念是一无所知的。里克斯学院的教师以课堂为中心，相比于杨百翰大学的教师，他们能以更低的成本进行教学，因为他们花在教学上的时间更多。因此，投资于里克斯学院的每一笔教师薪资都将产生更大的边际回报。在里克斯学院在传统面授教学的基础上增加了在线课程后，这一判断显得尤为正确。

里克斯学院的经营效率分析情况揭示了欣克利关于新大学基因的另一个假设：大学可以以教学为中心，没有传统的科研任务，没有终身教职的评定，也没有基于学术论文发表情况的分级排名。从专科学院升格为大学，学校的教育使命不会受到传统的卡内基阶梯影响。杨百翰大学爱达荷分校的教师们将坚持里克斯学院的传统，专注于对学生的教学。杨百翰大学爱达荷分校的教学和学术只聚焦于为学生服务。

杨百翰大学爱达荷分校只颁发大专文凭和学士学位，不提供研究生课程。

欣克利是在考察杨百翰大学主校区时了解到研究生课程的成本情况的。杨百翰大学的专业学院颇受好评，但运营成本越来越高。它的工商管理硕士项目和法学院每年都需要投入大量经费来支持教师做研究和帮助学生就业。文科和理科研究生项目的成本同样高昂，因为它们的师生比例低、科研费用高（包括科学实验室和设备的资金支出）。

在综合考虑了研究生课程的全部成本，并且开发了一些可以获益的替代性方法（包括让杨百翰大学爱达荷分校的本科生与教授一起进行研究）之后，欣克利决定将研究生教育限制在杨百翰大学主校区内。在规划杨百翰大学爱达荷分校的过程中，他采用了克拉克·克尔在加利福尼亚州教育体系的做法，有效地将杨百翰大学爱达荷分校设计成与卡内基阶梯相匹配的加利福尼亚州四年制大学（后者这类大学后来成了加利福尼亚州的州立大学）。杨百翰大学主校区承担学生的择优录取、学术研究、竞技性运动队和专业学院带来的成本；而杨百翰大学爱达荷分校将受益于主校区对这些品牌建设的投资，同时保持较低的成本，并提供更广泛的服务。

欣克利对杨百翰大学爱达荷分校的提议在很大程度上是建立在里克斯学院的"基因"基础上的，但他也对其中一些方面进行了重大改进，尤其是在大学之间的体育竞技方面。如表 15-1 所示，他的设计对传统大学的"基因"进行了大幅重组。

表 15-1　杨百翰大学爱达荷分校与美国传统大学的基因特征

传统大学的特征	杨百翰大学爱达荷分校是否对此进行了借鉴
提供面授教学	面授教学与在线教学相结合
理性 / 世俗取向	否
专业化、院系化、教师自治	是，专注于"重点"学科
暑假长	否
在本科生院之上设置研究生院	否
接受私人捐赠	是
设置竞技体育项目	否
设置通识教育与专业教育课程	是

续表

传统大学的特征	杨百翰大学爱达荷分校是否对此进行了借鉴
关注学术荣誉	是
开展外部资助的研究	否
提供终身教职；教师之间存在职级和薪资差别	否
招生时择优录取	否

哈尔·艾林的劝诫

此后，哈尔·艾林作为教会的教育专员，无论是在私下还是公开场合，都在不断地阐释欣克利为新大学进行的设计。2001 年，他在雷克斯堡的一次演讲中提醒那些与新大学有关的人，在里克斯学院升格为大学的公开声明中有一句非常短的话："学校的使命是始终不变的。"他很认同，当年提交给当地认证机构的这份学校使命宣言仍然保持不变。谈及这份重视本科生教育的使命宣言时，艾林说"这可能是托马斯·里克斯、雅各布·斯波里和历任校长从一开始就说过的话。"这是对这所新建大学的一种赞赏，因为它一直在坚守自己的初心与使命，而没有急于追求地位的提升。

当然，哈尔·艾林知道，一所学校如果要想加入大学的行列，就需要增加对应的师资和设施。他和教育委员会的其他成员已经为这两件事情投入了大量的心力。在认识到这种扩张趋势是高等教育的惯性时，艾林对戴维·贝德纳的节俭承诺表示了由衷的赞赏。贝德纳经常引用的一句座右铭是："物尽其用。"艾林认为，学校和个人的节俭行为不仅可以节约成本，而且也是度过"艰难时期"的一种优势。他说："我们将更多地依靠创意和创新来进行改进，而不是依靠新建大楼的数量和增加的设备 …… 学校要充分考虑到，即使在最困难的时候，持续创新也不能停滞。"

哈尔·艾林也明白，学校衡量学术水平的主要指标是发表出来的研究成果。20 世纪 60 年代，他作为斯坦福大学的终身教授，已经感受到了"要么发表文章，要么离职"的压力。因此，他引用并赞赏了贝德纳发表的一篇关于学术研究的声明，该声明以一种非传统的方式定义了什么是"学术"：

"我们应当成为优秀的学者，我们的学术研究应当聚焦于学习与教学的过程。我们的学校不会成为传统意义上那种获得广泛认可和备受尊崇的研究型大学，然而，我们会重视广泛的学术探索，并以坚定的信念与持续的努力充分发挥拓荒者的作用，深入理解学习和教学。假以时日，我们定能成功。"

专注于重点学科

最后，艾林回顾了公告中提到的"专注于重点学科"。他说："欣克利有着丰富的教育经验，他知道专注于重点学科是多么重要。"他表示，学术成果的发表将聚焦于重点，而不会漫无目的地扩展。事实上，哈尔·艾林的这番话与其说是赞赏，不如说是劝谏。一年之后，杨百翰大学爱达荷分校的第一份课程目录列出了近 40 个学士学位项目，而且学校还计划开设更多项目。"更大更好"的趋势已经在这所新大学的课程目录中初现端倪。

哈尔·艾林希望，至少在一开始时不要开设超过 12 个专业，因为较少的专业将有助于大学保持低成本和高质量发展。但里克斯学院在升格为大学之前已经设置了 125 个大专专业，其中许多专业在向大学转型的过程中被取消了，因此，四年制学位项目的迅速扩张是不可避免的。此外，有一种观点认为，学校要保证教育质量，就要让学生有足够广泛的专业选择权。

然而，就学校提供的专业数量而言，杨百翰大学爱达荷分校实际上比传统大学更像哈佛。颇具讽刺意味的是，哈佛大学在学科管理上比大多数效仿它的大学都更加谨慎。尽管哈佛庞大的课程目录可能仍会让詹姆斯·科南特校长也觉得"太荒谬了"，但它还是成功地将专业或重点学科控制在 50 个以内。典型的研究型大学的专业数量是这个数字的好几倍；甚至连杨百翰大学爱达荷分校现在的专业数量都超过了这个数字。此外，哈佛大学的学生通常比其他大学的学生需要更少的专业学习时间。选择较少的专业和较少的专业学习时间，为学校和学生节约了大量的成本。

哈尔·艾林和欣克利都从自身的经历中认识到，本科专业数量在很大程度上会使得知识体系与组织架构日益碎片化，并导致财务成本上升。一些新的专业是跨学科的，但大多数专业只是对现有专业领域的进一步细分。专业细分能带来更强的专业性和更深的学科内容；教师们愿意这样是因为他们需要教授更多的课时，这有利于他们把专业研究转化为本科课程。艾略特就是选修课的拥护者，因为他知道这将使得教学对教授和学生都更有吸引力。

然而，哈佛大学通识教育的创始人洛厄尔认为，增强专业深度是以牺牲其广度为代价的。虽然细分专业的增加对学术研究的发展很有好处，但选修相关课程的学生只占本科生人数的一小部分。即使在哈佛，也只有 5% 的大四学生表示有立即攻读文科和理科博士学位的意向；相比之下，超过半数的学生计划攻读商业、医学或法律方向的研究生。专业细分可能会让本科生在读研深造和选择就业时，都显得准备不足。此外，这也会让学生在四年内毕业变得更加困难。

哈尔·艾林也注意到了新的专业和研究生课程是如何增加学校成本的。新专业或新项目的支持者会精明地吹嘘他们只会增加很少的新课程，而不会增加新的师资或物理设施。但事实上，他们的新增要求几乎总是在新专业或新项目实施的后期才提出，届时他们（在此期间可能会逐渐发展出独立的系别）会提出，需要提高教学质量、增加教授前沿课程的教师数量，以及增加相应的办公室和实验室设施。从增加一个新专业变得"更大"，然后要求进一步变得"更好"，这就是"更大更好"的扩张之路。

专栏:
易增难减的专业

大学里的专业不断增多,其原因和课程增多的原因类似。学校很容易提议开设某个专业,而主要障碍仅仅在于,要证明教师有资格教授该课程——这些课程在其他院校也有开设。至于学校授予该专业的学位需要付出多少成本,以及毕业生有望获得怎样的经济回报等问题,往往只是次要的考虑因素。

与开设新课程类似,其他教师和学术管理人员也不愿质疑同事开设新专业的提议。本着学术上的团队合作精神和创新的学术精神,他们倾向于尝试创办新专业,尤其是在新专业的增设有利于提升大学排名并扩大学校影响力的情况下。然而,取消一个专业要比从课程目录中减少一门课程困难得多。学校在取消一个专业时,不仅要考虑许多相关教师的投入情况,更要考虑目前在读的学生该如何毕业。该专业的毕业生可能会发现,由于专业的取消,他们的学位价值受到了损害。因此,创建专业时必须小心谨慎。

哈尔·艾林原本希望杨百翰大学爱达荷分校能像营利性教育机构一样,通过提供有限的实用专业(如商科和教师教育)进行大规模的人才培养,避免由专业增加造成的成本攀升 —— 换句话说,这些实用专业是可以大规模开设的,即使在高级课程中,学生和教师的比例也可以达到两位数。这不仅会降低每个学生的教学成本,还会提高毕业生的就业竞争力。专注于重点学科是杨百翰大学爱达荷分校的关键特质,是欣克利独特设计出的大学众多要素之一,它既需要得到创造性的实施,也需要谨慎的保护。

第 16 章
开始起步

　　毫无疑问，戴维·贝德纳是实现里克斯学院转型为杨百翰大学爱达荷分校这一目标的合适人选。从心理层面而言，这位新校长及其同事们可谓是白手起家。然而，他们已经为欣克利所设想的这所独特的四年制大学奠定了关键的基础。确保春季和夏季学期生源充足，并推行实现全年运作所必需的三轨招生制度，这些工作已在推进之中。大部分必要的校园建设工作也在同步推进。

　　杨百翰大学爱达荷分校不开设研究生项目和不进行教师职级评定的举措是它在实现新战略的过程中采取的激进措施，也是抵制"更大更好"这一趋势的关键。为此，贝德纳和校董会应该感谢欧内斯特·威尔金森和教会高等教育系统的管理者们。如果不是他们在早期谨慎地把里克斯学院定义为社区学院，到 2000 年时，里克斯学院很可能已经具备了研究型大学的两大标志性特征：查尔斯·艾略特所倡导的研究生项目和詹姆斯·科南特所倡导的以学术研究为中心、"非升即走"的终身教职制度。现在，里克斯学院就像那些学术规模不大的文理学院一样，没有这两大特征，也使得其升格后的杨百翰大学爱达荷分校在本科生教育方面具有天然的优势，正如贝德纳所言，它"专注于学生学习与教师教学的过程。"他们会在本科生而非研究生的协助下做好这件事，他们也不觉得有必要去取悦传统学术期刊的编辑委员会和大学出版社。

重量级团队与管理方面的投入

　　杨百翰大学爱达荷分校在短时间内完成了很多工作，包括设计具有挑战性的本科学位体系和获得四年制大学的认证。2001 年，学校获得了临时认证，三年后又获得了全面认证。获得这些成功的原因之一是贝德纳创建了一个"重量级团队"来监督这项工作。团队成员由教师和管理人员组成，他们对里克斯学院的课程和地区认证机构 —— 美国西北部地区院校协会的标准都非常了解。这个团队被授权跨越部门边界，创建设计课程的标准流程并收集获得认证所需的信息。

专栏：
重量级创新团队

克莱顿在进行《创新者的窘境》一书中提到的研究时发现，颠覆性创新很少源自成熟企业。在一个成功的组织中，即使有人发现了一种真正创新的做事方法，现有的组织系统和工作标准也会将其扼杀。没有被扼杀的创新想法也不可避免地会得到改良，以适应组织原来的做事方式，然后在使用过程中失去其创新价值。

组织要解决这个问题，最简单的方法是设立一个独立自主的部门来开发这样的创意。例如，20世纪80年代初，IBM就决定创建一个独立的个人计算机 (Personal Computer，PC) 部门。高管团队知道，IBM老练的营销经理和销售人员会把PC当成一个小玩具，要么过快对其进行升级改造，要么毁掉它。因此，高管团队决定把这个研发团队放在远离IBM纽约总部的佛罗里达，让他们可以专注于研发低成本的PC以满足新消费者的需求，而不用考虑IBM的主机部门对高利润和公司形象的追求。结果，这为IBM带来了突破性的PC新产品。

在合适的背景下，重大的创新可以在一个成熟的组织内得到培育和发展。组织要做到这一点，就需要建立一个重量级的、由专家组成的领导团队，他们代表所有必要的组织功能，并且能在没有压力的状态下为自己的部门发声。理想的情况是，这个团队中的成员能够经常面对面交流，有一个有实权的领导者。如果这个跨部门团队的成员共同肩负创新的责任——了解但不过分在意这个创新对自己部门的影响——这个成熟的组织就可以灵活地向新的方向发展，就像杨百翰大学爱达荷分校成功转型为一所大学那样。

虽然杨百翰大学爱达荷分校很快获得了大学认证，但其他的问题需要花更长的时间才能得到解决。其中一个是弃用"里克斯学院"的校名，改成"杨百翰大学爱达荷分校"。数以千计的托马斯·里克斯后人对此感到十分痛心。校董会批准了贝德纳的建议，将当时正在建设的一幢大型教学楼命名为"里克斯大楼"，以示对里克斯的纪念。

此外，包括里克斯家族成员在内的很多人担心他们热爱的里克斯精神会流失。随着学校专业数量的增加和入学人数的大幅增长，许多支持者担心学校将失去原有的人文关怀传统。为此，贝德纳在此后多次公开谈到杨百翰大学爱达荷分校将继续体现里克斯学院的人文关怀传统，爱达荷校友会的正式口号是"继承和发扬里克斯精神"。贝德纳还延续了之前的正式和非正式交流的传统，例如，定期举行全体教职工会议和全校范围的交流对话。尽管做了这些努力，但杨百翰大学爱达荷分校的教职工还是会把学生、家人、校友和其他赞助人对学校政策的失望，归结于学校传统的丧失。一位愤怒的校友甚至说贝德纳是"里克斯精神的杀手"。

对一些人来说，更痛心的事情是学校取消了校际体育赛事项目。这一消息让所有的教练和运动员措手不及，因为他们刚刚才取得了前所未有的成功。此前，里克斯学院的女子和男子越野队分别赢得了七次和三次美国职业学院联盟冠军。学院的橄榄球队在1998年的美国冠军赛中以仅3分之差获得亚军，而且一直排名美国前十。学院的体育教学也很成功，1999年，六支里克斯校队在美国体育教学评比中名列第一。他们当前的情况与哈佛退出全国性赛事、签署《常春藤联盟协议》时截然不同，因为当时里克斯学院的体育运动队成绩斐然，而它在雷克斯堡以外地区的声誉在很大程度上也来自体育运动队的成绩。

消息公布之后，学校又在盐湖城举办了一次新闻发布会，欣克利被问到的第一个问题与体育运动队的未来有关，以及"为什么要取消体育运动队的全国性赛事？"他回答说："体育赛事项目太花钱了。"欣克利知道顶级体育运动队在杨百翰大学的支出情况，所以他很容易想象出来，那些专科院校的教练和球员如何在加入美国大学体育协会后，会如何努力争取胜利。他提前预见到了后来的主席迈尔斯·布兰德（Myles Brand）在 2008 年指出的问题："近年来，体育项目支出的增长速度太快，这是不可持续的。"对教会来说，如果要同时支持两所学校的体育项目，尤其是当其中一个学校位于体育赛事粉丝有限的乡村地区时，它肯定无法提供足够的资金支持。

取消校际体育赛事项目的重担落在了戴维·贝德纳的身上。为了兑现杨百翰大学爱达荷分校的学术承诺，他决定让现有的所有校队再运营两个赛季。在这两个赛季里，学校赢得了两次美国高校越野冠军，而橄榄球队获得了第五名的好成绩。学校在体育赛事上取得的优异成绩加剧了那些体育项目支持者的痛苦和愤慨，而贝德纳则不得不承受执行这项决策的压力。他立场坚定，断然拒绝重新考虑这个决策。后来，几乎所有的教练和体育项目支持者都继续在学校获得了工作岗位，还有少数人退休了；有些教练选择去其他学校担任教练。大多数人都留在了杨百翰大学爱达荷分校，专注于他们以前兼职的体育课。

专栏：
校际体育比赛的终结

在欣克利宣布成立杨百翰大学爱达荷分校和结束里克斯学院校际体育竞赛项目的第二天，当地规模最大的报纸《爱达荷瀑布邮报》（*Idaho Falls Post Register*）刊登了题为"再见了，维京人"（So long Vikings）的报道。头条文章将这个决策描述为"对学校体育部的每个人来说，无论站在个人情感还是职业发展角度，它都带来了毁灭性的打击"。在"受害教练"的标题下展示的是 8 名教练的照片以及他们在里克斯学院取得的教练成绩。橄榄球教练罗恩·豪恩（Ron Haun）的执教成绩是 160 胜 32 负 2 平。女子篮球教练洛丽·伍德兰（Lori Woodland）的执教成绩是 243 胜 40 负。

《爱达荷瀑布邮报》列出了里克斯学院在两大主要体育赛事上取得的成功，并指出："这些赛事联盟学校来自爱达荷州、犹他州、科罗拉多州、俄勒冈州和亚利桑那州，彼此距离太远。为了参加全部赛事，学院需要支出大量的差旅费用。这最终导致学院取消了校际比赛项目。"

尽管这样的决策会给当事人和相关部门带来痛苦，但高昂的成本已然迫使其他学校开始审视其校际体育赛事项目的成本和收益，尤其是最昂贵的橄榄球项目。2009 年赛季结束之后，霍夫斯特拉大学和东北大学也都取消了橄榄球项目。霍夫斯特拉大学把节约出来的 450 万美元用于其他目的，包括根据需要为学生提供奖学金等。2010 年，加州大学伯克利分校也取消了包括棒球在内的五项竞赛项目，影响了 20% 的学生运动员和 13 位教练的职业发展，但在接下来的一年里，它就因此节省了 400 万美元。

学生活动的新模式

里克斯学院的体育部主任加思·霍尔（Garth Hall）选择留下来，担任另一个跨部门委员会的主席，该委员会的任务是创建贝德纳所说的"广泛而丰富的活动项目，包括体育运动项目"。霍尔以他在 6 所大学超过 20 年的橄榄球队执教经验承担了这项任务。他很欣赏杨百翰大学爱达荷分校与众不同的选择背后的理由。他早已注意到了校际体育赛事的高昂成本 —— 当他之前在一个比雷克斯堡大几倍的城市担任大学橄榄球队总教练时，霍尔就已经发现，体育项目的收入仅占其 500 万美元支出的 25%，这种情况难以持续。

在杨百翰大学爱达荷分校宣布取消校际体育赛事项目后的两个月之内，霍尔团队的教师和管理人员与学生们共同提出了一系列范围广泛的活动项目，包括体育运动项目、健身、户外娱乐、视觉和行为艺术、兴趣爱好和手工制作、公益服务、娱乐和学术等领域的活动。后来，被证明对大学的长期发展最重要的，是霍尔团队所倡导的这一原则 ——"取得进步的学生将有机会担任教师、教练和社团领导者。"他们设想了一个有关学生领导力发展的金字塔体系。例如，一个新生可以从排球队的参与者开始，在接下来的几年中晋升为队长、教练，最终成为球队的领导者。领导者们可能会获得津贴，而其他岗位由学生志愿者负责。所有的岗位都鼓励学生代代相传。

这种后来被称为"学生领导力模型"的体系让更多学生得以参与其中，它具有两个方面的重要意义。一是为学生的个人成长和职业发展提供了有益的领导力培训，二是提高了各项活动的投入产出，包括非体育项目在内的全部活动的成本仅是原先的体育项目预算的三分之一。截至 2009 年，学校支持了 192 个活动项目，共有 7500 多名学生参与其中。这些活动取代了以前的校际赛事运动队。以前学校只有一支橄榄球队，而现在却有八支橄榄球队，以至于学校不得不用人工草坪替换掉天然草坪，这样既能保证有足够多的学生参与，又能有效地控制成本。杨百翰大学爱达荷分校之前没有游泳队，而现在有了四支游泳队。非体育性活动（如音乐表演和公益服务活动）的数量也在成倍增长。

实习和就业导向的专业设置

更换校名与取消校际体育赛事项目一样，为大多数学生带来了更大、更多的好处。当杨百翰大学爱达荷分校的学生在找工作时，这个新的校名获得了雇主的认可，也提高了他们对学校毕业生的信任度。大多数雇主发现，杨百翰大学爱达荷分校毕业生的表现与杨百翰大学的毕业生不相上下。

杨百翰大学爱达荷分校这个校名不仅让毕业生受益，还让大三和大四学生在参加学校组织的实习项目时受益匪浅。学校组织的实习项目有两个目的，其一是为杨百翰大学爱达荷分校的整合型学位课程提供补充。许多提供本科学位的院系最初规模太小 —— 只有三到四名教师 —— 无法开设本科三、四年级的全部专业课程。因此，学校的解决方案是提供一个整合型学位，其专业课程不超过 45 个学分（少于通常的 50 多个学分）。此外，整合型学位要求学生修读 24 学分的辅修课程，或在互补领域修读两组各 12 学分的"课程群"。例如，建筑管理专业的学生可能会辅修商业课程，英语专业的学生则可以选择一组平面设计课程和一组计算机技术课程。这不仅解决了高年级课程设置有限的问题，还提高了毕业生的就业能力。对普通学生来说，简单、低成本的解决方案可能也是一种高质量的解决方案。

实际上，推出整合型学位项目的侧重点并不是对缺乏深度的专业课程进行弥补。尽管这一问题确实存在，但随着大批拥有博士学位的教师入职，它很快就能够得到解决。鉴于杨百翰大学爱达荷分校的使命是为具有多样化学术能力的本科生提供服务，无论学校是否有能力提供高级课程，把重点放在具有就业导向的课程体系上都是有意义的。虽然有些毕业生会选择继续深造，但大多数毕业生还是会去找工作。

戴维·贝德纳对以就业为导向的教育的敏锐洞察，来自他在阿肯色大学工作期间帮助沃尔顿学院设计课程的经历。沃尔顿学院是沃尔玛公司为内部员工提供管理培训的企业大学。贝德纳还会带领阿肯色大学的学生为沃尔玛公司和它的许多供应商提供咨询服务。他从这些经历中看到了将基于课堂的学习和工作实习相结合的价值。尽管雷克斯堡地区缺少阿肯色州那样由众多公司提供的实习机会，但贝德纳认为，大学资助的实习项目也可以为杨百翰大学爱达荷分校的学生提供更多的学习机会。

为本科生创造实习机会是对传统大学固有模式的又一次改变。艾略特把哈佛大学的研究生项目置于大学的顶端，本科课程设计者假设获学生得学士学位的主要目的是为升入研究生院做准备。尤其是在 20 世纪下半叶，哈佛本科生入学的择优录取率和大学的声誉持续上升，使得教授和学生都想当然地认为，学士学位是商业、法律、医学等专业学位的基础，或是入选博士项目的基础。学生们预计自己至少要在大学里学习六年，因此他们在专业学习方面几乎没有压力，更不用为职业发展做准备。他们没有把暑假看作通过实习经历来巩固课堂所学的机会，而是像高中时期一样，只把暑假当作一个假期。即使是就读于名校、希望继续深造的学生也不应该把暑假当作假期，而如果普通大学的学生这么做，他们毕不了业的可能性甚至比获得研究生学位的可能性还要大。

为了不让这种现象出现，杨百翰大学爱达荷分校的团队创建了学生实习项目，将实习作为每个整合型学位项目的一部分。学生可以获得实习学分，但前提是必须在不上课的那个学期完成实习；例如，在春夏季学期和秋季学期上课的学生，将在冬季参加实习项目。为此，学校成立了专门的学生实习办公室，并在美国西海岸的西雅图、圣何塞、洛杉矶，以及东部的纽约和华盛顿特区等十几个"中心城市"，与主要雇主建立了正式的合作关系。

学校的学业跟踪系统使得杨百翰大学爱达荷分校的实习生比其他学校的学生更具有优势。实习办公室鼓励雇主不把实习生仅仅当作潜在的未来员工，而把他们当作是稳定的、全年工作的正式员工。这个想法受到了各大会计师事务所的热烈欢迎，它们可以让杨百翰大学爱达荷分校的学生不仅在夏季工作，而且在繁忙的秋冬季节工作，因为大多数客户要在这个季节结账并完成纳税工作。这种贯穿全年的实习，加上杨百翰大学备受好评的本科课程所提供的品牌认知度，迅速为杨百翰大学爱达荷分校的学生赢得了他们之前都不敢想象的工作机会。

尽管实习项目对学生的价值很大，但实施成本其实很高。为了建立与雇主的关系，学校的五位全职行政人员需要大量出差，尤其是在最初的几年。常常也有教师加入出差人员的行列，这些教师想要了解雇主的需求，并确保自己的课程能够与雇主的需求相匹配。学校还发现，它需要为学生前往中心城市面试提供差旅资助。但在实习项目启动之初，许多学生根本没有看到实习的价值。随着实习项目的成熟，学校的工作重点从建立雇主关系转向说服学生充分利用实习机会进行学习、得到成长。

贝德纳满怀信心和耐心地推动着这一切的发展（见表 16-1）—— 创建以整合型学位为特色的四年制本科项目、获得大学层次的认证、开发学生活动和实习项目。他能感受到学校的设计理念和人员身上蕴含的力量，他知道这二者都不依赖于他。他经常说，能够"仅仅为杨百翰大学爱达荷分校打下基础"，他已经深感荣幸。此刻，那位将在此基础上带领学校更上一层楼的新校长还没有到来。

表 16-1　戴维·贝德纳时期的创新（1997—2004 年）

新特征	产生的影响
大学课程与认证	学生获得深造机会 成本可能会增加
整合型学位	具备高度的可定制性 课程创设成本低 学生的深造机会有限
各类活动项目与领导力模型	学生参与度提高 运营成本低 相较于竞技体育，观众关注度降低
实习项目	增强学生的就业竞争力 增加成本

第 17 章
提升质量

2005 年 6 月的第一个周一，哈佛商学院时任院长金·克拉克召集全体教职工参加了一个临时会议，宣布他将离开哈佛商学院，到一所新的学校担任校长。对哈佛商学院而言，金·克拉克在任的十年是很成功的。学院的教师人数大幅增加，获得的捐赠金额增至原来的三倍。在哈佛商学院有着百年历史的佐治亚风格校园里，四座由捐赠者出资建造的新大楼拔地而起；学院还通过在全球设立六个研究中心的方式进一步拓展，帮助哈佛时任校长尼尔·鲁登斯坦实现学术界的"日不落帝国"。

金·克拉克在哈佛大学获得了学士、硕士和博士学位，是一位受人尊敬的学者和领导者。他倡导把全球视角带入课堂，提高学生群体的行为标准，尤其要平等地对待女学生和女教授。无论是在校园里还是在新闻媒体上，他都是一位受人尊敬的道德模范和优秀价值观的宣扬者。他在促进哈佛商学院更加重视道德伦理、更加全球化的同时，还支持学院广泛采用前沿信息技术。在金·克拉克的任期即将结束时，哈佛大学时任校长、经济学家拉里·萨默斯把他描述为"卓越的哈佛商学院领导者"。

金·克拉克的同事们原本以为他会在担任院长第十年的某个时候离任。他曾公开承诺过这一点，因为他认为，一个卓越的组织至少每十年都需要一个新的领导者。他们知道，当时年仅 56 岁的金·克拉克除了可以选择继续担任哈佛大学教授，还可以选择到学院的私营部门和公共部门担任领导者。然而，他们没想到会在毕业典礼前几天，在一场仓促召集的教师会议上，听到他宣布从哈佛商学院离职的消息。他们也无法理解克拉克的新去向：杨百翰大学爱达荷分校。很少有人听说过这个地方，更没多少人觉得它能配得上这样一位领导者。不管怎样，当金·克拉克大步流星地走出会场时，同事们都对他报以热烈的掌声。

校长空位期

2004 年 10 月，戴维·贝德纳离开了杨百翰大学爱达荷分校，到摩门教会担任另一个领导职位。教会教育委员会一直等到哈佛商学院的学年结束时，才联系了金·克拉克。在这段校长空位期内，许多大学教职工对贝德纳领导下的快速变革感到厌倦，他们希望新校长能够给他们留出时间来跟上学校发展的步伐，甚至能稍微休息一下。这与 20 世纪后半叶哈佛大学的校长继任模式是类似的。在詹姆斯·科南特引入了一种全新的通识教育项目，并实行"非升即走"的终身教职等提高精英管理能力的制度之后，内森·普西谨慎地决定，他的主要任务是通过筹款来巩固当时的新现状。在德里克·博克引入了新的通识课程，并推动师生的多样化和社会参与活动之后，尼尔·鲁登斯坦也没有推动太多大的变革。哈佛的管理委员会显然看到了在一次重大变革后进行整合巩固所带来的好处。

但在挑选贝德纳的继任者时，戈登·欣克利考虑的是一个更像洛厄尔那样的人来接替查尔斯·艾略特 —— 一个强大、富有创新精神的领导者，他能在建设新大学的基础设施的同时强化大学的内在特质。当欣克利宣布金·克拉克即将担任杨百翰大学爱达荷分校的新校长时，那些认识克拉克的人都清楚，学校在经历了前所未有的变革之后，发展的步伐并不会慢下来。拉里·萨默斯在金·克拉克就职杨百翰大学爱达荷分校校长的典礼上预见了学校即将迎来的变革，他说："我在哈佛商学院的教室和走廊里经常听到有人说，某个组织正处于一个'转折点' —— 一个充满机遇和变革的转折点 —— 今天，你们这所令人自豪的学校正处在这样一个历史性的转折点上。"

在上任之前，金·克拉克已经开始研究杨百翰大学爱达荷分校的历史，这要一直追溯到班诺克学院的建立。他从里克斯学院转型为杨百翰大学爱达荷分校的过程中认识到了这所学校的基因重构。他还理解了里克斯精神，这让他在很多方面想起了哈佛商学院的精神 —— 学习驱动、学生参与。由于他的全球化和信息技术背景，他又看到了将杨百翰大学爱达荷分校的创新教育模式提升到一个新的水平上的可能性。

令人欣慰的是，戴维·贝德纳对聘任金·克拉克的决策感到很满意。事实上，他们很快就成了好朋友，他们不仅热爱这所大学，也热爱高尔夫运动。更重要的是，克拉克和贝德纳发现，他们对杨百翰大学爱达荷分校拥有一个共同的愿景，它超越了这所大学创建之初所作的创新承诺。

三大要务

金·克拉克在就职演说中阐述了他的愿景。他谈到了三大要务：第一是"要全面提升学生的学习体验"，第二是"让更多的学生到杨百翰大学爱达荷分校学习"，第三是"降低教育的相对成本"。金·克拉克本人非常了解大学追求"更大更好"的趋势，他承认高等教育在传统上认为这三大要务是相互排斥的。大家一般认为，降低教学成本与提高教学质量是对立的。同样地，他们也认为要招收更多的学生就要增加成本或降低教学质量。"但是，"金·克拉克宣称，"我们要打破这些传统观念的束缚。"

金·克拉克承认，杨百翰大学爱达荷分校的教学质量已经很高了，这一点可以从学校的教师招聘记录中明显体现出来。在他任职的最初两年里，杨百翰大学爱达荷分校聘请了 67 名新教师，增加了 45 个教师编制。这 67 个教师职位吸引了 1100 多人申请，这展现了教师们对杨百翰大学爱达荷分校的认同，也暗示了新教师队伍的质量。

更重要的是，金·克拉克看到了 20 世纪 70 年代初哈尔·艾林为里克斯学院所带来的优势：教授们不仅会教书，而且像哈佛大学的乔治·多里奥特和 C. 罗兰·克里斯坦森（C. Rowland Christensen）那样，会成为学生的导师。金·克拉克从他在哈佛商学院的教学和管理经验中体会到了这种不止提供专业课程服务的重要性。事实上，他在自己的学生时代就已经懂得了这个原则。他在上大学选课时，问过在一所大学担任学院院长的叔叔，自己应该选什么课。叔叔回复说："别冲着课去选；要冲着教授去选。"

作为一名哈佛的学生，"别冲着课去选；要冲着教授去选"的原则给金·克拉克带来了很多帮助。大二时，他意识到自己对经济学很感兴趣；他尤其被著名经济历史学家亚历山大·格申克龙（Alexander Gerschenkron）的著作所吸引。在从哈佛大学毕业之前，金·克拉克已经跟随格申克龙学习了整整两年的经济学，这为他后来顺利获得经济学博士学位打下了良好基础。

在研究生院就读时，金·克拉克与德里克·博克时代的第一位文理学院院长约翰·邓洛普建立了持久的友谊。那时，邓洛普在哈佛重新开始教授经济学，并拥有大学特聘教授的尊贵头衔和特权。（大学特聘教授是詹姆斯·科南特在20世纪30年代创立的一种学术荣誉。）金·克拉克跟随邓洛普，学习了后者教授的劳动关系课程，随后受邀担任邓洛普的研究助理。一年后，杰拉尔德·福特（Gerald Ford）总统邀请邓洛普担任美国的劳工部长，金·克拉克随他前往华盛顿。邓洛普回到哈佛商学院之后，担任了金·克拉克的博士论文指导教师。在金·克拉克完成博士学位后，邓洛普鼓励他加入哈佛商学院任教。

金·克拉克很高兴看到杨百翰大学爱达荷分校的学生可以像他那样"选教授"。同时，他也发现了一些可以提高学生学习质量的机会。其中一个是由他从戴维·贝德纳那里接手来的管理团队提出的，即创建一个真正意义上开设第三学期的新校历。从操作层面讲，杨百翰大学爱达荷分校有一个完整的春季和夏季运营校历，但每个学期只有八周。教师们可以选择在其中任何一个学期上课，同时用另一个学期进行学术休假。

这个教学体系很难管理和运行，因为大多数教师都想在第一个学期上课，然后在第二个学期休假。更糟糕的是，它也对学生不利。在非传统学期中，学生们一个学期只有一半的时间能够接触到学校分配给他们的学业导师。而且，他们的课程进度比秋季或冬季学期加快了一倍。例如，一个选修四学分的生物或微积分课程的学生每周需要上八个学时的课，而不是通常的四个学时的课。即使只有传统的秋季和冬季学期课程负担的一半，春季和夏季学期

的学生也很难在短短八周内掌握一门新课程提供的所有知识，他们精神上的
"沉浸时间"太少了。

除了时间问题，这些学生中的许多人还面临着高中成绩和考试分数较低
的不利情况。选课系统的政策是高分学生可以优先选课，于是，大多数分数
较高的学生选择了传统的秋冬学期，让那些基础不太好的学生去上更困难的
春季和夏季学期课程。

重新设置校历和时间安排

金·克拉克的团队提出了两项从根本上改变学校内在特质的方案，并最
终获得了大家的认可，使得夏季学期的教学质量与其他学期一样好。其一，
采用三学期制校历，并签订雇佣合同，规定教师除了拥有一个短暂的暑假，
需要全年授课。其二，制定课程分配体系，不给予任何人特殊优待，确保每
门课程在学生资质要求方面都具有学术可比性。

全年授课方案为教师的专业发展和个人休假保留了大约六周的时间，在
这段时间内他们不会受到打扰。鉴于学校在日常课程安排方面的创新，这个
方案是可行的。曾经，杨百翰大学爱达荷分校每节课的持续时间是 50 分钟，
每学期 16 周。金·克拉克的团队通过将每节课的持续时间延长至 60 分钟，
使得在总上课时长保持不变的情况下，每个学期仅为 14 周。然而，学生和
教师每周的工作量会有所增加。在新的春季学期中，由于工作量的增加和工
作时间的延长，教师们自然会获得加薪。

2005 年秋天，也就是金·克拉克上任几个月后，学校首次向全体教师公
布了这一方案。当时，它引发了大家广泛的争论，大家想要弄清楚在 12 个
月的日历中，三个学期应该如何划分。例如，有些教师希望在 8 月休假，而
另一些教师则希望在 12 月休假。金·克拉克的团队广泛征求了大家的意见，
创建了允许全体教师参与讨论的在线平台，并与各部门举行会议，进行深入
探讨。最终，一共产生了八个版本的校历提案，供全体教师投票选择。为了
轻松地区分这些提案并让它们更加个性化，每个提案都以一个飓风的名字

命名：阿比盖尔（Abigail）、博阿兹（Boaz）、克劳迪娅（Claudia）、丹尼尔（Daniel），一直按字母顺序排到赫齐卡亚（Hezekiah）。绝大部分教师支持在8月份休假，用传统的圣诞节和新年来划分秋学学期和冬学学期；只有一小部分教师没有选择全年工作合同。

教师薪资的增加也给学生带来了更好的学习体验，并降低了单位成本。几乎所有的教师都在春季学期授课，使得春季学期的学生人数达到了与秋季和冬季相同的水平——11 600名全日制学生。学校不需要新建教学楼，大约占教师薪资四分之一的补贴也保持不变。从边际收益来看，教师的涨薪为学校带来了以更高质量服务更多学生的能力，并降低了单个学生的教学成本，其投资回报率要比以前高出很多。

金·克拉克的团队也注意到，在春季学期结束的7月底和秋季学期开始的9月初之间存在着开展教学活动的可能性。在这段时间内，学校足够为那些决定在休假期间留在学校学习的学生提供两到三个学分的课程。无论是全职还是兼职的教师都可以按课程收费。这些课程带来的边际收益还是远远超过了它们的成本。在没有额外固定投资的情况下，就像前文提到的增设春季学期将学校的教学能力提高了50%一样，利用暑假时间教学就可以将学校的教学能力提高近15%。

与教师们之前对全年工作合同所表现出来的态度相似，新入学的学生很顺利地适应了这种不按成绩划分等级的教学安排。三个学期为学生提供的学习体验是基本一致的，而且在寒冷的雷克斯堡地区，春季学期的天气比其他两个学期要好，这对学生也是有益的。一小部分学生和家长反对这样的非传统教学安排，有些人因此选择了去其他学校。然而，即使是在非秋冬学期，学校招收的成绩优异的学生比例也几乎与从前一样。到2007年年底，杨百翰大学爱达荷分校已经实现了持续的全年运营，而且其教学水平和学生整体质量也没有降低。

专栏：
全年运营的障碍

　　最初看起来，大学实行全年教学的最大障碍似乎是教师的反对。对教师们来说，学术休假不仅仅是一种福利，也为教师的重要研究和写作工作提供了集中的时间。然而，日益流行的兼职教学（包括面授和在线教学）意味着，学校想要提供足够多的夏季课程，所需的全职教师人数越来越少。此外，如果夏季课程的招生人数足够多，而增加的非教学成本有限，额外的学费收入就会给教师带来可观的新增报酬。但真正的困难在于，要说服足够多的学生选择在夏季上课。

　　20世纪60年代末，加利福尼亚州高等教育系统的领导者意识到了夏季教学的潜在好处。当时，快速增长的人口数量给加利福尼亚州的高等教育系统带来了巨大压力。一项正式研究预计，增设夏季学期可以让学校通过使用现有的校园设施而不用建造新的设施，节省数亿美元。截至1999年，人口周期的影响和加利福尼亚州的经济增长带来了新一轮的学生增长，于是教育部门认真推行了这一策略，为公立大学的全年运营提出了特殊的财务激励措施，促使其能够实现全年教学。

　　结果喜忧参半。在1999年之后的十年里，加州大学的夏季学期入学人数几乎增加了两倍——即便这样，其校园利用率仍不到秋季学期的四分之一。相较而言，州立大学和社区大学校园的暑期利用率略有下降。

　　这一问题早在30年前的研究中就被预见到了：学校要让学生改变他们的学习模式。2006年的一项教育研究提出了几种吸引学生参加夏季课程的创新方法，除此之外，它还建议加州大学伯克利分校和洛杉矶分校等学生人数众多的学校鼓励学生参加夏季学期的学习。学校鼓励学生自愿参与的措施包括降低夏季学期的学费、允许夏季学期的学生优先选择秋季和冬季学期的热门课程、为夏季入学的学生提供秋季学期注册和住宿的优先权等。尽管经济困难带来的财务压力减少了人们对这些精细化运营策略的注意力，但它们在持续地以更低的成本为更多学生服务方面仍具有巨大潜力。

一种新的学习模式

金·克拉克在上任的第一年向教师们提出的另一项创新建议，是建立教与学的共同框架，它很快被称为"学习模式"。在哈佛商学院近 30 年的教学生涯中，克拉克逐步认识到了共创教学模式的力量。在哈佛商学院，这种模式的基础是让学生和教授提前为参与课堂讨论做好准备。在这种共创式讨论中，教学是"以学生为中心"的。通常，教师会指定学生提前预习一个案例，该案例讲述了一个公司或高管面临的业务困境。学生们在上课前阅读案例信息和其他准备材料，并分组讨论。教授们也会做好类似的准备，使用案例编写者创建的教学笔记。教授同一课程的教师每周都会开会进行讨论，回顾过去几周的教学经验，并为下周的课程做好准备。

尽管金·克拉克强烈希望在全校范围内建立一个共同的教学大纲，但他知道这个大纲必须是杨百翰大学爱达荷分校独有的。因此，他没有预先描述"学习模式"的原则或教学方法；当被问到相关问题时，他就指出，以案例为基础进行讨论只是以学生为中心的许多教学方法之一。为了推进这项工作，他召开了一整天的全体教师会议。大家通过讨论，罗列出了一张包括 200 多项原则的清单。这份清单被提交给了一个志愿者委员会，委员会成员花了一年多的时间将这 200 多项原则进行了整理和压缩，最后将其精简为 6 条。

一名成员说，这个委员会的审议过程是"跳跃式的"和"非线性的"。随着时间的推移，这个近 20 人的志愿者委员会逐渐缩小为一个核心骨干团队，其成员进行了激烈的辩论，并向全体教师征求意见。最后，金·克拉克又合并了在他看来有所重叠的两项，最终形成了一份"五项原则"。他还建议增加一个关于学习方法的说明。最终，委员会批准的"学习模式"，包括五项原则和一个学习循环过程，这个学习循环过程包括：（1）提前准备；（2）相互教导；（3）深入研讨并证明自己学到的东西。

一个贯穿在这些原则中的观念是："学生要对自己的学习负责，也要对彼此的教导负责"。这一直是里克斯精神和戴维·贝德纳描述的"以学生为中心的教学"的杨百翰大学爱达荷分校精神的一部分。金·克拉克认为它与哈佛商学院的教学方法非常相似。C. 罗兰·克里斯坦森是这种教学方法最著名的拥护者之一，他是哈尔·艾林的论文指导教师，也是这种教学方法的专家。C. 罗兰·克里斯坦森认为，好的教学不仅能吸引学生，还能让他们在学习过程中与教师成为伙伴。这种合作关系需要在教师和学生之间，以及学生和学生之间建立一份教学"契约"。这份"契约"包括课程大纲、作业和评分标准，但内容还远不止这些。它体现了一种相互的期待：学生和教师要准备好，在一个相互信任和尊重的环境中教学相长。

这种学习模式需要超越传统的授课模式。教师需要具备两方面的能力：既要掌握学术知识，又要掌握使学生学习收获最大化的授课艺术。后者不仅要求教师知道该如何吸引学生（例如，把问题从一个学生转向另一个学生，激发每个人的参与感），还要求教师充分了解每个学生的能力和需求，以判断哪个学生应该回答某个问题。在这种学习模式下，教学效果取决于教师对学生的了解情况和对教学内容的了解情况。

施行"学习模式"的关键

如同哈尔·艾林在 20 世纪 70 年代在里克斯学院所做的那样，金·克拉克发现，这种激发学生参与的教学模式在杨百翰大学爱达荷分校早已存在。然而，当它在更大范围内得到推广应用时，一些教师就开始担心，让学生在教学中承担更多的责任，会不会导致所谓"无知换无知"的空转。金·克拉克认为有必要将学校的一些极佳教学实践案例整理出来给大家参考，以巩固大家对此的认识，并为教师和学生提供可以借鉴的工具与方法。他指派了一个团队来编纂和传播在杨百翰大学爱达荷分校、哈佛大学和其他进行创新的学校中涌现出的一些极佳教学实践案例。该团队组织了专题研讨会，并开发了一个学习资源网站，其中的内容包括如何创建案例和问题、概念测试和同伴指导系统。到 2008 年，学生和教师都在使用这些工具，并能背诵有效学习的三个步骤："提前准备、相互教导、深入研讨与证明。"

"学习模式"的推广团队包括前哈佛工商管理硕士项目主任，金·克拉克的老同事史蒂夫·惠尔赖特。2006 年，惠尔赖特在从哈佛商学院退休后来到杨百翰大学爱达荷分校，与教师们以小组和一对一的形式，展示以讨论为基础的教学技巧和课堂观察方法。他鼓励教师们相互旁听对方的课堂，这是哈佛商学院的标准做法，目的是促进教师相互学习。

2007 年，惠尔莱特成为杨百翰大学夏威夷分校校长。夏威夷分校成立于 1955 年，目的是满足太平洋一些岛屿上的美国摩门教徒学生接受高等教育的需求。杨百翰大学爱达荷分校的教师发展委员会持续推动着惠尔赖特所倡导的一系列活动，例如，举办教师们相互分享教学技巧和课程创新想法的午餐会。委员会主席、西班牙语教授史蒂夫·亨塞克（Steve Hunsaker）对这种新教学模式为自己带来的认识转变津津乐道。他说："我一直梦想成为一名教师，但在当了很长一段时间教师之后，我才意识到教学和创造学生的学习体验之间的区别。"

这种"学习模式"在理论上很有吸引力，在实践中却面临着挑战。最初，学校面临的最大困难是如何让大家接受它。一些教师公开抵制这种明显使教学系统化和标准化的计划；还有一些有才华的演讲型教师尤其反对这种把课堂讨论看作更好的教学方式的看法。随着时间的推移，他们从史蒂夫·亨塞克和其他人传授的理念中得到了鼓舞，这一理念认为，一场精彩的大型课程讲座可以为小规模的课堂讨论提供有价值的基础。

教师们纷纷开始采用新的教学模式，而另一方面的问题也随之出现：在没有提供足够多的所需信息，或者没有建立必要的课堂讨论知识框架的情况下，教师过于依赖学生之间的相互教导。一些学生抱怨说，他们的教授对教学不负责任。在过多的控制和过少的控制之间掌握平衡不是一件容易的事情，而那些有丰富讨论式教学经验的教师则相对容易做到这件事。

这些挑战凸显了对课堂教学过程进行评估的必要性。尽管杨百翰大学爱达荷分校对教学效果作出了强有力的承诺，但它对正式教学和课程的评估还是做得比较少。对拥有"长期教职"（即学校的终身教职）身份的教师来说，情况尤其如此：他们的课程每九个学期才会被评估一次，或者每三年才会被评估一个学期。

这里的一部分问题在于，教师对评估过程缺乏信心。许多教师认为学生的评价是主观而肤浅的，它们更多是对教师受欢迎程度的衡量，而不是对教学效果的衡量。为了解决这一问题，教师和学术管理人员共同开发了一套更全面的评估系统，包括一套评估表。这套评估表不仅反映了"学习模式"的原则和实践要求，而且要求学生评估自己的学习表现。杨百翰大学爱达荷分校课程评估表的前四项内容如下：

1. 我为上课做好了准备。

2. 我准时到达了教室。

3. 我积极参与了在线课程或面授课程的讨论。

4. 我寻找机会在课外与他人分享了我的学习收获。

用于评估课程和教师情况的表格是类似的。学生将评估"课程提供了同学之间相互学习和相互教导的机会"以及"教师对学生的问题和观点给予尊重并给出了建设性的回答"的程度。除了修订课程和教师的评估形式，杨百翰大学爱达荷分校还提高了教学评估的频率：有续聘资格的教师每三年要接受连续三个学期的教学评估，学校不仅会给他们三次或更多的评估反馈，还会为他们提供改进的机会，观察他们的改进效果并进行进一步的优化。

专栏：
共同学习模式的成本和收益

在被首次引入杨百翰大学爱达荷分校后的若干年里，"学习模式"持续引发着争论。一位资历很深的教授说出了不少教师的心声，认为"学习模式"存在某种"自相矛盾"：妨碍了教学的自主性、精通性和目的性[1]。他的表述引发了其他人的认同。另一些人则进一步认为，对学习成果的具体说明已经是一项认证要求了，因此没有必要对学习过程另行明确说明。这些人认为，从强调结果到仅仅强调手段的转变是一种危险的转变。学校管理人员注意到，一些教师心中存在一定的怨恨情绪，另一些教师开始自我怀疑，因此，管理人员认为有必要"揭开'学习模式'的神秘面纱"。

玛丽埃伦·韦默（Maryellen Weimer）是宾夕法尼亚州立大学教学研究方向的荣誉教授，她论证了"以学生为中心的教学"的好处，以及许多教师和学生抵制这种教学方式的原因。她发现，有些学生喜欢填鸭式教学并会批评那些不采用填鸭式教学法的教师；他们特别抵制那些可能为学习成绩打分方式带来不确定性的教学改革。对教师们而言，要向以学生为中心的教学方式转变，在初期意味着要做更多的工作，而且他们还会担心新的教学计划不能涵盖所有的重要课程内容。因此，一旦察觉到学生们表现出的不成熟，他们就很有可能退缩。

随着杨百翰大学爱达荷分校的"学习模式"逐渐成为一种有效的学习工具而非监督工具，它为学生和学习带来的好处变得更加明显了。学生们开始适应这种教学模式，其课堂学习效果也有所提升。随着不断更新的教学大纲、

---

[1] 此处引用的是丹尼尔·平克提出的自驱力三要素，也就是说该教授认为学习模式不利于教师自驱力发展，存在被迫的情况。——译者注

案例研究、学习对象和其他教学工具的发布，教师可以顺利地实现教学模式的转变。这些工具也帮助他们腾出了更多的时间，以把他们所在学科的新成果融入课程中。由于该模式强调课前准备和相互教导，对许多在高中阶段没有为大学的严格学术要求做好准备的学生来说，这种学习模式在设定学习期望值和提供同伴支持方面为他们提供了很大帮助。此外，这种"学习模式"被证明是设计大学的在线和通识课程［也被称为"基石课程"］的重要起点。

基石课程：实现通识教育的新路径

金·克拉克认识到了另一个提高学生学习质量的机会，即履行大学在对其认证机构长期承诺但尚未完成的通识教育项目修订。他在哈佛已经注意到了拉里·萨默斯在全面改善哈佛通识课程时并未成功的尝试，但他仍然觉得，科南特、博克和萨默斯把哈佛的通识教育课程体系纳入优先教育课程的范围是明智的。他赞同博克在 20 世纪 70 年代早期推动创建哈佛大学通识课程时所秉持的逻辑：

在学生成长的关键四年中，学校占据了他们的大部分时间和精力，也丰富着他们的经历，而这四年正好是在学生做出重要人生定位和职业选择前的准备阶段。学校要明确自己的定位，就必须关注那些影响学生关键选择的因素。这些关键选择要求学生对自己的价值观、能力、局限性和兴趣都有着不断深化的认识，同时理解社会中的各种角色和机会，从而度过一个有用的且有意义的人生。

金·克拉克认识到，不论是学生还是教师，都认为通识教育项目是本科教育中的洼地。由于选择过于宽泛且缺乏整合性，大多数通识教育课程都丧失了其知识性和社会价值。对许多学生来说，通识教育课程让他们无法更专注地学习专业课程。对教师来说，这些通识课程最好可以委托给研究生助理和兼职教师，并得到大规模的讲授。

金·克拉克希望杨百翰大学爱达荷分校能创建这样一个通识教育项目：

不仅要体现萨默斯所追求的科学和全球化内容，还要体现哈佛《红皮书》所倡导的通选课程、跨学科视角和道德价值观。他把通识教育重新命名为"基石课程"，使其不仅仅是大一、大二学生所修课程的升级版。正如艾略特在引入选修课时所做的那样，克拉克认识到了提高学生学习体验质量的多重潜在价值。例如，通过在这些新课程中应用"学习模式"教学法，学校可以为该教学法在专业课程中的应用设定标准。新一代的杨百翰大学爱达荷分校学生将因此成为准备充分、积极主动的课堂学习者，能够很好地适应未来的专业课程带来的挑战。

金·克拉克还展望了正式课程之外的知识和社会效益。例如，他想象到了学生们在餐桌旁和自习室里进行非正式的课外讨论的场景，这正是洛厄尔想要看到的 —— 金·克拉克在念大学时很喜欢这种场景 —— 在哈佛校园中进行的讨论。杨百翰大学爱达荷分校无法复制哈佛大学的住宿系统，让学生和教师都住在同一个宿舍区。然而，通过指定通选课程，并根据相同的学习模式进行教学，学校可以增加那些从不同教授那里学习同一门课程的学生获得即兴学习体验的可能性。

教师们也可能会意识到这种模式的好处。金·克拉克的亲身经历告诉他，哈佛商学院的优秀教授之所以能在课堂上取得成功，并不仅仅是因为其个人天赋或所做的充分准备，而是因为他们参加了教学小组。在哈佛开设工商管理硕士项目的第一年，900 名学生被分成了 10 个班，学习同样的课程。每个班由不同的教师授课，但每天各班讨论的主题都是一样的。除了同一个班的学生，带不同班的教师也可以帮助彼此备课，之后，他们还可以交流各个班的学习状况。

教师会在正式的教学小组中进行合作。一个富有教学经验的教师会被指派为组长，指导同事们讨论他们面临的共同教学挑战。这个过程同时实现了传播优秀实践案例和指导缺乏教学经验的教师的双重目的。教学小组既可以提升学生的学习体验，又可以作为教师们专业能力提升的载体。这种方式对新教师尤其有益，可以帮助他们向经验更丰富的同事学习。

最后，金·克拉克希望通过基石课程来鼓励跨部门的合作，而戴维·贝德纳认为这种合作对大学的成功至关重要。贝德纳曾发出警告，称大学院系和专业的扩张趋势可能会使得学生的知识面变窄。作为一所新成立的大学，杨百翰大学爱达荷分校有一个难得的机会来避免这样的趋势。跨学科合作不仅对学生的知识拓展和职业准备有价值，而且对教师的学术研究也有益处。贝德纳预测："我们学校的成功将在很大程度上取决于我们如何跨越传统的学科边界，促进课程和教学方法的整合。如果我们只关注自己学科的发展，而不能实现跨学科的有效整合这一首要目标，我们就会失去一个绝佳的教育机会。"

基石课程设计

开发基石课程的确发挥了整合不同学科教师的作用。来自全校 39 个系、占教师总数约四分之一的 110 名教授，参与创设了 25 门新课程。从 2006 年到 2007 年，教师委员会花了一年的时间来讨论这些课程的大纲。他们最终确定，基石教育项目包括 40 个学分，占学生毕业要求的三分之一。学生们可以从 9 个学科大类中选修课程：英语、数学、科学、美国历史和政体、国际事务、人文、家庭关系、宗教、批判性思维和道德伦理。除了宗教课程，所有课程都是专门为基石教育项目开发的，这些课程的设计将与杨百翰大学爱达荷分校的姊妹学校共享。

提出这一方案的教师委员会借鉴了德里克·博克最新出版的《回归大学之道》一书，该书不仅指出了传统通识教育的不足，还提出了一些改善的建议。博克对"学会思考"和"塑造品格"的倡导影响了教师委员会对批判性思维课程和道德伦理课程的看法，他提出的"为全球社会做好准备"也影响了国际事务课程的开发设计。

教师委员会还从查尔斯·艾略特在就职典礼上阐述过，并被博克校长引用的一条教学原则中找到了灵感："单纯地讲授就像是辛勤地往一个筛子里灌水，水灌了着实不少，但它很快就会从筛孔中流走，留不下什么。要真有收获，得自己动脑。"前一年进行的一项非正式调查显示，杨百翰大学爱达荷分校在这方面做得并不比普通大学好多少。据学生们说，教师讲课的环节占用了近 80% 的课堂时间。金·克拉克认为这个比例应该颠倒过来，即教师讲课的时间只占 20%。教师委员会希望，在基石课程中，教师讲课的时间应占 20%，而其余 80% 的课堂时间应用于研讨，让学生在研讨中进步。

教师委员会牢记博克所表达的理念，即基石课程的教学方式比教学内容更加重要："无论一门课程的内容有多么重要，我们都不能假定学生仅仅因为选修了这门课程就能够记住他们所学的大部分知识。相反，学生从大学带走的知识和思维习惯，与其说是由他们选修的课程决定的，不如说是由教授如何教以及教得怎么样决定的。"

博克的立场支持了金·克拉克的看法，即新的学习模式对基石教育的成功至关重要，反之亦然。

创设基石课程

基础教育委员会提出的课程建议一经获批，25 个课程开发团队就分别向金·克拉克做了面对面的简要汇报。金·克拉克向他们提出了挑战，要求课程设计团队保持学术的多样性，把共同学习模式应用到新课程的开发过程中，并且要尽可能地用原创的在线学习材料替代课本。尽管他没提到洛厄尔的名字，但后者的标准其实影响着这些课程的建设：不能只关注单一学科的入门层面，而要在具备跨学科性质的同时，又能联系实际。

在三个月后举行的首次课程升级研讨会上，大家还是显得十分紧张和焦虑。大家除了要付出大量的时间和努力，还要广泛关注从课程内容、组织过程到教学理念等各个方面。例如，许多课程团队担心融合跨学科的新知识并增加实际应用案例将使得教学大纲难以覆盖课程的部分关键内容；他们很难决定要删除哪些传统的教学内容。

有的课程设计团队则遭遇了跨学科团队合作中难以避免的尴尬。一位人文学科的教师不知道他能为"美国历史和政体"课程小组做点什么，因为该小组的工作人员主要是历史、政治和经济学方面的专家。所有团队成员都对标准化教学可能导致的教师个性丧失问题很敏感，因为杨百翰大学爱达荷分校的教师有与学生进行友好交流的传统，这使得他们对相关问题更加敏感。

随着每季度一次的课程升级，教学内容与教学策略的融合越来越好。对许多团队来说，当他们开始全面思考课程的情况，而不是就学科的具体内容进行争论时，他们就容易取得突破。例如，由来自物理学、化学、生物学、地质学和心理学专业的教师组成的科学团队，提出了通过透视一些重要系统（如人类的大脑）来教授"科学"这门基石课程的主张。他们放弃了大多数入门课程采用的传统调查方法，决定带领学生深入几个与其个人相关的主题，在此过程中讲授科学的基本原理。他们挑战了自我，去探寻各自学科中的学术精华，然后进行整合融通。

实际上，一些高校的课程开发团队反而为自己之前缺乏学科专家成员而感到庆幸。一个选择开发关于某国国际事务选修课的小组没有一个有相关研究背景的成员。他们的负责人调侃道："我们的团队构成听起来像是一个笑话，'一个地理学家、一个语言学家、一个经济学家和一个宗教学家在同一个房间里展开合作'。不过，这个团队有一个明确的目的：帮助学生认识一个不太知名但在全球意义上具有很强重要性的国家。"

课程开发团队让缺乏专业知识和来自不同背景的人团结协作。他们会根据各自的兴趣和专长进行分工。俄语教授研究该国的语言、部落、文化和教育的社会影响；宗教学教授曾是一名律师，他分析了该国从信仰到外交关系等各种问题。每次的小组会议都从这些专家的非正式陈述开始。这个小组设计的课程让学生也能参与到类似的探索过程中。他们相信自己的努力可以弥补学术知识的相对缺乏，他们常说："这些是我之前所知道的，那些是我通过学习刚刚知道的。"实际上，他们重新定义了杨百翰大学爱达荷分校的"更大更好"的含义，以满足学生的需求。他们推测，对初学者而言，如何参与到喜欢的课程中，比课程本身的专业知识更有价值。

大多数新版基石课程是在 2008 年的秋季学期推出的，其余课程是在

2009 年的春季学期推出的。最初的结果好坏参半。许多课程团队是一边教学一边编写的课程内容，有些教师担心他们的授课内容与专业内容相去甚远。学生对第一个学期的教学评估情况低于教师的预期，这表明有些课程需要进行重大调整。一门试图融合口头和视觉沟通的新课程被完全放弃，取而代之的是一门更传统的高级写作课程。学术方面的负责人知道，如果没有这门高级写作课程，学校为学生提供的文凭就不能满足其他大学的转学要求。

学生获得的学分能否在转学时被认可，只是这些跨学科的基石课程所带来的很多挑战中的一个。另一个挑战是说服那些已经选择某一专业的学生相信选修与该专业相关的基石课程的好处。例如，为什么要让一个物理专业的学生选修"科学基础"课程？这些学生中的一些人很喜欢同伴之间的相互教导，也喜欢探索不同学科之间的联系，以及科学在现实世界中的应用价值。然而，有些学生则抱怨，自己被要求重学"高中科学"的知识。

事实证明，基石课程的管理——从课程升级到课程人员的配备——也很困难。问题主要出在院系之间的配合上。首先，开发一门课程需要从六个系中招募教师参与。当课程需要修订时，也需要这些教师参与进来，那么，各院系会愿意投入这么多教师资源吗？

为了解决这个问题，金·克拉克聘任了一位基石课程院长。这个举措距离科南特所提出的设置独立的通识教育师资储备只差最后一步。然而，金·克拉克希望，在戴维·贝德纳提出的有效整合精神的帮助下，杨百翰大学爱达荷分校的教师们能够在基石课程问题上跨越院系的壁垒。他鼓励基石课程开发团队追求持续的改进——这是他年轻时在日本的汽车装配厂学到的。在基石课程启动后的几个学期里，所有的课程团队都对课程进行了重大修订，并赢得了大多数学生和教师的认可。

专栏：
教授你所不知道的东西

现在，一名教师教授的课程不同于他或她之前教授的课程，甚至是他或她在大学时代从未学过的课程——这听起来有些不可思议。正如特蕾斯·休斯顿（Therese Huston）在《教授你所不知道的东西》（*Teaching What You Don't Know*）一书中所指出的那样，随着许多大学终身教授的比例下降，以及诸如基石课程等旨在提升学生学习成效的课程规划越来越普及，这样的情况会经常发生，而且还会越来越多。

休斯顿建议，那些缺乏专业背景的教师不仅仅是有价值的补充力量，他们还可以做得更多。就像杨百翰大学爱达荷分校所开发的课程一样，在授课前努力学习相关内容的教师更有可能注意到学生在学习过程中遇到的障碍，而不会陷入过度填鸭式的教学模式之中。他们可能会更多地依赖可以复制的教学和学习工具，这些工具一旦被掌握，就可以在不同的教学任务中派上用场。休斯顿指出，"教授你所不知道的东西"可以丰富教师的经验，为他们提供具备多样性和启发性的新见解。

提高课外服务的质量

金·克拉克还意识到，有必要为杨百翰大学爱达荷分校的学生提供更好的课外服务。他明白，想要让学生们获得的良好的服务体验，不仅需要教师的努力，也需要学校的众多工作人员的努力：学术导师、资金捐赠者、登记处办公人员、收银员、销售人员、电话接线员、管理人员等。通过持续运作一年以上的重量级团队，并开展多个短期举措，他和同事们试图系统地改善学生与大学各部门之间的互动体验。

有些做法很简单，仅仅是为了改善人际互动中的礼貌性。例如，鼓励财务部门在结账通知中展现出更多的尊重和关心。同样地，电话接线员和办公室接待员（大部分是学生兼职人员）也接受了礼仪培训，让他们不只是态度恭敬、熟知自己的业务范围。学校的一线工作人员要在询问者的问题得到答复之前与他们待在一起，即使这需要他们花时间陪同对方，走到能够解决问题的其他办公室。

学生们也接受了正规的培训，以帮助彼此践行学校的行为标准并实现个人的目标。学校设立了一个新的学生生活项目，以帮助学生学会更好地相处。该项目一共包括四门课：第一门课程的名字是"如何帮助你的室友成长，从只是'同处一室'到共创'积极学习体验'"；第二门课程是"冲突解决"；第三门课程是"荣誉与诚信：信守承诺并鼓励他人也这样做"。每一门课程都从一个真实的室友冲突案例开始，然后是原则澄清和案例讨论环节。学生生活办公室招募了一批学生志愿者，他们会将这门课程带到宿舍公寓给同学们进行培训。

必要的牺牲

金·克拉克和同事们采取的绝大多数提高教学质量的做法，是与高等教育的发展趋势相反的：在学生平均成本保持不变或下降的情况下，学生体验的质量总体上提高了，同时也为更多的学生提供了学习机会。新校历清楚地显示，第三学期几乎不需要学校新增教师或设备。"学习模式"和基石课程，这两种模式是共生的，使得一位教师可以同时教授更多的学生。当这种以讨论为重点的学习模式得到有效应用时，教师就可以有效地指导至少 90 名学生，这相当于哈佛商学院工商管理硕士项目一个班的人数。金·克拉克将每门基石课程的人数上限定为 85 人，目的是让参加每门课程的平均人数为30 到 40 人。每门课程 85 名学生的上限意味着要压缩一些人数在 200 人以上的通识课程的规模，但它同时也允许一些典型的基石教育课程容纳比之前更多的学生。学校通过这种研讨学习模式，走上了以更高的质量和更低的成本教授更多学生的道路。

所有这些成就都需要付出代价。教师们承担了额外的负担，有些是临时性的，有些则是长期的。在为期 18 个月的基石课程开发期间，大多数教师不得不暂时放下学术研究工作或其他项目，以腾出专门的时间。这使得教师们每学期承担四门三学分课程的教学负担更加沉重了。而且，公休假期也暂时减少了。改变传统需要的不仅仅是创新，也需要教师更加努力地工作。

为了使第三学期的教学质量与前两个学期相当，教师在全年工作上的个人付出变成了长期性的牺牲 —— 这才使得大学提高平均班级规模的决策变得可行。虽然"学习模式"和精心设计的基石课程支持全年授课，且不会对学生的学习体验产生负面影响，但它增加了教师批改作业和指导学生的工作量。

金·克拉克的管理团队发现，增加沟通次数和学校提供的支持是对教师做出的个人牺牲的必要补偿。从就任杨百翰大学爱达荷分校校长开始，金·克拉克就要求管理团队应用如下原则："把你认为必要的沟通数量加倍，然后，在此基础上再增加三倍。"尽管他提出了这样的沟通标准，并推动教师们在编制新校历和开发课程时广泛参与，但快速变革的步伐还是让许多人想要知道更多的信息并更多地参与决策。

金·克拉克及其管理团队在临时举办的院系会议上回应说，可以增加教师与学校管理人员之间的对话，减少被部分教师诟病的"管理层自说自话"。行政部门和教师还进行了合作，为所有全职教授制定了五年发展计划，以确保他们在课程开发工作之外拥有充足的个人学术深造机会。

建设一个大礼堂

杨百翰大学爱达荷分校的教学质量提升并非全部源于创新或教师的个人牺牲；有些方面的成本还需要花费更多的钱 —— 主要体现在将学生中心的面积扩大一倍以提高学生的课外体验上。

此外，新礼堂的建设也需要花钱。尽管戈登·欣克利在宣布创建杨百翰大学爱达荷分校时声明，校园的扩建需要适度，但他后来还是批准了一个较大规模的场馆建设项目。在金·克拉克的校长就职典礼上，大约 4500 人挤在一个学校的篮球馆里。一位校董会成员对金·克拉克说："你们需要一个比这个篮球馆更大的礼堂。"金·克拉克接受了这一建议，在杨百翰大学爱达荷分校校园的总体规划中设计了一个新的礼堂。

金·克拉克和设计团队的设想是，要建造一个更大的礼堂来容纳全部的学生，而每个学期的全日制学生人数上限为 11 600 人。

几个月后，金·克拉克向盐湖城的教会董事会提交了一份建造礼堂的提案，希望新礼堂可以容纳大约 12 000 人，此外，提案内容还包括建设一个多功能的、面积相当于十个篮球场大小的操场，主要用于体育活动。一个星期后，欣克利打来电话说："我一直在考虑你们的大礼堂项目，你可以规划得更大，做得更快。"尽管金·克拉克和同事们对将大礼堂的承载量扩大到学生总人数以上的指令感到疑惑，但他们很快就将大礼堂的设计调整为能容纳 15 000 人。

不幸的是，这一建设项目从一开始就陷入了困境。由于在打地基时发现了一大片类似于老里克斯学院体育馆下方的地下火山岩，这个独一无二的大礼堂的实际建设工作付出了比预期更多的代价。建设项目一度停滞，原材料的价格也有所上升，大礼堂的总承包商把成本预算提高了 50%，这让这所倡导节俭和创新的学校在现实中遭遇了挑战。

2007—2008 年，金·克拉克经历了一个不同寻常的严冬，他一直在乏味的建设爆破声中透过办公室窗户看着大礼堂地基的缓慢建设情况。对杨百翰大学爱达荷分校来说，它的赞助方有足够多的资金来支持这个大礼堂的建设。事实上，戈登·欣克利先前提高大礼堂建设预算标准的指示很快就展现出了先见之明，因为该项目在金融危机出现之前就已经筹集了足够多的资金。然而，这个大礼堂项目的经费问题仍然提醒着人们，传统大学对实体设施扩张的依赖是存在风险的。

在那个漫长的冬天，金·克拉克感到很欣慰。他知道大礼堂将按时完工，同时，另一个正在进行的项目也进展顺利，并将进一步降低教学成本，使学校可以招收更多的学生并充分利用新建的大礼堂。

第 18 章
降低成本

金·克拉克在就职典礼上分享了自己的愿景 —— 降低学校成本和扩大招生规模。他先从改变招生入学的方式，即引入一年三季都可以入学的三轨系统说起，这一举措是改革的重要一步。同时，他指出学校还需要做得更多，尤其是在信息技术和创新类教学技术方面。他谈到要"打破时间和空间的限制"，要"找到新的学习方式和教学方法，在提升学生学习体验的同时，减少每个学生所需的资源"。

为了实现这个目标，金·克拉克邀请他在哈佛商学院的前同事克拉克·吉尔伯特加入了大学的管理团队，让他成为实现自己愿景的核心人物。吉尔伯特接受过学术训练，具有丰富的商业经验，是一名技术驱动型创新专家。他博士论文的主题是网络出版物对传统报业的颠覆情况。他还在哈佛商学院开设了一门名为"创办新企业"的课程，该课程深受学生们的欢迎。他也是创新专家克莱顿·克里斯坦森的项目咨询合伙人。

在 2006 年加入达杨百翰大学爱达荷分校之前，吉尔伯特就和该校爱达荷分校有着独特的联系，这种联系对拓宽大学教学技术的使用领域有着意想不到的价值。具体来讲，他是波士顿地区那些在经济和教育上处于困境的年轻人的志愿者导师。2004 年，他在杨百翰大学爱达荷分校专门为这些年轻人设立了一个奖学金项目。在吉尔伯特的指导下，这些原本可能无法接受高等教育的"边缘"年轻人，获得了希伯·J.格兰特（Heber J. Grant）奖学金。

从罗克斯伯里到雷克斯堡

希伯·J. 格兰特出生于 19 世纪 50 年代的犹他州，他从未上过大学。他的父亲在他出生九天后就去世了。那时的美国还没有建立完善的社会福利制度，因此格兰特的母亲不得不独自抚养他长大。后来，格兰特凭借出色的克服经济和社会困难的能力，以及担任摩门教会长 26 年的经历而闻名于世。杨百翰大学爱达荷分校的希伯·J. 格兰特奖学金项目是在金·克拉克到来之前设立的，专门为单亲家庭的孩子或家里第一个上大学的孩子等弱势学生提供经济支持。获得持续资助的前提条件是被资助者在到达雷克斯堡后，仍要继续参加生活技能和学习技能课程；学生为了继续获得奖学金，就必须花时间学习财务、时间管理、专业知识和职业规划等内容。这些课程的教授者是那些曾在杨百翰大学爱达荷分校学习一年及一年以上的奖学金获得者。这也是学生们获得奖学金的条件之一：通过指导他人来进行回报。这种师徒制设计体现了一种以学生为志愿活动领导者的模式，该模式在一代代传承中得以发展；师徒关系，尤其是学生之间的相互教导本身就体现了学习模式的原则，也是对学习模式的实践。

格兰特奖学金项目甚至使得来自波士顿那些非常困难的社区的"问题青年"，也能因杨百翰大学爱达荷分校"为更多学生服务"的承诺而受益。这所大学对平均绩点为 2.0（平均等级为 C）和 ACT 成绩为 16 分（相当于 SAT 的 790 分）的高中学生敞开大门；学校接收他们的唯一的条件是要遵守学校的荣誉准则。吉尔伯特和他的志愿者伙伴们建立了一条从波士顿到杨百翰大学爱达荷分校的通道，帮助数十名在边缘生活中挣扎的年轻人获得了希伯·J. 格兰特奖学金。这些年轻人大多是美国的少数族裔，其中很多是第二代移民。

2006 年夏天，当吉尔伯特抵达雷克斯堡时，金·克拉克让他负责格兰特奖学金项目和学生活动项目。这两个项目的运作原理相似，吉尔伯特将二者的运作进行了系统化，和同事们围绕学生们相互教导的过程展开了重点探索并对其进行了改进。

一年半后，金·克拉克给吉尔伯特安排了一项新的任务：创建在线课程和学位项目。吉尔伯特立即意识到这是一个机会，可以让他把来到杨百翰大学爱达荷分校之前的经验应用于这一新的挑战。在之前的研究，和为主流报纸创建网络版提供咨询服务的过程中，他注意到那些已经成功的老牌公司更倾向于将新技术直接应用到旧的流程中，而不改变原有流程。例如，报纸行业倾向于简单地把传统印刷版的内容搬运到网站上，而不会根据新兴电子媒体的独特功能做出调整。与此同时，吉尔伯特发现，许多网络出版物都缺乏有价值的内容，也没有规范的质量标准。老牌公司的传统思维使其常常看不到在线技术的全部潜力；相反，新兴公司认为仅有技术就足够了。吉尔伯特的研究和咨询工作表明，这两种观点都是错误的。

创建高质量在线课程所面临的挑战

2008 年年初，当金·克拉克任请吉尔伯特领导杨百翰大学爱达荷分校的在线学习工作时，吉尔伯特就已经做好了准备，以帮助弥合该校在线教育中存在的概念鸿沟。一方面，通过观察传统报纸使网络符合其行业传统的努力，他认识到，简单地将现有的大学课程搬运到网络上，无法为学生创造有价值的学习体验。另一方面，他从大多数网络出版商的财务亏损状况和许多网络大学的糟糕声誉中认识到，在线课程需要创新的、一流的课程设计和推广策略来吸引学生。在杨百翰大学爱达荷分校工作的前 18 个月里，吉尔伯特曾与希伯·格兰特奖学金的获得者们和学生活动负责人合作，这段经历让他有了新的想法。

吉尔伯特和他的团队十分重视杨百翰大学爱达荷分校的教师对在线课程的怨言。一些教师对在线学习持怀疑态度，这是有一定道理的。2000 年，在学校成立后不久，为了满足每个学生在毕业前至少修完一门在线课程的要求，杨百翰大学爱达荷分校很快就开设了近 50 门在线课程。和当时的大多数在线课程一样，这些课程允许学生按照自己的节奏学习，也不设置学生之间的互动环节。用一位课程开发人员的话来说，这些课程的目的是"满足学生对学习的灵活性需求，而不是打造最好的学习体验"。

除了缺乏学生之间的互动环节，最初的在线课程设置还基于这样一种假设 —— 教学活动要么在课堂上开展，要么在线开展。但越来越多的证据表明，更好的学习形式是二者的结合，吉尔伯特和同事们对此很感兴趣。在线教学和课堂教学的结合，使各类学习活动得以通过更有效的媒介开展。例如，许多在教室进行的传统学习活动，如听讲座或做试验等，都可以在线进行。即使是由教师指导的学生讨论环节，如果能够在教室里和网上同时进行，效果也可能会更好，因为网络环境可以让害羞的学生通过匿名形式更好地参与互动。将在线学习和线下课堂结合起来，可以让学生和教师更合理地使用他们的时间，打造低成本、高质量的学习体验。这样的混合式教学也可以更有效地满足拥有不同学习风格的学生的学习需求。

专栏：
"以学生为中心"的在线学习技术

克莱顿在《创新者的课堂》一书中给出的主要建议之一就是采取"以学生为中心"的教育模式，以适应不同学生独特的学习风格和喜好。这在面授的环境中是很难实现的，尤其是在班级规模很大的时候。相比之下，混合式在线学习模式为学生提供了多种参与学习互动的方式，以达到特定的学习效果。正如克莱顿和他的同事们所指出的那样，混合式在线学习的关键不是简单地把电脑"塞进"现有的教育模式中。类似情况在公立教育中经常发生：政府投入了数百亿美元添置各种设备，却几乎没有对学生的学习行为产生积极影响。在许多大学的教室里也可以观察到类似的现象：昂贵的技术设施和网络为课堂带来更多的新内容，却没有改变学生的学习方式。

20世纪80年代，随着计算机在工作场所中的普及，企业也面临着类似的问题。当时，哈佛商学院教授肖莎娜·祖伯夫（Shoshana Zuboff）在她的著作《智能机器时代：工作和权力的未来》（*In the Age of the Smart Machine:The Future of Work and Power*）中发出警告，声称人们将面临一个艰难的选择：要么为了提高效率而使用计算机简单地实现任务自动化，使工人边缘化；要么使用计算机赋予工人更多能力，使他们更有价值。今天，许多效率很高的公司利用计算机同时实现了这两个目的。许多大学也在做类似的事情：合理利用在线技术不仅可以提高学生的学习效率，而且可以让学生和教授为面授课程做好准备，从而提升学习效果。

在艾略特和洛厄尔的领导下，哈佛采用了一种基于面授课程的混合式教学模式。随着课程数量扩大到数百个，艾略特创建了由年轻教师领导的一系列小组，这些年轻教师可以在小班教学的环境中回答"课程负责人"在大型讲座中难以解决的问题。通过混合式教学体系，将这种师生之间的亲密关系提升到更高层次，是哈佛的混合式教学系统的又一特点。吉尔伯特的团队意识到，通过将在线教学和面授课堂相结合，学校有望创造出洛厄尔所梦想的那种师生关系亲密、沉浸式的学习环境，而无须支付因教师辅导和学生住宿而产生的费用。

同伴教学法的力量

吉尔伯特团队还认识到了同伴教学法在线上教学领域的潜力。依托学校为格兰特奖学金项目和学生活动项目设计的流程，他们把学生之间的互动作为他们所创设课程的核心要素。他们从大量学生身上获得了额外的灵感和启发，这些证据表明，最好的学习体验有时发生在人与人之间的互动中。

这种互动学习的效果不仅在哈佛商学院中得到了证明，而且在很多本科学校和社区学院中也得到了证明。它不仅适用于商业和其他"软性"学科，也适用于对精确性要求极高的定量学科，如数学和物理。事实上，哈佛大学物理学教授埃里克·马祖尔（Eric Mazur）就是同伴教学法的知名倡导者之一。在里克斯学院升格为杨百翰大学爱达荷分校之际，马祖尔正在验证吉尔伯特观察到的一种出现在格兰特奖学金获得者和杨百翰大学爱达荷分校的活动领导者身上的普遍现象，即一个刚掌握了复杂概念（如牛顿第三定律或财务复利计算）的学生，与长期讲授这些内容的教授相比，往往能更有效地向初学者解释这些概念。这一发现印证了杨百翰大学爱达荷分校创建"巴基斯坦国际事务"课程的教师团队得出的结论——在某些情况下，专业知识的积淀没那么深厚的学习同伴，可能比资深学者的教学效果更好。

马祖尔在探索同伴教学法的过程中发现，即使是最聪明的物理课学生，也不能把他们在课堂上学到的方程式和现实世界中的物理问题（例如，当一个移动的物体与另一个碰撞时会发生什么）联系起来。一个电影摄制组以一种令人尴尬而又幽默的方式展示了这种知行脱节的问题。摄制组采访了刚从哈佛大学和麻省理工学院毕业的工程专业学生，他们戴着学士帽、穿着长袍，然而当摄制组为他们提供了一些电池和电线，要求他们点亮一盏灯泡时，大多数人都失败了。

马祖尔把有关知行合一的测试带进了他的课堂。他使用创新的技术（包括用电子按钮投票）来确定哪些学生可以将他们正在学习的物理知识应用到现实生活中。然后，他会请这些学生向那些出了错或遇到困惑的同伴解释，如何做才能得出正确答案。他的研究表明，在同伴的帮助下，即使是能力较差的学生也能够有很大的收获，而且其收获程度与传统课堂中高水准学生的收获相当。吉尔伯特和他的团队看到了在杨百翰大学爱达荷分校所有的面授课程和在线课程中应用这种同伴教学法的潜在价值。事实证明，这种方法在在线学习环境中尤其有效，因为结构化的、良好的平等互动有助于弥补学生和教师之间的有限联系。

专栏：
一位成功教师的勇敢创新

20世纪90年代初，埃里克·马祖尔是哈佛大学物理系一名事业有成的教授。他在研究和教学两方面都表现得很出色，足以让他获得终身教职。但当他刚从亚利桑那州立大学的戴维·赫斯特内斯学院转到哈佛大学工作时，他发现，即使是学过物理学的学生，大部分也无法理解牛顿力学的基本要义。在课堂上，马祖尔的教学得到了学生们的积极反馈，他们都通过了在马祖尔看来很难的考试。不过，马祖尔还记得自己作为物理专业本科生时那些碌碌无为的岁月：当时学生们必须死记硬背才能通过考试，他为此考虑过退学，想转行做一名艺术家或摄影师。而现在，他担心自己的学生是否会像他当年一样，在进入实验室后，才能真正理解和热爱物理学。

令马祖尔感到沮丧的是，当他把从赫斯特内斯学院借鉴而来的概念用于哈佛大学本科生的测试时，他发现有近半数的学生无法应用他所教授的知识。一个学生看着试卷问："我该如何回答这些问题？是用您教我的方法，还是用我通常思考的方式？"

马祖尔后来说："那一刻，我从'象牙塔'上掉了下来。就在那时，我开始思考，是否存在更有效的新式教学方法。"马祖尔当时承受着获得终身教职和开展大量研究的双重压力，他完全可以继续照本宣科地教学。虽然在学生们能够找到更好的物理学习方法之前，让他们摒弃死记硬背、可预测的方法可能会导致学生产生不满情绪，甚至影响他们的学习效果，但马祖尔还是下定决心要找到一种方法，将自己和学生带出这种低效教学的困境。马祖尔鼓励学生们一同参与探索，并承诺他们的成绩不会因此受到影响，而且他们还可以学到更多的东西。

事实证明，马祖尔在课堂上的试验和在他在实验室里的研究一样成功。到了 2010 年，他不仅管理着哈佛大学物理系规模最大的研究小组，而且还是助力学生使用同伴教学法的主要权威人物之一。马祖尔撰写了《同伴教学法——大学物理教学指南》（*Peer Instruction : A User's Manual*）一书，在这本书中，他解释了如何以互动的方式对大型班级展开教学。在学习模式的开发和实施阶段，马祖尔经常邀请杨百翰大学爱达荷分校的教师到他的办公室和教室进行交流。

"在孩子刚刚开始充满好奇的人生之旅时，他们都是科学家——他们一直在问"为什么，为什么，为什么？"在中学阶段的某个时间点 …… 他们的好奇心不见了。从那时开始，他们从关注"为什么，为什么，为什么？"转向关注事实。他们只想知道事实或者答案，然后把它们背下来。"

——埃里克·马祖尔

在线课程制作系统

在创设比杨百翰大学爱达荷分校现有课程质量更高的在线课程的过程中，吉尔伯特和他的团队收获的不仅仅是对同伴教学法的深刻理解。由于计算机和通信技术的稳步发展，在不增加成本的情况下，他们可以增加更多的互动式和参与式学习活动。例如，学生们可以通过电脑进行线上的面对面交流，而这种交流之前只有依靠昂贵的视频会议设备才能实现。

杨百翰大学爱达荷分校的团队还将运营管理的各项原则应用到了课程开发的过程中。学校的教学设计专家与教师合作打造的在线课程，不仅运用了丰富的同伴教学策略，而且非常注重学习效果。设计人员首先明确了学生将要学习什么 —— 这是一个在开发面授课程时经常被忽视的基本步骤 —— 这可能是在线课程能够产生同等或更好的学习效果的原因之一。

专栏：
里奥萨拉多学院

在搭建在线课程制作系统时，杨百翰大学爱达荷分校面临着一个重大决策。学校没有一个独立的部门来负责这件事情，而主要依靠各院系的课程设计团队。每门课程的开发都通过由教师和课程设计专家组成的小组来进行，他们将不同领域的专业知识应用到了课程开发中。鉴于学校致力于通过在线课程服务所有的学生——无论是身处雷克斯堡的学生还是学习在线课程的学生——并保证在线课程的效果与面授课程相当，这种跨部门合作的收益远超过其成本。

亚利桑那州的里奥萨拉多学院是自主开发在线课程的成功典范。里奥萨拉多学院是麦肯锡公司发布的《制胜学位教育：高产出的高等教育机构的策略》（Winning by Degrees）报告中所描述的八所特色高校之一，它自称是"一所人人都能上得起的大学"。1978 年，该校由美国马里科帕县社区学院区创建。在美国的十所马里科帕专科学校中，里奥萨拉多学院是唯一一所没有传统校园的学院。在章程中，它提出要开展"远程在线教育"，并于 1996 年成为互联网教育领域的先锋。

由于无须过多考虑校园运营的相关事宜，里奥萨拉多学院在进行教学创新的过程中充分考虑了在线学习的可能性。该校学生（大部分是在职的成年人）可以从 500 多门在线课程和混合型课程，以及 40 个学位项目中进行选择。该校的校历是"模块化校历"，每年提供 48 个开课日期，包括为期 16 周和 8 周的两种课程组合。其自动化学习管理系统"里奥学习"（RioLearn）允许学生在课程开始后的七天内，在为期 16 周和 8 周的两种课程组合之间做出选择。

里奥萨拉多学院致力于集中开发在线课程和聘任兼职教师，以维持其相对较低的办学成本和较高的学生学习质量。在批判性思维、阅读、写作、数学、人文、社会科学和自然科学等科目上，里奥萨拉多学院的学生的成绩高于 ETS 的平均水平。低成本和高质量的结合，帮助里奥萨拉多学院成了美国在线入学人数最多的社区学院。

杨百翰大学爱达荷分校在线课程的标准化制作流程还需要不断完善。例如，学校的教师工会主席提出，教师应当比原计划更深入地参与相关过程，不仅要参与课程开发工作，还要参与对在线教师的招聘和培训工作。他指出，全职教师投入的时间和精力，对于确保公共课程内容、课堂教学效果和在线学习效果的高质量至关重要。到 2010 年初，超过 40% 的全职教师参与了在线课程的开发工作。

杨百翰大学爱达荷分校的全职教师还参与了对在线兼职教师的招聘和培训工作。和该校在招聘全职教师时面临的情况一样，在线教师的供应量远远超过了需求量。在其中一轮招聘中，765 名应聘者中只有 39 人被录用。传统的兼职教师住在离雷克斯堡只有几个小时车程的地方，而现在，在线兼职教师可以来自世界上的任何地方。每个在线兼职教师都有相关学科的硕士或博士学位；他们都完成了一个在线培训项目，并在随后加入了正在运行的教学小组，这些小组使用与面向学生教学时相同的在线技术进行虚拟会面。

与典型的传统课程相比，在线课程拥有更好的教师团队和更加系统化的知识结构。尽管缺乏面对面的交流，但它仍然产生了与面授课程类似的成果。从平均水平来看，在学生满意度和可衡量的学习成果方面，在线课程与面授课程几乎不相上下。值得注意的是，在线课程的评价结果的分布更加集中：顶尖的在线课程虽然不能与顶尖的面授课程相媲美，但评分最低的在线课程优于评分最低的面授课程。学校对在在线教学过程中表现不佳的教师进行不断的调整和淘汰，意味着在线教学效果分布图中的左尾相对较短。吉尔伯特相信，正如《创新者的窘境》一书对新技术发展情况的预测和他在在线出版行业所看到的那样，在线课程的平均质量会随着不断创新稳步提高。

　　与传统的面授教学相比，在线教学有着全方位的成本优势。许多在线兼职教师都是在职的专业人士或家庭主妇，对他们来说，教书带来的乐趣和获得的经济报酬一样，都是一种巨大的激励。杨百翰大学爱达荷分校为每门课程的在线教师支付的报酬是 2500 美元，与市场价格一致，但它仍然仅为全职教师报酬的三分之一左右。合格的教师申请者的数量很多，这确保了杨百翰大学爱达荷分校能够在任何时间，为在雷克斯堡学习的超过 1.16 万名学生提供低成本、高质量的在线教学服务。

专栏:
在校任教的教师在在线学习领域的角色拓展

在校任教的教师，尤其是全职教师，可能会把在线课程视为一种竞争威胁。毕竟学校为在线教师投入的成本更低，而且与其签订的是短期合同。从理性的角度看，在线教师带来的教学效果与全职教师的教学效果也具有可比性。因此，在针锋相对的竞争中，很多全职教师产生了强烈的危机感。

实际上，在线学习的发展使得更多人可以接受大学教育，从而增加了人们对教育的总体需求，为在校任教的全职教师创造了有价值的新角色。学校对全职教师最明显的需求来自在线课程开发领域，因为优质课程来自教学设计师和这些作为学科专家的教师的完美合作。除了明确规定要教什么和怎么教，这些专家还可以增加内容模块，比如加入他们自己讲课的视频片段，或是选择担任课程负责人。此外，他们还可以领导在线课程交付团队，并为个别教师提供专业指导。高效的在线教学课程可以为全职教师减少一定比例的面授教学任务，并让他们投入到这些新角色之中，这对学校和教师都是有利的。

教师的角色扩展与专业歌手的角色扩展类似。一位专业歌手的主要职责是为现场观众表演歌曲。但是，当他创作和出版音乐专辑（设计在线课程）、录制音乐表演课程（剪辑个人授课视频）、组织合唱团并为队员进行演唱辅导（领导教学小组和指导其他教师）时，这位歌手的影响力就可以成倍放大。全职教师的专业能力可以为上述所有与在线教学相关的工作注入强大动力。

只要能够保持学校的教学平衡，部分全职教师就可以或多或少地参与在线学习的支持工作。一些教师可能会深度投身于在线教育，而另一些教师可能仍旧专注于面授教学。在学校层面，在线教育具有颠覆性——很少有大学能够忽视它。当然，那些具有面授教学天赋的教师，可能会继续沿用和以前一样的教学模式。

延迟毕业

尽管杨百翰大学爱达荷分校在在线学习项目上取得了突破，成功降低了成本并增加了招生人数，但大学课程中的一个隐藏着的成本问题还是引起了关注。2008 年，一个典型的毕业生完成学业的条件并不是满足修满最低要求的 120 学时的课程，而是修满 139 学时的课程 —— 几乎多出了两个学期的课程量。在该校授予第一个学士学位后的几年里，人们认为杨百翰大学爱达荷分校的毕业生所修学时之所以超过了最低要求，是因为学校在开设必修课程时出现了延迟。当时校方预计，随着时间推移以及本科三、四年级课程体系的完善，学生毕业需要完成的学时数会降至更接近 120 学时的水平。但在学校开始授予学士学位的五年后，这一数字仍呈上升趋势。

杨百翰大学爱达荷分校并不是唯一一个面临延迟毕业问题的学校，除了在哈佛和与之类似的私立精英大学，大部分大学的学生都面临着类似的问题。哈佛这样的学校只接受一小部分延迟毕业学生的申请，而且申请者必须是受到捐赠基金资助的学生。因此，对这些学校的学生而言，接受学习计划安排和咨询服务非常重要。此外，这些大学的基本毕业学分要求通常不会过高。例如，一名哈佛学生想要获得计算机科学专业的学士学位，只需要修读少于该领域全部课程数量的三分之一的课程。在精心制订的前期计划和相对有限的专业要求这样的背景下，只有少数学生才需要用四年以上的时间满足毕业要求，而且大多数不能按期毕业的学生通常都在面临个人健康问题或家庭危机。

不过，其他学校的情况则相反，尤其是在公立大学。对于该类学校，政府拨款资金是它们的重要收入来源，而资金与入学的学生人数相匹配，包括了学生第五年和第六年学习的费用。在招生不足的公立学校中，延期毕业的学生可能不会被视为对资源的浪费，而是一种"福利"。学校不仅缺乏足够的让学生尽快毕业的经济动机，甚至在某种程度上，它们还倾向于对学生延期毕业的行为"睁一只眼，闭一只眼"。美国联邦政府会为学生提供经济支持，直到他们获得 180 个学分，或相当于获得一个半学士学位所需的学分，这一做法在无意中助长了延迟毕业的风气。

与此同时，大学内部存在的固有倾向增加了对获得大学学位所修读的课程的要求。让学生延迟毕业的，不是大学的总体毕业要求，因为这类要求一般是按照学生在四年内能够完成的课程量进行设置的。真正的困难在于学生毕业时需要修读的专业学时数，而这是由学生所在的院系决定的。学生毕业需要同时满足总学时和专业学时的要求，但二者是相互独立的。现实中常见的状况是，学生满足了毕业所需的总学时要求，但专业学时尚未修满，因此必须继续留在学校修完专业学时。

学生难以满足专业学时的要求，是几个因素叠加造成的结果。其中之一是，大多数大学在学业指导方面的投入不足。即使能获得适当的咨询指导，学生也存在其他方面的行为倾向。首先，学生可能会改变主意。即使是一个完成了通识教育课程且相对理智的学生，也可能会至少更换一次专业。在尝试将自己的兴趣、能力和职业规划相结合时，许多学生可能会更换两次或更多次专业。当通识教育和专业教育的要求加在一起，几乎等同于四年的课程量时，问题就出现了。一个学生在修完一个专业后转到另外一个专业，会发现之前的专业学分都不算数了，需要重修学分。因此，无论学业指导工作多么有效，这样的专业转换情况都意味着学生要花费超过四年的时间才能完成学业，而 65% 的美国大学毕业生都经历过这种情况。

专业课程的扩张

学生转专业的趋势是可以预见的，同样地，对专业扩张的需求增长也是可以预见的。专业扩张的原因之一与大学教师的教育背景相关。获得博士学位的教授自然希望那些立志追随他们、投身学术领域的学生顺利完成研究生课程。因此，即使某些专业很少有学生打算修读研究生，相关课程也可能会被列入必修内容，为潜在的研究生学习阶段做准备。曾获普利策奖的哈佛大学教师路易斯·梅南德（Louis Menand）说："在本质上，本科阶段的学习是为学生们攻读研究生学位打基础的，也引导着他们的职业定位。专业设置的逻辑是，得到优异分数的学生更有可能念研究生，成为教授。"

专业课程扩张的过程从 20 世纪初就已经开始了。当时正值查尔斯·艾略特帮助创立美国大学精英联盟的时代，用历史学家阿瑟·科恩（Arthur Cohen）的话来说："这个联盟通过明确哪些学校的学士学位毕业生已经为读研究生做好了准备，对其他学校进行了有效的认证。"这种以研究生学习为导向的理念，加上大多数学科的新知识增多，常常导致大学课程委员会增加专业课程的时长，以确保学生为获得更高阶的学位做好准备。增加的大部分课程是高度专业化的选修课程，这些课程均无强制选修要求；学生们需要从种类繁多的选修课中，凭借自己的判断，选择一定数量的、可能对实现他们毕业后的目标最有帮助的课程。

毕业生的雇主也推动了专业课程的扩张。当负责课程开发的教师询问雇主的意见时，雇主表示更愿意录用接受过更高级的专业培训的学生，因为所有行业的企业都在不断寻求产品改进或持续创新。这一倾向在大学毕业生的雇主中尤为突出，因为是学生而非雇主承担了深化专业学习所带来的成本。对大学来说，满足雇主这类第二层级客户的偏好，似乎是一种很好的竞争方法，但这一做法也可能导致过度的专业化 —— 虽然学校提供了质量可能更高的大学学位，但学生也为此付出了过高的代价。在这种情况下一个获得了学士学位的毕业生不能获得比四年制本科毕业生高很多的薪资，却花了五年的时间才能完成学业。

杨百翰大学爱达荷分校不打算进行这样的专业扩张。该校在创立时的设想是，整合型学士学位项目只要求学生完成 36 到 45 个专业学时。当时的思路是，在规模相对较小的核心课程中，融合一个或多个不同学科的补充课程，打造一个既有深度又有广度的学位。此外，学校还安排学生参加一份或多份实习，以提高学生的就业竞争力。

　　然而，到 2009 年，该校的大多数整合型专业都需要学生完成 55 个学时，还要加上最初设想中辅修或双学位所需的 24 学时，这使得许多专业课程的毕业要求达到了 80 学时。如果再加上 40 学时的基石课程，这些 80 学时左右的专业课程方案意味着，如果想要在四年内毕业，一个学生将几乎没有转专业的余地，甚至连修读一门选修课都十分困难。

　　随着教师人数的增多和专业知识的增加，额外的专业课时也增加了。这样做的目的之一是让学生为研究生阶段的学习和未来的职业发展做更充分的准备。基石教育课程也增加了更多的课时。旧的通识教育项目，本质上是一种均衡的课程体系，通过要求学生选修一门科学类学科或人文学科的入门课程，让他们进入通识教育领域。而在特定学科的通识课程被更多跨学科的基石课程所取代后，专业课程就不得不进行相应的扩张，将以前的专业通选课程也纳入其中。

　　这一现象不仅反映了大学追求"更大更好"的趋势，也表明贝德纳提出的"促进跨越传统边界的课程与教学法整合"的目标未能实现。在教师被组织成为一个系后，即使是秉持以学生为中心理念的教授也会自然地设计出反映本系课程结构的专业内容。杨百翰大学爱达荷分校的许多专业都是如此，例如，在机械工程专业 80 个学分的课程中，有 69 个学分的课程是由机械工程系提供的。即使是那些整合型专业，在本质上也是一个以系为中心的主修专业，和另一个同样以系为中心的辅修专业的结合。由此可见，跨系及跨学科的课程整合实际上十分有限。在基石课程中实现的跨学科效果并不会在跨专业的课程设计中自然产生。

　　在按照新的课程方案学习的学生陆续毕业时，专业化和深度化趋势所增加的成本，要在几年后才能显现出来。这些成本包括学校成本和个人成本。大学承担了应负的成本，因为其学费收入还不到每年运营成本的一半，而且没有任何学费收入被用于修建新大楼。同时，额外增加的 19 个毕业学分意味着，平均每个学生享受这种超常规（即超出 100%）学费补贴的时长超过了必要的限度。另一种计算成本的方法是，如果将毕业学分标准统一设定为 120 学分，学校就可以服务更多的学生。如果全校的 1.16 万余名学生都能够在四年内毕业，学校就有可能在不增加额外支出的情况下，再招收大约 1800 名学生。

其他成本均由学生承担 —— 不仅包括额外的两个学期的学费，还包括他们因为延迟毕业而损失的、本可以作为毕业生获得收入的机会成本和借款产生的利息成本。此外，还存在最终不能毕业的潜在风险。杨百翰大学爱达荷分校的学生毕业率为 62%，超过了美国的平均水平 55%。但是，延长毕业时间无疑增加了学生无法完成学业的风险。

对专业课程扩张的创新性响应

为了解决学生无法按时毕业的问题，学校提高了学业指导的质量。学校给每个学生都指定了辅导老师，咨询办公室也开发了一个课程规划系统，让学生可以坐在屏幕前查看满足毕业要求的所有课程组合，以及时发现可能导致延迟毕业的潜在问题。当学生试图将一门课程添加到一个为期八学期的模板课程体系中时，计算机程序将识别出这门课程有哪些先修课程。这能够让学生及时地了解自己在毕业前需要学习的所有课程。

虽然这一体系明确了学生的课程规划过程，但它也暴露了一个任何规划都无法解决的问题：学生在从一个知识深度较深、范围较窄的专业转到另一个专业后，很难在四年之内完成全部学业。这套以计算机程序为基础的课程规划体系可以帮助学生预见和避免错误的课程选择。然而，调换专业意味着重新开始 —— 从字面上讲，就是不仅需要给课程规划中的"专业"起一个新的名字，还需要面对一套全新的、总时长为八个学期的课程要求。

杨百翰大学爱达荷分校在应对学生按期毕业所面临的结构性障碍时，依据的是金·克拉克和他来雷克森堡之前的同事们确立的原则 —— 将课程模块化。模块化原则使计算机行业和其他行业能以更低的成本为用户提供效能更高、更具定制性的产品。例如，计算机的不同零配件 —— 存储芯片、磁盘驱动器、软件和打印机等，都是以模块的形式被创造出来的。每一个模块都是这个更大系统中一个独特而完整的组成部分。专家们专注于利用最新的创新技术，以制造出质量更高、成本更低的特定模块，并且他们清楚通用的设计原则允许他们将自己制造的模块与其他模块有效地匹配起来。最终，用户就能以最低的成本定制一台一流的计算机。

事实上，模块化原则对艾略特的哈佛选修课系统也至关重要。艾略特在构建课程体系时，通过开放特定的内容和向学生公开授课教师的信息，创建了基于模块化课程的竞争环境。在这个环境中，教师努力开发吸引学生的专业课程，推动了每一门课程质量的提高。对艾略特来说，课程只是教学的必要模块。在他的选修课系统中，学生可以通过选择任意的课程组合来获得学士学位。后来，洛厄尔认识到，需要构建更大的课程模块单元，以实现通用知识和专业知识之间的适当平衡。他倡导的通识教育和专业课程体系衍生出了两个元模块：通识教育和专业课程。在许多大学里，一个规模被缩小的专业会变成一个更小的模块单元 —— 辅修课。

课程模块化也是杨百翰大学爱达荷分校整合型学位的灵感来源之一，该学位包括相关的辅修专业、课程集群和实习环节。但是，随着其中最大的模块 —— 专业课程 —— 的发展，整合型学位成了学生在四年内按时毕业的阻碍，尤其是在学生调换了专业之后。金·克拉克要求学术带头人和教师们尽力帮助每一个勤奋的学生，包括那些不止一次调换专业的学生，让学生在四年内毕业的目标成为现实。他们因此提出了"不浪费每一个学分"的口号。

模块化设计原则使得"不浪费每一个学分"的目标变得可行。将主修课程模块化的第一步是将辅修课程调整为可选课程，如果一个学生因为专业的调换或者选修非专业的课程而没有完成辅修课程的要求，但已经累计修满了120学分，他就可以在不修读辅修课程的情况下顺利毕业。该进程的第二步是降低每个专业的课程修读要求，确保必修课程在满足核心需要的同时保持较低的数量。例如，将机械工程专业的学分要求从68学分减少到54学分。减少辅修课要求和缩减专业学分意味着必修课程有所减少，学生可以同时拥有多个选择，而不再受限于严格的课程修读的先后顺序。从学时和日历安排这两方面来看，这种做法带来的效果是缩短了学生的毕业时间。例如，单将辅修课程改为可选课程，就可以将学生毕业所需的时间缩短至少一个学期。

为了配合专业缩减工作，教师们开始创建更高级的课程模块，为学生从事特定职业或进入研究生院做准备。值得注意的是，从交付成本的角度看，这些高级课程模块中的一些课程是难以与其他模块共享的，换句话说，它们不是传统的专业重点，而是由某个学院内部的高级课程组成的。

事实上，哈佛从艾略特时代起就一直在为未来的学术发展做类似的尝试。当时，哈佛的课程主要分为本科生课程、研究生课程，以及本科生和研究生共享的课程。其中，学士学位的基本要求主要是修读学校为本科生开设的课程。这些基本要求涉及的学分通常只占学生毕业所需总学分的三分之一到二分之一，比其他学校的专业平均要求学分低得多。而那些准备攻读研究生的学生可以从上述其他两类课程中选择高级课程来学习。

金·克拉克在哈佛攻读经济学本科时，就已经选修了一些硕士和博士阶段的课程。他充分利用了哈佛允许部分学生深度学习的特点，而这一特点正是几乎所有哈佛学生都可以在短短四年内毕业的关键因素之一。

杨百翰大学爱达荷分校也开始利用这种课程设计的灵活性，有效地将大多数大学已经丢失的哈佛特质重新植入自己的内部架构。它应用了金·克拉克提出的模块化设计原则，尤其强调设计模块要服务于特定目的，并能与其他模块实现有意义的衔接。例如，教师在许多专业中增加了入门课程模块，以帮助学生了解这个专业是否适合自己。其他模块则将理论与实践联系了起来，帮助学生为未来参加工作做好准备。例如，机械工程专业的学生可以选修特定的应用模块，如产品开发或供应链管理；这些高级模块中的许多课程都是必修课，在诸如商业管理和会计等专业中，学校已经向大量学生开设了这些课程。

与传统专业不同的是，学生在完成专业核心课程后，不再需要猜测自己还应该选择哪些专业课程，而可以利用教师们创建的课程集，如机械工程专业的产品开发模块为自己未来的职业选择（包括但不限于去读研究生深造）

提供支持。这一举措可以帮助学生聚焦于特定的职业领域或研究方向。从学生的职业发展需要来看，这意味着他们可以在不牺牲教育质量的前提下，减少需要学习的总课程数量。在这样的指导下，学生可以设计出整合情况良好的课程模块，就像定制自己的电脑一样，个性化地安排他们的学习进度。这样既能为他们创造更大的学习价值，又减少了各项成本。

金·克拉克还鼓励学校创建跨学科的专业。其中一个典型的例子是该校新开发的网络技术学位。该学位是由来自计算机科学、平面设计和通信等六个系的教师开发的。除了整合各自所在系的专业课程，教师们还合作创建了交叉学科的新课程。

与采用全年运营模式一样，削减专业课程数量和开设跨学科专业的举措，改变了传统大学的固有倾向，要求教师打破传统并进行创新。教师们对那些深奥的专业的兴趣不仅仅与他们自己有关。他们同时关心学生是否为研究生阶段的学习做好了准备，以及学生们在诸如会计、工程和教师教育等领域面临的专业认证要求。然而，大多数教师也认识到，满足少数学生的专业化需求，并不等同于要求所有学生都更加专业化。新的模块化专业设置既允许学生深入钻研学科内容，又避免其成为一种默认形式。

大学的平衡记分卡

学生获得大学学位需要的时间很漫长，为创建大学标准的模块化课程也需要大量的时间。因此，想要让学习课程变得像流水线一样，并将杨百翰大学爱达荷分校的平均毕业学时要求降至 120 学时，还需要几年时间。事实上，学校为提高教育质量和降低教育成本而采取的所有措施，不仅需要时间，而且需要持续的评估和改进。随着跨部门团队提出的创新举措（如学习模式、基石课程、在线课程开发等）逐步得到了落实，团队内的"兼职"教师们也开始回归原本的日常职责，这为后续工作带来了挑战。虽然学校的最初目标是让全体教师和众多管理人员坚持推行这些创新的做法，但日常工作的压力，以及缺乏专门的、跨部门的监督机制，使得这些创新措施的效果大打折扣。

金·克拉克的应对之策是制作一张大学的平衡记分卡。这个概念是对原有的"平衡记分卡"的一种改版,该卡原本是他在哈佛商学院的前同事罗伯特·卡普兰(Robert Kaplan)在 20 世纪 90 年代推广的一种管理工具。卡普兰曾是一位会计学教授,他认识到,想要改善企业的绩效,单纯依靠财务数据提供的信息是不够的。因此,他建议将财务指标和非财务指标(如客户满意度)结合起来,为每项指标设定目标值,并确定它们之间的因果关系。不同类型数据的组合可以让平衡记分卡的使用者更好地判断,哪些因素是对企业绩效起到关键作用的因素。卡普兰认为,这种看似在定量方面存在明显缺陷的方法,实际上是一种优势,因为它促使组织成员对成功形成一个共同的概念。

专栏：
详细的飞行信息

罗伯特·卡普兰和他的顾问同事戴维·诺顿（David Norton）在提倡用于衡量企业成功的"平衡记分卡"方法时，运用了一个有说服力的类比：

可以把平衡记分卡看作飞机驾驶舱中的仪表盘和指针。对于航行和驾驶飞机这样的复杂任务，飞行员需要获得关于飞行的各类详细信息。他们需要知道燃油量、空气速度、飞行高度、航向、目的地和其他汇总了当前与可预测到的环境信息。如果飞行员仅仅依赖一种仪器来获得信息，可能会导致致命的结果。

平衡记分卡避免了局部最优但整体欠佳的情况出现。平衡记分卡通过促使高层管理人员一起思考企业运营的所有关键方面，让他们了解，对企业某一个方面的改进是否会以另一个方面的牺牲为代价。如果情况如此，即使他们设定了最好的目标，它也可能是以最糟糕的方式达成的。

平衡记分卡的另一个优点是，可以通过定义事项的优先级，并将注意力集中在少数那些更关键的指标上，来优化衡量系统。正如卡普兰和诺顿所指出的那样：

平衡记分卡通过限定衡量指标的数量，最大程度减少了信息过载问题的出现。（学校）很少会因为指标太少而遭受损失。更常见的情况是，一旦其员工或顾问提出了有价值的建议，学校就会不断地添加新指标。一位管理者把企业中各类新措施激增的情形形容为"又一轮砍树行动"。

杨百翰大学爱达荷分校的研究和评估官员斯科特·伯格斯特龙（Scott Bergstrom）接收到一项任务 —— 开发一份覆盖学校所有主要活动和日常运营情况的平衡记分卡。他与50多位行政人员、院长和系主任一起展开了工作，在平衡计分卡中增加了衡量教育质量的重要指标，如学生对课程的满意度、毕业生就业率和被研究生院录取的成功率。平衡记分卡中还包括衡量员工发展情况的指标，以及对"学习模式"实施程度的评估指标。作为课程模块化情况的重要检验标准，学生毕业所需的学习时间也是一个突出的指标。

伯格斯特龙邀请各系的系主任为涉及整个大学范围的衡量标准设定各自的目标绩效水平，并增加相应的衡量标准。这个大学版的平衡记分卡被放在校园网上，供所有大学职员使用，并会根据建议不断更新。它不仅强化了大家对于学校的关键行动和目标的共识，而且有助于为年度预算编制、区域认证等周期性工作做好准备。

虽然平衡记分卡的诞生表明杨百翰大学爱达荷分校仍在面临持续的挑战并拥有很多尚未开发的机会，但学校良好的财务状况仍然显示了这些独特设计和创新方法的有效性。学校维持着全年运营，取消了校际体育赛事，增加了越来越多的在线课程，并且始终专注于本科生教育，这一系列举措使得学校的生均教育成本与里克斯学院时期的成本基本相同 —— 在 2010 年大约为 8700 美元（包括对物理设施的投资费用）。杨百翰大学爱达荷分校针对传统大学特质做出的种种改变，已经成功抵消了开设高级课程、举办学生活动和推行实习项目所带来的影响，避免了传统高校在从两年制发展为四年制的过程中经常遇到的成本增加问题。2007 年，金·克拉克仔细观察了这些发展趋势，认为已经是时候探索服务更多学生的方法了。

第 19 章
服务更多学生

金·克拉克在就职演说中表示杨百翰大学爱达荷分校将在雷克斯堡校区招收更多学生。他提出要找到"具有创造性的方式来组织、安排和规划学生的教育体验，以便能接纳更多学生"。他也提出了让"全世界"的学生接受高等教育的宏伟目标。他坚信，"这所大学坐落于这个山谷，先驱者的传统在这里深深扎根，这里的人们谦逊而虔诚，因此，这里可以成为（满足全球教育需求方面的）可靠试验场"。

金·克拉克的抱负也得到了其他人的认同，包括他的几位前任。戴维·贝德纳回忆了 1997 年的一天，当时的教育专员、里克斯学院校长哈尔·艾林前来视察校园教堂的建设情况。艾林刚刚结束了为期两周的南美之行，他在那里会见了一些教会成员，他们中的许多人即便以当地的标准来衡量都十分贫穷。站在教堂高耸的天花板和巨大的管风琴下，艾林告诉贝德纳："那些人所交的什一税帮助我们建成了新大楼，而他们可能永远无法亲眼看到大楼的样子。"在谈到教会的高等教育系统时，他严肃地说道："我们为少数人做了很多，却为多数人做得太少。"

高可靠性教育

自杨百翰大学爱达荷分校成立之时，贝德纳和同事们就建了服务更广泛群体的课程体系，而不仅仅是服务那些寻求学士学位的传统学生。他在向全体教师发表的声明中做出承诺，在加快创建学士学位课程的同时，大专文凭也不会被"抛弃"。与那些攀登卡内基阶梯的学校不同，杨百翰大学爱达荷分校是一所包含"两个教育层次"的学校 —— 既提供大专文凭，也提供学士学位。

金·克拉克的原则是为广大民众服务。他一方面延续探索试验的传统，另一方面，又在一定范围内对高可靠性进行验证。他使用的"可靠性"（fidelity）一词，在产品设计领域的含义是：一种创新型产品，如药物，在大规模生产、分发之前要在实验室和临床试验中对其进行试验，并且要对试验的可靠性进行认真评估。良好的可靠性试验意味着小范围内产生的结果可以更准确地预测创新型产品在更广泛市场上的表现。

金·克拉克的目标是将杨百翰大学爱达荷分校的节俭办学和以学生为中心的传统，应用到高等教育的发展中。它不仅适用于杨百翰大学爱达荷分校，还适用于世界各地，尤其是拉丁美洲和非洲。学校推出的全新在线课程似乎初步证明了这种教育模式的全球适用性。这些在线课程的教学质量与校园课程相当，而且不受地域限制。课程成本达到了金·克拉克设定的目标，即只有校园课程费用的十分之一，这还不包括实体设施的费用。

但是，外国学生能否适应这些在线课程仍然是一个问题，这些课程要求学生掌握流利的英语，并且英语水平须达到美国高中生的水平。金·克拉克指示同事们在校内继续测试新课程，以期杨百翰大学爱达荷分校在服务更多学生的同时，也探索在世界其他地区推广新课程的可能性。团队继续将学校的招生人数扩展到 11 600 人，并将此称为"扩招的第一阶段"，从名字上可以预测后面还存在第二阶段的扩招行动。

扩招的第一阶段和鱼骨图

以固定的资源服务更多学生是一个经典的运营管理问题，事关生产系统的效能优化。史蒂夫·惠尔赖特是金·克拉克在哈佛大学共事了 25 年的同事，早在多年前，他从斯坦福商学院跟哈尔·艾林攻读博士时起就一直在研究这类问题。惠尔赖特作为扩大招生小组的一员，向他的杨百翰大学爱达荷分校同事们介绍了一种久经考验的分析技术。他向大家展示了"石川图"（也称"鱼骨图""因果关系图"）是如何阐明预期结果与产生该结果的众多原因之间的关系的。石川馨（Kaoru Ishikawa）是一位日本工程学教授，他将 J. 爱德华兹·戴明（J. Edwards Deming）的开创性成果进行转化，推动了日本的质量运动。而戴明则是日本质量运动的奠基者。在戴明工作的基础上，石川馨创造了鱼骨图，并率先在川崎重工业株式会社的造船厂，随后在日本电信电话公社（日本电报电话公司前身）及其他大型企业中展示了其效用。

　　和所有的运营管理学者一样，惠尔赖特非常精通鱼骨分析法。20 世纪 70 年代，随着戴明的质量运动的推广，鱼骨分析法被重新引入美国。在第一次关于学校的教室容量、师生比例、学生辍学率等因素的讨论中，惠尔赖特静静地坐下来聆听。在第二次讨论会议上，惠尔赖特带来一个初步的鱼骨图，展示了这些要素与大学的关键产出 —— 大学毕业生之间的联系。这个团队花了几个月的时间来完善这一"鱼骨图"，将被日本造船厂的工程师验证过的鱼骨分析法应用在杨百翰大学爱达荷分校。

石川馨和日本的质量运动

　　石川馨的鱼骨图，是其开创日本质量运动所运用的一系列工具之一，其中一些借鉴了包括戴明在内的美国同事的思想。在太平洋两岸，石川馨都走在了时代的前列，他深刻认识到，要确保产品质量和客户满意度，不仅要依靠管理人员，还需要让普通员工参与其中。他指出，只有亲身参与过制造过程的人员才知道质量问题的根本原因。他还认识到，这些最基层的员工可能害怕说出负面信息。因此，即使是高度重视质量控制的企业，例如，企业通过聘请专家来跟踪结果，也仍然没有解决造成质量不达标的根本问题。

　　石川馨对此给出的解决方案是，公司需要建立一个"质量圈"，该组织由能够进行自我管理的一线员工组成。这些员工是志愿者，公司要确保他们不会因为报告问题而遭受惩罚，还要在正常工作日给他们时间来分析问题，并给予他们必要的权力和资源来解决所发现的问题。随之而来的一个显著好处是，员工的集体自主性和个人工作满意度得到了提高。

　　石川馨是一位受人尊敬的大学研究员，在日本工业界同样威望极高，他说服了企业领导者试用他的方法。石川馨凭借鱼骨图和其他分析工具，及其以客户满意为宗旨的理念，通过推行"质量圈"，帮助日本制造企业在全球竞争中脱颖而出。日本企业打破了人们长期以来所固有的观念——生产汽车和消费电子产品需要在成本与质量之间进行权衡，使这些产品既价格亲民，又质量可靠。金·克拉克就是深受其鼓舞的人之一。当时，作为哈佛商学院的一位年轻教授，金·克拉克深入研究了日本汽车行业。

鱼骨图首先呈现了杨百翰大学爱达荷分校的毕业学分问题的重要性（如图 19-1 中部分所示）。教务处掌握了这方面的数据，并且很快发现，培养毕业学分超过 120 分的学生降低了大学服务更多学生的能力。另一个因素是平均班级规模，这与毕业生的数量直接相关。鉴于班级规模的影响，研究团队更认同以讨论为基础的学习、同伴教学等学习模式，这些学习模式能让学生即便身处于多达八九十人的班级中，也能够有效学习。基于此，研究团队将关注重点放在招生人数较少的班级，尤其是那些人数在 5 人及以下的班级。

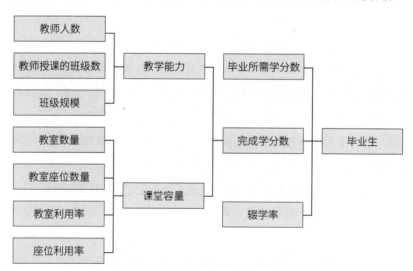

图 19-1　关于毕业生培养的鱼骨图

然而，学校要确定在不增加新教室的情况下还能容纳多少学生，则困难得多。为教师安排教室的系秘书提供的非正式反馈表明，目前教室没有出现空间过剩的情况，一些研究团队成员对此表示怀疑。不过，学校要核实这一结论，就需要对校园里的每一间教室进行现场检查，以确定其实际的座位容量。之后，还必须手动将这些数据与系秘书的课堂统计数据，以及注册员记录的每个班级的学生人数进行对比。

在收集和处理完所有的数据后，其结果甚至让那些曾经不相信教室空间紧张的人都感到惊讶。研究团队发现，每个工作日的早上 7：45 到下午 5：30，平均有 70% 的教室得到了利用，这是一个相当高的利用率，但也说明还有提升空间。最能说明问题的数据是这些教室座位的利用率 —— 同样只有70%。这意味着，在一所看起来效率颇高的大学里，教室座位的整体利用率只有不到一半。

研究团队还发现，系秘书对可用教室的了解通常仅限于该系所占用的教学楼内的教室，这就造成了认知和现实之间的脱节。此外，一些教师还要求系秘书为他们安排自己喜欢的上课时间，例如，教师要求在上午 9 点到下午2 点这段时间选择自己喜欢的教室。在这些时间和空间的限制条件下，系秘书自然而然地得出结论：学校教室已经供不应求。

学校解决这个问题的一个办法是，利用新的教室容量数据，在全校范围内统一安排教室的使用时间。这既能帮助院系秘书尽量满足教师的时间偏好，同时又能更好地实现教室的充分利用。此外，学校对长期利用率较低的实验室和计算机室等空间进行翻修和合并，使得教室不足的情况得到进一步缓解。在互联网时代，笔记本电脑是杨百翰大学爱达荷分校学生的必备工具，学生可以充分利用在线学习的优势进行学习。

金·克拉克和同事们通过平衡记分卡，以及与招生团队和其他工作小组的定期面对面讨论，看到了学校在提高质量和降低成本方面取得的逐步进展。他们还看到了全年滚动教学和三轨招生制度获得的成功。截至 2008 年中期，春季学期的学生人数已达到秋冬学期目标人数（11 600 人）的四分之三以上。由 80 名兼职教师组成的团队已开设 60 多门在线课程，而且教师和课程的规模都还在进一步扩大。由于新增学生的边际成本较低，因此学费收入实现了新的增长。随着学生人数的增加，教会对杨百翰大学爱达荷分校的总资助金额下降了。克拉克通过鱼骨分析法得知，通过在线学习和提高教室利用率实现低成本扩张，至少可以维持每学期 15 000 名在校学生，或者按一年三个学期计算，达到每年 22 500 名在校学生的规模。有了这些数据支撑，他向董事会申请并获得批准，将每学期的在校学生人数增加 900 人，达到 12 500 人，并有希望在 2015 年增至 15 000 人。这充分证实了这所大学独特的创新模式的成功，该模式融合了传统大学模式与一系列颠覆性创新（见表 19-1）。

表 19-1　金·克拉克在任时期的创新（2005 年至今）

新特征	产生的影响
全年滚动教学	降低生均成本 增加服务学生数量 降低学生选课灵活性（课程规划受到一定限制） 增加教师工作量
学习模式	提升学习体验 增强学生责任感 增加教师备课工作量
基石课程	提供广泛、共同的学习体验 增加教师教学团队的合作机会 面临跨学科整合的挑战 限制学生的课程选择
学生生活方面	改善住宿条件 降低监管成本 增加教学成本
在线课程与学位	提供低成本、便捷的学习方式 带来课程创建与支持方面的新成本 面临教师参与度与质量保证方面的挑战
专业课程模块化	增强可定制性 降低转专业成本 增加学业规划复杂性 产生重新设置专业的一次性成本

扩招的第二阶段：从雷克斯堡到曼哈顿

几年来，金·克拉克和同事们一直在谈论要走出雷克斯堡校区，为"非传统"的学生提供接受大学教育的可能，这一理念与哈佛大学洛厄尔的继续教育项目精神相契合。这个想法在 2007 年启动的大学研究学士学位(Bachelor of University Studies，BUS) 在线项目中实现了。通过这个项目，那些在雷克斯堡开始攻读学位但尚未完成学业的学生可以通过在线学习完成学业。这个项目对上述学生来说是一个好消息，尤其是对那些为了抚养孩子而辍学的母亲们。然而，这个项目缺乏校园体验所特有的亲切感。尽管这些学生喜欢与杨百翰大学爱达荷分校的同学在线交流，但他们没有获得面授学习的机会。而且，该项目是为那些自律和自我激励水平高于普通学生设计的，主要提供商科、英语、传播学以及婚姻与家庭研究这四个重点专业的课程。

金·克拉克希望克服大学研究学士学位项目的局限性，该课程完全采用在线教学，且专业选择有限。他希望创建一种学习扩展模式，不仅适用于已有大学经历的成年人，也适用于没有受过高等教育的年轻人，尤其是被那些传统院校认为不适合上大学的人。他希望这些人可以有广泛的学习选择。2007 年年初，他要求克拉克·吉尔伯特及其在线教学团队进行试验，将在线学习的学生集中到一个固定地点，每周进行面对面交流。他们在两个地方进行了尝试，一个是杨百翰大学爱达荷分校的雷克斯堡，另一个是由惠尔赖特掌舵的姊妹学府杨百翰大学夏威夷分校。他们挑选了两门入门级课程，一门是英语，另一门是数学。

在每个教学点，每周一次的面授由一位最近刚刚修完这门课的"学生导师"主持。基于杨百翰大学爱达荷分校的学习模式，他们接受过引导课堂讨论的针对性培训。其结果是，两个校区两门课程的学生都表现得很好，增加面授指导对学习英语课程的学生效果更好。学校的在线授课教师专门为每周的面授设计了特殊的学习活动，而不是简单地将其视为一个进行非结构化辅导和社交的机会。通过杨百翰大学夏威夷分校的教学试验，在线团队认识到，设计在线课程时需要把在线教学和传统课堂教学有机结合起来。

金·克拉克对研究团队提出的下一个要求更具挑战性，需要得到校董会的批准。在美国的博伊西、菲尼克斯和纽约的曼哈顿，他们招募了 50 个目前没有注册入学的年轻人，其中包括一些从来没有上过大学的人。研究团队按照与杨百翰大学夏威夷分校的教学实验类似的方式，让每一组学生参加为期一学期的在线课程，并每周进行一次面授。当然，面授地点不是在大学校园，而是在当地的教会建筑里，这类似于前里克斯学院时任校长约翰·克拉克在来这所学院之前所主持的学习活动。

每一个教学地点都设有一名全职主任，教会教育委员会明确表示，主任不能推卸他们现有的主要职责，即组织和教授教会的宗教课程。为了使在线教学与面授相结合的混合模式成本可控，该团队找来了退休志愿者夫妇，他们每周四晚上与学生见面，充当的是支持性的教练和导师角色，而非教师。学生们运用"学习模式"，主导讨论并互相帮助，同时在线完成大部分课程作业。这种模式让学生能够享受面对面交流的益处，而杨百翰大学爱达荷分校无须承担为每个教学点聘请远程授课教师的费用。

定制化的高等教育路径

考虑到几乎所有参加新项目的学生都是在职学习的，第一学期的课程被安排得较为轻松。每个学生需要选修三门课程，其中两门是在线课程，第三门是宗教课程，由教学点负责人面授。第一学期的课程和接下来两个学期的课程，是以查尔斯·艾略特和哈佛"红皮书"的作者们期望在高中阶段开设的大学预修课程为依据来设置的。这些学生与杨百翰大学爱达荷分校的同届学生，甚至与大多数希伯·J. 格兰特奖学金获得者相比，都有着很大的差异。例如，在曼哈顿教学点的 22 名学生中，只有 10 人的母语是英语，13 人以前有过一些大学生活经历，他们的平均年龄是 26 岁。

该项目要求学生拥有高中学历或同等学力，但大多数人离开学校已经太久，因此不能想当然地认为他们具备直接上大学的能力。这就要求在有限的时间内进行纵向整合，就像亨利·福特自建钢铁厂来支持自家汽车的生产那样。幸运的是，学校通过现成的课程平台很容易就启动了"学术入门"系列课程。其中一门名为"生活技能"的在线课程，是从希伯·J. 格兰特奖学金获得者项目中改编过来的，教授的内容包括时间管理与资金管理等。还有一门在线课程名为"如何在大学获得学业成功"，是由杨百翰大学爱达荷分校的专家们开发的。

令研究团队感到满意的是，曼哈顿教学点的 22 名学生中，有 18 人完成了第一学期的课程。定制化的课程设置和同学间的互动使得所有努力学习的学生都获得了好成绩。有 15 名学生在第二学期继续学习，并在该学期学习了大学数学和另一门宗教课。此外，博伊西教学点和菲尼克斯教学点也取得了同样鼓舞人心的成果。

尽管如此，学生们在第二学期还是面临着新的学习挑战。大多数学生在第一门真正的学术课程 —— 大学数学上到了困难。研究团队认识到，虽然有在线课程中的同学间互动和志愿者夫妇的支持，但学生们还是需要更多的学术支持。研究团队回想起几位在线大学管理者的观察结果 —— 有效的在线学习需要在面授教学之外增加 1.5 倍到 2 倍的课外学习时间。

研究团队利用杨百翰大学爱达荷分校的活动项目和学习模式中嵌入的"学生帮助学生"原则，加强了对学生的学术支持，聘请了更多的学术顾问，也在远程试点项目中让学生发挥多种形式的领导力。其中包括在雷克斯堡本部招募学生志愿者提供在线帮助，充当一对一的辅导导师。此外，在志愿者夫妇的指导下，这一学期离开雷克斯堡本部的杨百翰大学爱达荷分校学生也被招募为志愿者。通过不断增加教学支持，以及持续对课程进行重新设计和改进，曼哈顿、菲尼克斯和博伊西等教学点的学生课程完成率达到了雷克斯堡本部学生的水平。

后续步骤

研究团队在进行这些初步试验之前，已经考虑过学生们接下来需要做什么。学生们的一种选择是报名参加大学学士学位在线项目，学校计划在该项目上增加特定专业的学士学位。然而，这种方式虽然适合在雷克斯堡本部学习了一年或一年以上的成年学习者，但对项目中这些缺乏经验的学生来说似乎并不理想。一些学生希望转到雷克斯堡本部去学习，另一些则希望转到当地的社区大学学习。还有一些学生希望获得就业所需的专业培训，而不是传统的学士学位。鉴于其年龄和在职学习期间的谋生需求，他们都需要在短期内获得具有实质价值的证书。

研究团队将新的项目称为"路径"（Pathway），希望尽可能多地满足这些需求（该项目的课程路径见图 19-2）。鉴于学生们对短期内提升就业能力的需求，必须对传统的学士学位项目进行重大调整。对于"路径"项目的学生来说，传统的通识教育似乎并不适合。研究团队应用模块化原则，设计了一个特殊的课程路径，可以把大学的大多数基石课程融入技术证书项目中。他们认识到，如果把专业课程放在通识课程之前，就能有效地颠覆洛厄尔建立的传统课程模式。洛厄尔的通识教育与专业教育相结合的模式比较适合哈佛大学的那些有充分准备的学生。如果学生在获得学士学位之前有很高的辍学风险（美国大多数大学存在这种情况），那么推迟专业课程学习对学生来说是有害的，这会让一个大学辍学者达到的教育水平与高中毕业生差不多。这种模式也不适合大一、大二的学生，因为他们可能需要兼职工作，从通识教育中获得的知识不能给他们带来眼前的收入。

对于那些可能无法获得学士学位的学生来说，更好的课程设计是将与技术证书相关的课程放在前面，就像套娃一样将其嵌入随后的大专文凭和学士学位课程体系中。克拉克·吉尔伯特在与克莱顿共事的日子里，将这种新课程视为一种颠覆性创新。常春藤学校把重点放在提高学生毕业率上是正确的。它们知道大专文凭和技术证书通常没有学士学位价值高。它们也知道，学生上大学的目的是毕业，而不是辍学去就业。然而，这两个目标是可以兼顾的。从那些需求被忽视的边缘学生和非高等教育消费者的视角来看，兼顾这两个目标就显得很必要了。

研究团队在构思出这种嵌套课程结构之后才发现，学校已经取消了大部

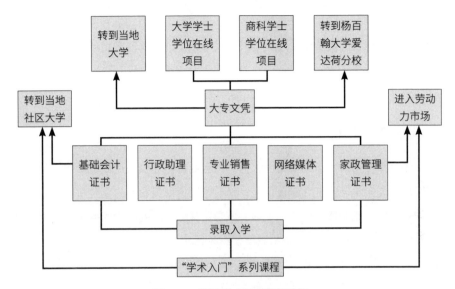

图 19-2 "路径"项目的课程路径

分非学士学位证书项目。尽管贝德纳承诺要将杨百翰大学爱达荷分校打造成一所"双层次大学"，但截至 2009 年，学校原本的 125 个大专文凭项目只剩下 12 个，并且根本不提供任何技术证书。贝德纳提醒过的同类排斥现象在杨百翰大学爱达荷分校的大学课程体系建设过程中也自然地发生了。

幸运的是，另一所两年制的姊妹院校 —— 位于盐湖城的摩门商学院持续专攻基础职业培训。摩门商学院开设的行政办公管理和客户关系管理等课程填补了五个证书课程的空白，这些课程原来主要是在杨百翰大学爱达荷分校一年级和二年级开设的。这些证书课程的覆盖范围广泛，从行政助理和基础会计等传统办公领域延伸至网络媒体开发等较新的领域。每一个课程都与一个相关的大专文凭衔接，因此，雷克斯堡的教师可以及时为转学的新生规划课程。相应地，那些大专文凭课程也是按照与学士学位课程的对接要求进行设计的。

事实上，课程开发小组发现，学校已有一个合适的学士学位项目。那些在建筑学或汽车技术等领域获得大专文凭的学生，只需要修完 24 个学分的商科课程就可以获得应用管理学士学位。这个学士学位项目是在 2003 年创建的，目的是帮助前里克斯学院的学生在获得应用领域的大专文凭之后，快速拿到学士学位。随着杨百翰大学爱达荷分校引入传统的学士学位项目，学生对申请大专文凭的兴趣减弱了，导致应用管理学士学位几乎没人申请。然而，对于"路径"项目的学生来说，这却是一个好消息。

巨大的成本节约

课程开发团队成员深知为"路径"项目的学生提供一个低成本的、到雷克斯堡主校区学习的机会的重要性，他们也知道继续学习的学生有可能转到当地社区大学或继续选择在线学习。该项目在经济上的巨大优势不仅在于学费较低（每学分 65 美元，是雷克斯堡主校区学费的 50%，比三个试点地区的社区大学学费还要低或大致相当）。对学生来说，真正的节约是不影响他们目前的生活和工作。在雷克斯堡主校区的学生每年大约 1.2 万美元的费用中，只有 3000 多美元是学费，其余大部分费用是房租、伙食费和交通费。尤其是对于那些和父母住在一起、工作收入高于雷克斯堡本地平均水平的在职学生来说，他们在曼哈顿、菲尼克斯和博伊西等站点参加在线课程可以节约大约 90% 的教育成本，而不是 50%。

这个新项目的巨大财务优势，以及模块化课程组合带来的多种选择，让人回想起克拉克·克尔所倡导的为州立大学提供资金的社区学院系统。学生们可以在家里以低成本、低压力的方式开始学习，而不用在遥远的城市住昂贵的宿舍，并立即面对学士学位课程的严苛要求。学生们只需花费几百美元，再加上每周前往当地教学点的交通费，就可以体验大学学习，而不必支付杨百翰大学爱达荷分校第一学期 6000 美元的全部费用。如果一切顺利，他们可以选择转到杨百翰大学爱达荷分校或其他四年制大学完成学业。他们也可以在这个学习项目上持续学习以获得一个证书，然后直接参加相关专业工作，这可以大大减轻学习所带来的财务压力。

"路径"项目充分利用在线技术，使得它比传统的社区学院甚至纯粹的在线大学更具成本优势。其中部分原因是杨百翰大学爱达荷分校的住宿校区属于一笔早期投入，为"路径"项目奠定了坚实的硬件基础。在线大学必须在课程开发、计算机系统、学生咨询和管理系统方面进行投资，而所有这些在杨百翰大学爱达荷分校都已搭建完成，不需要新的投资。尽管"路径"项目增加了诸如学业咨询等人力服务的成本，但"路径"项目的大部分固定成本由雷克斯堡主校区学生的学费承担，与传统大学教育的平均成本相比，这些学生的学费仍然很便宜。实际上，杨百翰大学爱达荷分校的校园内教学活动为"路径"项目提供了有力支持，学生只需要支付相对较低的边际成本就可以。这些教学活动得到了全职教师的支持，他们开发的在线课程能够在现有的计算机系统上顺利运行。

按照每个学分 65 美元的价格收费，学生一年的学费可以从雷克斯堡项目的 8700 美元（学生实际支付的学费不到这个数字的一半）降至 1950 美元左右。"路径"项目的学生还可以节省大量的住宿费和伙食费，每年总计可多节省 8000 美元左右。在合适的条件下，一个"路径"项目的学生能够以少于 8000 美元的费用获得四年制学士学位，而且不需要教会的资助。

互利互惠

"路径"项目给学校带来了意想不到的好处。为"路径"项目学生创建证书课程和大专文凭课程的需要，加速了对在校学生四年制课程的模块化。课程模块化也同样为大三、大四的专业课程设计提供了思路，教师们预计会有更多的"路径"项目学生转移到雷克斯堡主校区学习。他们的目标是提供新的模块课程，让技术证书或大专文凭持有者能够完成学士学位课程，而不浪费任何一个学分。如果学校做到了这一点，那么不仅有利于从其他大学转学来的学生，也有利于杨百翰大学爱达荷分校的学生，该校学生日后可以便捷地转学到其他四年制学校学习。

给杨百翰大学爱达荷分校学生带来的另一个好处是，学校成立了一个专门委员会来提升新生的学习体验。该委员会的目标之一是帮助新生顺利完成向大学生的角色转变，指导内容涵盖如何选择专业、安排学习时间和管理学习费用。在为大一新生设计新课程时，委员会参考了"路径"项目的"学术入门"系列课程。

在创建"路径"项目时，学校没有预见到将获得许多额外的好处。颠覆性创新往往具有这种出乎意料的效果。最初为服务非主流消费者进行的创新设计，最终改变并提升了对高端消费者的服务。杨百翰大学爱达荷分校的在线教育对提高在校学生的教育质量和降低教育成本也起到了一定的作用。

这种成功在一定程度上是基于对管理颠覆性技术变革的两条规则的重视。一条规则是将承担颠覆性技术的责任交给那些有相关经验的团队。金·克拉克让吉尔伯特负责在线学习和"路径"项目，正是践行了这一点。吉尔伯特和他的团队不仅将在线技术应用于传统的课堂教学，更积极调整其应用方式，以满足高等教育的非主流消费者的需求。学校在服务这些非主流消费者时，需要重新思考传统高等教育模式，由此催生了颠覆性的学习创新。

另一条规则是使组织规模与市场规模相匹配。吉尔伯特的小规模研究团队与"路径"项目的小规模学生群体实现了很好的匹配。吉尔伯特和同事们成了最初 50 名年轻学生事实上的学术顾问和"家长"。在第一个学期，他们每天随时响应学生的咨询电话和短信。因此，他们能够对无法预见的需求迅速做出反应。如果他们不是一个半自治的团队，那么他们服务这些学生的策略基因就不会进化得这么快。

"路径"项目国际化

考虑到"路径"项目试点成本较低且相对成功，金·克拉克寻求校董会批准一项新的试验。教会除了在北美地区运营着 230 所学院，还在海外运营着 324 所学院。每一所学院均配备了一名全职主管，而且都具备接入高速互联网的条件。尽管在一些国家，寻找志愿者夫妇作为现场导师存在一定困难，但除此之外的必要基础设施已经具备。

2001 年，也就是在杨百翰大学爱达荷分校成立还不到一年之时，戈登·欣克利创立了一个名为永久教育基金的财务资助项目。永久教育基金属于一种小额教育贷款项目，其名称部分沿袭了杨百翰永久移民基金。当时教会和私人捐助者设立了一项向符合条件的移民提供贷款的基金，贷款条件是在西部边境地区定居下来后以最低利率全额还款。前前后后总计有 3 万名左右的移民获得了永久移民资助基金。

欣克利基于类似的原则设立了永久教育基金，由国际学校的主管来负责鉴定符合资助条件的学生。这些学生用借来的资金在当地职业学校和大学获取证书、攻读学位。在开办的头八年，永久教育基金为 4 万多名学生提供了支持。这些学生在完成学业后，平均收入比入学前增长了 3~4 倍。贷款金额与通过"路径"项目获得技术证书或大专学位所需的费用相当。因此，金·克拉克意识到该项目的国际化不仅依赖教育基础设施，还离不开财务资助。

即使具备了基本条件，学校提出国际化扩张仍是一个大胆的决策。2009 年初，受 2008 年的金融危机影响，教会实际上已经冻结了招聘和预算。但是，"路径"项目模式符合哈尔·艾林的预测，即在动荡时期，节俭办学是竞争优势的来源。正如哈尔·艾林所预言的那样，依靠"更多的灵感和汗水，而不是建筑和设备来进行改进"，能够催生"持续创新 …… 即使是在最困难的时候"。

金·克拉克在获得校董会批准后，要求课程开发团队以墨西哥和加纳两个国家作为进入拉丁美洲和非洲的试点，探索未来拓展的潜力。这个团队需要为墨西哥和加纳开发以英语作为第二语言的在线课程，杨百翰大学爱达荷分校在普罗沃和夏威夷的更加国际化的姊妹学校有语言指导专家提供帮助。在墨西哥和加纳这两个国家，教会学校有很强大的教学基础。

收获新基因带来的益处

2010 年，是里克斯学院更名为杨百翰大学爱达荷分校的第十年，该校已收获其新基因所蕴含的诸多益处。学校服务的学生人数增多，从 10 160 人增至 18 355 人。服务每名学生的机构运营成本略有上升，从 5771 美元涨至 6155 美元。然而，鉴于提供四年制学位（因其包含专业课程设置）本身成本较高，这仍可被视为效能提升的成果。

大学的效能提升体现在各项统计数字中。学校的学生人数增长了 80%，而全职教师人数只增长了 50%。学校尽管增加了 40 万平方英尺的大礼堂，但生均建筑面积只有 126 平方英尺，而里克斯学院时代为 153 平方英尺。效能提升也体现在课程目录中，面授课程数量从 879 门增加到 1293 门，但这增长的 47% 就像教师人数的增长一样，相比于学生人数的大幅增长，幅度还是很小的。学位项目和学术部门的数量减少了。之前，里克斯学院提供 125 个大专文凭项目，现在杨百翰大学爱达荷分校仅提供 17 个大专文凭项目和 77 个学士学位项目。同时，学校延续了 20 世纪 70 年代哈尔·艾林发起的整合趋势，杨百翰大学爱达荷分校的教学系数量从 2000 年的 38 个减少至 2010 年的 33 个（见表 19-2）。

表 19-2　2000 年里克斯学院与 2010 年杨百翰大学爱达荷分校的比较

项目	2000 年	2010 年
学生人数（人）	10 160	18 355
教师人数（人）	411	628
生均建筑面积（平方英尺）	153	126
面授课程数量（门）	879	1293
在线课程数量（门）	20	104
学历项目（个）	125	94
学术部门 / 教学系（个）	38	33
生均运营成本（美元）	5771	6155

杨百翰大学爱达荷分校除了在本部实现了效能提升的目标，还充分展示了在线教学服务的能力。在这一点上，"路径"项目已经被证明高度契合那些原本无缘接受大学教育的学生的需求。用哈尔·艾林的话来说，下一步是检验杨百翰大学爱达荷分校为欠发达国家更多学生服务的能力，目前学校在这方面所做的工作还很少。

第五部分
基因重构

如果我们沉迷于一个自己造就的环境，熟悉其带来的惯性就会滋生懒惰。

我们要么准备离开舒适区，要么永远做它的奴隶！

—— 选自赫尔曼·黑塞《玻璃球游戏》中的诗歌《阶段》

第 20 章
新模式

我们在哈佛大学和杨百翰大学爱达荷分校的发展历程中已经看到，科技和社会变革正威胁着传统大学的主导地位，媒体的相关报道也越来越清晰。学校向学生提供高等教育的方式必将发生根本性的变化，相比之下，查尔斯·艾略特及哈佛大学继任者的创新都将显得微不足道。此外，这些变革的推进速度极快，将以年为单位来衡量，而不是之前所需要的几十年。在不久的将来，高中生将会收到下面这样的宣传信息。

- 与其在明年参加竞争激烈的先修课程和用处不大的选修课，你为什么不在高中毕业前就实实在在地拿到大学学分呢？ 你现在就可以开始攻读大学学位，参加在线课程，这些课程会让你感觉像是在刷脸书，而不是坐在教室里听讲座或读课本。

- 当你高中毕业时，你将有多种选择：你可以继续住在家里，选修在线课程，并最终获得学位；你家附近就有我们的学习中心，你可以去那里接受课业辅导、和其他同学见面，或者只是找个安静的地方学习；你也可以在学习中心参加面授课程。

- 你可以到我们的传统大学校园学习，这里拥有顶级大学的所有条件：学生宿舍、指导教师和各种美食。学校也提供校外住宿，你可以自己做饭，参加各种俱乐部、体育队、娱乐社团等。

- 你可以选择在任何时候和任何地点进行学习，你每个学期都可以选择是在家学习还是"在校"学习，你也可以选择任何一个学期去实习或休假。

- 你可以定制自己的学习课程安排，以匹配自己喜欢的学习方式。我们将大多数课程分为三种类型：纯面授课程、纯在线课程，以及两者结合的"混合式"学习课程（比传统面授课程的面授时间更少）。

- 我们还将帮助你规划学位课程，以确保你在毕业时具有良好的就业竞争力。如果你愿意，你可以先学习与工作相关的专业课程，再加上获得学士学位和硕士学位所需要的人文课程与专业课程。我们的技术证书与大专文凭、学士学位和硕士学位是相互衔接的，确保学生不会在完成学业之前"辍学"。无论你何时完成大学学业，都会得到相应的学习证明。你还会在寻求实习机会的过程中获得帮助，这将有助于你毕业后获得理想的全职工作。

- 你无须担心大多数大学生面临的四年内毕业难题。我们的学位课程采用模块化设置，也就是说当你调换专业时，之前学习的课程学分依然有效，不用"从头开始"。我们有仅需三年就能完成的特殊学士学位项目。通过精心规划和持续努力，你可以快速毕业，你所获得的学位将帮助你实现目标。

- 你不会有毕业时需要偿还的沉重债务。我们的在线课程费用和普通教材费用差不多，而我们的混合式学习课程费用，比需要你每周参加两次、三次甚至四次的传统课程要便宜得多。学费会依据所选课程而有所变化，但整体上费用处于较低水平。你在本校攻读学士学位所需的费用可能只是你在大多数其他大学学习费用的一小部分。

这些宣传信息看起来有些超前，但它提出的基本条件已经具备。除了杨百翰大学爱达荷分校，不少创新型大学已经开始提供许多这样的学习服务。例如，南新罕布什尔大学的"优势（Advantage）"项目——一个"简明"版的大专文凭项目，它允许学生住在自己家里，上午可以到大学的五个学习中心中的任意一个上课。"优势"项目的学生只需支付普通大专文凭课程学费的40%。学生在下午和晚上还有时间做兼职工作。学生住在家里，可以兼职赚钱，同时还可以获得学位。学生在南新罕布什尔大学获得学位的成本远低于传统大学。就像杨百翰大学爱达荷分校"路径"项目的学生一样，南新罕布什尔大学"优势"项目的学生在攻读学士学位的过程中可以通过在线课程或在学校本部学习拿到所有学分。

此外，南新罕布什尔大学还开创性地将获得学士学位所需的时间从四年缩短到三年。自 1996 年起，该校开办了所谓的"三年制工商管理荣誉课程"。学生们可以选择跨学科的、长达一学期的模块课程，这些模块融合了商科、技术和人文学科。六个学期中，每个学期都有一个为期一周的整合实践项目，第三学年还有一个为校外组织提供咨询的项目。一个全新的、基于实际体验的学士学位项目 —— 无界学院(College Unbound)，允许学生在三年内毕业。

超越非此即彼的两难选择

杨百翰大学爱达荷分校、南新罕布什尔大学和其他一些大学正在开创高等教育的新模式，它们融合了艾略特的传统大学元素和纯在线模式。这些追求混合式教学的大学缺乏名校的声誉，因此无法依靠助学金招生和收取高额学费来维持运营。与此同时，它们对面授教学的投入（这需要大量的物理设施和全职教师）阻碍了它们与纯在线机构在成本上的有效竞争。然而，这些学校并没有因此却步，而是捕捉到了传统教育与代表高等教育未来的在线教育的结合所带来的机会。它们正在向那种非此即彼的狭隘选择发起挑战，并证明了它是错误的。

学校要做到两者的有机结合，关键是要充分利用从面授教学到纯在线教学的各种学习优势。虽然面授学习的力量毫无疑问是巨大的，但在线教育同样展现出巨大的颠覆性潜力，不应将其轻视为教学质量不如传统课堂教学的方式。在线教育除了成本远低于面授的同类课程，如果课程设计和管理得当，还能更系统地提高教学质量，达到面授的效果。

在线学习的系统性改进源自多个方面。

一是计算机和通信技术的稳步提升，使在线课程在不增加成本的情况下更具互动性和参与性。例如，学生们现在可以在线进行高质量的视频互动和交流，而这在几年前只有借助昂贵的视频会议系统才能实现。学生还可以使用实验室、医院和企业的计算机模拟软件。在认知科学家和心理学家的帮助下，学校开发出了更为复杂的学习软件，这些软件不仅继承了早期如 SAT 等能力测试的优点，还使计算机变得越来越"智能"，能够更好地判断学生的学习效果，并提供个性化辅导。

二是教师之间的市场竞争。在线教学的教师表现很容易被监督，每门课程都面临优胜劣汰的竞争。

三是专业课程设计人员的监督作用。这些专家不仅接受过有关提高学习成果的培训、具有相关的经验，而且他们把改进教学效果作为唯一的目标，而不像全职教授那样喜欢特定的教学风格或某个学科。

以汽车行业为例，在线课程类似于丰田公司生产线上的汽车，在线课程的改进类似于公司不断优化技术和员工队伍。此外，在线课程是在对学习成果有科学认识的教育"工程师"的指导下运作的。这些教育"工程师"尽量减少非标准流程，例如，在同一课程中教授额外增加的内容章节，往往会增加不必要的成本。这些教育"工程师"还减少了教学表现不一致的可能性，例如有的教师偏离教学大纲或者浪费课堂时间。最终，在线教学系统得到不断改进，以更低的成本持续提供更高质量的学习资源。

传统大学的终身教授，其职业发展更多依赖于研究而不是教学。当他们与一个以教育生产为中心的体系竞争时，他们面临的挑战，就像一个利用周末和工作日晚上业余时间手工打造定制汽车的人所面临的挑战一样。当然，这是对高等教育的另一个不恰当的类比。在纯在线教学中，擅长面授的教授所积累的丰富经验是难以复制的。即使是没有繁重教学任务的指导教师，也会发现自己很难与最好的在线课程背后的团队和技术支持竞争。

传统大学的管理者和教师可能会抱着一种质疑和担心的复杂心态看待这种未来场景，这是可以理解的。许多杨百翰大学爱达荷分校的教师都有这种看法。他们和其他有经验的教师一样，发现在线课程一直未能兑现改善学习过程的承诺。与此同时，他们很自然地担心在线学习会取代面授学习，进而影响他们的就业。

随着时间的推移，在线学习正在展现潜力，及其与面授相结合的重要性和优势。我们很快还会谈到，不仅仅是营利性教育机构，像杨百翰大学爱达荷分校、南新罕布什尔大学和康奈尔大学等传统大学都在运行在线课程开发系统，这些系统应用了丰田生产系统的效率原则。传统大学拥有在线学习竞争所需的所有资产，其专职教师的专业知识和现有的校园计算机系统，使其在提供在线教育方面具有教学质量和成本方面的优势。

传统大学的真正优势在于其能够融合在线学习和面授学习的体验优势。面授学习不仅限于正式的课堂学习，还包括对学生而言非常重要的非正式学习，也就是学生在校园活动中相互交流所带来的增长知识和建立友谊等。在线技术和大学校园的结合能够把传统大学带到一个全新的更高水平。

需要做好的关键工作

传统大学要把握住新的开放机会，就必须认识到一个颇具讽刺意味的情况：这些对传统大学构成威胁的变化，同时也蕴含着很高的潜在价值，这些价值足以使其超越那些在线高等教育的颠覆者。大学联盟的成员需要清楚，不仅其自身受到了威胁，还有许多个人、企业和政府部门都受到了威胁。

有三个趋势让人感到特别担心。第一，日益加剧的经济竞争需要组织不断创新，如果企业在降低成本的同时没有提高质量，员工就会失业，企业就会倒闭。第二，组织做出正确决策变得越来越困难，从信息爆炸所产生的海量数据中提取有用的知识变得越来越难。第三，社会关系也变得越来越复杂，数字世界的高度互联性与碎片化并存，导致社会缺少人情味。

这些威胁 —— 优胜劣汰、迷失方向和人性丧失，意味着有三项重要的工作要做，这些工作正是传统大学才能做好的。对于那些了解大学工作的人来说，这些工作听起来很熟悉：（1）发现和传播新知识；（2）铭记和反思过去的成就与失败；（3）指导正在成长的新一代。[①] 认识这些工作是大学寻求在

---

① 大学的三项关键责任，以下简称为（1）新知（2）薪火（3）亲民。—— 译者注

新的高等教育环境中建立可持续竞争地位的第一步。

1959 年，哈佛商学院的西奥多·莱维特（Theodore Levitt）提出了组织要专注做好一项"工作"的概念。一年后，他发表了一篇名为《营销短视症》的开创性文章。在这篇文章中，他批评企业管理者把更多的注意力放在其所创造的产品而不是客户的需求上。在哈佛商学院的 25 年教学生涯中，西奥多·莱维特一直在强调区分手段和目的的重要性。他说，企业的目的不是制造产品或服务，而是"创造并留住顾客"，做到这一点的关键是"建设性地创新"。

西奥多·莱维特警告说，为满足客户需求进行创新是很困难的，因为企业倾向于去改进现有产品或服务，而不是去满足客户购买产品或服务的需求。他提醒学生说："客户想要的不是一个四分之一英寸的钻头，而是一个四分之一英寸的孔。"

在高等教育中，区分手段和目的从未像现在这样重要。教育行业和其他许多行业一样，追求规模更大、教学质量更好的高等教育强调的是服务特色：提供的专业种类，学校声誉，校园居住设施等。如今，随着大学教育变得越来越昂贵，学生接受大学教育的目的是找到高薪的好工作，学生和政策制定者就把注意力转移到了如何使学位这一基本的产品更具性价比上。面对当下严峻的经济和社会压力，高等教育的营销者和消费者都不可避免地变得目光短浅。

然而，面对新的社会现实，不仅是政策制定者需要考虑如何更好地培养学生的独立思考能力和专业技能，学生也要进行自我反思。这些能力不仅是谋生所必需的，也是美好生活所必需的。大学学位之所以能创造出使人获得高薪的竞争优势，是因为大学提供的教育不仅仅可以满足就业所需，还包括创造新知、传承薪火与明德亲民等。这些传统大学能提供的服务，是其他在线教育机构很难提供的。

哪些工作大学做得出色

大学要将知识发现做得尤为出色 —— 这是哈佛大学时任校长查尔斯·艾略特提出的首要目标，当时他在本科教育的基础上，增设了研究生项目，强化了学术研究部门，拓展了课程设置。重视知识发现也是时任校长詹姆斯·布赖恩特·科南特在哈佛大学推行"非升即走"教职制度的主要原因。这些系统汇聚在一起就产生了强大的效果。正如哥伦比亚大学的乔纳森·科尔（Jonathan Cole）在《大学之道》（*The Great American University*）中所详细描述的，是大学的知识发现帮助塑造了现代世界。即使私营企业在研发上投入了更多的资金，大学仍然在基础研究领域发挥主导作用。2008 年，美国大约 60% 的基础研究由大学完成。

颇具讽刺意味的是，大学的一些研究成果，如计算机芯片和互联网搜索引擎等技术现在威胁到了其传统运营模式。现在，教学创新和商业战略支持大学高效率地为更多学生授予大学学位。这对传统大学来说是个好兆头。正如我们在杨百翰大学爱达荷分校的鱼骨图和平衡记分卡等创新中看到的，大学发现了颠覆现代高等教育的工具，它们可以开发技术和创意，带领自身和学生迈向新的高度。在许多大学里，学生在知识发现的过程中扮演着越来越重要的角色。

科学研究的高回报率

2008 年，在大学科研成果孵化新公司的排行榜中，美国犹他州规模最大的公立大学犹他大学与麻省理工学院并列第一，分别都孵化出了 20 家新公司。

犹他大学的研究经费仅为麻省理工学院的五分之一，在所有大学的研究经费排名中位列第 70，它看起来不太可能在大学科研成果孵化新公司的排行榜中位居榜首。然而，这一成就并非侥幸，实际上，犹他大学在前两年的排名中均位列第 2，仅落后于麻省理工学院，领先于像加州理工学院、密歇根大学和哈佛大学这样的顶尖研究型大学。

犹他大学的科研商业化战略，为那些没有强大的科研开发背景却渴望实现研发突破的学校带来了希望。2005 年，该校决心充分利用其现有的州政府支持和成功的科技园优势。该校创建了一个技术商业化办公室，并与当地天使投资人和风险投资公司建立了合作关系。该办公室开拓了一系列新职能，例如，建立一个新的创业企业"加速器"，资助创业者项目，并协助开展市场分析、网站开发、会计和法律服务。为了让创业企业在获得外部投资者投资之前生存下来，该校创建了一个虚拟孵化器项目，为每一个有潜力的创业企业提供高达 5 万美元的资金，用于持续的研发工作。

尽管这些创业支持系统很重要，但时任犹他大学校长迈克尔·杨（Michael Young）认为，犹他大学在科研成果转化方面最大的竞争资产是学生。杨说："我们的优势在于将从事研究的科学家与法律、工程和医学等学科的学生联系在一起，学生们可以帮助这些科学家释放他们研究成果的全部潜力。"2010 年，有 900 多名学生和学校 88% 的学术单位参与了科研商业化工作。学校除了让学生参与创业培训和相关活动，还运营着一个由学生筹集和管理的 1800 万美元的风险投资基金，为学生从事风险投资做好准备。这些做法不仅惠及学生和科学家，也惠及周边社区。在杨和同事们建立这个科研转化体系后的头六年里，犹他大学帮助创建了 109 家公司，其中有 90 家公司在孵化阶段结束后，仍在犹他州持续经营发展。

和创造新知一样，传承薪火也被植入了大学的基因中。从大一新生开始，这些未来的大学教授只有在全面学习基础知识之后，才会学习前沿知识。大学的通识教育计划让年轻学生们接触到广泛的学科，重点了解这些学科的发展历史。在学生们进入研究生院、承担起为各自领域的知识宝库添砖加瓦的学者角色之前，主要的专业课程会让学生了解专业发展的来龙去脉，以及从基础到高级的专业内容。

知识的扎根或者说薪火相传，让大学的学者们发挥着一种与知识传承有关的关键性作用。他们可以帮助学习者在信息洪流中找到立身之本，避免被其淹没。知识总量的爆炸式增长，很大程度上要归功于大学。学生们通过诸如谷歌搜索（由斯坦福大学培养出来的学生开发）这样的工具，现在动动手指就可以获得海量知识。然而，很多学生缺乏明确的搜索目标，也不懂得如何利用搜索到的相关知识。传统大学是唯一有能力在这方面帮助学习者的机构。大学拥有集体性的洞察力和经验，并以此回答对学习者而言最重要的问题：如何在正规教育中获得恰当的知识广度和深度？ 应该读什么书？ 可以信赖哪些信息来源？ 哪些新信息是重要的？ 哪些原则是不变的，其中什么有效，什么无效？

除了创造新知和传承薪火，明德亲民也是大学的一项传统优势，它可以追溯到大学发展的早期阶段。当时的殖民地学校不过是青少年的寄宿学校，学生从与导师一起生活和相互学习中学到的东西，与从正规教学中学到的一样多。詹姆斯·加菲尔德（James Garfield）在描述他以前的老师、时任威廉姆斯学院校长、道德哲学家马克·霍普金斯（Mark Hopkins）时提到了导师的作用。他说："理想的大学是'马克·霍普金斯式'导师与学生共同学习和生活的载体。"洛厄尔时任校长把它奉为真理，在哈佛大学斥巨资建设了一个宿舍系统，让更多的学生能够和自己的"马克·霍普金斯式"导师在学校这个载体中交流、谈心。虽然很少有大学可以复制哈佛大学的宿舍系统，但大多数大学都建造了宿舍和校园活动中心。由于第二次世界大战后传统大学校园的扩张，有几代年轻人实际上是在大学里长大的。

考虑到创造新知、传承薪火和明德亲民这三项工作的重要性，传统大学的薄弱之处不在于其日益增长的成本，而在于其在上述工作中的相对表现。即使在竞争日益激烈的环境中，传统大学也扮演着独特而重要的角色。这一点得到了社会广泛的认可。政府和企业仍然愿意资助大学开展高效且具影响力的研究。纳税人和立法者知道，在成本合理的情况下，大学发挥的传承功能所带来的社会效益十分显著。许多学生和他们的父母都愿意为面授学习支付高昂的学费，获得有教师指导的大学学习体验。社区大学、技术学院和营利性学校可以发挥补充作用，这些学校在服务传统大学的非主流消费者方面尤为关键。哈佛大学的艾略特、洛厄尔和科南特所期望的那类大学，在更高层次的学习方面将发挥至关重要的作用。

独特的资产

传统大学有两种独特的资产来帮助其完成创造新知、传承薪火与明德亲民这三项工作。每一种资产都兼具巨大的潜在价值和高昂的成本。

大学的一种独特资产是实体校园。这似乎有些矛盾，以在线技术为基础的学习和交流趋势会威胁到大学的传统教学方式，但这也正是大学校园如此宝贵的原因之一。现在，父母们比以往任何时候都更希望把依赖手机和电子游戏的孩子们送到需要面对面交流的地方。许多家长希望看到自己的孩子由要求严格的教授指导。他们也注意到了孩子和室友一起生活的价值，优秀的室友可以成为孩子的学习榜样，而糟糕的室友也可能引发孩子的自我反省。即使在过去家庭农场和企业紧密联系、高中生活相对统一的时代，传统大学也被视为让年轻人走向成熟的重要场所。如今，大学可能是少数几个可以系统地促进一个人成长和成熟的场所之一。

大学的另一种独特资产是教授。这些教授不仅拥有博士学位、获得了终身教职，而且有着渊博的知识和缜密的思维。他们在长期的教学和研究中，不仅能成为新知识的发现者，还能成为学生们的人生导师。传统大学校园至今仍然为学生提供无与伦比的机会 ——"选的不是课，而是教授"。尽管在线教育不断进步，而且很可能产生比传统课堂更好的认知学习成果，但最持久、最具变革性的学习体验仍然依赖于人际互动，即与一位好教师建立起亲密的、持久的联系。正如詹姆斯·加菲尔德对马克·霍普金斯和作为载体的学校的评价一样，艾略特无疑也会对约西亚·库克（Josiah Cooke）和他的简易地下实验室给予同样的赞誉。类似地，洛厄尔会对本杰明·皮尔斯帮助他发表数学论文表示感激，科南特也会感谢查尔斯·杰克逊的指导，并亲自把他引荐给卓越的德国化学家。

师生之间的亲密感也可以通过在线课堂和互动来建立。富有爱心的教师可以在线展示他们的个人特质，鼓励学生个体和集体，激发其进行超越课程本身的自省。同样，在线导师可以与学生建立持久的联系。例如，西部州长大学的导师们在学生学习期间，每周至少要与被指导的学生进行 30 分钟的电话交谈。尽管西部州长大学的学生和导师可能直到毕业都不会见面，但那时他们可能已经成为朋友了。

即便如此，能够改变学生人生的教授还是使得传统大学在与低成本在线教育机构的竞争中脱颖而出。师生之间的面对面交流，尤其是在课堂之外，具有独一无二的价值。学生进入教授的办公室讨论与课程无关的问题，就等于加入了一个特殊的学术团体。这种个人化学习体验的价值是巨大的，以至于经济条件允许的学生愿意支付与教授和校园环境（即学校载体）相关的成本。

大学的创造新知、传承薪火和明德亲民等相关工作是大学最独特的资产，也是最昂贵的资产。关注效能的管理者通常会回避建设实体校园和从事学生指导、课程开发及研究的全职教师所带来的成本。这些资产之所以有价值，是因为其对促进学生健康成长的作用是独一无二的。但由于成本昂贵，因此大学必须懂得节俭和有效地使用它们。

> 颇具讽刺意味和值得庆幸的是，虚拟世界的丰富激发了人们对现实世界更大的渴望。
>
> —— 玛丽·苏·科尔曼，时任密歇根大学校长

效率原则

传统大学必须降低授予每个学位的成本。正如麦肯锡公司在《制胜学位教育：高产出的高等教育机构的策略》报告中所指出的，实现这一目标有两种主要方式。一种是提高学生的按时毕业率。学校要进一步推进课程模块化，让学生更有可能达到毕业所需的最低学分要求。此外，学校还要为学生提供学术指导和个人辅导，尤其是那些可能辍学的学生。

另一种降低大学学位成本的方式是降低大学资源的成本，尤其是设备和教学成本。通过提供全年滚动教学和高效的课堂安排，大学有可能提高物理设施的利用率。对许多学校来说，这些是它们的第二大成本，仅次于教师的薪资和福利。传统大学的教师们通常不会全年授课，而营利性组织则认为这是理所当然的。对于许多传统大学来说，杨百翰大学爱达荷分校的全年三学期教学模式似乎遥不可及，但成功的大学将会激励教师和学生在夏季更好地利用校园资源来学习。

学校降低成本最有效的办法是充分利用在线学习。除了最负盛名的大学，建议其他所有大学都在传统面授教学的基础上创建在线的虚拟课堂，就像杨百翰大学爱达荷分校和南新罕布什尔大学所做的那样。在线课程以及教授这些课程的兼职教师，应该与大学的全职教师紧密协作，这是与纯在线课程最关键的区别之一。大学为了保证教学质量，也可能会限制在线课程的规模，或者付给教师高于市场价格的报酬。在线课程在实现这样的质量提升之后，不仅能帮助传统大学节省教学成本，也可以在不增加物理设施和全职教师投入的情况下招收更多的学生。

一所常春藤学校的在线教育公司

2000 年，一种新现象变得常见起来：一家业内领先的公司创立了一家互联网子公司——eCornell，其名称以小写字母"e"开头，代表它希望追逐互联网泡沫的浪潮。鉴于新成立公司的首次公开募股 (IPO) 常常能达到 1 亿美元的规模，因此，3000 万美元的初始投资似乎是比较合理的。

事后看来，这像是一场投资悲剧，尤其是当我们得知这个新创立的公司是一所在线大学时。2005 年以来，eCornell 一直在为其母公司康奈尔大学盈利。尽管每年的利润足以支付康奈尔大学 3000 万美元投资的利息，但学校基金的受托人却支持 eCornell 将这些利润再投资于新的项目和基础设施，以实现持续增长。

康奈尔大学将 eCornell 项目作为营利性子公司，不是为了追求财务回报的最大化，而是为了促进对学校的灵活治理和确保对市场表现的关注。eCornell 与非营利性母公司的联系非常紧密。全职教师作为 eCornell 在线课程的编写者，得到了专业在线课程开发者的支持。教师也可以加入学生的网络会议，并为混合式教学提供面授指导。

2010 年，传统康奈尔大学旗下的在线 eCornell 项目每年招收超过 1 万名学生，开设 26 个证书课程。几乎所有的学生都是在职工作的成年人，他们为了找到新工作或者谋求更好的职业发展，在商业、卫生保健、酒店和食品服务管理专业等领域进行深造。高质量的在线课程、自主的学习时间和地点，结合康奈尔大学的品牌优势，使得这家在 21 世纪早期互联网泡沫破灭后幸存下来的成功的网络公司实现了可持续增长。2010 年，eCornell 服务的学生人数增长了 24%，超过了在线学习行业平均 21% 的增长率。该公司年收入同比增长 25%。尽管在互联网热潮时期，这不过是一次中等规模的首次公开募股，但它预计会产生巨大的投资回报。更重要的是，eCornell 为母公司提供了以低成本、高质量的学习技术服务更多在线学生的能力，也有望惠及在校学生。

大多数传统大学已经通过聘用成本较低的兼职教师和研究生来控制教学成本。然而，在典型的非营利性大学中，超过一半的教师属于上述两类，这种师资力量和教室一样受空间和时间的限制。此外，这些兼职岗位的教学工作几乎没有被纳入顶尖的在线教育机构所使用的确保教学质量的质量保证系统。学校要想在成本上具有竞争力，就必须吸引世界各地的合格教师来教授高质量的在线课程。

我认为在不久的将来，即使是最好的面授课程也将变成混合式的，与在线学习内容有机结合起来。讲座和其他非互动的教学活动（如课堂测验）正在被引入在线教学之中，使全职教师能够专注于案例讨论这样的高价值教学活动。定制化的在线指导与对现实世界的模拟会不断被增加到课程教学中。面授教学的时间将会变少，因为有更多的教学工作可以在线解决。受过专业训练的教学助理与指导教师将协助完成在线讨论与批改作业工作。全职教师将可以在不增加工作量的情况下，用类似于艾略特时期哈佛大学的大课堂模式教授更多的学生。那些指导教师将通过在线对话和批改作业了解学生的学习情况。

社会想要大学提供什么

传统大学必须降低成本，但这还远远不够。虽然杨百翰大学爱达荷分校和类似的创新型大学运营效率很高，但在每名学生的支出方面仍高于纯在线教学的教育机构。传统大学面临的真正挑战是如何向学生和家长证明其较高的成本是合理的。这也是金·克拉克最初把重点放在改善质量而不是降低成本上的原因之一。他在寻求成本竞争优势之前，希望通过学习模式和基础教育等创新来确保明显的质量优势。

洛厄尔在担任哈佛校长时也同样强调教育质量。1909 年，哈佛大学在追求艾略特理想的进程中举步维艰。哈佛大学当时面临的情况和现在一样，支出高于收入，因此有批评人士质疑哈佛大学教育的价值。一些人希望本科学位教育能从 4 年减少到 3 年。然而，洛厄尔拓宽了他们的眼界。他向哈佛大学的同事们提出了一个同样适用于我们这个时代的反问：

> 我们难道不觉得拯救一所大学最重要的不是缩短学制，而是确保它值得人们付出吗？大学很少被外在因素击倒，它们的失败往往是内部因素导致的。它们生命力旺盛，并不会被环境扼杀，它们的失败是因为没有创造恰当的价值，或者不能实现社会对它们的期待。我们有理由相信，未来的哈佛大学将为美国公民做出卓越的贡献。

洛厄尔以平衡的中庸之道，感知到了高等教育界的机遇和薄弱之处。他看到了传统大学在创造新知、传承薪火和明德亲民方面的机会 ——"学校要去做社会期待的事情"。同时，他也认识到了重构传统大学基因的必要性。洛厄尔通过研究高等教育历史，看到了如今大多数大学所具有的先天性"自我衰败"倾向。

效仿带来自我衰败

尽管营利性机构竞争对手相对于大多数传统大学，通常更具治理灵活性和成本优势，但传统大学的很多根本性问题是自身内部机制造成的。它们与同类院校进行着由基因驱动的、颠覆性的竞争 —— 每个学校都想成为世界上最卓越的学府，而"卓越"这一标准仅基于狭义定义。大学的很多问题，实际上可追溯至科南特推动哈佛大学变得更加卓越的举措。他筛选顶尖学生和学者的工具是 SAT 与"非升即走"的终身教职制度，是假设哈佛大学和同类院校只能让一小部分美国人接受大学教育。在科南特时代，每 20 个美国人中只有 1 个人获得大学学位。他想在那些即将上大学的学生中找到能从哈佛大学的教育中获益最多的人，同时致力于让哈佛大学在学术上追求卓越。他只关注实现这两个极致的目标。

这个战略在当时是非常成功的，部分原因是科南特低估了未来的社会对大学教育的需求。随着高中毕业生上大学的可能性过半，哈佛大学的录取标准从 3 个申请者中录取 2 个变成了 10 个申请者中录取 1 个。申请教职的候选人也越来越多。20 世纪 30 年代，这种追求卓越的机制帮助哈佛大学变得更加开放；哈佛大学当时的领导者也未曾预见，70 年之后，哈佛大学竟然变成了一所精英大学。

与此同时，不断追求卓越使得哈佛大学的运营成本越来越高，也使其无力招收更多的学生。随着哈佛大学的声誉和成本飙升，其服务大众的相对能力大幅下降。由于许多学生只能支付部分教育费用，哈佛大学不得不提供助学金来填补差额。尽管哈佛大学获得了巨额捐赠，但经济资助也是有限的，因此，它能录取的学生数量也是有限的。那些效仿哈佛大学模式的院校，其运营成本同样变得越来越高，学费也在不断上涨。对于那些无法通过捐赠和赞助研究等方式获得足够经费的院校来说，其本科教育的质量就会受到影响，因为它们无法为新的学术活动和师生互动提供足够的资金。

因此，高等教育的文凭价值相对其成本有所下降，很多想上大学的学生无法推开高等教育的大门。精英大学模式的推广，使得广大学生和教师都受到了影响。在当前学术界的精英制度下，终身教职的评定依赖于在一流期刊和学术出版物上发表的文章，从而限制了年轻教师的表现与潜在贡献。学习创新和其他不以传统学术文章形式呈现的价值被低估，导致许多教师甚至整个院系对学校和学生所做的贡献都没有得到应有的认可。那些促使大学在卡内基阶梯上攀登的基因倾向，对大多数学生和教师是不利的。

做出选择

可喜的是，全球追求高等教育学习的学生人数正在日益增长，创造新知的潜力和对传承薪火的需求也在增长。社会需要更多的大学教育，而不是更少。然而，有太多的大学试图效仿哈佛大学，却并不了解其投入的成本。大学要以具有竞争力的可持续成本来完成创造新知、传承薪火和明德亲民的使命，就必须明确制定战略，体现出愿意做什么、不愿意做什么的坚定选择。

"权衡"一词说起来容易，做起来难，即使对营利性企业也是如此。成功的组织追求"更大更好"，想要在每件事情上服务好每一个人。在西奥多·莱维特提出"企业重要的工作是创造一个满足客户需要的好产品"20年后，他的一位年轻同事——哈佛商学院的迈克尔·波特教授，通过严谨的研究表明，组织长期的成功不仅需要满足客户的需求，而且要持续比竞争对手做得更好。尽管波特的分析很复杂，但从中得出的指导原则却很直接，即组织要在竞争中取得成功就需要做出"差异化"，需要对组织"做什么"和"不做什么"做出独特的选择。

波特基于权衡和差异化的研究，对许多追求"更大更好"策略的商业组织提出了挑战，这同样给传统的高等教育策略敲响了警钟。它从根本上冲击着艾略特首先提出的"一切都要做到最好"的愿景，冲击着20世纪美国院校为了排名而竞相角逐的做法，冲击着世界上很多大学盲目效仿哈佛大学的策略。这为大学通过独特的战略选择获得成功带来了希望。一所大学可以通过选择差异化来取得成功，而不用像其他学校一样攀登卡内基阶梯。

大学要在竞争日益激烈的世界中取得成功，就必须找到一种超越效仿哈佛大学的策略。当然，大学也没有必要像戈登·欣克利和戴维·贝德纳那样，完全放弃研究生课程和探索研究。但是，大学必须跳出传统的卡内基阶梯来定义自己。它们首先要考虑自己在做什么，而不是考虑哈佛大学和其他研究型精英大学在做什么。

今年，我们决定抵制这种卡内基阶梯攀登的趋势，不再寻求商学院的国际商学院协会（AACSB）认证。我们的分析结果显示，认证将让我们在各项活动与优先工作安排上每年投入 200 万美元的费用，但没有证据显示这些投入会改善学生的体验。

——保罗·勒布朗，时任南新罕布什尔大学校长

一所处于细分市场顶端的创新型大学

2008 年，当伦纳德·施莱辛格出任百森商学院新校长时，他惊讶地发现有人打算淡化学校享誉世界的创业课程。令人担心的是，其他资源更多的大学也进入了创业教育领域。在《美国新闻与世界报道》的排名中，百森商学院创业方向的 MBA 项目连续 15 年排名第一，其本科的商科教育项目同样享有盛誉。然而，施莱辛格的一些新同事认为，这种以创业学科为核心的战略将使百森商学院更易受到竞争对手的攻击。他们认为，更好的做法是提升学校在精英大学中的总体名次。

施莱辛格曾在哈佛大学和布朗大学担任教职与管理者，也是有限品牌公司的高管，该公司拥有"维多利亚的秘密"和"沐浴与身体护理工坊"等独特商标。他强烈反对这种观点。他从自己在高等教育和零售行业的经历中认识到，创建一个独特的品牌是多么困难和昂贵。他也知道，百森商学院已成为一个有价值的品牌。

施莱辛格不赞成放弃一个细分且重要的学术领域的顶端而去攀登卡内基阶梯，他召集了一系列的战略研讨会，帮助同事们专注于拓宽与深化百森商

学院的创业学科的能力及提升其声誉。最后，百森商学院的同事们确立了三个目标：（1）成为各类创业领域的教育专家；（2）将百森商学院的影响力扩展到世界各地，开设如面向在职专业人士的课程、面向小企业主的课程，协助在阿布扎比创建管理和创业学院；（3）确保学院财务的可持续发展。

百森商学院的战略还包括扩大面授和在线混合教学模式的应用，这既能扩大百森商学院的影响力，又能降低教学成本。百森商学院与附近的韦尔斯利学院、富兰克林·欧林工程学院达成合作协议，韦尔斯利学院是一流的文理学院，富兰克林·欧林工程学院是一流的工程学院，这使百森商学院的学生和教师在保持学院战略重点的同时，能够享受到学术多样性带来的好处。

百森商学院和许多其他成功院校致力于发展自身独特的模式，避免全盘采用哈佛大学的模式或纯在线模式，而是结合两者的优势。它们在充分利用网络技术的同时，把自己定位在社会希望它们做好的特定领域，这使得它们能以具有竞争力的质量和成本来做自己擅长的事情。它们会根据自己的优势来做出选择。学校做出的关键选择与学生、学科和对学术的定义有关。

第 21 章
学生与学科

对于大学而言，第一个关键选择维度是服务的学生群体范围和提供给他们的文凭类型。查尔斯·艾略特创建的新型哈佛大学同时为本科生和研究生提供服务，这一看似广泛的选择已被众多院校效仿。然而，哈佛大学的本科生却与众不同，他们的能力往往比普通大学生的更强，他们也更有可能继续攻读研究生学位。这使他们更满足于博雅教育，而非针对职业的技术预备教育。

在很大程度上，这个体系能够在哈佛大学运行良好要归功于洛厄尔的特别投入。詹姆斯·布赖恩特·科南特将终身教职与研究成果挂钩，这使本科生相较于研究生处于固有劣势，但哈佛大学通过维持洛厄尔打造的成本高昂的本科生住宿和指导体系，弥补了教师对本科生关注度的不足。得益于科南特对 SAT 的运用，很快，被哈佛大学录取的新生平均水平大幅提升，且新生学习积极性高涨，几乎能克服教育项目中的任何不足。

换言之，哈佛大学的成功不仅得益于其雄厚的财力，还归功于它能够招收到极为优秀的本科生和研究生。在哈佛大学的专业学院，由于可供选择的学生范围有限，因此，它们仅招收研究生。这或许可以部分解释为何这些专业学院与负责研究生项目和本科生院的文理学院相比，对经济衰退和公众批评的抵御能力更强。如果文理学院不是因为规模相对较小、教育质量较好，以及文理学院的教授对学生高度负责，可能早已陷入严重的财务困境。

其他大学除了经费比哈佛大学少，还面临着本科生的教育目标和学术能力多样化方面的挑战。这些大学的学生中，有很多人不会继续攻读研究生，所以，大学本科的教学必须包括为未来就业进行的职业准备。有些学生还需要补习高中课程，才能为学习大学课程做好准备。由于研究型大学对研究生课程和教师学术能力有额外要求，即使是哈佛大学，也无法为如此广泛的本科生需求提供所有必要的学位课程和专门指导。

选择学生类型

成功的大学会非常谨慎地选择其服务的学生类型。例如，专注型文理学院只授予学士学位，以此与其他院校区分开来。文理学院的学生无法像哈佛大学的本科生那样，通过本研共选课程在研究生课程学习方面抢占先机；也不能像在公立大学那样，两年修完专科课程，或获得应用领域的学士学位。然而，顶尖文理学院的学生能得到教师额外的关注和知识启发。他们还能得到学校就业指导人员的全力帮助。而在大型综合性大学，就业指导人员往往会给予专业学院学生过多的支持。文理学院做出的权衡取舍，使它们在特定类型的学生中具有独特的竞争优势，这些学生高度重视本科阶段的小班化教学，并愿意为此付出高昂成本。在高等教育需求不断增长的时代，这些院校很可能占有一席之地，尤其是当它们创新性地利用在线技术来优化教学并控制成本上涨时。

杨百翰大学爱达荷分校选择了服务更广泛但同样具有差异化的学生群体。它和文理学院一样，不开设研究生项目。但是，它在服务准备读研究生的本科生的同时，也持续重视大专文凭和技术证书。它通过帮助那些能力和兴趣不同的学生相互教学，满足他们的学习需要。让准备上大学的学生去教授那些没有计划上大学的学生，这是一种宝贵的教育经历，在常春藤联盟里并不常见。杨百翰大学爱达荷分校还通过低成本的在线学习技术，向经济困难和偏远地区的学生提供帮助，如果没有这些帮助，这些学生可能永远无法接受高等教育。学生们通过定期见面及在线课程与杨百翰大学爱达荷分校的同龄人进行互动。低成本和高质量的学习满足了这类学生此前未被满足的学习需求。

社区大学的定位更加聚焦，只面向大专文凭的申请者。社区大学主要满足那些学习基础差、需要工作和要承担家庭责任的学生的在职需求。社区大学的专注和低成本，被视为比传统大学更有吸引力的公共投资。即便如此，它们未来的成功仍然取决于通过在线学习降低教学成本，并为提高学生毕业率提供必要的支持。

那些只颁发专业证书的学校在帮助学生坚持学习并顺利毕业方面显示出了专注的力量。在全美范围内的两年制公立院校学生中，只有 43% 的学生在五年内获得了毕业证书；而那些只颁发证书而不是同时颁发大专文凭和证书的院校，其学生的毕业率则达到了 72%。这与麦肯锡公司在一份报告中提到的田纳西州 26 个独立技术中心的平均毕业率大致相当。值得注意的是，田纳西州的技术中心通过为证书申请者提供优质的服务脱颖而出，其中 6 个中心的学生毕业率超过了 80%。学生可以获得建筑和施工、商业管理、健康科学和信息技术等领域的专业证书。麦肯锡团队观察到：选择学生类型可以让这些学校提高其执行力，同时允许其对交付模式和过程进行适当调整，以满足学生群体的需要。

以学生为中心

大学除了选择服务哪些学生，还必须将学生视为首要服务对象，并且认识到指导学生这项工作与包括探索性研究在内的其他任何工作同样重要，甚至更为重要。除了顶尖的研究型大学，那些不将服务学生视为首要使命的大学注定会走向衰落。高校面临的竞争挑战不仅在于营利性教育机构的教学成本更低，还在于专注型研究机构的兴起。纯粹专注于探索性研究的企业研发团队和政府研究机构的员工，本质上比大学学者更具成本效益优势，因为大学学者必须在研究和教学之间分配时间，而且他们的研究并非由市场驱动。由于存在这些成本更低的替代选择，大学如果没有令人信服的教育目的，它们的知识发现功能相对而言成本实在过高，难以证明其值得获得政府投资和社会捐赠。

现在，大学教授们都很清楚，学生们有了满足自己需求的新工具。在线技术让学生们以更低的成本学习，也让他们以前所未有的方式表达自己的观点。点评你的教授网站和脸书（是在哈佛大学的宿舍里诞生的）等热门网络平台，预示着一个由社交网络驱动的新世界来临。在这个世界里，第三方的大学排名和认证可能逐渐变得无足轻重。一所大学的命运更有可能取决于其利益相关方的看法，他们会审视大学究竟是在为公共福祉而努力，还是仅仅在追逐自身利益。如今的常春藤学校很可能在一百年后仍在学术上受到好评。然而问题在于，其中一些学校有可能被营利性教育公司收购，成为投资组合中的核心品牌。它们的独立性将取决于其利益相关方（包括教师、校友，尤其是那些接受其服务而不仅仅是在远处敬仰它们的学生）是喜欢它们还是抛弃它们。

学生群体尤为关键。不能将任何学生视为普通客户；就如同医生的患者、律师的委托人一样，聪明的学生会相信教授是为他们着想的。如果传统大学不把学生当作最重要的服务对象，营利性教育机构在争取学生方面就会占据优势，尤其是对于那些考虑就读非顶尖院校的学生而言。许多营利性教育机构在迎合在职成年人需求方面取得了巨大成功。这些成年人相较于传统大学服务的年轻学生群体，能带来更高的利润率。但随着整体市场的成熟以及高端市场竞争的加剧，营利性教育机构也会在年轻的求学者中寻找新机会，其中包括那些具备进入传统院校所需的学术基础和经济能力的学生。营利性教育机构具有极低的教学边际成本，因此，能将价格降至远低于公立大学的水平。它们迟早会占领这一细分市场。即使是名校，也会受到那些以学生为中心的竞争对手（无论是营利性还是非营利性的）的影响。如今，以学生为中心的大学尚属特例。但在未来，恐怕只有这类大学才可能取得成功。

帮助学生"实现梦想"

虽然大学肩负着广泛的教育使命，但是它们还是可以从有 130 个社区大学参与的"实现梦想：社区学院行动"实践活动中获得启发。这一实践活动是由美国光明教育基金会资助的。"实现梦想"学校联盟利用学生的学业数据来帮助学生获得成功。其中一所成员学校是瓦伦西亚学院 [①]，它的学生毕业率达到了 35%，比美国同类院校平均值高出 15%。瓦伦西亚学院学生和教师数量的比例是 32∶1，几乎比同类院校的平均比例 22∶1 高出约 45%。瓦伦西亚学院因为学生毕业率高，教学和其他学生服务成本低，所以，一个学生获得大专文凭的平均学费仅为 22 311 美元，而其他学校的平均学费为 56 289 美元。

瓦伦西亚学院的成功来自一系列创新举措，其中包括采用课程群组模式和开设指导新生计算学分、掌握学习方法的"学生成功"课程。它还使用了一种名为"人生地图"的学术和职业规划工具，帮助学生将个人目标与实现目标所需的瓦伦西亚学院资源联系起来。"人生地图"能够识别学生毕业后的不同目标选择，为学生提供个性化的支持。

瓦伦西亚学院的工作人员也致力于"从学生的眼里看学校"。这就需要很多工作实现流程化和自动化，在很多情况下，学生可以选择自助服务，在线完成各种手续，例如接受经济资助。其结果是学校能够提供更快且成本更低的服务。瓦伦西亚学院在一些学生服务方面的成本效益高于其他方面的平均投资，如学业帮助和就业服务。同样，较高的生师比所带来的效率提升，也让学校可以在衡量和维持教学质量方面进行更多的投资。

佛罗里达州也同样致力于践行"从学生的眼里看学校"。佛罗里达州政府鼓励学生同时参加高中和大学的学习，学习大学先修课程和国际文凭 (IB) 项目，并慷慨地接受学生用学分转校。例如，拥有大专文凭的毕业生可以进入一所四年制的州立大学，并且至少可以转过去 60 个学分。

学科聚焦

为了在日益激烈的竞争中生存下来，大多数大学不仅需要更加以学生为中心，还需要在学术课程设置上更加聚焦。艾略特追求"所有学科都达到顶尖水平"的理想，因此成本一直居高不下。现在，营利性教育机构专注于市

---

① 原名为瓦伦西亚社区学院（Valencia Community College）。——编者注

场需求最大的学科，这使得传统大学的追求在竞争中难以为继。尤其是本科专业，必须从成本角度进行合理化调整。对于长期招生不足、无法帮助毕业生进入职业领域或研究生项目的专业，可考虑取消或合并。即便是那些招生人数众多的热门专业，所开设的选修课程数量也必须减少。许多大学已经开始行动了。

在第二个关键选择维度 —— 学科方面，传统大学需要谨慎为之。传统大学与营利性大学最大的区别在于是否提供广泛的学习选择，以充分发挥大学的创造新知、传承薪火和明德亲民等功能。大学彻底取消过多的专业和课程不仅会对学术优势造成损害，还会对学校的竞争力造成损害。然而，传统大学的专业课程需要被精简和模块化，以便学生能够将最重要的专业课程与其他领域的课程结合起来，并在四年内修完这些课程、顺利毕业。许多专业最后可能会减少高级专业课程的数量，或者降低这些课程的开课频率。

麦肯锡公司的一份报告中提到的大多数大学对学科和学生进行了有针对性的选择，从而降低了教学成本、提高了学生毕业率。例如，印第安纳卫斯理大学通过成人和职业教育研究学院为 15 000 名学生提供教育服务，该学院专门为在职成年人提供大学教育。许多成年人倾向于按照自己的节奏学习，通常是独立学习。但印第安纳卫斯理大学成人和职业教育研究学院的学生则是通过分组集体学习来攻读学士学位的。群组成员参加为期六周的三学分课程，其中绝大部分是必修课而非选修课。鉴于群体协作的重要性，每门课程只允许请假一次。麦肯锡公司对此报告如下。

大学最初的安排有双重目的，一方面是让学生之间相互了解，另一方面让学生适应校园或在线的学习环境。大学的领导者指出：集体学习模式和几乎没有选修课的学位课程是推动学生毕业率达到 65% 的重要因素，而其同类院校的平均毕业率仅为 46%。

印第安纳卫斯理大学成人和职业教育研究学院不仅拥有较高的毕业率，而且在每个学位上的投入仅为 40 851 美元；尽管在学生支持上的投入比同类院校平均水平高 10%，但总成本还是比同类院校平均水平低三分之一。

面对互联网新经济的现实，学校需要从追求"更大更好"的模式中解放出来，专注于自己擅长的事情。

——伦纳德·施莱辛格，时任百森商学院校长

超越（过于）理性的课程与（过于）正式的课堂

然而，大学必须至少在一个重要方面拓宽其学科范畴。传统大学要保证自身的生存和满足社会的需要，就要更加关注学生的价值观，更加重视学生的品德培养。高等教育世俗化所带来的道德缺失是一个严重的缺陷。正如德里克·博克在《回归大学之道》一书中指出的那样，"三分之二的大一新生认为大学帮助他们培养个人价值观是'必要的'或'非常重要的'"。但他观察到，由于"教师们不愿意教授那些分析和验证方法主观性太强的内容"，许多本科生"从与朋友的闲聊中获得的价值观和培养的原则，比从他们所学的课程中获得的还要多。从这个角度来说，他们在那些理应成为其成长重要组成部分的学科上，未能获得应有的启迪"。

博克说的是对的。学生上大学不仅是为了接受单一的学术训练。在跨学科的通识教育基础上，他们还需要与指导教师交流，无论是在学术训练方面，还是在个人体验方面，共同探讨什么有利于社会和个人长期的福祉，以及什么是对的、什么是错的。将道德观念引入高等教育需要把握一种微妙的平衡。这中间有着智识上的不对称性：教师如何决定引入一些不受学术分析方法约束的观点，同时又排除其他观点？然而，正是这种判断，把那些仅仅具备专业能力的大学毕业生跟那些值得托付去做最重要决定的人区分开来。对那些能够做出高风险判断而不只是依赖于纯分析方法的人，社会仰仗他们，也会给他们以高回报。

人们期望那些获得终身教职的大学教授认识到，支付给他们的生均薪资比营利性机构的非终身教职教师要高出许多倍，而后者平均而言可以给学生

带来相同的学习结果。如果他们想要继续获得这种高薪，他们不仅要将新的研究发现带入课堂，还要传承薪火并明德亲民。对传统大学而言，随着在线课程占比的提高，教师做好上述工作的能力变得越来越重要。更重要的是，在线教育难以产生充满价值内涵和体现人文关怀的对话，而面授在这方面则更具优势。

期望教授在向学生传授道德价值观和培养学生品德方面做出审慎决策，这并非不合理。正如博克所说："教师完全有可能在不将个人观点或政策观点强加给学生的前提下，教授道德推理，或是培养学生成为有见识的公民。"对于学生而言，最重要的教育价值之一是大学教师在所选择的职业中所体现的价值观：为了培养学生而传授知识。哈佛商学院的讨论式教学大师 C. 罗兰·克里斯坦森将教学描述为一种"道德行为"（良心活儿）。他对教学能达成的效果有极大的信心。他的信心既来自对学生潜能的尊重，也来自尽责的教师去开发这些潜能的能力。

我相信每个学生都有无限的潜力。乍看之下，他们和教师一样，水平有高有低，但潜力并非一眼就能看出来。我们需要相信他们，而我目睹过太多学业上的奇迹，因此，我从不怀疑学生潜能的存在。现在，我把每个学生都视为"艺术品的原材料"。如果我坚信学生具备创造力和成长能力，那我们就能共同取得非凡成就。反之，如果我不相信他们的潜能，我就会播下质疑的种子。无论我们如何小心翼翼地掩饰，学生都能察觉到我们传递的负面信号，进而从勇于创新退缩到只求"尚可"。一旦如此，所有人都会是输家。

克里斯坦森在他这门具有里程碑意义的商业政策课程的最后一个学时，安排了一场难得的演讲。他向未来的经理和高管们讲述了商业中最强大的激励力量：真正关心员工和客户。他不仅以研究来支持他的观点，更在整个学期中通过以身作则来让学生们感受到他的信念。

学生不仅需要道德权威和个人关怀，还需要父母的引导。尽管学生在校时可能还没有完全意识到这一点，但他们日后会常常感激那些不仅对他们的学业成绩负责，还对他们的言行举止和抱负负责的教授。就像乔治·多里奥对哈尔·艾林的婚姻给予的祝福那样，学生同样感激教授在他们的个人生活中给予的指导。那些想要帮助学生改变命运的教授总是践行价值观的榜样。那些期望家长为学校扩建支付高昂费用的大学需要充当学生家长的替代角色。

很少有大学会选择像杨百翰大学爱达荷分校的学生，以及 20 世纪 50 年代申请哈佛大学宿舍的学生那样，受到严格的道德要求。然而，每个大学校园都应该有意识地去塑造它所要促进的道德和社会环境。学生和家长对学校之间的差异很感兴趣，"寻开心大学"排名的流行就是明证。由于传统大学的入学成本相对较高，学生一定会在乎一所校园的社交环境质量。无论期望是什么，那些设定目标并满足学生期望的学校将更有竞争优势。

第 22 章
学术

传统大学面临的第三个关键选择维度与学术研究活动相关。因为我们之前在讲述杨百翰大学爱达荷分校的案例时，并未涉及它在传统学术研究问题上的考量，所以，我们在本章中会对其进行深入的探究。

在服务的学生群体和学科涉猎方面，查尔斯·艾略特对哈佛大学的规划极大地拓宽了学校的活动范围。相比之下，他所倡导的让所有学科都做到最好，却预示着大学学术研究走向显著收窄。具有讽刺意味的是，艾略特在呼吁追求最好的学术研究时，未必仅指前沿科研。尽管他钦佩德国和法国学者的原创性发现与文学创作，但他也看重学术研究在"促进人类物质福祉"以及推动"真理与正义"方面的作用。事实上，他在管理上的偏好并非研究，而是教学，他的这句话就是证明："在当今时代，大学管理唯一可设想的目标，是拓宽、深化并增强美国各学科领域的教学。"

如今，即使是最好的研究型大学也在其终身教职标准中提到了教学和服务的重要性。但自从詹姆斯·布赖恩特·科南特引入了"非升即走"的终身教职制度以来，学术 —— 被定义为原创性研究和论文成果，已经成为晋升终身教职和排名决策中的最重要因素。1863 年，艾略特没有在哈佛大学获得拉姆福德讲席教授席位，尽管他是一位富有创新精神的教授，也是时任哈佛大学校长的得力助手。如今，每一位渴望获得终身教职的教师都知道，任何的成功或牺牲都不能替代论文成果。

因此可以说，发表论文是获得终身教职和排名晋升的决定性因素，因为其他形式的贡献难以得到可靠的衡量。例如，教授的教学质量是不容易评估的，学生是唯一能充分亲身体验教学的人，但他们判断其价值的能力是有限的。然而，原创性研究或论文的质量也同样不容易衡量。学术期刊或大学出版社判断一篇论文是否优于另一篇论文，是建立在一套精心设计的、复杂而昂贵的同行评议系统之上的。如果在衡量一位教授的课堂贡献方面投入同样的资金，我们也可以区分出哪位教授更加优秀。

科南特拥有衡量业绩贡献的绝佳才干，他有能力设计出这样一个衡量系统。然而，科南特的目标是让哈佛大学在绝对意义上成为卓越的学府，还要在与其他所有大学的比较中脱颖而出，成为"最好"的那所。任何大学都有杰出的授课教师，但获得诺贝尔奖级别的学术成就却是独一无二的。哈佛大学的终身教职制度就是为了促进这种独一无二的研究型学术而设计的。

许多效仿哈佛大学的院校很快发现，自己既没有提供优质的教学，也没有开展成果丰硕的研究。1989 年，博克在观察中发现：这些学校的大多数教师表示，研究的数量比质量更重要。博克宣称，这种以数量为导向的学术研究趋势难以遏制，它是在以降低教学水平为代价进行低水平的研究。

一种从黄金时代继承下来的学术模式

博克观察到的研究质量方面的问题，部分原因在于环境变化。科南特在其有机化学领域的研究条件堪称理想。在他获得博士学位时，原子的基本结构和原子成键的机制刚刚被发现。在这些研究成果问世之前，包括查尔斯·艾略特在内的几代化学家都曾经在相对黑暗的环境中摸索前行。

科南特得到了哈佛大学化学系资深教授的合作支持，其中一些人从他大学时代起就指导他，包括系主任、诺贝尔化学奖获得者西奥多·威廉·理查兹（Theodore William Richards），后来成了他的岳父。他还与当时欧洲前沿的化学家，尤其是世界领先的德国化学家进行通信和合作。科南特不仅获得了科学突破带来的有利的研究环境和强有力的合作支持，在发表研究成果方面也占据优势。当时，美国在有机化学领域相对落后，但他的世界级研究成果引起了该领域最重要的期刊之一 ——《美国化学会志》（*Journal of the American Chemical Society*）的特别关注。

这些环境优势推动极富天赋且勤奋努力的科南特在研究与论文成果方面达到了如今难以企及的高度。在 1933 年担任哈佛校长之前的六年里，科南特出版了 3 本书，平均每年发表近 10 篇论文，其中几篇发表在《美国化学会志》上。如果他继续在实验室进行科学研究，他的研究和论文成果很可能会更丰硕。作为时任哈佛大学校长，他注意到了量子力学在化学领域的应用所带来的科学范式的转变。如果他没有担任行政管理职务，他可能会应用对量子化学这门新学科的洞察来探索他的个人专长 —— 化学反应速率。

基于科南特的个人经历，他在终身教职聘用制度中强调研究和论文发表是很有道理的。事实上，这一制度迅速在哈佛大学和其他美国研究型大学中生根发芽，促进了美国在科学领域的崛起。然而，在接下来的几十年里，随着科学研究越来越昂贵，研究型科学家越来越多，很少有终身教授能获得像科南特那样的成功。尤其是在某一特定领域，科学进步不可避免地会进入缓慢发展阶段。在这个时期，研究人员主要是在填补像科南特这样的前辈所做的开创性工作的空白，而科南特那一代人很幸运地在大变革时期开启了自己的职业生涯。

当代“洛厄尔们”面临的学术挑战

随着技术的稳步发展，物理科学家们断言，更多的变化迟早会到来，随之而来的将是新发现的机会。然而，在许多其他学术领域中却没有类似的断言。例如，洛厄尔发现，当时的学术界比他成名时的学术界竞争更加激烈，限制也更多。在 1896 年出版的《欧洲大陆的政府和政党》（*Governments and Parties in Continental Europe*）一书中，洛厄尔对六个国家的政党运作进行了评价，这六个国家分别是：法国、意大利、德国、奥地利、匈牙利和瑞士。他回顾了各国的政治制度和近代史，揭示了这些因素对政党生活的影响。

洛厄尔强调他的这本书涉及范围狭窄，并在序言中声明：“目前的工作只涉及政党这一宏大主题的很小一部分。”他还指出，之所以选择有两个以上主要政党的国家，是为了避免与其他学者的研究重复。他注意到，他研究的这六个国家的政治制度"之前很少被研究 …… 远远少于对以盎格鲁－撒克逊民族为主体的国家普遍存在的两党制的研究"。

即使洛厄尔这样仔细地划定了研究领域，他还是发现，自己的著作还没出版就已经有部分成果被他人抢先发表了。当他还在研究和写作阶段时，一位法国学者发表了两卷关于君主立宪制政体和共和国的政治与治理的分析，其中涵盖了洛厄尔研究的三巨头 —— 法国、意大利和德国。在他的序言中，洛厄尔煞费苦心地强调，自己的研究视角与那位法国学者截然不同。他断言，这位法国学者主要研究了政府官员，只分析了政党对这些官员的影响；而《欧洲大陆的政府和政党》则采用了相反的方式，即聚焦于政党，探究官员对政党的影响。

如果洛厄尔要想在 50 年之后，也就是 20 世纪中期获得政治历史学家的终身教职，那么他就更有必要聚焦于某一特定领域的研究，以避免被人抢占先机。那时，随着时间的推移，政治史的内容越来越多，也吸引了更多的大学学者投身研究。为了进行有独创性的、可以发表的研究，洛厄尔需要缩小研究范围。例如，他可能会比较两个国家，而不是六个国家。他也可能只关注这些国家政党的某个方面。

到了 21 世纪初，洛厄尔获得终身教职的难度会更大，因为已有学术著作的数量越来越多，而且有更多的大学学者在寻求原创。如今，在像洛厄尔涉足的这类研究领域发表论文，不仅仅需要一个狭窄的研究焦点，还需要考虑一些策略，例如批判性地分析前人的研究成果，或者从特定利益集团的立场重新解读政治史，甚至可能需要分析自己的学术价值，提出类似"是否有人可以从过往研究中得出关于历史的一般性结论"这样的问题。

学术研究面临日益严峻的挑战

在局外人看来，学者们在知识领域是自私自利的 —— 他们非常在意自己的声誉，痴迷于专业研究，厌恶现实世界的绩效标准，对普通学生缺乏关注。事实上，大学教授的活动和其他专业人士的活动一样，都是受到组织目标驱动的。典型的终身教授可能是出于对教书的渴望而选择学术生涯的，也可能是出于对某个专业学术研究的热爱。但是，从 20 岁出头开始，他们就要参与一场漫长的学术竞争，在很多情况下都面临着失败的风险：被研究生院录取攻读博士；完成博士论文；成为助理教授；获得终身教职。在每一个阶段，他们要想生存下去，就必须遵从"学术研究 — 发表论文"的模式，这是一条机会渺茫之路。这种模式需要他们努力赢得顶级期刊和大学出版社的信任，聚焦自己的研究领域，满足学术研究同行设定的严格的甚至是苛刻的学术研究标准，并尽量减少教学任务以腾出时间做研究。他要在争取教授职位的每一阶段成为少数幸存者，就需要熟悉那些定义和推动传统大学发展的科研制度。

这种晋升终身教授的严酷考验正变得越来越大。自 20 世纪 60 年代末以来，大多数学术研究领域培养的博士生数量超过了大学对终身教职的需求。从克拉克·克尔所在的加州教育体系中毕业的博士生数量，远远超过了这些院校所需要的博士生数量。早在四十多年前，他就预见到了这个问题。第二次世界大战后，大学毕业生数量的激增也导致了全美范围内博士学位申请人数的大幅增加，这些申请人的数量远远超过了院校对教师的需要。像加州大学伯克利分校和哈佛大学这样的名校或许还可以大规模招收和培养博士生，毕竟它们的学生容易找到工作。但对于那些声誉一般的大学来说，这样做就行不通了，因为它们的学生成就普遍一般，可利用的资源也比较有限。其结果是，学术市场的竞争激烈，充斥着同质化的教授候选人。

近年来，学者们在大学获得终身教职的难度越来越大。1997 年至 2007 年，四年制大学中获得终身教职的教师百分比从超过 50% 下降到了 39%。在研究型大学中，只有不到 30% 的教师获得终身教职。在需求不断缩减的情况下，求职者数量却日益增多，这使得许多人只能从事临时或兼职的教学工作。

那些有幸获得正式教职的教师也面临着新的挑战，他们要努力在"非升即走""发表论文或离开学校"的过程中生存下来。那些想要在精英期刊发表论文和在出版社出书的学者越来越多。随着亚洲那些有名望的大学越来越看重顶尖的英文期刊，学术论文发表已经变成了全球性的竞争。新期刊的激增只会有助于那些非精英大学的终身教授，在那些大学里，发表论文的数量可能比质量更重要。预算的削减和一些大学出版社的倒闭使得学者们的著作出版变得更加艰难。这对文科教授来说影响尤其显著，因为著作出版是检验他们学术研究能力的终极标准。

这种观点表明，如今大学在学术研究方面出现的问题，其根源在于大学的基因，而非教授们的内在偏好。这是因为单从个人偏好无法解释他们为何选择研究而非教学，或者为何选择深奥的学术研究而非更具广泛实用性的研究。他们的决策还受到经验的影响，以及在竞争日益激烈的职场环境中确保生存与晋升的本能驱动。教授们看似更喜欢泡图书馆和实验室而非授课，这其实反映了他们出于自我保护的考量，而非天生厌恶教学和指导学生。他们渴望研究和教授内容专业且高深的学科，而非应用更宽泛的学科，这是多年来专注于狭窄领域研究的结果，而非天生缺乏整合与应用知识的能力。

学术研究的广义定义

德里克·博克哀叹学术研究正被转移到"价值存疑"的研究上，他认为"缺乏杰出学者的大学不太可能摆脱对发表论文的过度强调，只有在可靠且有吸引力的追求卓越模式下，而不是研究型大学模式下，才有可能摆脱这种过度强调"。在他发表这一观点的一年后，另一种学术模式出现了。1990 年，卡内基基金会主席、美国教育部前部长欧内斯特·博耶（Ernest Boyer）在与同事共同发表的论文中提出了学术的四个维度定义。在进行对学术的定义时，他在传统学术研究的知识发现之外，还增加了知识整合、知识应用和教学。后面这三个维度扩展了传统的学术定义，包括将研究成果置于其中，展示它们在实际问题解决中的应用，以及与学生的共享。

博耶明确表示，所有教师都需要获得作为研究人员的资格，就像他们在发表硕士论文和博士论文时要做的事情一样。博耶和同事们认为："期望所有教师，不管他们的兴趣如何，都参与研究并按照固定的时间表去发表论文，这是不现实的。对于大多数学者来说，他们不是以这样的方式来发挥创造力的。"

博耶提出了一个更广泛的四个维度的学术定义和一个更广泛的同行评议定义，他强调论文写作，但不局限于在期刊上发表。他提议，教师的教科书和"通俗写作"都应得到资质匹配的同行的评审。如今，随着电子出版物的普及，这些建议似乎更加合理。

我们必须公正地奖励那些真正具有才华的教师……我们永远要奖励那些发表在学术期刊上的学术成果，但我们还必须足够勇敢而明智地尊重并奖励其他形式的学术成果。

——戈登·吉，时任俄亥俄州立大学校长

博耶对学术的定义是模块化的，学术机构可以使用该定义来对其自身的学术活动进行量身定制。例如，杨百翰大学爱达荷分校在戴维·贝德纳的领导下，选择将重点放在教学的学术领域。金·克拉克呼吁创建具有实际意义的跨学科课程，这扩大了学校对学术的定义，以一种适度的方式将整合和应用纳入其中。

金·克拉克之前任职的哈佛商学院拥有足够的财力和师资资源来强调学术的所有四个维度。像哈佛大学的其他研究生院一样，哈佛商学院在知识发现方面处于领先地位。但哈佛商学院并没有将"更好"的定义局限于这一个方面。哈佛商学院的教师还从事知识整合、知识应用和教学相关的学术研究。例如，迈克尔·波特对竞争战略的开创性洞见就源自对许多不同领域知识发现的整合。他在构建学校如何创造和维持竞争优势的理论时，就需要整合来自许多传统学科的洞见，包括经济学、金融、会计、运营管理、组织行为学、商业政策、公共政策、法律和军事战略等。

哈佛商学院的教师还致力于应用研究和教学研究。克莱顿最初在计算机磁盘驱动器行业的发现，现在已被应用于许多其他行业（如本书所提到的高等教育）。C. 罗兰·克里斯坦森对以案例讨论为基础的科学学习方法的研究，为教学领域做出了重要贡献，其中包括每年新创建的 350 个哈佛商学院案例，这些案例被世界各地的大学用于课堂讨论。

这三位为哈佛大学的使命做出了重要贡献的学者，都没有按照传统的学术研究方法进行研究。相反，他们遵循自己的认知本能，用洛厄尔的话来说就是，他们做了世界想要他们做的有用的事情。在此过程中，他们不仅为社会创造了巨大的实用价值，也为各自领域的学者创造了新的知识平台。艾略特也有类似的经历。他不是一个优秀的研究者，却是一个天才管理者，他创造了堪称世界上最强大的高等教育范式。包括哈佛大学在内的任何一所大学，都应该为这类具有独特价值的学者提供终身教职。

一种新的卡内基分类

2006 年，卡内基基金会在重新评估了其分类体系的影响后，引入了一个新的可选类别——社区参与分类（Community-Engagement Classification）。所有的学校仍需遵循标准体系，但它们也可以寻求新的差异化定位，即承认"学校的多样性"，并寻求"让学校参与到探究、反思和自我评估的过程中"。

引入"社区参与分类"的目的不仅在于给高等教育机构一个新的特征类别，还在于让它们专注于所在社区的学术、教学和学习活动，产生互惠互利的成果，这是全社会都希望它们做好的事情。欧内斯特·博耶对学术的广泛定义，尤其是知识应用和教学分类，加深了教师、学生和外部社区成员之间的联系。

社区参与分类的申请过程要求学校明确所要实现的目标和实际行动之间的联系，这相当于要求学校进行彻底的基因重构，正如 2008 年卡内基基金会的报告所建议的那样：

这些被划分为社区参与分类学校的主要优势之一是，它们在使命、营销、领导力、传统、识别系统、预算支持、基础设施、师资发展和战略规划等方面具有令人信服的一致性。

例如，波特兰州立大学的座右铭是"让知识服务于城市"，它体现在预算优先事项、社区与大学合作办公室、学校领导的言行一致，以及博耶所说的"应用型学术"教师的晋升和终身教职等方面。

哈佛商学院倡导的学术多样性刷新了公众对大学学者的刻板印象，并证明了更广泛的学术定义的潜在力量。事实上，所有大学里的好教师在每一次与学生接触时，都在践行知识整合、知识应用和教学。他们要想有效地传达一个观点，就必须首先回答至少三个问题：

1. 这个想法与其他想法有怎样的联系？
2. 它在实际场景中如何应用？
3. 我怎样才能最有效地传达它？

遗憾的是，人们很少遇见这样优秀的教师。他们没有时间或动力去整合、应用和教授他们的同事所发现的新知。这些发现甚至也受到了限制，它们只有在显示出经济价值时才有可能在学术圈外得到共享。

新的学术激励机制

大学要改变这一现实，就需要改变其基因中那些偏向于研究和研究生项目的激励机制。哥伦比亚大学的英语教授詹姆斯·夏皮罗曾是该校本科核心课程中一门经典著作课程的杰出教师，他犀利地指出，需要认可多种形式的学术贡献。当被问及为何决定不再教授这门课程时，他回答道："如果学校认可这门课程并相应地奖励教师，我会很高兴再次教授这门课程。但在如今的大学里，大家都知道，薪资和资源都是向科研学术明星倾斜的。"

大学要实现知识发现和知识共享的目标，就需要提供多样化的终身教职路径和教师合同，对各种贡献给予基本的认可和奖励。终身教职的聘用过程对教师具有决定性的影响。正如路易斯·梅纳德所说："除非教师可以通过不同形式的贡献获得终身教职，否则学术知识的生产和传播结构就不可能发生重大变化。"

在教师晋升和薪资方面，大多数大学已经存在一定程度的多样性，但这主要体现在已经获得终身教职的教师中。非终身教职的教师即使承担着巨大的教学和行政事务工作，收入也往往低于同行。大学和教师可以通过定制化的合同让彼此得到更好的服务，这体现在教学、管理和学术活动的独特组合中，其中学术活动包括与知识发现、知识整合、知识应用和教学相关的活动。这些形式的学术活动可以根据学校的目标占有不同的权重。尽管如此，所有学校都需要确保其职称晋升和薪资制度不会使教学成为边缘性工作，而是教师的主要工作。

哈佛商学院已经展示了重构传统学术基因的潜力。例如，教师要想获得终身教职就必须注重教学，要确保学院处于商业教育的前沿。它的研究和出版也给教师们带来了新的学术激励和机会。在哈佛商学院创办之初，教师做好课程开发是获得终身教职的主要方式。20 世纪 20 年代，华莱士·B. 多纳姆（Wallace B. Donham）院长鼓励采用案例教学，他要求学院教师开发经典教学案例，就像他在哈佛法学院学习时研究的那些案例一样。大多数全职教师都参与了案例编写和课程开发工作。

课程开发不仅有助于实现有效的课堂教学（这是哈佛商学院引以为豪的一点，也是对所有教师的要求），而且有助于创造能够指导和促进教学的知识内容。教师从开发课程到成为终身教授的终极标准，与研究和论文发表的标准相似：能够创造强大的新思想，并经过严格的论证和同行评议。

对于课程开发的教师而言，他们的想法是以教学材料的形式发表的——案例、案例教学笔记、给学生的技术说明和课程概述说明，而不是在学术期刊上发表论文。在其他顶级商学院仍然像学术界的其他领域那样，主要以学术研究评定终身教职时，哈佛商学院不仅已经走在研究前沿，而且保持了以C. 罗兰·克里斯坦森为榜样的培养教学天才的能力。在哈佛大学，没有一所学院比商学院更重视教学，也没有一所学院比它更受到竞争对手的尊重。哈佛商学院的成功表明，洛厄尔式的学术实用性不局限于探索性研究，更不会损害学术声誉。

终身教职之辩

学术研究形式多样，学者类型众多，这就引出了一个问题：如何评定终身教职？ 如果从"社会需要大学做的真正有用的事情"这个角度来看，这个问题似乎没有看上去那么重要。无论是谴责终身教职是一种限制竞争的做法的人，还是那些辩称终身教职是在保护学者方面发挥至关重要作用的人，往往都没有把过程和结果区分开。对于能力出众的教授来说，终身教职、工作保障和学术自主都能让他们为大学带来高价值回报。这种现象不是高等教育领域所独有的。终身教职存在的问题，更多的是授予终身教职的方式，而不是其结果。

大学并不是唯一实行终身聘用制度的机构。无论是大学还是企业，尊重经验丰富员工的价值是高绩效机构的显著特征，它们都希望留住优秀人才。对于那些依赖知识型员工的企业来说尤其如此，如律师事务所、管理咨询公司和大学，投资打造一个经过精心培养且合格的核心团队十分重要。这些可靠的价值贡献者通常不会随着时间的推移而变得松懈或能力下降。管理良好的组织，例如大学，看重雇员的长期服务和学术诚信，这不仅是出于法律和道德上的义务，也是因为个人经验和集体的开放性具有竞争优势。

（创建一家卓越的公司）关键在于让合适的人参与激烈的对话和辩论，并直面残酷的现实……

—— 吉姆·柯林斯（Jim Collins），《从优秀到卓越》（Good to Great）

传统大学的终身教授与其他营利性公司的同行在这方面是类似的。终身教授确实享有高度的学术自主权。他们可以自由地选择研究什么、在课堂上说什么，只要是基于已经得到验证的专业知识就好。然而，这与高绩效机构实行的各种形式的员工授权，包括工作轮换和自我指导的工作小组，实际上并没有太大区别。在一所传统大学里，最大的不同是获得终身教职需要高度重视论文发表和学术著作出版，这个过程十分漫长且充满不确定性。这个过程给学校带来至少两种潜在的不利影响：一种是人为地使教师的精力偏离教学，在没有获得终身教职的教师群体中助长了一种缺乏成就感的焦虑和"二等公民"的感觉；另一种是在那些经历了漫长且紧张的晋升过程而最终成功的教师中，制造出一种权力风险感。其结果可能是，无论是在教师获得终身教职之前还是之后，他们对学校和学生的投入都在减少。真正使学校处于不利地位的是终身教职的申请过程，而不是大学对获得终身教职的教师提供的就业保障和学术自主权。

这或许可以解释为什么戈登·欣克利在宣布杨百翰大学爱达荷分校成立时没有提到终身教职。欣克利关注的不是教师的终身教职，而是"教师职级"。他说："教师职级将不会成为这所新四年制院校学术架构的一部分。"欣克利担心的既不是教师会变得懒惰，也不是他们的学术自主权会面临更大的威胁。欣克利希望避免主要依据科研成果来划分不同等级的教师群体。他认为，这种基于学术研究的等级划分会使教师彼此疏离，最终导致教师与学校及学生产生隔阂。因此，除了保持所有学科教师的薪资水平相同，仅根据服务年限的长短拉开收入差距，欣克利还进一步巩固了将所有教师都统称为"教授"的传统。他认识到，真正的问题根源是培养"最优秀"学者的狭隘观点，而不是终身职位本身。因此，在由他创建的杨百翰大学爱达荷分校里，他要避免出现多个学术等级。

恰当的终身教职制度

欣克利认为杨百翰大学爱达荷分校沿用里克斯学院之前行之有效的教师聘用方式并无不妥。这种方式类似于优秀企业的做法：努力物色那些具备长期贡献潜力的人才，给予他们与组织目标相符的激励，对他们的职业发展进行投入，并留住他们。

戴维·贝德纳宣称招聘教师是大学校长最重要的决定。杨百翰大学爱达荷分校充分践行了这一理念，针对每个岗位，在全球范围内广泛搜寻多位合格候选人。学校对这些候选人的考核是从考察课堂教学能力开始的，然后由院系和学校代表进行面试，最后由校长面试。

杨百翰大学爱达荷分校的教授在入职后的前三年处于试用期，在绝大多数情况下，期满后会获得"续任资格"。这一决定由学术领导者和校长共同审核后做出。主要考核标准包括教学表现以及对学校其他与教学相关方面的贡献，如课程开发和学生指导等。这些标准与该校在学生、学科和学术研究方面的选择是一致的。

杨百翰大学爱达荷分校与大多数要求员工有明确目标的专业机构一样，很少解雇教师。这也与美国大学教授协会的劝诫相符："在高效运营的大学中，涉及对拥有终身教职的教师或聘期内教师的解雇应是十分罕见的。解雇应该是由人性的弱点造成的，而非不健康的大学环境。"

教师在杨百翰大学爱达荷分校长期担任教职并不意味着他们不可替代。事实上，任何一位终身教授都不应觉得自己可以免受持续进行的绩效评估，也不应认为自己在未达到最低工作产出标准的情况下可以免遭解雇。美国大学教授协会已经明确表示："必要时，教师必须接受学校的辞退建议。"学校应自行明确解雇理由的界定，比如不称职和玩忽职守。

尽管美国大学教授协会允许对终身教职进行复核，但在接受哈佛教育研究生院调查的四年制院校中，只有不到一半的院校实施了复核。这是另一个流程缺陷。不过，这与终身教职的主要成果 —— 就业保障并无关联。许多大学将终身教职视为不可更改的决定，并最终使这种假设应验。结果，它们可能会发现所聘用教师的产出变得低下，却又无法将其解雇。这类问题在美国尤其严重，因为美国与反就业年龄歧视相关的法律为解雇年长员工设置了很高的门槛。

大学若以错误的方式授予教师终身教职，可能会给大学带来极高的代价，包括教学质量下降、教师团队不团结和生产力下降。这个缺陷主要在于教师获得终身教职的过程，而不在于就业保障的概念本身。例如，教师对践行学校使命没有实质性贡献，授予终身教职的程序不透明且被认为是武断的，以及教师存在获得终身教职后不会再进行绩效评估的错误假设。使用这样一个教师聘用流程的学校应该反躬自省，而不应认为是终身教职制度本身的问题。

大学可以从恰当的终身教职制度中获益，就像杨百翰大学爱达荷分校从教师持续的高水平状态中获益一样。这些益处包括：（1）激励终身教授以有助于大学的方式来进行创新，例如为通识教育课程做贡献；（2）教师之间的分化更小，他们中的大多数要么获得终身教职，要么正在自信地争取终身教职；（3）减少由不合格的教师授课的情况。

这种终身教职的聘用形式可能会扩展到兼职教师，包括那些在线工作的教师。一名成功通过精心设计的试用程序的兼职教师，是一种价值远高于目前市场价格的优质资产。依赖这些优秀的"临时"教师的大学，若能与他们签订长期合同，则将从中受益。合同条款也能增加教师对学校和学生的长期承诺。例如，一位优秀的兼职教师可能会保证每年承担一定的授课量，并获得较高的薪资。这是一些营利性教育机构采用的薪资模式。

即使是被精心设计和管理的终身教职聘用流程，也存在一定的风险。其中之一就是教师权力的增大，教师可以用它来阻止学校行政措施的实施，甚至要求罢免校长。但正如哈佛教育研究生院的理查德·查特（Richard Chait）所指出的那样："职业自主权在更大程度上是由学校声誉、文化和精神所决定的，而不是由教师的终身教职所决定的。"换句话说，终身教职更有可能强化现有教师对学校权威的认同，而不是创造另一个权威。

这表明，终身教职对一个有能力的大学领导者同样有利。拥有就业安全感的教师更有可能支持合理且沟通良好的行政改革倡议。查尔斯·艾略特为他的教师创造了终身职位，并相信他们会为了学校的最大利益而行事。他视他们为"世界上最聪明、最公正的人"。他领导哈佛大学时的权力是很大的，因为权力最终来自那些选择支持他的倡议的、自信的教师们。终身教职之辩的核心是合理的就业保障和学术自主权。高度的个人安全感和学术自主权有利于所有依赖人类洞察力和奉献精神来取得成功的组织，尤其是大学。

学者在课堂外的活动

与终身教职的问题类似，有关教授在课外与外界的联系这一问题，也需要得到深入的分析，这关系到需求和福祉。教授的这些课外联系不仅有利于学者个人，也有利于学生和整个学校。例如，高质量的研究既能提升大学的声誉，也可以让学生接触到最前沿的思想。即使是在以学生为中心、研究生课程有限的大学，教授也有理由进行传统的学术研究，尤其是在有本科生参与的情况下。

　　同样，所谓的大学商业化本身也不是一个问题。大学与私营企业签订的研究合同，以及教师的咨询活动，都不一定会损害学生的利益。如果这些活动管理得当，它们可以为大学的教育使命做出新的贡献，包括指导学生成长。教授与学术之外的世界建立联系，可以使学生从中受益，尤其是当学生有机会参加这些外部活动时。例如，顶尖的商学院会给教师每周一天的自由安排时间，他们由此与商界建立的联系会为 MBA 学生带来丰厚的回报 —— 他们不仅将企业实践带回了课堂，还带来了学生可参与的咨询项目，并提供了就业机会。

　　当然，大学的管理者和教师必须认识到学术活动与教学活动相结合的高昂成本。教师在学校同时进行这两种完全不同的活动，不可避免地会产生协调成本，而这些成本需要通过回报来衡量其价值。只有当教师的学术活动旨在追求新知，并最终能为学生和整个社会带来好处时，学术活动的回报才会超过成本。某一特定领域的研究可能没有直接的实际目标，或者由营利性公司资助，这都是可以接受的。但是，学者的目标必须是推动知识的进步，而不是仅仅为了保住其终身教职或获得大学的费用报销。

　　那些重视学生的学者具有独特的价值，他们能够很好地胜任"创造新知、传承薪火和明德亲民"工作。因此，大学有理由为这样的学者提供就业保障，并鼓励他们不仅在实验室和图书馆做研究，还要走出校园去探索知识的边界。当然，这里有两个假设前提：第一，大学对学术的定义比单纯的知识发现更广泛，并且与大学对学生和学科的独特选择相符；第二，大学的政策与这些选择是一致的，并能对这些选择起到强化作用。考虑到高等教育领域存在一种效仿卓越的研究型大学的基因倾向（这些大学渴望在所有方面都达到学术上的最佳水平），大学想要围绕自己的独特选择建立一致性并不容易。大学做出的这些选择，不能只是停留在心照不宣的认知或理论层面的探讨上。

大学必须在它的体制基因中反映出它的战略选择：课程设置、组织结构、政策和流程，以及其他指导和支持其活动的系统。尤其是，大学的战略选择必须体现在衡量其成功与否的标准中。我们将在下一章中探讨如何才能做到这一点。

第 23 章
新基因

我们在探索高等教育过去与现在的竞争中所看到的事实表明，大多数传统大学需要进行基因重构。在艾略特、洛厄尔和科南特执掌哈佛大学的大约 75 年时间里，哈佛大学的基因已经基本形成。自 20 世纪 50 年代科南特离开哈佛大学去德国赴任以来，尽管哈佛大学的基因被广泛复制，但哈佛大学自身却基本没有改变。如今，随着大学规模的日益扩大，大学变得更为复杂，运营成本也更高，但它们的基本特征仍然反映了其在 19 世纪末和 20 世纪初所做出的选择。当下，大学需要做出更多的适应性变革。由于大学环境变化不断加速，大学必须迅速做出回应。

评估能力并做出选择

我们首先需要实事求是地评估一所大学颇有价值的资产：教师队伍和校园设施。基于这些资产，我们的问题是：在创造新知、传承薪火和明德亲民这三个方面，不仅相对于其他大学，更是就满足学生、政府和我们所服务的团体的需求而言，我们到底做得有多好？

对于以上三个方面中的任意一方面，如果我们的答案是大学做得不太好，那么大学就需要评估它们选择的学生、学科和学术了。许多大学采用了哈佛大学的模式，却没有足够的资金来维持这种模式。在很多情况下，大学必须做出权衡和艰难抉择，例如，调整学校工作的重点，甚至完全停止某些活动。

大学做出这样的决定一直是少见的。教师理所当然地希望在影响大学活动质量的问题上有发言权。许多教师选择了学术生涯和某个特定的学校，而不是获得高薪的机会，他们是带着超出对一般公司的期待和奉献精神来到大学的。他们因此而获得的回报是，可以在那些不仅会影响他们的工作，还会影响他们职业生涯的决策中拥有发言权。

从历史上看，教师们一直在寻求大学为他们的个人活动和传统大学模式提供制度性支持，这种传统模式在创造新知、传承薪火和明德亲民方面被证明是非常成功的。大学的院系结构（在某种程度上类似于美国政府的联邦结构，在联邦结构中，即使是一个规模较小的州也有一定的发言权）确保了大学能够致力于开展广泛的学术研究。

然而，如今大学所面临的外部压力要求它们以多种方式应对日益增加的成本，并全面削减预算。各个学校都面临着生存危机，每位教师的胜任能力也面临着挑战，他们在加入学校时所具备的能力现在也许仅仅够保住自己的工作。他们要实现集体和个人的抱负，就需要考虑如何改变他们实现高等教育使命的方式。

成功进行权衡取舍的先决条件

每所大学都需要做出独特和明智的权衡取舍，而一些大学由此受到的影响可能更为显著。不过，有的成功原则是普遍适用的：学校必须把人的问题放在战略问题之前，虽然这听起来似乎不符合商业原则，但实际上这是商业研究专家吉姆·柯林斯在《从优秀到卓越》一书中得出的关键结论。柯林斯把一个商业组织比作一辆客车，把它的战略比作客车的目的地，他说："那些实现从优秀到卓越的公司的领导者，不是从'去哪里'开始的，而是从选'谁'上车开始的。"根据他的研究，成功的公司在决定发展方向之前，都会确保"客车"上有合适的人。这些人必须既有能力，又愿意付出足够的努力。

传统大学成功的关键在于，在招募到合适的人才方面进行大量投资。终身教职确保了教师的专业水平和职业道德，相对较高的薪资让大多数教授可以把对"创造新知、传承薪火和明德亲民"的热爱置于物质财富之上。虽然大学的组织结构和制度可能会激发教师个体的自我防御甚至自私自利的行为，但大学基本上仍拥有专业能力强且愿意积极投入的教师团队。大学的创新潜力是巨大的。

然而，要实现在改变基本基因要素的同时维系教师的忠诚度与奉献精神，大学就需要给教师们提供足够的保障。尤其是在许多终身教职的职位比例较低的领域中，学校不能指望教师通过投票让自己"下车"。学校要求教师参与可能改变自己工作内容的创新活动，但如果无法确保有创新能力的教师能够留在大学中，就难以实现有意义的变革。

查尔斯·艾略特按照这一原则在哈佛大学推行终身教职制度，他的创新促使美国建立起更多卓越的大学。这同样是杨百翰大学爱达荷分校的创新原则。在该校跌宕起伏的发展历程中，包括 20 世纪 50 年代由四年制本科改为两年制专科，以及 2000 年取消校际体育赛事项目，杨百翰大学爱达荷分校一直在努力确保有能力且认同该校使命的教师的就业。在"客车"上，没有人的座位是绝对有保障的，有些体育教练选择"下车"离开，而不是"更换座位"，就像那些离开杨百翰大学爱达荷分校的体育教练。但学校的创新一直是以"客车"足够大，足以容纳目前的乘客为前提的。

要做到这一点，尤其是在困难时期，学校的领导者不仅要对教师有信心，还要对学校的未来有信心。即使领导者对未来的信心仅仅源自对学校能力的初步认识，也必须从人的工作入手。一所大学里面的人，尤其是教职工，既是"客车"的发动机，也是它的刹车。学校在确定任何新的发展方向之前，必须确保教师在旅途中的话语权和安全。

不同类型的权衡取舍

每所大学所做出的选择应该有其独特性，这应由其自身的愿望和能力来决定。总的来说，大学需要更加精准和务实地选择自身能够实现的目标。大多数大学需要缩小学生群体范围和学科范围，减少在研究方面的投入，并支持教学等多种形式的学术发展。

以一所地方性大学为例，它迅速发展到了一定地位，但由于新增研究生项目和体育项目带来的成本，以及为了鼓励教师从事学术研究而减少教师的教学负担，导致财务负担过重。它如果想要持续获得成功，就需要选择重新关注本科生教育，如重视商科和教育等领域的就业课程。大学应实现课程的模块化，缩短学生毕业时间，提高他们的就业能力。大学的通识教育模块应该兼具培养全面发展人才的理想抱负和实用价值，为那些缺乏准备或将高等教育视为纯粹的职业教育的学生服务。考虑到很多毕业生可能会直接就业，地区性大学可以在校友资助的实习项目中帮助学生为就业提前做好准备。

这类大学可能会强调知识整合、知识应用和教学，使其与学生和学科的选择相匹配。鉴于这类大学的学术声誉相对较低，无法仅凭校名来吸引新生，它们尤其需要从能够展示学习成果的学术努力中获益。这类大学应该让本科生参与研究工作，以便促进其学习成长。

大学也可以通过合并或取消一些系、专业、研究生项目和运动队来降低运营成本。同时，它们应该探索通过全年滚动教学和在线学习来更经济、更有效地探索学生的可能性，还应该减少学生奖学金和高于平均水平的教师薪资。

显然，教师会受到这些变化的影响，学校需要赢得他们的支持和参与。学校可能会调整他们研究的重点，也许他们花在研究方面的时间会减少，有些教师需要教授比以前更多的入门课程。不过，他们在开发新课程（尤其是在线课程）方面，以及在指导在线教师教学和学生研究方面，将有机会扮演更重要且能带来高潜在回报的新角色。随着大学暑期课程的爆满，学校或许可以提高教师的薪资。而且，随着学生人数的增加，教师教授前沿课程的机会也会增加。

一所战略重点突出的地区性大学

在高等教育的卡内基阶梯上攀登的进程中，很少有大学能像犹他谷大学那样快速地成功。这所学校成立于 1941 年，最初是一所州立职业学校，之后几乎每 10 年就升级一次——贸易技术学院、技术学院、社区学院、州立学院、州立大学。在这个过程中，它的学生人数增至近 3.3 万人，相当于该州的旗舰研究型大学犹他大学的规模。除了最初提供的技术证书，该校增加了大专文凭、学士学位和硕士学位，而且它一开始时并没有开设体育项目，但目前的体育项目水平已达到美国大学体育协会的第一级别。

2010年，犹他谷大学和新校长马修·霍兰（Matthew Holland）站在了一个十字路口。马修·霍兰曾经在杜克大学和普林斯顿大学任教，犹他谷大学的教师和校友都期望他带领学校攀登高等教育的卡内基阶梯。但学校在入学人数实现两位数的增长的同时，也遭受了州政府拨款削减幅度百分比超过两位数的财务重创。霍兰和同事们并没有与领先于犹他谷大学的其他五所犹他州大学展开正面竞争，而是决定创建一所学术严谨且能包容各类学生和周边社区的大学。

犹他谷大学在追求严谨的学术研究的同时，仍然向所有高中毕业生开放的战略基于新的卡内基分类——社区参与。犹他谷大学利用40万美元的卡内基基金来激励学生参与实习、社区项目和教师研究合作项目。教师研究着重体现了欧内斯特·博耶建议的非传统学术元素：知识整合、知识应用和教学。此外，犹他谷大学还大力拓展在线课程，这是在资源有限的条件下服务更多学生的关键。

精英文理学院的选择可能会有所不同。这类院校没有研究生项目和校际体育竞赛项目，再加上学费较高，这使得采用全年滚动教学等提升效率措施的必要性相对较低。同样，它们严格的录取标准确保了所招收的学生已为读大学做好准备，且有意继续攻读研究生学位，因此这类院校对通识教育课程以及与实习和专业认证相关的模块化专业设置的需求较小。尽管如此，精英文理学院的高额学费还是让人产生了期待，即其每项活动都是以学生为中心的。例如，教师的学术活动应该包括指导学生。

数百所资金匮乏的私立大学则需要采取另一种策略。对它们来说，在线教学，尤其是混合式教学，是一个关键的工具。例如，一门每周有四次课堂面授讨论的课程可以重新设计为一半由教授主导讨论，另一半由技能娴熟但成本较低的兼职讲师指导学生进行在线讨论。这就可以让全职教授腾出更多时间来服务更多的学生，或从事更多的学术研究活动。

与此同时，所有的文理学院都必须保持它们在薪火和亲民方面的优势，这是学生和家长愿意支付高额学费的两个主要原因。文理学院的教学应该以面授为主，课程内容应注重学科交叉融合，就像盐湖城的西敏斯特学院一样，在线学习是"高科技、高感性"教育的一部分。文理学院还应该鼓励教授和学生之间进行富有启发性的人际互动，就像马克·霍普金斯和詹姆斯·加菲尔德在威廉姆斯学院的师生互动一样。

关于大学基因重构的建议

尽管独特的选择至关重要，但由于许多大学在竞相攀登卡内基阶梯、追赶哈佛大学等同类名校的过程中过度扩张，它们需要做出的许多基因重构具有相似性。表 23-1 展示了大多数院校应考虑的改变。

其中有些基因的重构可以立即实现，例如，杨百翰大学爱达荷分校在成立之初就取消了竞技体育项目。然而在大多数情况下，基因重构需要时间，就像金·克拉克在杨百翰大学爱达荷分校建立一种新的学习模式和通识教育计划时那样。特别是在设计学术项目时，教师必须投入大量精力，这个过程往往是费时费力的。

表 23-1　大学基因重构的建议

传统大学的特征	重构建议
面授教学	融合面授和在线教学
理性或世俗取向	更加注重价值观
全面专业化、系科化与教师自治	促进跨系教师协作 打造重量级创新团队
长暑假	全年滚动教学
研究生院置于本科生院之上	仅保留实力强的研究生项目 专注于指导学生，尤其是本科生
私人捐赠	将资金（特别是基于需求的助学金）主要用于支持学生发展

续表

传统大学的特征	重构建议
竞技体育项目	更加注重学生活动
通识教育与专业教育	构建跨学科融合的通识教育体系 打造模块化、可定制的专业课程，在学士学位课程体系内融入技术证书课程与大专文凭课程
学术荣誉	更加重视学生学习成果背后的能力
外部资助的研究	鼓励本科生参与研究
"非升即走"的终身教职制度，教师的职级和薪资差异化	以培养和留任为目的进行招聘 制定定制化的学术要求与聘用合同 尽量减少职级与薪资差异（与注重学生指导的理念相符）
择优录取的招生	扩大招生规模（例如，通过在线学习和全年滚动教学的方式），降低对选拔性录取的需求

　　同样，这个循序渐进的、由教师主导实施的原则也适用于诸如增加暑期课程和制定新的教师合同等变革。对于那些深陷财务困境的院校而言，或许需要全面转变为三学期制校历和为教师提供全年聘用合同。对许多院校来说，这种转变可以逐步推进，例如，逐步增加暑期课程，以及让教师自愿变更合同或在新教师入职时进行调整。

　　值得注意的是，从教师薪资的角度来看，这些暑期课程在成本效益方面非常可观。学校开设暑期课程没有增加教学楼或教师福利费用，而且学生支持（如学业指导）方面的增量成本相对较小。这意味着，只要课程能招满学生，学校就可以提供较为丰厚的教师薪资。与此同时，由于杨百翰大学爱达荷分校那种三轨招生制度对大多数学校来说并不现实，暑期课程需要逐步推出，可以通过学费折扣和其他优惠政策来吸引学生。

增长与强调质量带来的益处

　　教师是大学变革成功的关键。我们从杨百翰大学爱达荷分校的转型中可以得出一个经验：当变革发生在学校业务增长阶段，且创新重点是提升质量而非单纯削减成本时，变革对大学，尤其是对大学的教师而言，会更容易被接受。例如，杨百翰大学爱达荷分校在扩招大三、大四的学生时，首先确保了里克斯学院的前体育教练能够担任体育教师和学生活动负责人，其变革的重点是通过应用学习模式来提高学生体验的质量。随着在线课程的增加，大学的持续发展和对学习质量的重视也减轻了人们的担忧。全职教师无须担心被在线兼职教师取代，因为对面授的课程需求依然很旺盛。此外，全职教师在确保课程设计和课程交付过程的质量方面发挥着至关重要的作用。

对于那些入学人数减少的大学，它们面临着持续增长和提升教学质量的两难选择。当然，它们在战略上还是有机会的，就像杨百翰大学爱达荷分校、许多营利性学校和洛厄尔在创建哈佛大学的继续教育项目时所做的那样，它们需要同时考虑如何选择合适的学生、学科和学术，以及为更多的非主流高等教育消费者提供教育服务。尤其是，为那些没有为上大学做好充分准备的学生设计的在线课程，例如，杨百翰大学爱达荷分校的"路径"项目中的"学术入门"系列课程，它们在高等教育需求增长明显缓慢的地区也实现了扩张性增长。高中和社区大学是推广这类课程的潜在合作伙伴，它们可以面向未接受过大学教育的人群进行推广，尤其是那些在获得高中或大专文凭后就没有继续学习的学生。

俄亥俄州立大学的最重要的合作伙伴应该是社区大学。我们都致力于践行同一个使命，即为人们提供从幼儿园到老年的终身教育。

——戈登·吉，时任俄亥俄州立大学校长

杨百翰大学爱达荷分校"路径"项目的故事表明，如今大学在通过在线学位项目为学生提供教育服务方面具有内在的成本优势。它们的许多教育基础设施，如课程开发、计算机系统、学生咨询和管理系统等已搭建完成。此外，传统大学还拥有合格的教师、学科专家和良好的声誉，它们与纯在线教育机构相比，在课程开发和营销方面的成本更低。尤其是随着人口出生率的下降，为大学的非主流消费者提供高质量的服务是一个宝贵的战略性发展机会，并且学校的创新也会因此而变得更加容易。

衡量什么就会得到什么

无论一所大学是否在发展，重构基因的关键一步都是选择支持性的衡量指标。例如，如果教师获得终身教职和晋升主要依赖于科研与论文发表，那么学校所强调的重点关注本科生和聘用优秀教师这一目标就不会真正变成现实。大学的战略选择必须与自身和员工（尤其是教师）的成功衡量标准一致。大学和其他组织一样，是通过设计和选择来产生结果的。它们并不总能得到自己想要的结果，尤其是当竞争环境发生重大变化时，就更难了。它们能否获得想要的结果，在很大程度上取决于它们衡量与激励的行为。

在许多方面，传统大学所选择的成功衡量标准，不仅与创造新知、传承薪火和明德亲民这些工作相悖，甚至与它们背道而驰。传统大学如今面临的困境，是因为它们普遍倾向于效仿精英研究型大学的活动和特征，而这些精英大学现在也正面临巨大的财务压力。传统大学不仅效仿这些难以复制的精英大学的组织模式，还效仿它们的成功衡量标准和激励机制。其结果是，它们做出了糟糕的战略选择，却执行得非常一致和连贯。

大学的问题主要出在其所选择的成功衡量标准。很长一段时间以来，传统大学更关心自己做了什么，付出了什么，而不是自己产出了什么成果。例如，大学认证机构历来关注学校拥有博士学位的教师比例、物理设施和财务实力，以及学生毕业所需时间等指标。排名机构仍然奖励那些拒绝了许多申请者、付给教师高薪、保持小班授课和赢得同类院校尊重的大学。终身教职评定委员会定期盘点教师的学术出版物，并在狭窄的专业领域去寻找学术明星。校友们则希望学校的橄榄球队能获得超级碗和其他锦标赛的参赛资格。

时至今日，政府监管机构才对大学带来的效益及其运营效率问责：大学的成本是多少，招收了多少学生，有多少人毕业了，学生获得学位需要多长时间，以及有多少人找到了好工作？与此同时，认证机构已将衡量的重点从投入和活动转变为产出的结果。这有利于营利性教育机构发挥自身的优势，它们已经创建了一门衡量学习成果的科学。

有意义的成功衡量标准

传统大学要在这样的环境中进行竞争，就必须改变其长期以来所珍视和衡量的标准。这要求它们自愿接受斯佩林斯领导的委员会强加给它们的许多标准，例如，建立生产力和运营效率的绩效标准。成功的大学将通过开发一种类似杨百翰大学爱达荷分校的平衡记分卡那样的工具，来改进绩效评估。这种平衡记分卡是根据大学的战略选择来定制的，包含了根据这些选择定义的绩效统计数据。

就像基因重构一样，不同学校对各种成功衡量标准的重视程度也会有所不同。然而，还是有几个通用的指导原则的。一是从重视教师和排名机构关心的事情转向重视学生和政府关心的事情。后两者对大学的"更大更好"的定义越来越不同于前两者。过去，学生和政府非常重视大学声誉，也愿意让一些专家、学者和排名机构来决定声誉的重要性。如今，随着高等教育成本不断增加，学术声誉在一个以能力为导向的市场中越来越难以衡量，学生和政府希望就大学创造了什么实际成果做出自己的判断，而不是看教师和排名机构重视什么。例如，大学排名重视学生入学的 SAT 和 ACT 成绩。但是，学生支付学费的目的是在四年之内完成学业，且负担得起学业债务。他们还希望获得雇主和研究生院招生部门看重的有价值的证书。在他们的"排序"中，重要的衡量标准是毕业时间、学费、就业率或研究生院录取率。

我们正在建立新的成功衡量标准，而不去选择参与一场已经失败的竞赛。

—— 迈克尔·克罗，时任亚利桑那州立大学校长

在教师和政府的成功衡量标准之间也存在类似的脱节。教师们看重论文发表数量和获奖情况。政府资助大学的主要目的是培养有能力、有公民意识的毕业生，得到更多的创新成果以促进经济发展。这些成果体现在学生的高薪资、公民的高社会活动参与率和蓬勃的创业等方面。教师们发表论文和获奖可能带来这些相关成果，但并不能确保做到这一点。

在这个新环境中，衡量大学成功与否的一个指导原则是注重定性评估，而不是纯粹依靠定量评估。目前，许多对学生和雇主重要的事情只能通过定性评估来衡量。例如，学生能力提升的最主要体现是什么？是创造力和判断力，这是很难被量化的。随着学习评估技术的进步，这种情况可能会有所改变。在短期内，大学仍然需要对学生的表现进行定性评估，就像它们对教师学术进行的同行评议一样。虽然大学所提供的专业和课程的数量很容易被量化，但对学生和社会来说，这些专业和课程的质量更重要。同样，教授的学术资格（相对容易评估）也不如他们为学生创造有效学习机会的能力重要。

另外一个衡量大学成功的指导原则是注重比率分析。例如，相对于在线教育所提供的新选择而言，传统大学教育的成本已经过高，眼光敏锐的学生和立法者不仅会评估学校提供的教育服务的质量，还会评估其成本。长期以来，很多学生用这种成本－价值分析来选择是上公立大学还是私立大学。如今，学生获得一个在线学位的成本可能只相当于公立学校的一小部分，因此，价格与价值的权衡变得更加重要。学生们不仅想要获得高薪的工作，还希望起薪与学业债务的比例在可接受范围内。同样，政府不仅关心毕业生的数量，还关心培养每个毕业生的总成本。换句话说，效率指标很重要。

展望大学未来所需的成功衡量标准的一个方法是，将过去的指标与现在的指标进行对比。根据一所大学的战略选择，这种转变可能体现在以下方面。

学生方面

传统的成功衡量指标

- 招生人数
- SAT/ACT 平均成绩
- 美国优秀学生奖学金决赛入围者人数
- 罗德奖学金、马歇尔奖学金获得者人数
- 授予的高等学位的数量

◉ 本科生与研究生比例

附加的成功衡量指标

◉ 每年的毕业生数量 *[①]

◉ 六年内毕业的学生比例 *

◉ 机构每授予一个学位的成本 *

◉ 学生每获得一个学位的成本 *

◉ 平均毕业时间 *

◉ 毕业生的平均学业债务 *

◉ 研究生院录取率 *

◉ 专业委员会认证通过率 *

◉ 就业安置率 *

◉ 毕业生平均起薪 *

◉ 校友满意度 *

学科方面

传统的成功衡量指标

◉ 开设课程数量

◉ 开设专业数量

◉ 研究生项目数量

◉ 学术中心、系、学院数量

◉ 终身教职教师数量

◉ 拥有本领域最高学位的教师比例

◉ 图书馆数量及规模

---

① 带 * 的指标可能根据具体情况而有不同的统计和计算方式。

附加的成功衡量指标

- ◉ 通识教育项目质量
  - ◉ 学科融合程度
  - ◉ 实际应用情况
  - ◉ 价值取向
- ◉ 专业质量
  - ◉ 模块化程度
  - ◉ 跨学科性
  - ◉ 与职场的联系
- ◉ 学生学习参与度 *
- ◉ 课程结果导向程度 *
- ◉ 学生学习成果 *
- ◉ 同时提供面授和在线教学的课程比例 *
- ◉ 实习及其他课外学习机会的质量 *

学术成果方面

传统的成功衡量指标

- ◉ 在著名期刊和出版社发表的学术作品数量
- ◉ 学术作用的引用次数
- ◉ 指导的博士生数量
- ◉ 获得学术奖项的教师数量
- ◉ 地区认证及基于学科的认证情况
- ◉ 入选美国大学协会（或美国以外类似的本国组织）
- ◉ 外部研究资金数额
- ◉ 专利数量以及大学知识产权的收益数额

附加的成功衡量指标

- ◉ 学生参与学术活动的程度 *
- ◉ 学术成果纳入课程的程度 *
- ◉ 学术成果加强跨学科及跨部门联系的趋势 *
- ◉ 学术成果对从业者的影响 *
- ◉ 学术成果对教师的影响 *
- ◉ 新孵化公司的数量及实力

在这些衡量成功的指标清单中，值得注意的是从数量到质量的转变，从简单的产出到效率和效益比例的转变，以及名次和数量被程度和质量代替。同样明显的是，关注点从学生给学校带来什么，转变为学生从学校获得什么。学术成果衡量标准的发展趋势是把探索性研究之外的其他学术成果形式也纳入其中。

要确定许多附加的衡量指标，学校可能需要获得新的数据。一个例子就是大学的学术对教师的影响，这是当今许多教师第二关注的指标。还有一些衡量指标难以进行精确量化，学生积极参与学习的程度就是其中一个例子。然而，这些指标的价值在于它们所引发的讨论。一开始，大学需要在什么指标最重要，以及什么程度的成功是可接受的方面达成一致。之后，它们会引发关于是否取得了成功的争论。与其说是衡量指标本身，不如说是衡量过程塑造了大学，并指导其活动。正确的成功衡量指标会引发正确的对话。最终，这些对话将促使大学不断适应变革。

第 24 章
变革与不可或缺的大学

鉴于社会对大学不可或缺的服务存在巨大需求，如今我们有充分的理由像洛厄尔在一百多年前那样认为："未来的大学肩负着重大使命！"社会对大学的创造新知、传承薪火和明德亲民的需求比以往任何时候都多，大学履行这些职责的能力是独一无二的。

然而，洛厄尔也看到了传统的高等教育需要做出改变，他在哈佛大学也进行了力所能及的变革。现在，互联网技术不仅带来了竞争冲击，也从外部对大学的生存与发展带来了威胁。历史上，美国大学是通过主动拥抱创新而脱颖而出的。它们顺应时代发展，不断自我革新，但当时欧洲一些优秀的大学却故步自封。创新不是一种防御性的被动反应，而是一种迈向成功的主动战略选择。洛厄尔和他的前任查尔斯·艾略特一样，坚信哈佛大学最持久的传统便是变革的传统。

如今，传统大学面临的挑战是如何改变运营模式、降低学费以及增加对学生和社会的贡献。高成本的校园设施和师资力量必须被创新性地投入创造新知、传承薪火和明德亲民工作中。学校仅进行像削减预算或加大教师工作强度这样的表面变革是远远不够的。大学需要在学生、学科和学术领域做出艰难的选择。这些选择必须体现在大学的基因和衡量成功的标准中。

增强自由度和有效性

在变革过程中，大学的管理者和教师不应担心会失去自由。虽然新的科技和竞争给高等教育带来了挑战，但也带来了新的机会，让大学不仅可以获得学生和社会的认可，也可以更加自由地参与竞争。在日益激烈的竞争中，大学的成功不再依赖于效仿名校，而在于充分发挥自身优势去赢得生存的机会。大学无须实行"一刀切"的等级分类和排名模式，教师们也不会被"不发表论文就出局"的狭隘制度束缚。

当大学做出必要的选择来赢得利益相关者的忠诚时，它们无须依赖第三方的评价来获得成功。未来最成功的大学将是那些能够最大限度、最快地提升学生能力，最广泛地分享学术成果的大学。大学将因为传授知识而不是录取最聪明的学生而获得社会的广泛认可。评价大学学术影响的不仅是那些引用它们成果的人，还有那些整合、应用和教授学术知识的人。在一个重视学生满意度和外部支持的社会中，传统的学术分类和排名的重要程度将会降低。每一所能够满足学生需求的大学都是不可或缺的。

慢爬阶梯，成为风景

成功的大学并非一味攀登高等教育的卡内基阶梯，更是把自己看作教育百花园中的一道景观。在犹他州瓦萨奇山脉的西坡上，我们就可以看到这样的景观。犹他大学占地 1500 英亩，坐落在盐湖城谷地上方的山麓高处。

从山谷底部的任何一处都可以看到大学的科技园、医疗设施和独特的橄榄球场和篮球场。橄榄球场是 2002 年冬季奥运会的举办地，篮球场则是美国大学体育协会篮球锦标赛的常用赛场。

这所大学拥有大量的本科生，部分学生来自犹他州本地。学校的医疗设施和科研活动对当地的经济发展做出了重要贡献。还有许多学生和教师来自犹他州以外的地区，能够在这样宜人的环境中开展世界级研究的机会吸引了他们。

顺着山势往下，便是西敏斯特学院，一所优秀的通识教育大学。它的校园面积虽然只有 27 英亩，但每平方英尺都被充分利用，以支持学生学习。三分之二的西敏斯特学院的学生住在学校附近。由于创新性的教学和学习策略，该校的校园以一种虚拟的形式延伸至周围城市，甚至通过在线学习技术延伸到全世界。

顺着山势继续往下，便是西部州长大学，该校构建起一个完全虚拟的、全球化的在线校园。西部州长大学的学生可以走进距离总部大楼最近的犹他大学的金斯伯里大厅，这是一个表演艺术中心，西部州长大学每半年一次的毕业典礼就在这里举行，毕业生来自全美和许多海外地区。

再往南是犹他谷大学，校园横跨15号州际公路，是一个理想的学习场所，有超过3万名学生，但不提供学生宿舍。犹他谷大学是年轻学生寻求高质量、低成本面授学习体验的理想选择。犹他谷大学与犹他大学、西敏斯特学院和西部州长大学一样，注重战略性地选择学生、学科和学术，这让它不再盲目地与其他院校竞争，而是追求自己所定义的成功。

我们对未来保持谨慎乐观

作为本书的作者，我们对传统高等教育的未来持谨慎乐观的态度。这份谨慎源自克莱顿的研究成果，他的研究表明，现有的成熟组织在应对目前正在发生的颠覆性创新方面表现得十分艰难。如果传统大学试图以足够快的速度改变自身发展模式（即"基因"），从而避免遭受重大颠覆，那它们无疑是在打破大量经验和数据所揭示的规律。

我们的乐观来自我们在高等教育中各自拥有的丰富经历。当我们还是学生的时候，大学，尤其是大学教授，让我们的生活变得更好。我们都放弃了商界的事业，回到了学术界。我们相信，如果说有人能够克服困难、不被颠覆，那必定是我们那些能力出众且充满奉献精神的高等教育同仁。

当今世界对大学有着极为迫切的需求。大学可以而且应该成为世界教育的引领者和意义创造者。在所有机构中，大学最有条件将新发现与过去的智慧相结合，并展示这些新发现如何推动当下的实践进步与完善。大学可以成为卓越思想（包括道德伦理）的守护者和传播者。最重要的是，大学在对学生进行指导方面具有无可比拟的优势。

今生有幸成为一名教师，这是一个多么难得的机会！这是所有职业中最卓越的职业！它让我始终与青春、思想与研究紧密相连。

——C. 罗兰·克里斯坦森

传统大学除了肩负着创造新知、传承薪火和明德亲民的使命，还能在校园之外发挥更大影响力。它们可以创建先修课程来帮助高中生为上大学做好准备，也可以帮助技术学院和社区学院改善其通识教育，并提高继续攻读四年制学位的学生比例。此外，它们可以为一些发展中国家的学生提供更多接受高等教育的机会，还可以邀请全世界学生加入学习社区，共同探讨并寻找解决社会与经济的紧迫问题的思路。大学的各类学术活动都可以像科南特所希望的那样，与时俱进地为社会做出重要的引领性贡献。

如今，助力大学实现这些目标的必要技术已经出现，其中大多数是在大学里被发明创造出来的。尽管它们对旧有的教学秩序构成了威胁，但可以极大地拓展大学的能力。1869 年，艾略特在就职演说中阐述了以下技术观点，他认为他会充分利用技术来服务教育。

> 其他领域所实现的变革，给教师们带来了启示 …… 在教育领域，有许多人渴望获得学习的机会 …… 我们这一代美国人应发明或从国外引进比以往更好的工具；应设计或借鉴 …… 比现行教育方法更高效、更全面的手段，并调动所有更有智慧的力量，迅速而稳妥地收获最丰厚的教育成果 …… 进而有时间在其他方面创造更丰硕的成果。

精简与聚焦

艾略特在就职典礼上曾预言："美国最优秀的教育机构要历经几代人的发展，才会达到需要精简的程度。"大学在经历了大约五代人的发展之后，需要精简的时刻终于来临了。即使是最具实力的大学，也需要重新聚焦。大多数大学需要做得更好，更需要思考它们在哪些方面能够做得更好，并放弃它们在效仿其他学校的过程中所做的大部分工作。那些继续笨拙地效仿哈佛大学策略的大学将会发现，不管它们是否喜欢市场的运作逻辑，其成本都会持续增加，市场份额也会逐渐缩小。

此外，那些致力于真正创新、从内到外重构自己基因的大学，可能会获得非凡的回报。其中的关键是既要理解并巩固过往成就，又要具备前瞻性。洛厄尔在执掌哈佛大学时曾谈及，谋求大学的发展时，要有展望未来五十年的前瞻性。那些能够应对当下挑战的大学，是那些在满怀乐观精神进行创新的同时，又能认识到自身优势并加以发扬的大学。

> 如果大学……不做出权衡取舍，就不可能获得持续的竞争优势。它们将为了保持现状而不得不加快奔跑速度……战略的关键就在于选择不做什么。
>
> —— 迈克尔·波特

未来，这样的大学能够拥有更加光明的前景，它们聚焦于自身的优势，以卓越的表现而非相对排名来衡量成功。如果它们能够克制住想要面面俱到的冲动，充分发挥自身的独特优势，它们所能取得的成就将远超当下。它们可以成为学生、教职工和支持者心目中的"最佳学府"。它们能够以更高的质量，服务更多自己选定的学生。在选定的学科上，它们能够变得更加专业，从事更加个性化和更具影响力的学术研究。它们能够为国家乃至世界的知识、经济及社会道德建设做出更大的贡献。如果它们能够持续拥抱创新，放弃贪大求全的野心，就能收获更多！

译者跋一
育出全人器识

教育这个词，特别耐琢磨。在中文里，"教"与"育"是两个字，往起源上说，各有其意义。翻开《说文解字》，教，指的是"上施而下效"；育，说的是"养子使作善"。而在现代的表达中，当二者分开来用时，"教"，更多会强调偏正式的教与学，如教书、教课、教学；而"育"，除去主要集中于家庭内部的生养哺育，到了学校阶段，则一般更突出那些非正式、非课程方式的培养，如熏陶、化育、育人。

教，就有教者、师者，即教师，以及学习者，即学生。育，则有生态、氛围、体系，跟"教"比，更偏向网状而非层级的结构特点，参与其中的角色也更丰富，而要领又不那么容易抓得住。虽然二者是融合、统一的关系，但是将它们对照起来做些思考，也许可以让我们站在另一个思考角度，探究未来教育的问题。

2020 年，突如其来的疫情在全球范围内带来了一次居家进行在线学校教育的大规模探索。这句话听起来没错，然而深究一下，其中却有一个值得思考的问题 —— 居家进行的，到底算不算是完整的学校教育？ 以相比之下更有组织、肯担当的中国学校组织的在线教育来说，除了实验类的课程外，几乎所有课程都能有秩序地在线进行：师生"云"上见面，课堂以不同平台多样交互的方式得以实现。

如果在线教学的质量是有保证的，那么我们是否可以认为，通过在线方式提供的学校教育就是完整的？ 如果它不是完整的，那么，还缺了什么？肯定不是缺少了体育课、实验课 —— 一些学校连这些课程都尝试着通过适度变形呈现到线上或分布式实施了。认真思考这个"还缺什么"的问题，其实更像是进行一场思想上的对照实验，给了我们一个追问"教育的成果究竟都包括些什么"的好机会。

成人、成才、成群 —— 大学教育的三类成果

学校教育，在不同阶段、不同层次，各有其定位和价值。具体到大学而言，"成人、成才、成群"，这"三成"是我试着总结的大学教育的三类成果，其中三个"成"，都是动词。

"成人"，指的不是学生的年龄增长、生理变化所自然带来的"成年"，而是能够独立、成熟、负责意义上的"长大"成人，在这个过程中，学生的人格、品格、性格走向成型，可以对他们说：你是你自己了。"成人"是"成才"和"成群"的重要基础。坦率地说，现实中有很多大学生课程成绩合格、学业完成了，也许你可以说他们"成才"了，但他们"成人"的目标还没有达成。只要他们一与人打交道、一处理事情，就会让人感觉他们还没有"成人"。这种缺了"成人"作为基础的"成才"，是相当不牢靠的，而一个大学生有没有"成人"，靠其毕业证书不一定分辨得出来。仔细想想，要达成"成人"这个目标，只靠"教"而少了"育"，是做不到的。

再说"成才"，"教"对"成才"的贡献很大，其间的因果逻辑链条相对清晰，实现起来也比较有效，这使得这个"成"，有些独大、显眼、"占地儿"。很多高等教育领域的研究，虽说是教育研究，但说着说着、做着做着，就成了教学研究，甚至是课堂教学研究。这种变化的倾向，东北话叫"抽抽"，即缩水了。这也许是不经意间的概念滑脱，实在值得引起高度警惕。

多元智能的概念发展了这么久，学校教育却还是攥着逻辑数学智能和语言智能不放，甚至语言智能也被过度逻辑化、形式化。而"才"，在大学阶段中，也往往具体到学生在某个专业领域的专业能力，虽然这并非不可以，但"专"中是否有着"通"做底色、"通"打基础、"通"当钥匙？社会越来越"巴别塔化"，人们的认知之间隔着互不相通的专业信息茧房，这种"病"不能靠让人们放弃专业来治，而要靠加强人们的通识来防。

最后说说"成群"这个重要的教育成果，我们对它说得太少，这其实很

不该。在"成群"的过程和结果中，包含着相当重要的价值观、规范、身份认同的互动与共享，"成群"的目标是让每一代人中的每一个人，不只是成长为作为个体的成人，还成长为共同体中的一个成员、有机一员。

虽然学校中的学生是流动的，但人走群立，这是学校教育对社会、对国家乃至人类命运共同体的一个十分积极的贡献。对于"成群"这个目标的达成，"育"能做的贡献很大，且不可或缺。同侪砥砺、社群建构是一种相互作育，"教"也应着眼于成群而教，但现实中，"成群"常常被教学和教师遗忘。

虽然在高等教育领域，团队合作受到各种各样的高度推崇，也被写在各种培养方案和课程大纲的教学目的中，但学校在评价和衡量学生的成绩时，却总是以个体为主，算成绩非要分得清清爽爽，而很少把团队作为一个整体去认可和鼓励。这其实是把一种社会原子化的价值观"悄悄地"迁移到了团队、职场、家庭中去，须知，这样播下的可不是粒好种子。

从"重教轻育"，到让"育"成为要领

观察起来，现在的学校教育，不管是高等教育还是基础教育，很多学校是在"教"上下功夫多，虽然得法不得法先不评价，但是肯定是在这方面投入资源集中、最为看重评价，抓手多、指标细。而在"育"上下的功夫，实事求是地看，学校之间、校长与校长之间，不同老师之间，差别就相当大了。

人们总是习惯于把"育"放到特色指标中去 —— 将其视作"最好具备"的"非必要"的指标，而不是评价学校、老师和教育成就的主流的、决定性的指标。而在对"育"的投入上，人们则总爱说：这是个良心活儿，或是个无底洞。归根结底，"育"不是那么有办法被衡量评价的，"育"的成果不够显性，投入和产出之间的因果关系大多要经过长期的观察才看得到，其中的过程还很错综复杂。

教，常有计划；育，却靠发挥。人们在回忆起自己的求学经历时，说"遇上了一个好老师"，或"赶上了一个好班级"，不只是说这个老师课教得好、这个班中的学生都是优中择优，而是说这个老师改变了自己、这个班级影响了自己，而这种影响，靠的就是"育"。老师好的发挥，即兴中见水平，看

似自然而然，其实透着火候，阅历老道。发挥，因人而异、因势利导，这是"育"的重要特点。

以体育为例，请大家特别认清：体育不是"育体"。千万别将学校在体育上下大工夫，误解为只是为了让学生们把身体练得棒棒的。事实上，体育、运动，以及不同集体之间进行的很花时间的比赛（譬如北美高校间那些安排稠密得让人乍舌的赛季），对学生"成人"和"成群"的功效，远比提高学生的运动技能、身体素质重要得多。所谓"育体"，"育"的是个体、集体，而非身体、肢体。关于这一点，清华大学马约翰先生在 1926 年写的硕士论文《体育的迁移价值》值得高校中的体育工作者认真去读，不仅要读懂弄通，还要真心去做。

再比如，我的几位前辈教师曾提起，在大学中，有什么方法能让男生更有血性、更血气方刚一些呢？ 我不敢对这些前辈说：要是这一点真的被高度重视起来，按照上文描述的这种"重教轻育"的思路，学校估计会开一门有学分的课，来教学生如何加强血性。君不见，大学针对加强领导力、沟通本领、批判性思维能力的需求，都开出了一门门直奔主题而去的课。我把这种做法叫学分化、课程化，它是对培养学生某些方面能力的竖井化、知识化的解法。然而我们要的结果是让改变发生在学生的价值观、品格、能力、素养上，这是不能靠上十六节课去学关于领导力和沟通的知识、理论来实现的。动辄设课，是误解了"教"与"育"的关系和区别。当然，这也凸显出高等教育同人在"育"上的少招无措。

从以上角度分析到此处，如果要谈未来教育的希望，我认为，"教"与"育"目前的状态，可能也应该发生重要的变化，这样才能为教育的过程与结果带来积极变化，当然也会给教育工作者和学习者们带来挑战与机遇。变化是什么呢？ 简单地说，"教重育轻、重教轻育"的格局，也许该走向"教"与"育"更加平衡，并以"育"作为要领的格局（见跋图 1）。

教育的目标：培养工具还是培养全人

我为什么提出标题中的疑问？ 理由有很多。首先，虽然大学的发展史

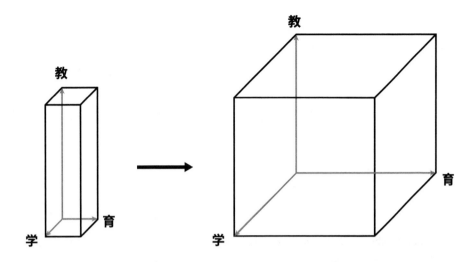

跋图1 杨斌的教、育、学平衡发展思维模型

注：教的单维独进，缺少了育，抑制了学，人才底盘不稳，后劲不足；未来要走向教、育、学的平衡发展，培植全人。

已经接近千年，但从第一次工业革命到现在这 260 多年来，我们正经历着从"知识稀缺"到"器识稀缺"的加速之变，也可以称之为 —— 知识力向器识力转变的大变局。

我们的教育系统之所以演化成今天这个样子，是由"从知识稀缺之苦中走出来"这一路径决定的。在知识的代际传递中，"教"是最有效率的方法。刘慈欣笔下的《乡村教师》中那种专注于"在两代生命体之间传递知识的个体"，是何其伟大。人们总是越缺乏什么，就越看重什么，急缺先补。这种"饥饿记忆"还会沉淀到组织的基因中，在体制中传递。人们常说"知识就是力量""知识改变命运"，知识分子也容易被理解为"有知识的人"，这让不少知识分子觉得这是一种不够贴切的望文生义。

好消息是，我们的知识生产效率在加速提高，然而伴随着这个好消息而来的坏消息是，我们的教育却还在以从知识稀缺情境中"遗传"的模式有条不紊地进行。知识永远不会够，而在发达教育体（跟发达经济体有重合也有不同的概念）中、在持续扩大的教育的"高阶接受者"群体中，知识，特别是"熟知识"的边际贡献在下降，人与人之间由知识掌握度带来的区分度在降低（此处仍要说明，全球知识分布与教育差距的现实挑战仍然是严峻的，就像全球经济与财富差距所面临的现实挑战一样）。

这个趋势对我们思考未来有启发性：虽然所谓"未来"已来，但其分布尚不均匀。这就说明，到了知识摆脱匮乏、不再因其稀缺而发挥决定性作用（即使知识的基础性作用仍在增强）时，人的器识的稀缺，则更为凸显。

"器识"，说的是器量与见识，是判断与信仰，是格局与境界，是精神世界的丰盈与包容，是君子之道。我经常听到人们从各种角度引用菲茨杰拉德的名言 —— 同时保有全然相反的两种观念，还能正常行事，乃第一流智慧的标志。我觉得这说的就是器识。

虽然自轴心时代起，"器识"就被提出并引人向往，但那只是少数人的博雅而已，所谓"自由人的技艺"，离大众实在是远极了。让我们比较一下两个包含"器"这个字的词：君子不器、器识为先。这两个"器"字，都是从"容器"这一概念演化而来的，却恰恰代表了两种不同的教育目标 —— 是要培养工具，还是要培养全人？

器识的修炼养成，教是基础，育是关键

器识稀缺对教育的危害，也是 1948 年梁思成在其演讲《半个人的时代》中给出的判断和告诫。好大学培养的人会走出怎样的人生，做出怎样的贡献来？以建筑设计行业来说，人们会说起建筑师与建筑家的分别，匠人匠气与大师匠心的分别。梁思成当时呼吁：文理切不要分家，不可偏废，否则培养出来的就只是"半人"。不少前辈学人都曾照着或者接着梁思成先生的话说，在这里，我也借着他这个比喻说一句："教"与"育"不能偏废，重视"教"不能忽视"育"，不做好或者做不好"育"，培养出来的就是"半人"，不是"全人"。

有知识而缺器识，这样教出来的是人手，虽然也许勉强可以叫作人才，但恐怕很难出落成人物。人物是能让一个地区、一个行业、一家组织的命运因他和他团结鼓舞起来的人而变得全然不同（make a difference）的人。有

人用"有知无识"来表达类似的看法，指一个人有知识而无见识、无胆识，这也可以看作有知识而缺器识。在进行创新时，器识就表现为最稀缺可贵的卓识。

这里须先说器识力：要让器识摆脱稀缺状态，就要让社会有个基本的认识 —— 器识不该是也不再是少数人的专属，更不是贵族化的东西，而是未来普通人的基本特征。如果在有这种意识的前提下谈器识因稀而贵，需要重视培养，那么影响的就是整个大众的教育，而非只占社会很小一部分的、接受所谓旧时代精英教育的人。在器识的修炼养成中，"教"是基础，"育"很关键；或者说，光注重教，达不成培养器识的目标。

也有研究从隐性课程的角度去分析"育"。在学校里，学生非正式学习的各种要素，如师生关系、生生互动、各种校园的规则和隐喻等，这些无意的、日常性的、隐性或显性的学校生活经验，在频繁且有效地对学生进行"育"。在《要领：斯坦福校长领导十得》一书的译者序中，我大致提到：校长和院长们不要认为，自己一旦做了行政管理工作，就因不再有机会在教室里给学生教课，而对讲台恋恋不舍。其实，校长和院长们不仅还在教课，而且范围更大 —— 他们在教一门十分重要的通选必修课，就是校长、院长的言行示范，这门重要的隐性课程育人价值很大。这门隐性课程不仅对在校生开设，校友和社会公众都是潜在的学习者。

我们还可以说，学校中的管理工作，学校的日常运行，同样是在以隐性课程的形式育人。学校如何对待基层职员、如何看待不同意见、如何尊重传统并推陈出新，这些治校之道，都被学生看在眼里，他们会因此走心动脑。这同样是在育人，也可称之为"不教而教"（我之所以不愿称之为"不课之课"，是因为担心用"课"一字，会让这些言传身教走回"凡涉及培养问题，都须找课要答案、设课求解法"的老路）。

不教而教，既可以念作不教（jiào）而教，强调少说教、重熏陶，更在意学习者的接受；也可以换个念法 —— 不教（jiāo）而教，理解为"教"的目的是将来不用"教"，就像叶圣陶先生的教育思想 —— 授人以渔，而非授人以鱼。不教而教，还强调教师不教，而让学习者发挥主体作用，让他们自我教、相互教。教师只有"不启""不发"，才能让学生进入"愤""悱"的状态，从而给了师之"启""发"以可能。这也提醒我们避免陷入教学中过度教的陷阱，内容讲得太清楚完备，反而磨灭了学习者的好奇、思考和内生动力。

"不教而教"还有一层意思，那就是在大学阶段中，学生父母要放手。虽然他们继续关心、继续爱孩子，却不再轻易插手孩子的生活，不再轻易上手、代劳、代脑，这对孩子手、心、脑三者的成熟都很关键。教与学是一对矛盾：教得过多，学的主体性、积极性、创造力会受到抑制。而父母和子女之间也类似：当父母的名为"仅供参考"的意见过于强势时，子女摸索、尝试的勇气也会受到父母的抑制和自我抑制。摸索跟探索比起来，虽然不那么好听，但摸索有摸索的独特价值，那种缺少经验、没有把握的心理状态、行为特征中，蕴含着真正的成长。英文中有两个词，"独立（independent）"和"相互依存（interdependent）"，其中的度，是父母和子女都需要多琢磨的（见跋图 2）。

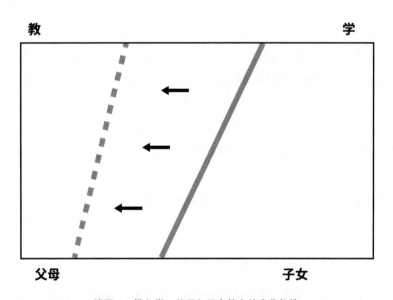

跋图 2　教与学、父母与子女的主体变化趋势

注：教与学、父母与子女这两对关系，都面临责任迁移的大势所趋，方向都是要让学习者做主体，让成长者更独立。

对于"育"，学校中的全员都在努力，教师当然责无旁贷。"师如何教，亦师所教"，说的是课程教学中的教师，传递着融于内容之中、超越内容之上的价值观、视野、品位、追求，这都是极为重要的器识熏陶之"育"。除了各学科的教师，越来越多的"育"的内容，需要受过专门训练甚至专业认证的导师（mentor）、顾问（沟通、职业发展、心理、关系）、教练（除了早已在学校里育人的体育教练、艺术指导，还有未来概念更宽的"教练"）等参与其中。之所以强调专业资质，是因为除了水平因素，这些导师、顾问、教练们，对自己带给学习者的长期影响，担负着很大的道德责任和法律责任。当然，在这个过程中，学习者是以主动的角色来行动，处理关系变化，而其他人要么从旁袖手领首，貌似无为，其实拿捏得恰当，比有为还好，要么适时地对学习者提出关键性的问题 —— 归根结底，学习者是要自己过这一生的。导师不是学生命运的主人，却可能荣幸地成为如《死亡诗社》中的启蒙者和终身益友。大学，以及中小学中的这一类老师，虽然不是学术教授（academic professors），不属于某个具体院系、学科，但他们专注于形成"育人"工作的生态，围绕学生成长发挥其训练有素的优势；学校中这类专业人士的规模增加和质量提升，会促进未来各层次学校在"育"上的达成与丰富。除此之外，我们还要看到的现状是，这部分专业人士在各层次学校中急缺，未来需要大量的人员补足和持续培养，而相关的储备、训练还远远不够。

此外，快速发展的技术也应该在"育"方面为教育者提供恰当的帮助和辅助。例如，在领导力领域中，有一个重要概念叫"熔炉时刻"，指的是人们面临一些非常有考验性的挫折和停滞的时刻，如进入异域，或者离开舒适区等带来恐惧和挑战的时刻，经历熔炉时刻会让人找到或赋予意义，从而带来领导者的关键升华，而"熔炉"中也会有不少人因此沉沦或选择躲避。虽然胜任能带来贡献与愉快，但领导者需要在"熔炉"中"吃劲"才能成长。领导者既要认识到"熔炉"的价值，也要看到它在现实中的成本和代价，而这些成本和代价大多是不可逆的。我设想，对于这样一个宝贵的作育成长的过程，有没有可能在未来借助一种沉浸式的技术，把人们"本质安全地"带入这种高拟真情景中，以某种熔炉亲身体验的方式或某种成长失重器的设计，帮助促进参与者的领导力，还有伦理知觉与决断等许多"器识"的提升。

正如自主节食永远不是饥荒中的被迫挨饿，未来技术在让人获得沉浸式体验这个维度上的发展还是很值得期待的。目前技术的应用，仍然是在"教"上、在内容传递上投入得多，而技术在"育"上，未来还大有文章可做。虚拟现实、增强现实技术不应该只被用在知识传授上，还要被更有意识地用在支持"以体验促成长"中。未来教育不完全是未来教学；技术辅助和服务的对象应该是前者。

器识为先，让人不机器化、不异化的要领

"育"，作为未来教育的要领，其实给智能教育这个热门话题也提了个醒。教育的"育"字，给了学校中的教育者们很大的挑战，也留有很大的空间。有一句在教育界流传甚广的话是这样说的："教育是一棵树摇动另一棵树，一朵云推动另一朵云，一个灵魂唤醒另一个灵魂。"教育者对学习者的这种影响，是电子设备和人工智能无法取代的。

在培养人的器识这个未来教育的目标面前，AI 也好，高科技设备也好，都无法替代人的优势。这也是我在本节中想谈的主题：教育要想面向未来，就要更加回归本来。这个"本来"，指的是器识于人之所以为人的本质性，以及"教"与"育"的完整与平衡。

谈到技术与未来教育，教育工作者就会思考：日新月异的技术发展会对教育带来怎样的挑战？尽管如今才是 21 世纪的第二个十年，然而人工智能飞速发展的诸多事例，已经着实让学生和他们的父母焦虑起来 —— 究竟选择什么样的专业，未来才不会被人工智能打败、替代？而带给教育者的问题是：教育要在受教育的人身上培植 —— 而不是像机器一样配置 —— 怎样的本领、特征，才更能让他们适应未来甚至引领未来？

其实，机器答对的"考题"多，只能说明"考卷"考察的仍是知识，而非器识。苹果公司 CEO 蒂姆·库克曾说过，他并不担心机器变得像人，他更担心的是人变得像机器。请让我在这句话中加个"让"字，把问题重新提一

下：不管现在或未来，社会是否"让人变得像机器"这个问题，其中的每个组织和个体都该反思，而教育者更是责无旁贷。

要让人不机器化、不异化的要领同样是：器识为先。

比如，未来需要更多的人发挥自己的领导力，"领导者"将不再是，也绝不是只属于某一部分人的角色，每个人都要在一些不同的时刻以自己独特的方式发挥领导力。须知，领导力不是运算速度更快、算法更精妙、占有数据量更大的极值优化程序。而根据方才说的"不教而教"，我们作为教育者，也要审视在不同阶段、不同学科的教育内容中，和教育组织自身的很多管理做法中，是否在不言而喻地向学习者展示，或者渗透着某种"极值优化程序"，尤其很多时候还是短期的、局部的极值优化。如果教育组织中有这样的价值取向，就容易对学生的价值观产生不良影响。

与极值优化程序相反，也许很多人没有从这个角度想过：领导力恰恰是由一位具有远见的领导者在某一个时间点，反基于硬数据的线性外推而行之，选择了不被主流所看见的歧见、异见，并将其变成组织意志、共同意愿后使之实现 —— 直到这时候，我们才以后见之明，"追认"采取这一行动的领导者有远见，甚至在很多时候，这真的会变成这位先行者身故之后的追认。

与"远见"常搭配在一起的还有另外一个词，叫"卓识"。"卓识"是个非常美妙的词语，然而"卓"字本身意味着不群，容易被孤立。"卓识"如果不能及时有效地转变为组织和社会的共识，对拥有它的领导者而言，就意味着一种充满风险的担当。远见也好，卓识也好，它们大多情况下都来自领导者建立在悟性与阅历基础上的信念和热爱。有句话说：多数人因为看得见而相信，极少数人因为相信故而能看得见。这时的"看得见"不是通过逻辑严密的推导而来的，而是因这极少数人的相信，凭借他们的器识实现的，这是依靠逻辑、基于证据的算法智能所无法替代的。

让卓识变成共识，对领导者和其所在的组织、行业来说绝对是惊险的一跃，而对社会、对世界来说，这是改变历史进程、让人类向前进步的重要的一瞬。卓识之所以能变成共识，很多时候都不是因为逻辑数学智能，而是要靠人与人之间的情感共鸣。这时，共情力与故事力会让领导者那些富有前瞻性却缺少证据支撑的愿景，能够成为追随者所共同向往、愿为之挥洒拼搏的梦想，这又是依靠理性、基于数据的算法智能所无法替代的。

《世界是平的》的作者弗里德曼曾在演讲中说："我和我女儿这一代人，在毕业时所得到的赠言勉励是很不一样的。我们这一代人得到的赠言经常是'找份工作（find a job）'；而我女儿她们这一代人毕业时被社会寄予的期望是'定义工作（define a job）'。"这句话说得没错：在器识成为人的决定性因素的不远的未来，我们就得靠器识去开创以前根本不存在的工作，并营造一种让人更像人，而非让人变得更像机器的工作环境，升华那些无法用最聪明的计算机取代的工作，让工作本身变得有意义、有意思，让人好之乐之，丰富那些人性本质深深嵌入其中、无法被简化为算法、异化为机器的工作。更重要的是，我们会更加看重并有效地培养学生的同理心、人性本质、情感联系和人文关怀，这些是人类能做得好，而算法、机器人、应用程序所做不到的。

是人，决定着什么样的进步才是进化。即使人类要进化，也不是要进化到像机器一样完备、精妙、可预期的状态，而是进化为不完美、不可控、不靠着固定的图谱生活的活生生的人，以及各美其美、美人之美、美美与共的人群。

因此，如果问"什么才是未来教育的要领"，我的回答是 —— 有温度的"育"，育出人的"器识"。这是教育的本来，也会支撑起教育的未来，并塑造和决定着人类的未来。

译者跋二
教、育、学一解

在与许多教育同道、教学同行交流时，关于深化教育理念、提升教学能力、更好地促进学生成长发展，我常从四句话谈起——

师如何教，亦师所教；

How we teach is also what we teach;

生如何学，亦生所学；

How they learn is also what they learn;

生如何活，生学良多；

How they live is also what they learn;

生如何学，亦师应学。

How they learn is also what we need to learn.

这是我当初在学习哈佛案例教学法时听教授说的，后来，我也一直将这四句话用在我的各种课程大纲的理念篇中。

第一句，说的是教师在课堂教学活动中，于"言传"的内容之外、知识之上、过程之中，以"身教"所体现出、传递出的价值，包括课堂上的教学组织，是教师的独角戏、单向讲授，还是师生都有机会参与、贡献？是教师出题，学生回答，真理尽在权威掌握，还是师生双方开放探索、共同创造？教师是鼓励学生团队的形成与共赢，还是激赏"明星"，无视"大众"？这些选择中都蕴含着教师的品格、价值观和能力因素。

第二句，则是说学生要进行二阶学习，把学习从知识反刍升华为建立自己的学习方法论和知识框架体系；毕业生在完成科学研究论文之后，其实还应该再进行一次关于科学之道的反思与总结 —— 在学了一门功课、一个学年，甚至学完全部学程后，学生也要让自己"打鱼"的直接经验上升为自己的独门"渔经"，让自己成为一个擅长打鱼、热爱打鱼的渔者，而不是一个承载着知识的容器，不是那条鱼满舱的船。这个区分，怎么强调都不过分。而它也反映出我们对于学校教育本质理解的层次差别 —— 学校给学生的应该是"猎枪"而非只是"干粮"，或至少应该让学生从得到"干粮"，再得到"猎枪"，进而成为"猎人"。"知之不若好之，好之不若乐之"，对于学习而言，这句话中的"之"指的不是具体学到的知识，而是学习本身，是能学，更是爱学并沉浸于学之心流的快乐。

第三句，强调校园生活，以及基础教育阶段的家庭生活，和非课程环节对学生发展的不可估量的积极作用。育人不能分割德、智、体、美、劳的培养，教育则更要统合校内外、课内外。在好的教育项目、院校体系设计中，不仅要有先进的培养方案、课程体系等对显性课程的设计，更要有与之同频共振的"课余活动（co-curricular）"和"课外活动（extra-curricular）"等对隐性课程的设计。显性课程和隐性课程之间要融合，这部分的核心就是"育"。如果在课堂上，教师能信手拈来学生在生活中遇见并纠结的素材，为课堂教学所用，课后的活动能够延续课程中所学的知识并活用，就会构成更整合、更有力量，也更润泽成长的教育体验。

与"生如何活"有关的"育"，虽然未必有固定的课表作为依循，却也有其关键线索，可以概括为三个以字母 C 开头的英文单词：一是从教育者的视角，如何把握火候时机，发挥"催化（catalyze）"的作用，这个神奇的词让我想起巴西作家保罗·科埃略的奇幻旅行，显然，他也把握住了育人定要发生化学反应的"神秘"本质；第二个词是"树人/栽培（cultivate）"，它让我想起了《小王子》中玫瑰身上发生的 tame（法文作 apprivoiser）；中文把 tame 译为"驯化"，让人觉得其中多了一些也许不该有的居高临下，少了一些欢喜与甘愿；第三个词是"熔炉（crucible）"，熔炉经历对于人的成长和发展至关重要，正如赫胥黎所说："经历并不是你遇到了什么，而是你如何对待它。""育"固然是希望育成，但学生也完全可能在离开学校时仍未破茧。然而这一关，一个人在一生中总得经过。

第四句，则描述了我的一个观察结果，那就是对于学习者、学习过程、学习成效、学习心理与行为等诸多"生如何学"的学问，有些教师缺乏系统性的准备、训练和提升，而往往是靠着自己过去作为学生时的经验，或是靠着在工作中的摸爬滚打、日积月累得来的经验和教训，来推测今天的学生。对教师来说，这相当于"不成功便沉沦（sink or swim）"，只靠单个教师的悟性和幸运，一旦教育中的问题解决得不好，对师与生就都会造成长期的心理阴影。学校管理者必须高度重视这个问题，并拿出有效的办法来系统地解决这个问题，这需要对教师进行有全覆盖的培训提高，或指派有经验的教师做一对一、手把手的辅导，同时也需要教师以初学者的身份，认真地补充与学生的学习和成长有关的知识基础和理念框架。这些知识和理念应当有一定体系性，并与教师所在的院校和环境吻合。

实事求是地说，如今，我们要想成为一名对学生的品德和学业产生重要影响的好教师，教一门能让学生人到中年时还能回味和认可的好课，除了在本学科领域钻研，拿到博士学位，取得教师资格，也许还真得"兼修"一个"学习科学"的硕士学位。即使没有这个学位，对教育的真知灼见也是必需的，这应该是教师入职和入门教育行业的必修课。许多我们头脑中想当然的，关于学习的大路认识、感性经验，其实经不起推敲，要想不"误人子弟"，我们要反躬自省，学习"学习"。

这四句话，虽然开头就是"教（teach）"字，但说的却是更广泛意义上的教、育、学。不仅"教"外有"育"，"教"中也有"育"；"学"不仅来自"教"，还来自"学"本身；学生不仅受"教"于师，更受益于"育"，受益于富含"育"的生活。而当老师，办学校，做好一个知识工作者，经营好一个知识型组织，则需要理解：不只有学科意义上的专业才是知识，教、育、学本身就是大知识、大专业、大学问。教、育、学更平衡、同促进，会让校园中的人都成为主体。校园中的经历都是学习，达到得到学分、成功毕业的目标诚然标志着学习者的长进，而他们在过程（journey）中更是收获满满、成长多多。

因此，面向未来，老师要融会贯通教、育、学，扮演好教师（teacher）、导师（mentor）、学伴（co-learner）等多重角色；学校则要统筹建构教、育、学，成为学生们求知的殿堂、成长的熔炉、创造的沃土。

参考文献

前言

1. The four institutions are Brigham Young University (BYU), in Provo, Utah, which grants bachelor's degrees and a limited range of master's and doctoral degrees; BYU-Hawaii, a four-year university; LDS Business College, a two-year school in Salt Lake City; and Ricks College.

2. Harry R. Lewis, *Excellence Without a Soul: How a Great University Forgot Education* (New York: Public Affairs, 2006).

3. Byron G. August, Adam Cota, Kartick Jayaram, and Martha C. A. Laboissiere, ´ *Winning by Degrees: The Strategy of Highly Productive Higher-Education Institutions* (n.p.: McKinsey & Company).

序言

1. According to data published by the National Center for Higher Education Management Systems in 2009, the graduation rate is higher than 50 percent for bachelor's candidates but varies substantially according to the selectivity of the institution, as demonstrated by Frederick H. Hess et al., *Which Colleges Actually Grad uate Their Students (and Which Don't),* American Enterprise Institute (June 2009).

2. Henry Rosovsky, *The University: An Owner's Manual* (New York: W.W. Norton, 1990), 29.

3. Rosovsky, *University*, 29.

4. A survey of more than 500,000 full-time faculty found that the majority feel that teaching should be the primary criteria for academic promotion. David W. Leslie, "Resolving the Dispute: Teaching Is Academe's Core Value," *Journal of Higher Education* 73, no. 1, (January–February, 2002): 56–57; see also Ernest L. Boyer, *Scholarship Reconsidered: The Priorities of the Professoriate* (Princeton, NJ: Carnegie Foundation for the Advancement of Teaching, 1990), 43–44.

5. See Leslie, "Resolving the Dispute." Leslie concludes, "Given a reasonable level of security and compensation, faculty—on the average—would prefer to teach and be rewarded for teaching than to seek opportunities for pay if it means doing more research and publication." 70.

6. See *Digest of Education Statistics*, 2008, Tables 186 and 234.

7. Clayton M. Christensen, *The Innovator's Dilemma* (New York: Harper Collins, 2003).

8. For a summary of the theory of disruptive innovation, see Clayton Christensen, Michael Horn, and Curtis Johnson, *Disrupting Class: How Innovation Will Change the Way the World Learns* (New York: McGraw Hill, 2008), 45–51. For a fuller treatment, see Christensen, *Innovator's Dilemma*.

9. Institutional variety in higher education is great. See, e.g., Burton Clark, *The Academic Life: Small Worlds, Different Worlds* (Princeton, NJ: Carnegie Foundation for the Advancement of Learning, 1987). However, among universities granting at least bachelor's degrees, the diversity of aspirations is less than the diversity of actual condition.

10. Byron G. August, Adam Cota, Kartick Jayaram, and Martha C. A. Laboissiere, ´ *Winning by Degrees: The Strategy of Highly Productive Higher Education Institutions* (n.p.: McKinsey & Company), 14, 15, 49, 51, 55.

11. The relatively high per year cost of the two-year associate's degree is a function of lower completion rates.

**完整版参考文献请扫描
二维码获取**

出版统筹：缪永合　王雅倩

策划编辑：张渝涓

文字编辑：白霄灵　戚　玥　王超群

数字编辑：王　玥　李　瑶

营销编辑：欢　莹　刘　迎　王秀丽

咨询电话：010-6763 0125

投稿邮箱：editor@zhiyuanbooks.com

公司网站：www.zhiyuanbooks.com

封面设计：孙昆宇

ISBN 978-7-115-66774-8

9 787115 667748 >

定价：128.00 元